THE POWER OF A

식 물 의 힘

PLANT

『식물의 힘』에 쏟아진 찬사

나는 교사만큼 칭찬할 만한 단어를 생각할 수 없고, 스티븐 리츠만큼 칭찬할 가치가 있는 교사를 알지 못한다.

— 제이 마틴, 주스 플러스+ 최고경영자

스티븐 리츠를 안다는 것은 진정한 교육자, 몽상가의 영혼을 이해하는 것이다. 『식물의 힘』은 학생들이 행복하고 건강하게 사는 데 필요한 지식과 기술을 습득하고 자기 운명의 주인의식을 키워가는 학습 환경을 창조하려는 그의 여행을 따라간다. 가장 적게 가진 이들에 대한 스티븐의 헌신과 연민은 그가 가르치는 학생들의 삶뿐 아니라 그 자신의 삶까지 변화시켰다.

— 제니퍼 세이들 박사, 녹색 교실 전국 네트워크 사무총장

미국에서 가장 황폐한 동네에 변화의 씨앗이 뿌려지고 키워지고 있다. 그리고 그 결과는 방치된 청소년 세대의 심신과 지역사회를 변화시키고 있다. 스티븐 리츠와 그린 브롱크스 머신, 더 나은 세상을 키우려는 그의 담대한 노력의 이야기만큼 희망적이고 영감을 주는 이야기는 없다. 그의 이야기는 내 마음과 영혼의 양식이 되었고, 여러분에게도 마찬가지일 것이다.

— 조엘 매카워, 그린비즈 그룹 회장이자 편집장, 『새로운 대전략*The New Grand Strategy: Restoring America's Prosperity, Security, and Sustainability in the 21st Century*』의 공동저자

커뮤니티스쿨 55, 스티븐 리츠가 생활의 대부분을 자원봉사로 바치는 이 학교를 탐방하던 기간 동안, 내가 두 눈으로 목격한 것은 사랑과 존중으로 학생들을 키우는 자기 삶의 사명에 충실한 한 남자였다. 학생들이 그에게 반응하며 뿜어내는 기쁨과 에너지의 순간순간을 탐닉하면서 감동한 나머지 눈물을 흘린 적이 한두 번이 아니었다.

그 나날들은 다른 어떤 시간보다 기억에 남을 시간이었다.

스티븐을 만나고 불과 1분 후면, 이 남자가 자기 학생들의 삶을 바꾸는 데 헌신하고 있음을 알게 된다. 스티븐 리츠는 열정과 인내심, 실제로 식품이 되는 식물의 힘을 통해 수많은 심신을 건강하게 키워내고 수많은 학생에게 그들이 미처 몰랐던 잠재력을 발견하고 탐험할 힘을 준다. 이 책은 실제로 세계에서 가장 참된 영웅이자 우리 시대의 중요한 롤 모델인 스티븐 리츠의 놀라운 이야기다.

— 조 램플, PBS 프로그램 〈더 푸른 세상 만들기Growing a Greener World〉 기획자이자 총괄 프로듀서, 진행자

이것은 한 번에 한 명씩, 한 번에 한 지역사회씩 변화가 일어나는 과정이다.

그린 브롱크스 머신은 어린이들이 먹고 배우고 사는 방식을 바꾸고 있다!

— 알 샤프턴 목사, 〈폴리틱스네이션PoliticsNation〉, MSNBC

스티븐 리츠는 이곳 두바이에 그의 열정, 겸손함, 그리고 뿌리에 영양을 주면 아름다운 꽃송이가 피어난다는 그의 믿음을 선물로 주었다. 이런 관계를 통해 우리는 더욱 위대한 지구적 선을 위해 봉사할 우정의 동맹을 형성할 수 있을 것이며, 우리 어린이들이 평화로운 정신과 행복한 마음으로 독특한 나비넥타이를 매고 살아가게 만들 것이다.

— 압둘라 알 카람 박사, 두바이 정부 지식인적자원개발국KHDA 사무총장

스티븐 리츠는 궁극의 식품 슈퍼영웅이다. 그는 45킬로그램이 넘는 체중감량 등 개인적 도전에 성공했을 뿐 아니라 그의 지식, 에너지, 열정, 기개를 가지고 청소년들과 전 세계 수많은 사람에게 건강하고 지속가능한 식습관을 교육해왔다. 그에게 말을 걸거나 그의 말을 듣게 된다면 누구나 자극을 받게 되며 굶주림, 가난, 비만, 갈등, 기타 환경적·사회적 문제를 완화할 해결책이 주변에 있다는 것, 할 수 있고 해볼 만하다는 것을 깨닫게 된다.

— 대니얼리 니랜버그, '푸드 탱크: 더 푸드 싱크탱크' 회장

사우스 브롱크스에 있는 그의 교실에서 자라는 놀라운 식물들처럼 그가 심은 영감의 씨앗은 어디에서나 가능성을 키워낸다. 스티븐은 진정한 재능을 가지고 있다. 만나는 모든 사람에게 영감을 불러일으킨다. 아침에 브롱크스에서 만난 5학년 학

생이든, 점심식사를 함께한 국가원수든, 그날 저녁 연회장을 채운 기업 간부들이든 모두 마찬가지다. 그건 내가 장담할 수 있다. 이 책은 한 남자의 열정과 목적이 진정 세계를 변화시킬 수 있다는 증거다.

— 미첼 M. 로셀, PwC 자선재단 이사, NY 비즈니스 개발 리더

내 좋은 친구 스티븐 리츠 같은 사람들에게 감사를,
우리는 브롱크스의 새 이야기를 말하고 있습니다!

— 루벤 디아스 주니어, 브롱크스 구청장

우리는 어린이를 건강하고 건전하고 평화롭고 지속가능한 미래의 창의적 대리인으로서 양육하기보다는 건강을 해치는 식품 산업, 폭력, 부채, 수많은 전자기기 등의 이익 중심점으로 여기고 어린이를 착취하는 쪽을 선택해왔다. 우리는 어떻게 변화할 것인가? 정말 간단하다. 우리는 스티븐 리츠가 가르치고 인도하는 어린이 자신들에게 그 양육을 맡긴다. 스티븐 리츠는 어린이들이 건강한 세계 속에서 성장하도록 가르치고 싶다는 절박하고 예언적인 열망에 연민, 지혜, 즐거움, 유머를 결합한다. 지금 이 시기에 그만큼 중요한 메시지는 없으며, 그만큼 중요한 사람도 없다.

— 로버트 셰털리, 〈진실을 말하는 미국인들Americans Who Tell The Truth〉을 그린 화가

스티븐 리츠가 무대에 올라 강연하면, 항상 마지막을 기립박수로 장식한다. 미국에서 가장 가난한 선거구인 사우스 브롱크스의 학생들과 함께한 그의 작업과 헌신성은 우리를 웃고 울게 만들며 큰 영감을 주면서 당장 뛰어들어 돕고 싶게 만든다. 그는 사람들의 삶을 바꾸고 나아가 사람들을 구원하는 사명을 받은 인물이다. 먹을거리를 가지고 어린이를 키우고 교육시키면서 그 모든 걸 해낸다.

— 다이앤 해츠, '체인지 푸드' 설립자 겸 사무총장

스티븐 리츠와 나는 프로젝트의 막강한 힘이 정책을 추진하는 것이지 그 반대가 아니라고 믿는다. 우리는 각자 시행착오, 진전, 그럴싸한 말을 넘어서 결과를 바탕으로 하는 평행한 길을 달려왔다. 그의 책은 현실세계 경험의 정점이며, 여러분이 이루고자 하는 것이 무엇이든 기기에 가치를 더해줄 것이다.

— 마조라 카터, 도시재생 전략가, 사업가이자 부동산개발업자

스티븐 리츠에게 영광을, 그의 에너지와 열정은 숲으로 자라날 한 씨앗을 심도록 운명 지워져 있었다! 그의 학생들과 추종자들은 그를 지도자로 두었으니 엄청난 축복을 받은 이들이다. 그리고 지금『식물의 힘』으로, 그가 해온 일은 더욱 큰 범위와 영향력을 갖게 될 것이다.

— 레이 피카, 교육 컨설턴트,『모든 사람이 아동 발달을 이해한다면?*What If Everybody Understand Child Development?*』의 저자

초록 손을 가진 이 교사는 상금 100만 달러가 걸린 우리 국제교사상이 제정된 첫해에 최종 10인 안에 들었다. 이 상은 127개국 8,000명 이상의 후보들 중 1,300명이 최종 응모하는 대회다. 이후 국제교사상은 물론 생명을 주는 스티븐의 주목할 만한 프로그램은 전 세계 더 많은 곳으로 영향력을 확대해왔다.
스티븐은 이 책을 통해 놀라운 여정과 그가 배워온 것들을 우리에게 나누어주며, 그 덕택에 우리는 더 나은 세계를 만들기 위한 간단하고 우아한 해법을 찾는 동안 생각해볼 양식을 갖게 되었다.

— 비커스 포타, 바키 재단 최고경영자

스티븐 리츠는 영감을 주고 기쁨을 주고 깨달음을 준다. 그의 무한한 에너지와 낙관주의는 나를 교육 지도자로 성장시켜주었다. 무엇보다도 그는 궁극적 목표에서 결코 눈을 떼지 않는다. 그 목표는 모든 학생을 위해 학교를 더 나은 곳으로 만드는 것이다.

— 데이비드 로스, 21세기 학습의 파트너십 최고경영자

스티븐 리츠와의 협업은 교육자로서 내 삶에서 가장 보람 있는 경험이다. 그는 희망, 영감, 긍정의 수호자다. 세계에 그 놀라운 영향력을 확대하려는 그의 노력을 지원하게 되어 자랑스럽다. 희망을 주는 이 책을 읽는다면, 여러분도 그 이유를 알 것이다!

— 왈리드 아부샤크라, 에솔 에듀케이션 감독 겸 회장

매우 창의적이고 효율적인 교사 스티븐 리츠는 이 책에서 그의 기술과 여정을 돌이키면서, 식물 키우기를 통해 학생들의 상상력에 불을 지피고 학습 의욕을 키우는

동시에 학생들과 그 가족의 건강식품 수요를 충족시켜온 과정을 설명한다. 이 책은 우리네 공립학교의 엄청난 가능성을 이해하고, 우리 학생들이 각자의 잠재력을 발견하도록 훌륭한 교사들이 도와줄 그런 환경을 추구하는 모든 이의 필독서다.

— 퍼낸도 M. 라이머스 박사, 하버드대학교 교육대학원과 국제교육실천 포드 재단 교수

스티븐 리츠는 내가 만나서 같이 일할 기회를 가졌던 이들 중 단연 가장 영감 넘치는 사람일 것이다. 그는 나를 비롯해 수많은 이의 진정한 롤 모델이다. 인간 정신의 아름다움과 힘을 믿는 그의 진실성은 학생, 성인, 학교, 지역사회로 하여금 각각의 잠재력을 십분 발휘하게 하기 위한 흔들림 없는 헌신과 사랑을 계속해서 보여준다. 『식물의 힘』은 그의 인격의 본질과 그가 해온 일의 힘을 아름답게 포착한다. 독자들의 영감은 페이지를 넘길 때마다 성장할 것이다.

— 제나 크레이머, '전환과 공동체, 그린빌딩 연맹' 부총재, 그린 앤드 헬시스쿨 아카데미 부회장

스티븐 리츠는 전인적인 교육법을 통해서, 그리고 스스로가 학생들에게 바라는 인간상이 되어 보임으로써 학생들에게 세계를 가르치며, 더 나은 세계를 함께 만들어갈 방법까지 우리 모두에게 보여주고 있다. 사우스 브롱크스에 있는 그의 학교를 방문했을 때, 나는 이 아이들이 처한 조건을 보고 충격을 받았지만, 학생들이 배우고 성장할 만한 상황을 조성하면서 전체 지역사회에 관여하는 그의 모습에 용기를 얻기도 했다. 더 나은 세계를 위한 우리 아이들의 교육과 연관된 일을 하는 모든 이에게 이 책은 필독서다.

— 젤머 에버스, 국제교사상 최종 후보자, 『시스템을 뒤집어라: 밑바닥부터 교육 바꾸기Flip the System:
Changing Education from the Ground Up』의 저자

스티븐 리츠는 사람을 사로잡는 성격과 초록 손을 가지고 있지만, 그를 통해 공부를 좋아하게 된 많은 학생은 그와 함께 만든 텃밭에서 동기를 발견하기도 한다. 학생들은 브롱크스의 학교 밖 콘크리트 틈에서 자라는 식물들의 커다란 낙원을 보고, 그 경험은 성공을 위한 자부심과 결의의 소스가 된다. 마치 학생들이 이렇게 말하는 듯하다. "만약 이 냉혹한 동네에서 이 텃밭이 해마다 풍성할 수 있다면, 나도 할 수 있다."

— 빌 요시스, 백악관 패스트리 셰프(2007~2014)

시대를 바꾸는 일은 혁신적 해결책과 과감한 사고를 필요로 하지만, 스티븐 리츠만큼 그 조건을 갖춘 사람이 없다. 여러분이 많은 이의 삶을 바꾸기 위해 똑같은 열정과 창의력, 헌신성을 품고 그 위에 치즈모자까지 얹을 때, 그때 나타나는 것이 바로 스티븐이다. 나의 공직생활 인생에서 그는 끊임없는 영감이었다. 이 책에 압축되어 있는 그 교훈들은 독자 여러분에게도 영감을 줄 것이다. 그린 브롱크스 머신 파이팅!

— 구스타보 리베라, 뉴욕 주 상원의원

우연한 만남부터 목적의식까지, 투지와 회복력이 가득한 스티븐 리츠의 오디세이는 헤아릴 수 없이 많은 청소년의 삶을 마법처럼 바꾸어 열정적으로 꿈꾸게 만들었다. 그들은 자신의 삶뿐 아니라 지역사회까지 바꾸었다. 가난과 폭력, 중독, 절망이 만연했던 곳이 희망과 더 밝은 미래가 빛나는 곳이 되었다. 독자들에게 영향과 영감을 줄 놀랍고도 매혹적인 이야기다.

— 산지프 초프라, 하버드 의대 의학교수, 작가, 연설가

스티븐 리츠의 그린 브롱크스 머신은 세련된 정통 교육 접근법과 혁신적인 사회적 기업가 정신이 결합된 보기 드문 예다. 학교를 비옥한 학습 환경으로 만들기 위한 그의 능숙한 가르침과 학생 및 지역사회에 대한 헌신은 세계 각국의 교실에 중대한 긍정적 영향을 주고 있다.
'식물의 힘'을 통한 학습이라는 스티븐의 메시지와 모델은 교실의 벽을 뛰어넘어 실생활 속 학습현장의 영역으로 멋지게 발돋움했다.

— 스티브 레빙턴, 정통 학습의 개척자, 캐나다 우수교사 총리상 수상자, 2016년 국제교사상 후보 최종 50인

나는 미래에 대해 매우 희망적이다. 아이들에게 일찍부터 사물의 '메이커'와 '행동가'가 될 것인지, 그냥 사물의 소비자가 될 것인지를 가르치는 일은 매우 중요하다. 스티븐은 교실에서 차세대 메이커들에게 자율권을 준다. 그는 그것을 이해한다. 아이들을 잘 먹여라, 그리고 행동으로써 배우고, 직접 해보고, 서로가 공유할 수 있는 환경을 주어라, 이것이 복제 가능한 공식, 모두가 이기는 공식이다. 그의 책 『식물의 힘』은 우리에게 그 방법을 보여준다!

— 셰리 허스, 메이커 페어 공동설립자

스티븐 리츠는 식품정의 혁명의 선봉에 서 있다. 건강한 식품이 학습과 성적에 미치는 영향을 깨달은 그는 브롱크스의 커뮤니티스쿨 55의 학생들이 그린 브롱크스 머신을 통해 건강과 미래를 스스로 결정하게 된 과정을 우리 많은 학자에게 보여주었다. 이 책은 건강과 학습, 주변 세계 참여의 교집합에 관해 비판적으로 생각하는 차세대 시민을 키우는 길을 닦고 있다. 우리 아이들의 미래와 더 나은 학습 환경을 모색하는 데 관심 있는 모든 사람이 꼭 읽어야 할 책이다.

— 마이클 블레이크, 민주당전국위원회 뉴욕 주 의원

『식물의 힘』은 교육과 청소년, 특히 경제적·정치적 능력이 종종 교육기회를 제한하는 저소득층 지역사회의 청소년들의 잠재력 육성에서 도시농업의 중요성을 강조하는 스티븐 리츠의 전염성 강한 열정을 엿보게 해준다. 『식물의 힘』은 비판적 교육과 지역사회 건설을 통해 그 프로그램에 참여하는 청소년의 삶을 바꿔온 그린 브롱크스 머신이라는 한 프로그램의 진화를 이야기한다. 이 전망은 바로 앞의 미래는 물론 먼 미래에도 교육자들에게는 중요하게 작용할 것이다.

— 크리스틴 레이놀즈 박사, 뉴욕 시 도시 식품 시스템 연구원, '더 뉴 스쿨' 환경 연구 및 식품 연구 부속 교직원, 『케일을 넘어서Beyond the Kale: Urban Agriculture and Social Justice Activism in New York City』의 공동저자

케일에 주의를 뺏기지 마라. 그것은 소품이다. 스티븐은 마술사, 채소 마법사다. 그는 삶에 대한 식욕과 지식에 대한 배고픔을 도구로 열성 학습자들을 키워낸다. '리츠 선장'은 브롱크스의 교실에서 교사에게 필요한 모든 품위와 열정을 가지고 한 세대에게 어떻게 줄 것인지, 어떻게 '인간'이 될 것인지를 가르치고 있다.

— 머드 배런, 교사, 트위터(@Cocoxochitl), 패서디나 연합 학교위원회 지원자, 캘리포니아 무어 목장 농부

스티븐 리츠와 수지 보스는 농업을 이용한 프로젝트 기반 학습 모델의 위대한 지침서를 개발했다.

— 래리 펄래초, 교사이자 작가, 『에듀케이션 위크Education Week』의 교사 조언 칼럼니스트

스티븐은 믿기 힘든 영감 덩어리다. 그는 내가 좋아하는 많은 것(교육, 채소, 권한 부여)을 브롱크스 학생들과의 작업을 통해 식탁으로 가져온다. 우리 누구나 건강한 음식에 대한 접근성, 소아비만에 대한 우려와 관련해 우리나라가 직면한 문제

를 인식할 필요가 있는데, 스티븐은 그 문제에 대한 해법을 찾는 열정적인 활동가다. 스티븐이 늘 말하지만, "씨 쎄 푸에데Sí se puede(우리는 할 수 있다)!"

— 호세 안드레스, 싱크푸드 그룹 셰프이자 소유주

스티븐 리츠는 열심히 참여하고 행복하고 건강한 학생을 키우는 생명의 열쇠를 발견했다. 아이에게 씨앗 하나를 주면 그 씨앗과 아이 모두 성장하고 번영한다는 것이다. 아이들이 식물과 지역사회, 그들 자신을 돌보면서 배우고 그 과정에서 그들의 삶을 바꿀 때, 이 책은 푸릇푸릇한 흥분의 경험으로 안내하는 아름다운 여행이 될 것이다.

— 일렌 페벡 박사, 『생명 키우기Growing a Life: Teen Gardeners Harvest Food, Health, and Joy』의 저자

스티븐의 전파력 강한 에너지, 풀뿌리 교육과 유의미한 사회적 가치를 이용해 청소년들이 사회적 곤경과 난관을 극복하게 만드는 통찰은 지역사회 성공을 위한 로드맵이다……. 모든 교육자, 정책 입안자, 보건 관련 직업 종사자, 부모들의 필독서다. 청소년들에게 주는 그의 메시지는 강력하고 단호하며 세계적으로 타당하다. 모든 학교에 스티븐 리츠가 있었으면 좋겠다. 그러면 세계는 더 나은 곳이 될 것이다! 더 건강한 지역사회를 건설하고 싶은가? 이 책을 읽어라. 텃밭을 가꾸고 그 결과물을 누려라. 스티븐 리츠는 지역사회 성공의 길을 찾은 개척자다!

— 그레그 챙, 치의학박사, '슈퍼셰프들의 어린이를 위한 요리' 설립자 겸 회장, '웨스틴 호텔 어린이 식생활 프로그램' 개발자, 2016년 브리티시콜롬비아대학교 건강실천교육 단체상 수상

"한 사람에게 물고기 한 마리를 주면 하루를 먹는다. 한 사람에게 물고기 잡는 방법을 가르치면 평생을 먹는다." 한 아이에게 씨앗 하나를 주고, 씨앗을 키우는 법을 가르치고, 함께 세계의 식품 불안정을 몰아내라. 그린 브롱크스 머신의 창립자인 내 친구 스티븐 리츠는 바로 그 일을 해왔다. 그러면서 가장 비전통적인 방법으로, 지구상에서 가장 열악한 곳에 있는 모든 연령의 사람에게 먹을거리를 키우는 방법을 가르치면서 수많은 이에게 동기를 부여해왔다. 그거야말로 진정 『식물의 힘』이다.

— 다이애나 뎀, '지속가능성 뉴스 앤드 엔터테인먼트 라디오' 진행자

스티븐 리츠는 가장 가르치기 힘든 청소년들을 어엿한 시민으로 키우는 방법을 배워왔고, 『식물의 힘』에서 그 성공의 비밀을 공유한다. 동기와 영감을 주면서 학생들을 교육하는 학교 기반 도시농업 프로그램으로 많은 찬사를 받은 그린 브롱크스 머신에 관해 리츠가 들려주는 매우 개인적인 이야기는 식물을 키우는 행위가 개인적 성공과 지역사회 동력의 원천으로 가는 열쇠가 될 수 있음을 보여준다. 교사, 부모, 사회활동가, 정책 입안자들이 꼭 읽어야 할 책이다.

— 네빈 코언 박사, 뉴욕시립대 보건대학 건강/식품 정책 교수, 뉴욕시립대 도시식품정책연구소
연구소장, 『케일을 넘어서』의 공동저자

많은 이의 아버지, 모두의 영웅인 스티븐 리츠와 『식물의 힘』은 모든 이에게 중요한 영감이다. 오랜 세월의 헌신을 통해 그는 사람들을 먹이고, 영혼을 살찌우고, 지구를 치유하는 한 운동과 산업의 얼굴이 되었다. 열정과 목적, 무한한 낙관주의를 가진 스티븐은 인간의 최고 특질을 배양하고 있다. 어린이와 지역사회에 대한 그의 깊고 참된 사랑은 우리 모두의 성장을 위한 비옥한 희망의 토양이다.

— 농부 데이비드 스마일스, '유어라이어 어반 팜스' 최고경영자

테드엑스TEDx 강연을 통해, 나중에는 그린 브롱크스 머신 방문을 통해 스티븐 리츠를 알게 되면서, 나는 50년 전 벨기에에 있는 할아버지의 채소밭에서 할아버지와 여름을 보내던 어린 시절이 떠올랐다. 그것은 씨앗을 심어 자라는 모습을 지켜보고, 할머니의 수프 냄비에서 그것을 요리하고, 마침내 맛보고 음미하고, 내가 키운 것을 공유하는 마법 같은 경험이었다. 스티븐은 교육을 통해 이런 부류의 마법 같은 경험과 영감을 학생들에게 심어주고 모든 것이 가능하다는 사실을 깨우친다. 『식물의 힘』은 식물과 사람이 우리가 사는 세계에 더 많은 평화를 가져올 촉매가 될 수 있음을 보여주는 강력한 메시지다.

— 알랭 쿠몽, '르팽 퀴티디앵과 르보타니스트' 셰프 겸 창립자

식물의 힘—녹색 교실이 이룬 기적

2017년 9월 4일 초판 1쇄 발행
2020년 5월 15일 초판 3쇄 발행

지은이 | 스티븐 리츠
옮긴이 | 오숙은
펴낸곳 | 여문책
펴낸이 | 소은주
등록 | 제406-251002014000042호
주소 | (10911) 경기도 파주시 운정역길 116-3, 101동 401호
전화 | (070) 8808-0750
팩스 | (031) 946-0750
전자우편 | yeomoonchaek@gmail.com
페이스북 | www.facebook.com/yeomoonchaek

ISBN 979-11-87700-16-6 (03370)

이 도서의 국립중앙도서관 출판시도서목록(cip)은 e-CIP 홈페이지(http://www.nl.go.kr/
ecip)에서 이용하실 수 있습니다(CIP 제어번호: 2017019859).

이 책의 부탄 전재와 복제를 금합니다.

여문책은 잘 익은 가을벼처럼 속이 알찬 책을 만듭니다.

식물의 힘

녹색 교실이 이룬 기적

스티븐 리츠 짓고
수지 보스 다듬고
오숙은 옮기다

여문책

아이들을 위해

지역사회를 위해

더 많은 사랑이 필요한 세계를 위해

그리고

아직 심어지지 않았지만

꽃피울 날을 기다리는 모든 씨앗을 위해

여러분에게 바라는 소망은 계속하라는 것입니다.
지금 여러분의 모습을 계속 유지하고,
친절한 행동으로 비열한 세계를 계속 놀라게 하십시오.

— 마야 안젤루 Maya Angelou

| 차례 |

　　5년 전 뉴욕 시의 타임스센터, 나는 절뚝거리며 테드엑스TEDx 무대에 올라 짧은 강연을 했다. 조금이라도 주목받을 거라고는 생각하지 않았다. "저는 농사꾼이 아닙니다." 강연은 그렇게 시작되었다. "저는 사람 농사꾼입니다. 좋아하는 작물은 유기적으로 성장한 시민이죠."

　　그러나 놀랍게도 맨해튼의 그 큰 무대에서 낯선 청중에게 했던 그 강연을 시발점으로, 그동안 내가 사우스 브롱크스에서 가꿔왔던 녹색 교실과 도시 텃밭에 대한 관심이 쏟아지기 시작했다. 미국에서 가장 가난한 선거구, 뉴욕 주 전체에서 주민들의 건강상태가 최악인 카운티, 저소득층 공영주택이 빽빽이 들어찬 동네, 이곳에서 우리 학생들과 나는 지역사회와 학교와 삶을 바꾸어 몸과 마음과 정신을 살찌우는 매혹적인 풍요의 보고로 만들어왔다.

　　우리는 실내와 실외에서 식물을 키운다. 여러분이 앞으로 만나게 될 덩치 크고 건장한 십대 청소년들과 최고의 꼬마 농부들이 함께 텃밭을 가꾼다. 그동안 우리는 꽃과 관목, 나무를 심어 우리 지역사회를 아름답게 기꿨다. 우리가 수확하는 신신한 먹을거리는 수백 명의 학생들이 집으로 가져가고, 취약계층을 돌보는 쉼터와 주방에 더 많은 양을 기증할 만큼 넉넉하다. 우리의 녹색 프로젝트는 커리큘럼과 연관되어 있어서, 우리가 수업시간에 심은 씨앗들이 싹 터서 학업 결과가 되고 우리 학생들의 삶의 궤도를 영원히 바꿀 진로를 열어준다. 나는 채소를 키우지만 내가 키우는 채소는 학생과 학교와 기회와 삶을 키운다. 이렇게 우리가 거둔 성과는 백악관부터 바티칸까지 많은 주목을 받았다.

우리가 자랑스럽게 부르는 이름, 상까지 받은 '그린 브롱크스 머신 Green Bronx Machine' 프로그램에 관해 전 세계 사람들이 물어온다. 아이들에게 씨앗을 심도록 가르치는 단순한 행동이 어떻게 더 건강한 몸, 더 높은 학업 성과, 더 희망적인 지역사회로 이어질 수 있는가? 열악한 환경, 높은 범죄율, 만성적 질병, 대를 이은 가난에 시달리는 한 지역사회에서 어떻게 그 많은 좋은 것과 기회를 키워낼 수 있었는가? 그리고 절박하게 해결책을 찾고 있는 나머지 지역사회에 이 주목할 만한 프로그램이 얼마나 빨리 도입될 수 있는가? 정말이지 나는 간절히 그 답을 나누고 싶고 사람들에게 그들만의 그린 머신에 시동을 걸라고 격려하고 싶다.

나의 좌충우돌 모험담은 이렇다.

나는 자랑스러운 브롱크스 토박이다. 내가 교직에 발을 들이게 된 건 정말 우연이었지만, 가장 다루기 힘든 학생들을 떠맡을 열정과 소질이 나에게 있다는 걸 알게 되었다. 하지만 내가 기쁨과 양분을 주는 식물의 힘을 깨닫고, 온몸에 문신을 한 갱단 성원부터 순진한 눈망울의 어린아이까지 모두에게 호기심을 불어넣는 일이 하루아침에 이루어진 것은 아니었다. 그러기까지는 교실에서 벌어진 한 사건과 20년의 교사 경력이 필요했다. 열성과 녹색과 희망을 안고 그 길을 걸어오는 동안, 교실을 푸르게 만들고 더 위대한 무언가를 키우는 일과 관련해 나는 몇 가지 중요한 교훈과 간편한 비유를 배웠다.

모든 것은 흙에서 시작된다. 우리 지역사회는 우리의 토양이다. 한 식물이 무럭무럭 자라기 위해서는 건강한 성장매체 속에 뿌리를 내려야 한다. 학생들도 마찬가지다. 어린 몸과 마음을 키우기 위한 최고의 토양은 든든한 지원이 있는 번영된 지역사회다. 세계의 많은 지역사회가 그렇듯 브롱크스에서도 우리의 토양을 존중하고 새롭게 하고 보충해주고 물을 주고 살뜰히 보살펴야 한다.

그다음이 씨앗이다. 나는 학생들에게 너희들이 나의 씨앗이다, 너희들에겐 유전적 잠재력이 가득하다고 말한다. 나의 목표는 그 씨앗들을 가장 기름진 토양에 심어서 그들의 재능과 유전적 잠재력을 마음껏 펼치게 하는 것이다. 나는 세계에서 가장 위대한 자연자원을 가지고 훨씬 위대한 무언가를 키워내겠다고 결심했다. 그 자연자원이란 열악한 지역사회 속 아직 미개발된 인간 잠재력을 말한다.

그다음엔 수확이다. 우리 학생들이 노력해서 그동안 수확한 채소는 23톤에 이른다. 더불어 출석률이 높아졌고 징계문제가 줄어들었으며, 학업 성적이 올라가고 건강이 좋아졌으며, 그 수확을 남들과 나눈다는 헤아릴 수 없는 기쁨까지 맛보았다. 우리가 키운 작물로, 농장에서 식탁까지의 발걸음으로 셀 만큼 가까운 교실에서 요리도 한다. 학생들에게 건강한 식습관을 가르치면서 나 자신도 그 가르침을 실천하다 보니 체중은 45킬로그램 넘게 줄었다. 심지어 옛날엔 안 먹던 루콜라와 가지도 먹게 되었다.

처음부터 나에게 공공교육을 변화시키겠다는 웅대한 계획이 있었다고 말하면 거짓말일 것이다. 이 가운데 어느 것도 하루아침에 이루어지지 않았다. 독자 여러분도 곧 알게 되겠지만, 생명 넘치는 녹색 교실을 만들기까지 이 여행에는 어느 정도 시간이 걸렸다. 솔직히 나란

존재 자체가 실수덩어리라고 말하고 싶다! 하지만 나에게 비결이 있다면 성공의 사다리에서 계속 떨어지고 또 오른다는 것이다.

맨 처음 시작점으로 독자들을 안내하려 한다. 브롱크스에서 보낸 나의 소년기, 다른 사람들이 너무나 쉽게 단념해버릴 한 지역사회와 깊은 관계를 키웠던 시절로 말이다. 아직 솜털 보송보송하던 내가 아이들을 가르치기 시작했을 때, 훗날 내가 학습과 지역사회에 변화를 불러올 혁신적인 프로그램을 설계할 거라고는 상상도 하지 못했다. 외향적인 성격이라 아이들을 재미있게 하는 건 잘했지만, 그렇다고 뭐 어쩌란 말인가? 공립학교가 제대로 돌봐주지 못하는 아이들에게 진심으로 다가가기 위해서는 나부터 진지하게 배워야 했다. 그것 역시 시간이 걸렸다. 그러나 그 과정에서 내가 배운 것들은 우리가 지금 그린 브롱크스 머신이라고 부르는 프로그램의 토대가 되었다.

내 이야기에는 놀라운 반전과 좌절, 가슴 아픈 사연이 가득하지만, 뜻밖의 파트너십도 많다. 나는 이것을 충돌, 연결, 공동학습이라고 부른다. 흥미로운 사람을 우연히 만났을 때나 새로운 가능성을 부르는 아이디어가 떠오를 때, 나는 열심히 함께 배우려고 한다. 바로 그것이 우리가 승수효과乘數效果를 만들어내는 방식이다. 우리 교실의 타워가든부터 그린 브롱크스 머신의 이동식 교실 주방까지, 독자 여러분이 앞으로 보게 될 모든 혁신은 기회를 알아보고, 그런 다음 참신한 아이디어를 우리 교실에 적용한 결과다.

기꺼이 인정하는 바지만, 나라고 무엇이 효과가 있을지 늘 아는 건 아니다. 하지만 좋은 답을 얻기까지 여러 번 실패할 수밖에 없을지언정 답을 찾아야 직성이 풀린다. 나는 그렇게 살아왔다. 불가능에서 '난 할 수 있어'로 태도를 바꾸고, '기회는 어디에도 없어'에서 기회는 '지금 여기' 있다고 마음가짐을 바꾸면서.

오래전 처음 교편을 잡았을 때, 나의 목표는 어린 학생들의 삶에 변화를 일으킬 수 있는 한 사람이 되는 것이었다. 그래서 그동안 내가 받았던 칭찬과 관심이 송구스러울 뿐이다. 그보다 중요한 것은, 여러분이 이제 만나게 될 어린 학생들의 회복력과 기운이 나에게 힘을 준다는 것이다. 버네사, 캘빈, 미구엘, 그 밖에 수많은 아이가 사회에 이바지하고 남을 배려하는 생산적인 시민으로 성장했다. 그들이 있기에 나는 브롱크스가 자랑스럽다.

해결책을 애타게 갈망하는 지역사회가 얼마나 많은지 나도 잘 알고 있다. 모쪼록 독자들이 내 이야기에서 영감을 얻고, 내가 그랬듯이 새로운 씨앗을 심어 더욱 큰 무언가를 키워내기를 바라는 마음 간절하다. 나의 좌충우돌 모험기는 여러분이 학교에 나와서 성장하고 열심히 일할 각오만 있다면 놀라운 일이 벌어진다는 확실한 증거다. 열정, 목적, 희망은 나의 비밀소스다. 이런 재료는 누구에게나 공짜다. 아무것도 구입할 필요가 없다. 발은 땅속에 뿌리내리고 머리는 태양을 향하라. 우리가 날마다 이렇게 말하듯, 씨 쎄 푸에데 Sí se puede(그래, 할 수 있어)! 그리고 대서사를 만들어라!

2004년 가을

　　　　　　　　"리츠 선생님, 행정실로 내려와주세요."

　스피커에서 쩌렁쩌렁 울리는 알림방송을 들었을 때 불안감이 엄습했다. 이번엔 무슨 일이지? 월턴 고등학교에 과학교사로 새로 부임한 지 불과 몇 주밖에 안 된 때였다. 아직까지 크게 실수한 일은 없는 것 같은데?

　행정실에 도착하니 총무가 흥분해서 떠들어대고 있었다.

　"이 상자 가져가세요. 선생님도 학생들도 아주 마음에 들 거예요!"

　선물인가? 기분이 좋았다. 총무는 '공원을 위한 뉴요커들New Yorkers for Parks'이라는 단체에서 보내온 커다란 상자 하나를 건넸다. 사우스 브롱크스에서 과학교사로 몇 년을 근무하고 나자 내 이름은 수많은 명단에 올라 있었다. 가끔은 수업에 활용할 만한 기증품이나 표본이 들어올 때도 있었다.

"고마워요!" 나는 큰 소리로 대답하면서 그 보물을 가지고 교실로 향했다. 뭐가 들었을까? 스포츠용품? 과학도구 세트? 로봇? 크고 무거운 상자만큼 내 기대는 한껏 부풀었다. 우리 아이들의 학습에 더 흥미를 붙이게 하려면 어떤 자원이든 절실했다. 호기심을 억누를 수 없었다. 나는 중앙 복도에서 곧바로 상자를 열었다.

설레던 마음이 찬물을 뒤집어쓴 기분이었다……, 아니?

양파? 대체 이게 뭐란 말인가?

그 커다란 양파 상자를 가만히 살펴보았지만 내 눈에는 던지기 딱 좋은 재료들로밖에 보이지 않았다. 새로 맡은 학급은 문신과 피어싱을 하고 콧수염을 기르고 다니고, 다소곳하게 말하는 것엔 영 소질이 없는 아이들이 많았다. 수업 중에 연필과 책이 교실을 날아다니고 물리적 싸움이 일어난 게 벌써 한두 번이 아니었다. 수업 중에 이 상자를 여는 짓만큼은 하지 말아야 할 일이었다. 이 양파들은 즉시 야구공이 되어 아마도 내 머리로 날아올 것이다. 그러니 얼른 그 양파 상자를 눈에 안 보이는 곳에 치워두고 잊어버리는 게 상책이었다. 나는 그 상자를 교실 안 낡고 큰 라디에이터 밑에 집어넣고 일과를 계속했다.

6주 후 수업 중에 또 그런 싸움이 일어났다. 이런 일이 다반사였으므로 우리에게는 따라야 할 세세한 지침이 있었다. 첫 번째 지침, 몸을 숙여라.

잊지 못할 10월의 그날, 수업 중에 두 학생이 갑자기 의자를 뒤로 밀치며 벌떡 일어섰다. 나는 나머지 학생들을 그들과 떨어뜨리기 위해 그 둘이 넘어서는 안 될 선을 바닥에 그었다. 그런 다음 도움을 청하려고 애쓰던 순간, 곤살로라는 아이가 라디에이터 밑으로 손을 뻗는 게 보였다. 바로 그때였다. 모든 것이 느린 화면으로 돌아가기 시작한 건.

안 돼, 제발 그 밑의 무기는 건드리지 마, 나는 생각했다.

그 아이가 무언가를 잡아 뜯었고 와르르 쏟아졌다……. 꽃들이었다. 기다란 초록색 줄기마다 피어난 수십 송이의 밝은 노란색 꽃…….

이럴 수가. 그건 양파가 아니었다.

마치 곤살로가 마술 모자에서 토끼를 꺼내기라도 한 것처럼 교실엔 탄성이 흘렀다. 그 꽃들은 너무도 뜻밖이라 형광등 불빛 아래서 초현실적으로 보였다. 날아가던 주먹들이 곧바로 멈추었다. 이제 남학생들은 수선을 떨며 여학생들에게 꽃을 건넸다. 여학생들은 한두 줄기를 엄마에게 가져다주고 싶어했다. 그리고 과학교사로서 내 본능은 방금 일어난 이 소동을 이해하려 애쓰고 있었다.

나는 쉭쉭거리는 라디에이터의 더운 김이 어떻게 그것을 꽃피웠는지는 고사하고 그것이 수선화라는 것도 몰랐다. 콘크리트와 철조망뿐인 이 동네에 사는 아이들 또한 아무것도 모르기는 마찬가지였다. 그것은 마술이 아니었다. 자연이었다. 그리고 그것은 기적 같았다! 이제 우리에겐 풀어야 할 수수께끼가, 과학탐구의 실제 경험이 생겼다. 사실 우리 모두에게 그것은 '가르칠 수 있는 순간'이었다. 우리가 비밀스럽게 덮개를 열었던 그것이 무엇이었는지 나는 거의 알지 못했다.

❦

사람들은 나에게 묻곤 한다. 아이들이 더 건강해지고, 학업에 흥미를 느끼고, 생산적인 시민이 되도록 도와주는 녹색 커리큘럼의 아이디어를 어디서 얻었느냐고. 그럴 때면 나는 곧잘 그 수선화 이야기를 들려주곤 한다. 그러나 수선화 사건이 전체 이야기라고 말하기는 힘들다.

그때가 가르칠 수 있는 순간이었음을 깨달은 건 한참 후의 일이었다. 그전에 먼저 나는 유능한 교육자가 되어야 했다. 나의 교육철학을 발전시키고 가장 다가가기 어려운 학생들의 마음을 끌 일련의 전략을 세우기 위한 시간이 필요했다. 학습의 근본이 되는 관계를 형성할 수 있으려면 먼저 내가 가르치는 학생들을 진정으로 알아야 했고, 우리 모두가 공유한 사우스 브롱크스의 자산을 깨달아야 했다. 또한 혁신을 일상적 과제로 만들어버리는 교육 체계에서, 특히나 빈곤 속에서 자란 아이들이 다니는 학교에서, 어떻게 새 아이디어를 도입할지 방법을 알아내야 했다.

이 이야기에는 내가 웬만해선 말하지 않는 것이 한 가지 더 있다. 수선화가 나타났던 그날은 마침 나 자신에게도 희망의 새 불꽃이 절실히 필요했던 때였다. 잇달아 개인적인 비극들을 겪고 난 후 나는 타고난 낙천성마저 거의 바닥나 있던 상태였다. 그러나 그 보잘것없는 노란 꽃에 열광하는 월턴 고등학교의 우리 아이들을 지켜보던 그때, 내 마음속의 무언가가 꿈틀거렸다. 가장 열악한 조건 속에서도 자연은 우리 모두의 관심을 사로잡고 영감을 주고 기쁘게 할 방법을 찾아내지 않았던가. 여기서 희망은 눈에 보이는 것이 되었다. 그 놀라운 꽃송이들은 식물이 지닌 힘에 내 눈을 뜨게 해주었다.

그날 우리 교실의 어느 누구도, 우리가 그 덧없는 한순간을 조만간 하나의 운동으로 바뀌나갈 거라는 걸 알지 못했다. 있을 법하지 않은 이 전체 이야기가 펼쳐진 과정을 보여주기 위해서는 맨 처음으로 돌아가야 한다.

만약 당신이 오늘날 사우스 브롱크스나 사우스센트럴 로스앤젤레스, 피츠버그나
필라델피아에서 자라는 아이라면, 지금까지 당신이 분리되어 살아왔다는 것,
이 사회는 당신을 주류로 되돌리기 위한 어떤 의지도 가지고 있지 않다는 걸
곧바로 이해할 것이다.
그 아이들은 보는 눈이 있고 볼 수 있으며 들을 귀가 있고 들을 수 있다.
그 아이들은 어떤 정치가도 이에 관해 말하지 않는다는 걸 알아챈다.
우리가 그들을 덜 분리시키고 더 평등하게 만들겠노라고 말하는 사람이 없다.
아무도 그런 말은 하지 않는다.

― 조너선 코졸Jonathan Kozol

THE POWER
OF A
PLANT

PART 1

토양
마련하기

CHAPTER 01

새내기

1984년 여름

나는 절뚝거리는 걸음으로 사우스 브롱크스에 있
는 잭슨 애버뉴 지하철역 금속 계단을 내려갔다. 한쪽 허벅지에서 발
목까지 보조기가 채워져 있어 무릎을 굽힐 수 없었다. 날은 몹시 더웠
다. 보도마저 땀을 흘리는 것 같았다. 생애 첫 번째 교사직을 얻기 위해
면접을 보러 가는 길이었기에 늦고 싶지 않았다.

1980년대 초에 성년이 된 우리 동네 젊은이들이 흔히 그랬듯, 나는
농구 코트 위에서 부와 영예를 꿈꾸었다. 안 될 이유가 없지 않은가?
키 190센티미터에 강단 있는 체구, 바닥날 줄 모르는 체력, 적중률 높
은 3점 슛, 28인치의 허리, 게다가 파란색 스웨이드 푸마 운동화까지.
나는 백인치고는 점프력도 꽤 좋았다. 대학생활 4년은 나에게 영화〈동
물농장 Animal House〉의 주인공들만큼이나 일심히 게임과 파티에 빠져서
지낼 숱한 시간을 주었다. 학창 시절 내 목표는 가능한 한 많은 시간을

농구 코트에서 보내기, 예술하기, 여학생 만나기였다. 마치 행복한 4년이라는 시간에 초대받은 것 같았다. 졸업이 다가올 무렵, 나는 행복하다는 걸 아주, 아주 잘 알고 있었다. 만약 시험과 논문에 땀 흘리는 학구적인 친구들이 있었더라도 우리가 서로 마주칠 일은 없었을 것이다.

졸업할 때까지도 그다음은 어떻게 할지 생각하지 않았고, 졸업 후에는 무얼 해야 좋을지 몰랐다. 졸업 후 할머니를 찾아뵈러 이스라엘에 떠나 있던 동안에는 프로농구 선수가 되려고 알아보고 있었다. 그런데 바로 거기서 내 무릎이 찢어진 거다. 뉴욕으로 돌아오는 긴 비행시간 동안 진로를 곰곰이 생각해보았다. 교사인 어머니는 전부터 뉴욕 시에 있는 학교들이 대규모 인력난을 겪고 있다고 말씀하시곤 했다. 어머니의 성화에 못 이겨 나는 외국에 나가기 전에 임시교사 자격증 시험을 봤다. 내가 나가 있는 사이에 어머니에게는 나를 면접하고 싶다는 교장들의 절박한 전화가 쏟아졌다.

그렇게 해서 나는 지금, 교직을 시도해볼 마음의 준비가 되어 있었다. 이스라엘에서 돌아오는 항공편이 몇 시간 연착되었다. 케네디 공항에서 곧장 면접장소로 가야 했다. 여름 내내 자라서 대걸레처럼 부스스해진 곱슬머리를 손질하러 이발소에 들를 시간은 고사하고 옷을 갈아입을 시간조차 없었다. 목 위만 보면 나는 볕에 그을린 영국 록 가수 피터 프램턴Peter Frampton 같았다. 반면에 두 다리는 백인 농구 선수 래리 버드Larry Bird의 다리보다 하얬다. 목이 긴 농구화에 몹시도 짧은 농구 팬츠를 입은 차림 그대로 나는 어색한 무릎 고정쇠가 허락하는 만큼 빨리 면접장소를 향해 걸음을 재촉했다.

거리 풍경이 내 걸음을 우뚝 멈춰 세웠다. 웨스트체스터 애버뉴의 고가 선로 아래의 모든 표면은 온갖 낙서와 갱단 표시로 뒤덮여 있었다. 우르릉거리며 머리 위를 지나는 열차는 스프레이 페인트로 그림을 그린 움직이는 벽화 같았다. 길 건너편에는 방탄 유리창을 단 붉은 벽돌의 1층짜리 우체국 건물이 웅크리고 있었다. 맞은편 모퉁이의 육류 창고 앞에는 배달 트럭들이 공회전을 하고 있었다. 그 너머 이른바 지역사회라고 부르는 것은 그냥…… 멈춰 있는 것 같았다. 어릴 때 알던 브롱크스, 기억 속에서 낭만적으로 채색된 장소는 오래전에 사라지고 없었다. 이 브롱크스는 차라리 2차 세계대전 후 독일의 어느 풍경이라 할 만했다.

버려진 공터 뒤에 또 버려진 공터. 소화전 하나가 텅 빈 거리 위에 물을 뿜어대고 있었다. 벽돌더미, 불에 그슬린 메트리스, 뒤틀린 금속, 그 밖에도 온갖 쓰레기들. 그것은 불에 타서 불도저로 밀어버리고 남은 아파트 건물의 유일한 잔해였다. 나머지 것들은 그냥 남겨져서 선 채로 썩어가고 있었다. 방화로 말미암은 화재와 반달리즘[각종 문화유적이나 공공시설, 예술품 등을 파괴하는 행위—옮긴이]의 물결이 10여 년 전이 동네를 휩쓸고 지나갔고, 그 장소는 여전히 그슬린 채 사람들의 기억에서 지워져 있었다. 나는 비록 브롱크스에서 자랐지만, 오래 떠나 있다가 다시 찾은 그 풍경은 낯설게 다가왔다. 그 파괴가 아주 최근에 너무도 속속들이 일어난 듯 느껴진 나머지 실제로 연기 냄새가 나는 것만 같았다.

지평선 위로 어렴풋이 무슨 거대한 무대장치 같은 게 보였다. 세인트앤스 애버뉴 위로 우뚝 솟은 사우스 브롱크스 고등학교 5층 건물의 윤곽이었다. 귀신이 나올 법한 분위기. 그 옆으로 건물 하나가 있을 뿐, 그 주변 여덟 개 블록 내에는 파란 하늘과 시커멓게 그슬린 잔해 말고는 아무것도 없었다. 멀리 보이는 맨해튼의 스카이라인은 다른 행성의 풍경이라 해도 믿을 것 같았다.

"아서라, 누가 사우스 브롱크스에서 가르치고 싶은 마음이 들겠어?" 면접을 보게 됐다고 했더니 친구 T. C.는 그렇게 경고했다.

"왜? 우리 둘 다 브롱크스에서 컸잖아." 나는 반박했지만 한 가지 중요한 사실을 빠뜨렸다. 10년 전 우리 부모님은 브롱크스의 난리법석을 피해 안전한 교외인 뉴욕 주 로클랜드 카운티로 이사했던 것이다.

"사우스 브롱크스는 아니었지." 그가 나에게 상기시켰다.

T. C.의 경고에도 나는 걱정하지 않았다. "내가 누구야. 난 어디 가서든 누구하고도 잘 지내잖아." 내가 함께 어울렸던 수많은 사람을 알고 있던 그 친구는 더는 반박하지 않았다.

세인트앤스 애버뉴를 걷기 시작하면서 이 동네 이야기가 나올 때마다 빠지지 않던 마약과 폭력에 대한 경고가 다시 떠올랐다. 헤로인은 1960년대에 이 지역을 쑥대밭으로 만들었다. 이어서 1970년대에는 싸구려 코카인의 거센 물결이 순식간에 이 지역을 덮쳤다. 지금은 크랙이었다. 길거리 마약의 패스트푸드. 주머니에 3달러만 있으면 누구나 크랙을 사서 정신을 놓을 수 있었다. 겨우 90초 동안이긴 하지만.

열차 선로 건너편 몇 블록을 차지하고 있는 세인트메리 공원은 한 세기 전에 도시의 낙원이 되라고 설계한 곳이었다. 군데군데 커다란 화강암 바위가 있는 초록 풍경 사이로 오솔길들이 우아하게 굽어 있었다. 한때 오아시스였던 이곳은 노천 마약시장이 되어버렸다. 지금은 발밑에서 빠지직 하고 크랙 약병이 깨지는 소리를 듣지 않고는 이곳을 걸어갈 수가 없다. 버려진 마약용품만으로도 날마다 쓰레기 트럭들이 가득 채워진다.

학교까지 한 블록 남았을 때 꼭대기 층의 한 움직임이 내 시선을 끌었다. 아무런 경고도 없이 의자 하나가 열린 창문에서 날아오르더니 공중에서 소리 없이 우아한 아치를 그리다가 아스팔트 바닥을 때렸다. 그러고는 여러 번 튕기다가 마침내 멈추었다. 그 모든 풍경이 영화 속

느린 화면처럼 비현실적으로 보였다. 의자를 내던지고 머리를 내밀었던 아이는 한마디 말도 없이 창문 안쪽으로 사라졌다. 아무도 밖으로 나와보지 않았다. 지나가던 차 한 대가 속도를 줄이지도 않은 채 방향을 틀어 부러진 의자를 피해갔다.

아마도 젊은 날의 객기였거나 또는 그냥 정말로 내게 일자리가 필요했기 때문이리라. 어쨌거나 나는 그 첫인상에 겁먹지 않았다. 그냥 요즘은 이런가 보다고 생각했다. 나는 계속 걸어서 학교로 들어갔고 교장실에 틀어박힌 교장을 만났다. 그는 나를 쳐다보지도 않은 채 얼른 전화를 하더니 내 지도주임이 될 사람에게 나를 소개해주었다. 그 지도주임을 따라서 면접장소인 5층으로 가기 위해 엘리베이터를 탔는데, 엘리베이터가 덜컹 흔들리는가 싶더니 거짓말처럼 밑으로 떨어졌다. 문이 열리자 오래된 건물의 내장이 드러났다. 지도주임이 엘리베이터 밖으로 나가서 태평스럽게 말했다. "음, 5층은 아닌 것 같군요."

바로 그때 거기서 나는 이 학교에서 내가 떨어질 일은 없으리라는 걸 알았다. 기대치가 그렇게 낮은 만큼 아무리 무능해도 합격할 터였다. 1984년, 사우스 브롱크스 고등학교에서 교사가 된다는 건 출근카드를 왼쪽에서 오른쪽으로 밀 줄 알면 그만이었다. 정각에 펀치를 찍는 것, 그러면 끝이었다! 지도주임이 수학과 과학에서 내 경력이 어떻게 되는지 묻자 나는 고등학교 다닐 때 과학수업 몇 개를 들었다고 대답했다. 실제로 생물학 학기말 고사는 A학점이었다.

"잘됐네요! 좋은 선생님이 되겠군요."

그 자리에서 지도주임의 제안을 받아들였다. 대략 9,000달러 정도의 연봉에 특수교육 대상 학생으로 구성된 독립학급에서 전 과목을 가르치라는 것이었다. 나는 어떤 상황 속에 던져질지 선혀 짐작노 하지 못했다.

출근 첫날, 막 교실에 들어가려는 나를 교감이 불러 세웠다. "여기 선생님 교실 열쇠, 교직원 화장실 열쇠, 분필입니다." 그리고 이름이 빼곡한 출석부 다섯 개를 건넸다.

"잠깐만요, 이걸로 얼마 동안 써야 하나요?" 때 묻은 분필상자를 들여다보며 물었다. 금이 간 칠판에 쓸 분필 스무 개가 들어 있었다.

"부디 행운을 빌어요!" 교감은 어깨 너머로 소리치면서 복도 저쪽으로 사라져갔다. 그게 전부였다, 교사 입문과정은. 그리고 그렇게 시작되었다. 아무런 추천서도, 요구되는 일정 학점도, 아무런 특별훈련도, 심지어 워크숍이나 수습기간, 교습지침도 필요 없었다. 1984년에 교직을 얻는 데 필요한 것은 전공에 상관없이 대학 4년 이수와 아무런 준비나 내용이 필요 없는 간단한 테스트, 심장박동이 전부였다. 내게는 더할 나위 없이 완벽한 조건 같았다.

그 첫날에 출석을 부르는 동안, 나는 이름을 부른 뒤 뜸을 들이며 학생 한 명 한 명과 일일이 눈을 맞추었고 모든 이름을 외우려 최선을 다했다. 내 나이 스물한 살, 나는 우리 반에서 여러 번 유급당해 가장 나이 많은 학생과 같은 나이였고, 내가 막 성년에 접어든 그때 우리 반 학생들은 공공교육을 마쳐야 할 나이가 되어가고 있었다. 나보다 수염이 무성한 남학생도 많았다. 여학생들의 태도는 더 반항적이었다. 미국에 이민 온 지 얼마 안 되어 공립학교가 내거는 약속에 눈이 휘둥그레진 아이들도 몇 있었다. 나머지 아이들은 공립학교 체계를 너무 잘 알고 있었다. 미국의 공립학교 체계가 오랫동안 그들을 낙제시켜왔다는 사실을 말이다.

버네사의 이름을 불렀을 때, 교실 뒤쪽에서 킥킥 웃는 소리가 났다. "버네사 왔어요?" 나는 책상에 엎드려 자고 있는 아이들 중 한 녕이 버네사인가 보다 생각하면서 물었다. "버네사 깨워야 하지 않을까요?"

"걱정 마세요. 버네사가 오면 우리가 모를 수가 없으니까요." 한 소년이 다 안다는 표정으로 장담했다.

그 첫날 버네사는 진짜로 학교에 나타났다. 그 아이가 나타나기 전부터 소리가 들렸다. 그 아이는 교실문 바로 바깥에서 어깨 너머로 복도를 향해 성난 목소리로 악담을 퍼부어댔다. "제기랄, 뭐야? 한 대 맞고 싶어?"

그 아이가 누구를 향해 소리치는지는 알 수 없었지만, 그게 버네사라는 걸 모를 수는 없었다. 이 크고 사나운 목소리는 작고 단단한 몸에서 나오고 있었다. 위스키 통에 두 팔이 붙은 것 같은 모습, 버네사는 거칠고 공격적인 말을 쏟아냈다. 그런데 왜? 그날이 화요일이었기 때문이었다. 해가 떠올랐기 때문이었다. 버네사가 세상에 화를 내는 데는 이유가 필요 없었다. 내가 자신을 지켜보고 있다는 걸 눈치 챘는지 버네사는 똑바로 나를 쏘아보았다. 이렇게 묻는 것처럼 한쪽 눈썹을 살짝 올리고서. "당신도 나한테 수작 부리려고?"

버네사는 교실에 오자마자 친구들과 놀 수 있게 복도 통행증을 끊어달라고 했다. 모두가, 특히나 남학생들은 이제 무슨 일이 벌어지려나 기대하며 지켜보고 있었다. 우리 모두 교장의 철칙을 알고 있었다. 수업 시작 후 5분과 끝나기 전 5분은 복도 통행이 허락되지 않았다. 아이들을 의자에 붙잡아두는 것은 복도와 화장실에서 일어나곤 하는 싸움을 줄여보려는 그의 미약한 해결책이었다. 교장은 그 규칙에 관한 한 매우 완강해서, 나도 그 규칙을 준수하겠다는 동의서에 서명해야 했다. 사실 그것은 새 직장을 다니기 위한 준비절차로서 내게 주어진 유일한 교사훈련이었다.

"자리에 앉아요." 내가 말했다.

버네사는 매섭게 나를 노려보았다. 다른 선생님은 물론 반 아이들

일부조차도 겁에 질릴 만한 눈초리였다. 아무것이든 이 소녀를 폭발시킬 수 있었다. 그날 아침, 나는 싸움을 시작했다.

"자아, 다른 선생님들한테는 그게 통할지 몰라도 나한텐 어림없어. 이건 양방향 도로와 같아. 받은 대로 주고 준 대로 돌려받는 거야. 버네사, 넌 교실에 있어야 해."

"내가 뭘 원하는지도 모르면서." 그 아이가 대꾸했다. "선생님은 날 이해 못 해요."

"네가 뭐라도 배우고 싶다면 노력을 해야 한다는 것, 그리고 그 노력은 출석으로 시작된다는 건 이해하고 있지."

"우리가 어떻게 사는지 선생님이 뭘 알아요? 히스패닉에 대해서 뭘 아냐고요? 브롱스크에 관해서는요? 선생님은 아무것도 몰라요. 선생님은 봉급을 받으려고 여기 있는 거잖아요. 선생님은 그냥 백인이에요. 그링고Gringo[중남미에서 미국과 캐나다의 백인을 부르는 말—옮긴이]는 꺼져주시지!"

나의 피부색에 관해 그 아이와 언쟁할 수는 없어서 나는 이렇게만 말했다. "그런데 말이다, 너도 나를 몰라." 내가 느끼는 감정보다 더 차분한 목소리를 유지하면서, 그 아이의 눈을 똑바로 쳐다보면서, 자리에 앉으라고 말했다. 이번에 버네사는 시키는 대로 했고, 나는 고맙다고 말했다.

점심시간에 바깥에서 버네사를 발견하고 내 샌드위치 반쪽을 건네주었을 때 그 아이는 충격받은 표정이었다. 나는 도시락을 싸가지도 않았고 학교 구내식당의 너절한 음식을 먹지도 않았다. 대신에 그 동네 식품점에서 만든 샌드위치에 맛을 들였다. "우리 서로 알아가도록 하자. 이건 일시적인 관계가 아니라 장기적인 관계잖니." 내가 제안했다.

"진심이세요?" 버네사가 물었다. "절반을 나한테 주신다고요?" 내가 귀한 휴식시간에 짬을 내어 자기와 나란히 앉았다는 사실보다 그게 더 인상적이었던 모양이다. 운이 좋아야만 빵 부스러기라도 얻어먹는 동네에서, 보어스 헤드 햄과 치즈를 넣어 마요네즈를 뿌린 샌드위치('게토의 최고급 샌드위치'로 통하는) 절반은 횡재나 마찬가지였다.

그 후 몇 주 동안 여러 번의 점심식사를 같이하면서 나는 버네사에 관해 많은 걸 알게 되었다. 버네사의 오빠는 마약에 깊이 빠져서 어머니의 관심을 다 빼앗아갔다. 버네사는 관심을 받기 위해 필요하다면 오빠만큼 못되게 굴 수 있다는 걸 증명해 보이기로 했다. 그러나 버네사는 거친 겉모습 뒤에 탁월한 대응과 회피, 생존의 기술을 감추고 있었다. 그 아이는 핏불처럼 비열할 수도 있었고, 상황이 괜찮으면 푸들처럼 귀엽게 굴 수도 있었다.

버네사의 예리한 지성이 번뜩일 때가 있었는데, 공영주택이 왜 형편없는지 매우 정교하게, 욕설을 섞어가며 생생하게 분석할 때가 그랬다. 그 아이는 거리낌 없이 다른 학생들을 괴롭히거나 구석진 곳에서 마리화나를 피웠고, 성깔을 부리면서 교사들과 싸우기도 했다. 버네사가 달콤한 숨결을 풍기며 바보처럼 행동하면서 교실에 들어올 때는, (다른 많은 학생들이 그렇듯) 화장실에 들러서 캘빈 쿨러 한 병을 들이키고 왔다는 걸 나는 알고 있었다. 이 달콤한 싸구려 와인 음료는 우리 학생들이 '게토 쿨 에이드Ghetto Kool-Aid'라고 부를 만큼 이 동네에서는 굉장히 많이 팔리고 있었다. 우유나 주스보다 싸고, 무지개 색깔별로 다 살 수 있는 이 음료는 종종 아침식사에 곁들이기도 했으므로 학교는 다른 것보다는 훨씬 더 학생들에게 관용을 베풀었다.

버네사는 자기가 내키지 않으면 숙제를 하거나 어떤 규칙을 지킬 생각이 전혀 없었다. 그래도 대체로 우리는 그럭저럭 잘 지냈다. 기분 좋은 날이면 버네사가 나 대신 학급을 통솔했다. 타고난 지도자감인 버네사는 걷잡을 수 없이 산만한 교실을 눈길 한 번으로 조용히 시키고, 예리한 질문 하나로 모든 아이를 수업에 집중시킬 수 있었다. 버네사가 배우고 싶어할 때면 수업은 모두에게 게임이 되었다.

새내기 교사였던 나는 교육의 의미를 알지 못했다. 내 목표는 아이들보다 수업 진도 하나를 앞서가는 것이었다. 학교 지하실에서 찾아낸 과학교과서를 가지고 수업하는 건 어렵지 않았다. 그 교과서들은 주로 1950년대와 1960년대에 쓰인 것들이었다. 한번은 아이들과 함께 교실에서 교과서를 읽고 있는데 한 아이가 손을 들더니 이렇게 말했다. "책에 이렇게 쓰여 있어요. '언젠가는 인류가 달에 갈 것이다.'"

다른 아이가 끼어들었다. "한심하기는, 그게 말이 되는 소리라고 생각하냐?" 나는 잠시 내 기억을 의심했다. 달 착륙은 나의 상상이었나? 아니면 진짜로 있었던 일이었나?

닐 암스트롱과 인류를 위한 그의 위대한 걸음에 관해 이야기했을 때, 아이들은 그저 어깨를 으쓱했을 뿐이었다. 마이클 잭슨이 문워킹을 하며 미국을 휩쓸고 있었다(우리 아이들이 달에 관해 아는 지식이라고는 그게 전부였다). 그들에게 우주복은 지퍼 세 개가 달린 검은 가죽재킷이었다. 그들에게 정보는 음악채널인 MTV를 통해 생방송으로 직접 전해지는 것이었다.

나의 부족한 훈련, 한정된 물자, 시대에 뒤진 자료를 보상하기 위해, 나는 내 본능을 믿었다. 나는 1960년대와 1970년대 브롱크스에서 자라면서 일종의 불문율을 터득했다. 빽빽하게 밀집된 도시 공간에서 살아가는 사람들은 끊임없이 서로를 평가한다. 누가 믿을 만한지, 누가 기꺼이 눈을 마주쳐줄지, 누가 선글라스 뒤에 다른 마음을 숨기고 있는지 슬쩍 보기만 해도 안다. 한 번의 악수와 약속은 법적 계약만큼이나 구속력을 가진다. 농구 게임은 나에게 솔직담백한 말의 가치에 관해 더 많이 가르쳐주었다. 덩크슛을 할 수 있다고 말할 필요가 없다. 그냥 하면 된다. 행동이 말보다 많은 것을 보여준다. 언젠가 내 운동능력을 놓고 내기에 이기기 위해, 나는 사우스 브롱크스 모퉁이에 주차된 한 유고 차량 위를 훌쩍 뛰어넘은 적이 있었다. 나는 내기 돈을 걸었고 다시 한번 그 차 위를 뛰어넘었다.

여전히 나는 어릴 때 배웠던 그 규칙에 따라 살고 있었다. 브롱크스가 많이 변한 만큼 겉으로는 무법상태처럼 보이지만, 지금 여기에서는 여전히 그 규칙이 통하고 있었다. 우리 교실은 우리 아이들이 사는 세계와 별개가 아니있다. 그곳은 살아 있는 똑같은 생태계의 일무였다.

내가 운동선수였다는 걸 아이들이 알기 전, 나는 아이들과 내기를 했다. 우리는 다 함께 체육관으로 행진했다. 나는 사다리 하나를 들고 가서 농구 골대의 둥근 테두리 위에 중심을 맞춰 나란히 책을 올려놓았다. 꼭 필요한 교과서 외에 나에게 중요한 책들을 골랐지만, 아이들에게도 흥미롭고 자극을 줄 책이라는 걸 본능으로 알고 있었다. 그것은 단지 책과 아이들을 연결시키는 일이었다. 바닥에서 골대 테두리까지 3미터가 훌쩍 넘는 헤라클레스의 도약. "내가 저 위까지 점프해서 저기 있는 책들을 잡으면, 너희들은 그 책을 꼭 읽어야 한다. 동의하지?" 내가 말했다.

아이들이 웃었다. 나는 실제보다 실현가능성이 없는 것처럼 보이기 위해 일부러 몸을 구부정하게 하고 있었을 것이다.

"해보세요, 선생님." 한 남학생이 짐짓 용기를 주는 척 말했다. 그러나 아이들의 표정은 모두가 같은 생각을 하고 있음을 보여주고 있었다. 어림도 없지.

"좋아, 내 인생 최고의 슛을 보여주겠어. 행운을 빌어줘."

나는 연극을 하듯 과장된 몸짓으로 사다리를 치우고 두 손을 비비면서 네트를 노려보았다.

두 번의 빠른 스텝, 그리고 점프! 휙! 나는 테두리에서 책 한 권을 잡아채고는 곧바로 한 아이의 품에 던졌다.

"그건 네 거야!" 내가 말했다.

그 아이가 휘둥그레진 눈으로 나를 쳐다보았다. 이제 서명한 계약서만큼이나 빼도 박도 못할 거래가 이뤄졌음을 깨달으면서.

나는 다시 아까의 자리로 가볍게 뛰어갔다.

스텝, 스텝, 점프! 휙! 다시 성공.

두 번째 책이 테두리에서 한 아이의 손안으로 날아갔다. 그건 더는 이변이 아니었다. 나는 모든 아이에게 책 한 권과 그걸 읽어야 한다는 숙제가 떨어질 때까지 점프를 계속했다. 그다음 어떻게 되었을까? 한 명도 빠짐없이 책을 읽고 왔다. 우리는 큰 감동을 준 책과 저자를 가려내기 시작했고, 실제로 그런 책은 학급 전체가 읽고 싶어했다. 아이들은 빠지지 않고 계속 학교에 나왔다. 다음엔 내가 어떤 수법을 내놓을지 궁금했기 때문이었다.

나는 아이들이 나의 삶, 나의 과거, 내 가족과 관련된 시시콜콜한 것들까지 궁금해한다는 사실을 곧 알게 되었다. 아이들과 친해지기 위해 내가 살아온 이야기를 들려주는 동안, 교육과 고된 일은 늘 내 삶과 내 가족사의 일부였다는 걸 아이들도 알게 되었다. 아이들은 내가 이민자의 아들이라는 사실을 알고 무척 흥미로워했다. 그것은 내가 대부분의 교사와는 다른 점이었지만, 많은 학생과는 중요한 공통점이었다. 종종 나는 하나의 과학실험이었고 쓰레기통 속에서 발견되었다고 농담하면, 아이들은 그런 나를 낳고 기른 내 가족에 관해 알고 싶어했다. 우리가 공통점을 발견해가는 사이, 아이들은 우리 모두 한 가족이라고 느끼기 시작했다. 확대해서 생각하면 아이들은 내가 사랑하는 것들과 연결되어 있었다. 나는 그 점을 모든 수업의 출발점으로 활용했다.

나는 아이들의 부모 역할을 할 때가 많았지만, 솔직히 몇몇 아이는 도리어 내 부모 역할을 하려고 했다. 굳이 내가 어른아이처럼 느껴진다고, 심지어 콧수염을 멋있게 기를 줄도 모른다고 말할 필요가 없었다. 몇몇 아이 옆에 서면, 나는 차라리 중학생 같아 보였다. 그러나 나에게는 아이들의 운명에 대한 통제권이 주어져 있었다. 아이들이 나를 "리츠 선생님"이라고 부르면, 나는 고개를 돌려 아버지가 오셨나 두리번거리곤 했다. 애들이 정말 나를 부른 게 맞나? 아이들은 그런 내 모습에 깔깔 웃었고 대신 나를 쌤(선생님을 줄여서)이라고 불렀다. 그러고는 농담하면서 틀림없이 내 이름은 요Yo, 성은 리츠Ritz일 거라고 했다. 아이들은 교실이나 복도에서 "요, 리츠"를 부르곤 했고, 그러면 나는 미소로 답하곤 했다.

내가 틈틈이 우리 가족 이야기를 들려줄 때면 아이들과의 관계는 더 깊어졌다. 내 아버지는 루마니아에서 태어났고 어릴 때 이스라엘을 거쳐 뉴욕으로 왔다. 아버지의 가족은 로어 맨해튼에 상륙했고 얼마 후 브롱크스의 더 좋은 집으로 이사했다. "우리 집안에 내려오는 전설 같은 이야기가 있지. 우리 아버지가 스무 살 때 외바퀴 수레에 세간을 싣고 맨해튼을 지나 그랜드 콩코스 대로를 거쳐 미리엄가街 196번지까지 끌고 왔다는 거야."

"외바퀴 수레에요? 에이, 설마!" 아이들은 한목소리로 고개를 저었지만, 내 말에 귀를 기울이고 있다는 걸 나는 알고 있었다.

우리 부모님이 서로 만날 당시, 아버지는 맨해튼에 있는 큰 민간은행인 브라운 브라더스 해리맨의 우편물실에서 일하고 있었다. 아버지는 글을 잘 읽지 못했다. 아버지의 읽기문제는 영어보다 히브리어를 더 잘한다는 것과 관련이 있었지만, 선생님들은 전혀 알아차리지 못했다. 아버지는 문장을 오른쪽에서 왼쪽으로 읽는 데 익숙해서 그 반대는 서툴렀던 것이다.

"학교 선생님들은 우리 조부모님께 아버지가 늦되다고 했지." 나는 그 대목에서 잠시 말을 멈추었고 우리 반에서 영어를 배우고 있는 아이들 두 명이 의미심장한 눈빛을 교환하는 걸 보았다. 세계에서 배울 가치가 있는 언어는 영어 하나만이 아니라는 사실을 학교에서는 너무 쉽게 잊어버린다. 우리 아이들은 그 이야기와 비슷한 상황 속에서 살고 있었다.

아버지는 클린턴 고등학교 육상부에서 더 크게 환영받았다. 당시 그 학교는 브롱크스의 남학교였는데, 아버지는 타고난 운동신경과 이기기 위해서는 뭐든 가리지 않는 적극성 때문에 모든 팀에서 가장 먼저 데려가고 싶어했다. 농구는 아버지의 첫사랑이었다("쌤이랑 똑같네요" 하고 한 남학생이 끼어들었다). 그러나 아버지는 그랜드 콩코스 대로를 가로질러 밸런타인 애버뉴까지 풋볼 공을 정확하게 던질 수 있었는데, 프로 선수 기준으로 봐도 믿기 힘들 만큼 굉장한 실력이었다. 스포츠 실력과 팀에서 보여준 적극성은 아버지에게 존경을 안겨주었지만 읽기를 배우는 데는 별 도움이 안 되었다. 결국 아버지가 우편물실에 취직했을 때는 맞는 우편함을 찾아서 우편물을 넣기 위해 글자와 기호를 비교하며 끙끙대야 했다.

어머니는 같은 은행의 회계부서에서 일하고 있었다. 어머니는 읽는 건 문제없었지만, 덧셈을 썩 잘하지 못했다. 어느 날 아버지는 어떤 위로도 통하지 않을 것처럼 서럽게 울고 있는 어머니를 발견했다. 어머니는 덧셈 결과가 맞지 않아서 울고 있었다. 아버지에게 종이 위의 단어를 이해한다는 건 여전한 난제였지만, 숫자를 더하거나 빼는 건 쉬웠다. 아버지는 어머니가 간단한 이항에서 실수했다는 걸 알았다. 그러자 어머니는 곧, 아버지는 조금만 도와주면 읽을 수 있고 어머니는 조금만 도와주면 수학을 할 수 있으니 서로 도우면 개인으로서나 한 팀으로서 잘된 일이라고 생각했다.

"그렇게 해서 우리 부모님이 만나게 된 거야. 각자 읽기와 숫자 계산을 힘들어했기 때문에."

"와아아, 낭만적이에요." 한 여학생이 말했다. "두 분은 아직도 같이 사세요?"

나는 부모님의 관계는 변함없이 좋고, 어머니는 나중에 특수교육 교사가 되었다고 설명했다. "그렇게 해서 내가 여기 너희들과 함께하게 됐지." 내가 말했다. "내가 선생님이 된 게 뭐 이상해?"

⬤

아이들 중에는 한부모 또는 할머니와 단둘이 사는 아이들이 많았다. 나 역시 집에서 살고 있었지만 아이들과 나의 가정생활은 완전히 달랐다. 나에게는 남동생 하나와 무조건적으로 나를 사랑하고 열심히 일하시는 부모님이 있었다. 외할머니와 친할머니는 내가 나쁜 짓은 아예 할 줄 모른다고 생각하셨다. 할머니를 사랑하고 할머니에게 사랑받는다는 것은 나와 아이들과의 또 하나의 공통분모였는데, 똑같은 이유 때문이었다. 조건 없는 사랑. 세대 간 사랑과 존경은 내 마음을 깊이 울리고 있었다.

많은 아이의 경우 가족 구성이 끊임없이 바뀌었고, 때로는 날씨처럼 계절 따라 바뀌기도 했다. 대부분의 아이는 쥐와 바퀴벌레가 들끓는 공영주택에서 학교까지 걸어서 통학했다. 나머지 아이들에게는 더 깊고 심각한 억압감과 절망감이 드리워져 있었다. 문제가 주거 환경이든 우편배달이나 기본적인 공공서비스든, 심지어 쇼핑 접근성이든 간에, 분리와 불평등의 감정은 체계적이었고 생활 전반에 깊이 배어들어 있었다. 대안을 보여주는 사람이 아무도 없었으므로, 아이들은 그 공영주택을 벗어나지 못한 채 영원히 그 수레바퀴를 맴돌 거라고 가정하고 있었다.

나의 공식 주소지는 로클랜드 카운티의 부모님 집이었다. 깨끗하고 안전한 데다 든든한 지원도 있었지만 결정적으로 따분했다. 그곳에서 나는 무단 거주자 같은 느낌이었다. 그곳은 6학년 말에 브롱크스를 떠난 이후 내가 받아들이려고 애썼던 한 세계를 대표하고 있었다.

내가 살아온 이야기를 들려주다 보니 아이들과 관계 맺는 게 수월해졌을뿐더러 아이들도 빠지지 않고 학교에 나오게 되었다. 그것은 아이들을 각종 문제와 떼어놓으려는 나의 더 큰 목표와도 연관되어 있었다. 마약거래로 쉽게 돈을 벌고자 하는 청소년들은 이런 약육강식의 경제 속에서 파수꾼이나 정찰꾼(마약계에서 일종의 인턴사원이거나 그보다 훨씬 더 안 좋은 낮은 지위)으로서 얼마든지 기회를 찾을 수 있었다. 일주일 동안 학교에 나오지 않다가 그다음 주가 되면 BMW를 몰고 학교에 오는 아이들을 나는 여럿 보아왔다. 그러다가 다시 일주일 후면 그 아이들은 수갑을 차고 경찰에게 끌려갔고, 한 날 만에 학교로 돌아와서는 똑같은 전철을 밟을 준비를 했다.

진정한 묘책은 학교를 그들 자신의 삶과 연관된 곳으로 만드는 것이었다. 내가 천재였을까? 결코 아니었다. 나에게 충분한 자격이 있었을까? 그건 더더욱 아니었다. 하지만 나는 이 아이들을 사로잡을 방법을 찾아낼 만큼 충분히 관심을 기울였다. 비록 풋내기 교사였지만 보살피는 관계야말로 배움의 가장 강력한 토대라는 걸 나는 이해하고 있었다. 내가 버네사에게 약속했던 것처럼, 받은 대로 주고 준 대로 돌려받게 된다.

CHAPTER 02

교과서를 뺀 모든 것을 교재로

1985년 봄

　　　　　　　"여러분, 연필을 내려놓으세요. 이제 '두 나우Do Now' 시간입니다."

내가 지도주임에게서 받은 유일한 교습요령은 학생들의 주의를 집중시키기 위해 수업 시작 때마다 3분의 사전 활동시간을 가지라는 거였다. 그는 그것을 '두 나우'라고 했다. 나는 그의 조언을 받아들였지만 나만의 방식을 덧붙였다. 아이들이 교실에 들어올 때면 비스티 보이스Beastie Boys의 떠들썩한 〈홀드 잇 나우Hold it now〉가 울려 퍼졌다. 그러면 아이들은 한목소리로 "시작해Hit it!" 하고 그 노래의 후렴구로 대꾸했고 이제 수학책을 꺼낼 시간이 되었다는 걸 알았다.

아이들과 친해지기는 사실 쉬운 일이었다. 어쨌거나 우리는 똑같은 것에 열광했으니까. 농구, 힙합, 사랑에 대한 갈망이 그것이었다. 로를랜드에 있는 부모님 집에서 학교까지 운전하고 가는 길은 교통체증이 없으면 50분이 걸렸다. 나는 집에서 출발할 때는 차창을 올렸다가 브롱크스 횡단 고속도로에 이르면 브롱크스가 낡은 허물을 벗고 새 모습을 가꿔가는 소리를 듣기 위해 차창을 내렸다. 검게 그슬린 이 동네의 잔해더미 속에서 힙합이 끓어오르고 있었고 전 세계가 그 소리에 귀를 기울이고 있었다. 힙합그룹 런-DMC는 1984년 첫 번째 골드레코드로 대히트를 기록했고, 그 앨범은 랩 음악으로는 처음으로 그래미상 후보에 올랐다. 나머지 아티스트들도 그 뒤를 따를 태세가 되어 있었다. 그랜드마스터 플래시Grandmaster Flash가 턴테이블을 맡은 하우스파티들은 차세대 대형 브롱크스 스타들과 특징적인 댄스동작을 탄생시켰고, 이는 MTV를 통해 미국 전역의 도시와 교외로 급속히 퍼져나갔다. 거의 하룻밤 사이에, 인터넷이 등장하기 한참 전에, 힙합의 힘을 통해 마치 전 세계가 브롱크스와 사랑에 빠진 것 같았다.

브롱크스에서는 블록마다 초대형 라디오 카세트와 차량 스피커에서 터져 나오는 똑같은 노래를 들을 수 있었다. 모퉁이에서 모퉁이까지, 식료품점에서 식료품점까지, 심지어 한 건물의 아래층에서 위층까지 똑같은 음악이 마치 심장박동처럼 쿵쿵거리고 있었다. 라디오 디제이들은 최초의 인간 비트박스 더그 E. 프레시Doug E. Fresh 같은 아티스트들을 하룻밤 사이에 유명하게 만드는 능력이 있었다. 몇 주 동안은 어디를 가든지 내 귀에 들리는 건 그의 노래 〈더 쇼The Show〉뿐이었다. 맬컴 매클래런Malcolm McLaren의 〈버팔로 아가씨Buffalo Gals〉는 원 없이 들었다.

점심시간이나 방과 후에는 우리 아이들이 그들만의 비트를 하면서 퍼커션 머신이라도 된 듯 박자를 타고 거리의 리듬을 증폭시키는 소리가 들려왔다. 빅 대디 케인Big Daddy Kane, 리얼 록샌Real Roxanne, 팻 보이스Fat Boys 등등이 녹음했던 모든 노래가사는 우리 중 모르는 사람이 없었다. 그래서 나는 자연스럽게 그런 음악을 교실로 끌어들였다.

음악과 함께 나는 나의 큰 목소리, 그보다 더 큰 성격, 재미있는 브롱크스 모험담이 가득한 이야기 주머니를 활용해 아이들의 주의를 붙들었다. 하지만 그다음에는? 그다음에 무엇을 할 것인지는 스스로 알아내야 했다. 어떻게 하면 아이들이 관심도 없는 내용에 흥미를 가지게 만들 수 있을까? 그동안 내내 '너희들은 안 돼'라는 소리를 들어온 아이들에게 어떻게 하면 그들도 배울 능력이 있다고 확신시킬 수 있을까? 우리 누구도(학생이나 교사나) 아무런 지원을 받지 못하고 있었다. 커리큘럼? 천만에. 범위나 차례? 금시초문이었다. 관리? 존재하지 않았다. 책임? 그게 **뭐죠?**

교사가 되어 맞게 된 첫 번째 크리스마스를 사흘 앞둔 어느 오후, 버나드 괴츠Bernhard Goetz라는 한 백인 남자가 맨해튼의 2호선 지하철 안에서 네 명의 흑인 소년에게 총격을 가했다. 피해 소년 네 명 모두 브롱크스 출신이었다. 네 명 모두 무기도 없는 상태였다. 두 명은 뒤에서 총을 맞았다[극심한 범죄율로 치안이 부재하다 싶던 1984년, 버나드 괴츠는 지하철에서 흑인 소년 네 명을 강도로 오인해 총을 쏘고 달아났다. 며칠 후 그는 자칭 '지하철 자경단'이라며 자수했는데, 인종차별적 성격의 이 사건은 통제되지 않는 범죄와 무너진 사법 정의의 상징으로 남았다—옮긴이].

크리스마스 방학이 끝나고 개학했을 때, 나는 아이들에게 새로운 읽을거리를 건넸다. '지하철 자경단'에 관한 신문 1면 기사들이었다.

아이들에게는 그보다 더 절실히 와 닿을 수 없는 뉴스였다. 그 총격 사건은 아이들과 내가 종종 함께 타던 바로 그 열차 안에서 벌어섰나. 아이들과 나는 그냥 나란히 같이 앉음으로써, 사회에 만연한 고정관념에 도전하곤 했다. 열차 안의 나머지 유색인종 아이들은 나를 제2의 버나드 괴츠라도 되는 듯 쳐다보았고 나에게 말을 거는 우리 아이들을 노려보곤 했다. 나머지 백인들은 우리 아이들을 위협으로 여겼고 가능한 한 우리와는 멀찍이 거리를 두었다. 이 도시는 극도로 양극화되어 있었다. 에드 코치Ed Koch 시장이 뉴요커들에게 즐겨 쓰던 말은 "제가 제대로 하고 있나요?"였다. 그의 질문에 대해 우리 동네에서는 이런 대답이 압도적이었다. "아주 엉망진창이지."

그래서 우리는 이야기를 나누었다.

수업시간에 우리는 인종주의에 대해, 낮은 기대의 자기영속적인 순환에 대해, '타인'(우리와 다른 사람들)을 두려워하거나 미워한다는 것의 의미에 관해 이야기했다.

우리는 한 명 한 명의 말에 서로 귀를 기울이고 있다는 걸 알도록 하기 위해 동그랗게 원을 그려 앉아서 '우리'가 의미하는 것이 무언인지 이야기를 나누었다.

한 남학생은 이런 말로 나를 놀라게 했다. "요, 리츠! 쌤은 왠지 우리와 같은 부류처럼 느껴져요. 쌤은 백인 같지 않아요. 그렇다고 흑인 같지도 않고요. 다른 모든 선생님과는 달라요. 꼰대처럼 행동하지도 않고. 하지만 제 느낌에 쌤은 우리를 어딘가로 이끌라고 보내진 사람 같아요."

"나라고 우리가 다음에 어디로 가야 할지 항상 아는 건 아니야." 나는 솔직히 인정했다. "하지만 이거 하나는 확실히 알아. 너희들이 어른이 되려면 학교에 나와야 한다는 거. 일단 몸이 가면 머리도 따라가게 되어 있어."

절실하게 와 닿는 사건에 관한 기사들을 읽는 동안, 나는 아이들에게 다음 조치를 고민해보도록 했다. 그리고 어느 날 아이들에게 이렇게 말했다. "이런 이야기들은 모두 정의를 요구하는 사람들에 관한 것들이다. 하지만 우리가 정말로 뭐 하나라도 바꾸고 싶다면, 그 일은 바로 우리에게서 시작되어야 할 거야. 그거 말고 다른 뭐가 있고 우리 말고 또 누가 있겠니?" 아이들이 고개를 끄덕였다.

설상가상으로 갈등을 악화시키는 요인이 있었다. 이 아이들의 삶을 좌우할 힘을 가진 지도자들의 압도적 대다수(그것이 교사든 교장이든 또는 생활지도교사, 학교 행정사무원, 정부 관리, 경찰이든 간에)가 확연하게 백인이라는 사실이었다. 그리고 그들 중 누구도 이 동네에 살지 않았고, 이 동네의 어떤 측면에 대해서든 말할 입장이 아니었다. "그 사람들은 우리 피를 짜서 먹고사는 것 같아요." 한 소녀가 투덜거렸고, 나는 반박하지 못했다.

책과 영화 속의 등장인물로서 미국의 위대한 흑인 지도자, 라틴계 지도자가 필요한 것처럼 우리에게도 그런 인물이 절실히 필요했다. 한 아이에게 그 아이와 비슷한 어떤 사람이 강인할 수 있고, 변화를 만들 수 있으며, 영웅이 될 수 있다는 걸 보여준다면 그 아이의 세계를 영원히 열어준 것과 같다. 아이들이 그런 사람이 되기 위해서는 그런 사람을 보아야 한다. 그러나 우리 아이들의 눈에 비친 그런 책임자들은 기껏해야 침입자였다. 이 사람들은 생활비를 벌기 위해 사우스 브롱크스에 오지만, 이들이 자신을 위해 사는 삶은 다른 곳, 아주 머나먼 곳에서 이루어진다. 스파이크 리Spike Lee가 우리에게 영화 〈똑바로 살아라Do the Right Thing〉를 통해 메시지를 보내기 오래전부터, 퍼블릭 에너미Public Enemy가 〈속임수를 믿지 마Don't Believe the Hype〉라고 노래하기 오래전부터, 우리는 분리와 불평등을 이해하고 있었다. 우리는 일부분이 아니라 분리되어 있었기 때문에. 그러나 나중에 우리는 우리 삶의 레노를 영원히 바꿔놓게 될 송가와 만트라를 갖게 되었다.

날마다 우리 아이들과 나는 우리가 한 번도 만나보지 못한 당국자들이 아주 먼 곳에서 내린 결정에 영향을 받는다. 그러나 우리 교실에서만큼은 그 역학에 도전하고 싶어서 나는 최대한 아이들이 접근하기 쉬운 교사가 되려고 애썼다. 내가 활용한 한 가지 전략은 우리 모두가 공유하는 경험을 중심으로 수업을 이끌어가는 것이었다.

비 내리던 어느 우울한 월요일, 학교에 도착한 나는 보이지 않는 그당국자들이 나에게 수학의 새 단원을 가르치도록 할당했다는 걸 알았다. 나는 교실로 들어가 이렇게 선언했다. "신사숙녀 여러분, 나에겐 여러분의 도움이 필요하다. 만약 내가 새 아파트를 구하려고 한다면 예산을 짜야 한다."

그렇게 해서 나는 이른바 '월급으로 월말까지 버티기'라는 수학 프로젝트를 도입했다. 그것은 하루에 끝날 수업이 아니었다. 우리 모두에게 장기적이고 다층적인 학습 경험이었고, 내가 집을 구해 이사할 때까지 완결되지 않을 프로젝트였다.

그것은 가상 프로젝트가 아니었다. 아이들은 내가 부모님의 집을 나와 나만의 아파트로 이사하기를 몹시 바란다는 걸 알고 있었다. 사실 아이들 모두가 나를 응원하고 있었다. 심지어 아이들은 싸게 구할 수 있는 쓰레기장 같은 곳 말고 아늑한 아파트를 얻어주기 위해 예상자금까지 올렸다.

"이 동네에 있는 아파트는 마음에 안 드실걸요." 레이먼이 충고했다. "우리가 더 나은 곳을 얻어줄게요." 나의 성공이 곧 아이들의 성공이었다. 내 삶을 위한 아이들의 열정, 목적, 희망은 진정으로 나를 감동시켰다. 우리는 임대아파트를 찾아 일간지와 무료 생활정보 주간지

『빌리지 보이스*Village Voice*』를 샅샅이 뒤지고, 그러면서 흥미로운 기사들을 함께 읽곤 했다.

우리는 내 월간 예산을 짜는 것부터 시작했다.

"이건 지난달 내 급여명세서 복사본이야." 나는 아이들에게 첫 명세서를 내밀며 말했다. "뭐가 보여?"

"맨 위에 있는 숫자가 맨 밑에 있는 숫자보다 훨씬 크네요." 에인절이 말했다.

"그렇지. 네가 방금 지적한 것이 급여와 실수령액의 차이야." 나는 고개를 끄덕이며 말했다. "그 중간에 있는 액수는 모두 세금이나 기타 공제로 빠지는 거지."

"빠진다고요? 그럼 뺄셈과 똑같아요?" 내가 바라던 대로 수학과 실생활 사이의 연관성을 정확히 짚어내며 아먼드가 물었다.

"헐, 뺄셈이 나쁜 년이네." 에인절의 말에 왁자지껄 웃음이 터졌다. "완전 홀랑 다 벗겨 먹잖아. 무릎 아래가 댕강 없어졌네."

"왜 월급을 유리지갑이라고 하는지 이제 알겠네." 매니가 맞장구쳤다.

아이들의 목표는 내가 보증금을 저축하고, 월세를 내고, 전등을 켜고, 배를 곯지 않으려면 매달 필요한 돈이 얼마인지 알아내는 것이었다. 참, 그리고 운동화 살 돈도 충분히 남겨두어야 했다. 아이들이 나를 위해 작성한 파이 차트에는 운동화라고 쓰인 조각이 버젓이 자리 잡고 있었다. 모두가 이 수업을 유용하게 여겼다.

아이들을 조금씩 알아가는 사이에 나는 아이들이 비록 태도나 학업에 어려움이 있기는 해도 타고난 문제해결력을 가지고 있다는 걸 발견했다. 내가 실생활의 딜레마를 던져주면 아이들은 그걸 해결하고 싶어서 가만히 있지를 못했다. 그것은 살벌한 동네에 살면서 자연히 배우게 되는 것이었다. 집까지 걸어가는 일만 해도, 자신의 통제권 밖의 상황들을 헤쳐가야 할 필요가 있다. 이를테면 어느 계단통에서 푼돈을 노리는 일당들이 갑자기 덮칠지 알아야 하는 식이다.

우리 아이들은 자신들이 이해하고 풀 수 있는 문제에 굶주려 있었다. 그래서 나는 수업 중에 사회정의와 인종주의 같은 만만찮은 문제를 이야기할 공간을 만드는 한편, 우리가 하루 만에 풀 수 있는 문제를 찾아보았다. 아이들의 삶에서 의미를 가지는 수학문제를 풀도록 도와주라, 그러면 통한다!

시각표와 추정값을 이해하기 위해 우리는 지하철로 브롱크스를 가로지르는 가장 빠른 길을 알아냈다. 우리는 지하철까지 가서 번호가 매겨진 정거장을 이용해 양의 정수와 음의 정수를 배웠다. 시 외곽은 양수였고 도심은 음수였다. 수학과 실생활에서 이중의 음수는 양수가 될 수 있었다. 아이들은 단순한 연산이 혼돈을 질서로 바꿀 수 있다는 걸 이해했다. 수학을 이용하면 불확실성을 가로질러 증명에 도달할 수 있었다. 얼마나 근사한가?

버네사는 알고 보니 수학 마법사였다. 그 아이는 여러 단계의 문제를 암산으로 해결할 수 있었다. 버네사는 하나의 변수를 균등하게 다루는 것의 의미를 모두에게 이해시켰다. "네가 한 쪽에 한 것을 다른 쪽에도 그대로 하는 거야. 그걸 변수 균등화라고 한대. 하지만 난 그걸 앙갚음이라고 해. 네가 날 때리면 나도 널 때리겠다는 거지."

난 폭력을 권장할 생각이 없었고, 특히 버네사의 폭력은 더더욱 피하고 싶었지만, 그 아이의 비유는 완벽하게 말이 되었다. 사실 수학을 이해한다는 것은 달콤한 복수다.

신입 교사인 나에게 재량권이 있었으므로 나는 효과가 있는 것을 몇 가지 더 만들어냈다. 수학 랩이 그런 경우였다. 금 간 칠판과 공책은 우리의 턴테이블과 마이크가 되었다.

한 쪽에 한 것을 그대로 다른 쪽에 해

바로 그게 방정식을 푸는 방법이야

왼쪽에서 시작해서 오른쪽으로 가야 해

풀이는 공평하게 수를 놓치지 않는 거야

라임은 유치했는지 몰라도 이 랩은 아이들의 흥미를 끌었고 나는 아이들이 이해하는 언어로 풀이 순서를 소개해주었다. 학업 성과로 나아가는 우리의 방식은 프리스타일이었다. 더욱 멋진 일은 주류와 격리되어 학업 실패자 딱지가 붙은 이 특수교육반 아이들이 주 연합 평가시험을 통과하기 시작했다는 것이다.

지수를 이해하려면 음악과 마약의 세계에서 생기는 부와 명성을 떠올리기만 하면 되었다. 거리 모퉁이에서 자신이 만든 힙합 CD를 팔던 사내가 인기 텔레비전 프로그램에 출연하면 하룻밤 사이에 운명을 바꿀 수 있었다. 그건 지수적 성장이다! 그러나 우리 주변에는 큰돈을 벌다가도 마약에 돈을 탕진하고 철창신세를 지는 사람들도 있었다. 지수적 손실이다! 아이들은 영의 경계를 존중했다. 그들의 삶에서 음수로 넘어간다는 것은 누군가에게 빚을 진다는 걸 뜻했다. 영에 있는 게 더 나았다. 로버트 다우니 주니어가 영화 〈회색도시Less Than Zero〉로 하루아침에 명성을 얻기 훨씬 전부터, 우리 모두는 중립지대에 있는 게 좋다는 걸 잘 알고 있었다.

우리가 공유하던 세계에서 힙합은 음악 이상이었다. 그것은 패션이었다. 그것은 태도였다. 그것은 모든 것이었다. 슬릭 릭Slick Rick 같은 뮤

지선은 자신의 캉골 베레모, 묵직한 금체인, 번쩍이는 목걸이, 색칠한 운동화를 표준으로 만들었다. 거친 거리 스타일을 뿜어내는 패션을 원한다면 오트 쿠튀르haute couture는 브롱크스의 149번가나 포덤 로드에는 명함을 내밀 수 없었다. 우리 아이들은 공공지원을 받는 형편이면서도, 발가락을 보호해주는 셸토 아디다스나 끈이 두꺼운 푸마 클라이즈를 신고 학교에 오곤 했다. 아이들은 브리티시 나이츠 회사의 슬로건을 만끽했다. BK 버튼이 없는 신발은 아무것도 아니다. 으스대고 건들거리는 태도는 아이들에게는 숨 쉬는 것처럼 자연스럽게 여겨졌다. 서던 대로와 웨스트체스터 에비뉴는 브롱크스의 왕과 여왕들을 위한 우리의 산책로가 되었다. 거기서 보란 듯 활보하라, 아니면 '쭈구리'가 되리라.

나는 아이들의 소비습관을 문제 삼지 않았다. 그와는 거리가 멀었다. 나의 굵직한 금체인, 물정 밝은 행동, 빨강과 검정의 푸마 운동화 덕에 나는 비스티 보이스의 멤버처럼 보였다. 교직 2년차에는 마이클 잭슨처럼 구불구불한 제리 컬 헤어스타일을 하고 다녔다. 나의 첫 에어조던을 신고 출근하던 날에는 우리 반 여느 학생들처럼 나의 최신 패션 투자물이 그렇게 자랑스러울 수 없었다. 그리고 버나드 킹Bernard King이 NBA 득점왕이던 해에 그의 사인이 들어간 운동화를 손에 넣었을 때는 학교와 학교 밖에서까지 내가 화제가 되었다. 길에서 만나는 학부모들은 물론이고 낯선 사람들까지 내 운동화에 관해 이야기하고 싶어했다. 그 운동화는 적어도 잠깐 동안은 거리의 최고 신용장이었다.

동료 교사들은 나를 얼간이라고 생각했다. 나는 젊고 겁이 없었으며, 브롱크스의 모든 것을 받아들이려 열심이었다. 동료 교사들 대부분은 나보다 나이가 많고 지쳐 있었으며, 일과가 끝나자마자 퇴근하는 데 열심이었다. 그들은 자물쇠를 잠근 교실에 틀어박혀 있다가 잠깐

담배를 피우거나 교직원 라운지에서 뒷담화를 하거나 불평할 일이 있을 때만 나왔다. 그들은 마지막 시간이면 겨울 외투를 입은 채로 수업 종료 종에 맞춰 뛰쳐나올 준비를 하고서 수업을 했다.

나에게 브롱크스는 불타버린 현장이 아니었다. 그곳은 미개발의 인간적 잠재력과 다양성, 하루하루 더 극단으로 치닫는 스타일이 있는 기름진 땅이었다. 비록 퇴비에 관해서는 아직 아무것도 몰랐지만, 나는 브롱크스가 창의성과 연결가능성, 기회를 위한 이상적인 토양이 되어가고 있음을 알 수 있었다. 아니, 내가 즐겨 쓰는 말로는 충돌과 연결과 공동학습을 위한 이상적인 성장매체가 되어가고 있었다.

브롱크스의 화가들은 캔버스를 살 필요가 없었다. 활기 넘치고 격정적인 디자인으로 열차 차량에 그림을 그리고 건물에 스프레이로 색칠하면 되었다. 브롱크스의 혁신가들은 테크놀로지의 거인이 아니었다. 그들은 턴테이블의 천재였고 빈 건물에 전력망을 연결해 파티장소를 만들어낼 줄 알았다. 브롱크스의 댄서들은 콘서트홀에서 공연하지 않았다. 이 비보이들과 비걸들은 날것 그대로의 운동신경을 활용해 거리의 이 모퉁이 저 모퉁이에서 참신한 댄스동작을 고안해냈다. 우리 아이들은 이 '비트 스트리트Beat Street' 세대의 일원이었다.

메이커 운동[일상에서 창의적인 만들기를 실천하고 경험을 공유하는 문화적 경향—옮긴이]의 시작으로 전국에 '두 잇 유어셀프Do It Yourself'의 창의성 열풍이 일어나기 한참 전부터, 우리 브롱크스 구의 뒷마당들은 어설픈 수선쟁이의 천국이었다. 그곳은 의지와 태도와 폐품, 달리 말해 열정과 목적, 희망만 가지고서도 무언가를 만들어낼 수 있는 장소였다. 브롱크스의 겉모습은 허물어진 돌무더기 같았을지언정 그곳에는 생명이 와글거리고 있었다. 그리고 나는 그 일부였다.

내가 그 짜릿한 현장에 끌려들어가기까지는 오래 걸리지 않았다. 옛 친구들과 다시 연락이 닿았고 나처럼 음악, 미술, 파티를 사랑하는 새 친구를 수십 명이나 사귀었다. 나는 고등학교 때부터 디제이 일을 하며 돈을 벌곤 했다. 한 친구와 나는 턴테이블 두 대, 안개를 만드는 연무기 한 대를 구입했고, 폴 램프를 사서 디스코 조명을 달았다. 그때 우리는 바르 미츠바bar mitzvahs[유대교 소년이 13세 생일에 치르는 성인식—옮긴이]나 결혼식, 주말파티 같은 곳에서 일했다. 이때쯤엔 클럽에서 밤새도록 디제이 노릇을 하다가 낮에는 학생들을 가르치며 열기를 식히고 있었다. 낮에는 사우스 브롱크스 고등학교, 밤에는 록시 클럽. 오후에 학교 밖에서 기다리다 나를 태워 갔다가 아침에 도로 나를 내려주고 가는 화려한 인물들의 대열을 본 아이들은 감탄했다.

"리츠 선생님, 선생님도 미친 스웨거가 다 됐네요." 어느 날 아침 켈빈이 말했다. "제가 소품 좀 드릴게요!"

클럽에서 하룻밤을 보낸 후 나의 아침식사는 대체로 학교 위쪽 식료품점에서 사 먹는 짭짤하면서도 시큼한 맛의 감자칩 한 봉지와 그레이프 소다 한 캔이었다. 그 많은 소금과 설탕은 자극과다, 감각과다로 완벽하게 잠을 깨우는 각성제였다.

"요, 리츠! 그것도 예산에 있어요?" 아이들은 카운터 앞에 있는 나를 보면 그렇게 인사하면서 똑같이 형편없는 음식을 사서 입에 욱여넣고 하루를 시작할 힘을 얻곤 했다. 우리 중 누구도 왜 식료품점마다 신선한 먹을거리를 쌓아두지 않는지 의문을 품지 않았다. 우리 중 누구도 우리가 우리 몸에 어떤 짓을 하고 있는지 관심을 두지 않았다. 모두가 그 똑같은 정크푸드를 사랑했다. 만약 나에게 여윳돈이 있었더라도, 게토 식품의 보물창고에서 더 많은 스낵과 단 과자에 돈을 날렸을 것이나. 죽을 만큼 배가 고파지는 늦은 시간이면 그것들은 다시 편리하게 다가오곤 했다. 나는 우리 아이들과 같이 먹는 것이 그저 좋기만 했다.

학교에 지각하지 않기 위해 나는 거금을 털어 생애 첫 손목시계를 샀다. 디지털시계밖에 모르는 아이들에게 옛날식의 시계 보는 법을 알려주면 재미있을 거라고 생각하며 큼직한 초침이 있는 아날로그시계를 골랐다. 기다리는 아이들이 있다는 걸 알고 있기에, 마침내 정시에 학교에 출근할 이유가 생긴 것이다.

나의 최우선 사항은 아파트를 얻는 것(너무 오랜 기간이 걸리는)에서 근사한 새 차(너무도 즉각적인)로 옮아갔다. 실용성을 희생하고 열정을 택한 것이다. 선루프와 꽝꽝 울리는 음향장치를 갖춘 투톤의 파란색 폰티악 그랜드 암을 본 나는 가슴이 설레다가 흠뻑 빠져버렸고, 곧장 그 안으로 뛰어들고 말았다. 마치 새 차가 딸려오는 디스코텍을 갖게 된 것만 같았다. 더구나 차 유리창은 색유리였고 거울에는 초소형 매직 8볼까지 대롱거리고 있었다. 그동안 쓰던 부모님의 중고 혼다 시빅에 비하면 굉장한 승급이었다. 그 시빅은 너무 낡아서 바닥매트를 들추면 발아래 아스팔트가 보일 정도였으니까.

"리츠 선생님, 완전 짱이에요!" 번쩍이는 새 차를 멈추자 아이들이 소리쳤다. 아이들은 마치 지분투자라도 했다는 듯 그 차를 격렬하게 보호해주었다.

어느 날 오후, 리젯이라는 대학교 여자 동창이 나를 깜짝 놀라게 해주려고 방과 후에 찾아왔다. 나보다 먼저 아이들이 교실 창밖으로 그녀를 목격했다. 내 그랜드 암의 보닛에 앉아 있는 그녀는 위험인물로 보이지 않았다. 안경, 꽃무늬 바지, 풍성한 검은 머리에 조그만 몸집. 그러나 우리 아이들에게 그녀는 잠재적 기물 파손자였다. 그들은 손에 잡히는 대로 아무거나(커다란 나무 각도기, 막대 자, 가위) 그러잡고 그녀를 쫓으러 나갔다.

나는 소리를 지으며 뒤쫓았다. "애들아, 괜찮아! 그 여잔 내 친구야! 내 차 위에 앉아도 돼!"

마지막 종이 울리면, 나는 공영주택에 사는 한 친구 집으로 가서 그 친구 소파에서 잠깐 잠을 청한 뒤 다시 그 모든 짓을 되풀이할 준비를 하곤 했다. 나는 공식적으로 그 공영주택 거주자는 아니었지만 많은 친구가 그런 곳에 살고 있었다. 내가 그 지역사회를 편안하게 활보하는 모습에 아이들은 깜짝 놀라곤 했다. 어쩌다 어느 엘리베이터나 계단에서 마주치기라도 하는 날이면 아이들은 놀란 표정을 지었다.

"요, 리츠! 여기서 뭐 하세요?"

나에게 브롱크스는 완벽한 맞춤옷 같았다. 내 모토는 이것이었다. 사랑하고 사랑받고, 계속 나아가라.

철없던 시절의 나는 생태계니 단일 재배니 하는 것의 과학적 정의를 몰랐다. 나는 그저 내가 교외생활의 단조로움과 씨름하고 있다는 것만 알고 있었다. 우리 집이 이사하면서 브롱크스를 떠나자마자 나는 소년기를 보낸 거리의 소음과 아드레날린이 샘솟는 일상이 그리웠다. 그 자극과다의 환경은 짜릿함을 원하는 내 갈망을 채워주었고 지속력 짧은 내 집중력을 또렷이 깨어 있게 해주었다.

어릴 적 나는 브롱크스의 친구들과 끊임없이 계획과 음모를 꾸미면서 영화 〈꾸러기 클럽Little Rascals〉의 도시판을 연출했다. 학교 가는 날은 모험을 계획하는 날이었다. 학교는 우리에게 중요했지만 공부와 관련된 이유 때문이 아니었다. 학교는 우리 사교계의 중심핵이었다. 학교가 파하면 우리는 공사장에서 보는 사람이 없을 때 가져온 목재로 나무 위에 집을 지었다. 트레이시 타워스는 1970년대에 지어질 당시엔 브롱크스의 우리 구역에서는 가장 높은 건물이었는데, 그 건설현장은 이런저런 잡다한 자재를 발견하기 딱 좋은 장소였다. 우리가 훔치고 있다고는 생각하지 않았다. 그저 임기응변의 재주가 좋다고만 생각했다.

우리가 무언가를 어떻게 해야 할지 모를 때면, 우리 동네의 작은 가게들을 찾아가면 되었다. 가게와 가게 앞 공간(내가 교직을 시작할 때쯤엔 이미 오래전에 사라진)은 우리 같은 아이들에게는 문화의 진원지였다. 그런 곳은 뚱보 아티의 더러운 식품점, 밀턴네 사탕 가게, 친 아저씨네 애완동물 가게, 루니 렘의 중국식 손세탁소 같은 이름의 영화 세트장 역할을 할 수 있었다. 날마다 우리는 채소 아저씨 주세페, 생선 사나이 맥스, 푸주한 데이브, 접이식 면도날로 우리 머리를 자르는 이발사 살바토레 눈초 같은 등장인물과 대사를 주고받으며 막간극을 펼쳤다.

우리는 비밀스러운 한 번의 노크였고 악수였다. 또는 우리를 위해 무언가를 해줄 수 있는 누군가를 아는 누군가로부터 떨어진 후미진 뒷방이었다. 우리는 "내가 아는 사람이 있는데……"로 시작하는 문장이 지닌 놀라운 가치를 일찍부터 터득했다.

서로의 아파트를 끊임없이 들락날락거리면서, 친구들과 나는 마치 아마추어 인류학자처럼 서로의 부엌 선반의 내용물들을 비교했다. 그런 우리 패거리의 구성은 얼마나 다양했는지. 친구들의 가족은 아일랜드계(빌리 아이콘), 이탈리아계(크리스토퍼 구아다니노), 푸에르토리코계(로사리오 로드리게스), 유대계(나), 흑인(밀스 킹)이었고, 저마다의 관습과 전통과 음식은 나머지에게는 이국적으로 보였다. 귀족처럼 들리는 이름을 가진 찰턴 데이븐포트는 미국계 흑인이었다. 개리 웨스트도 미국계 흑인이었는데, 녀석은 6학년이 되자 콧수염과 겨드랑이털이 났다. 덕분에 녀석은 전설이 되었다.

휴대전화기나 무선호출기, 인터넷이 없던 시절에 우리는 소문과 도시 괴담, 식탁에서 공유되는 이야기를 통해 정보를 얻었다. 수수께끼 같은 이름과 숫자, 비밀암호가 적힌 작은 종잇조각들은 우리의 신성한 문서였다. 물건보다 사람들이 훨씬 더 중요했던 그런 시절이었다.

우리가 즐겁게 노는 데는 많은 돈이 필요하지 않았다. 1달러만 있으면 우리는 피자 두 판, 소다수 한 병, 이탈리안 아이스크림을 사고도 돈이 남아 핀볼을 했다. 우리는 꾀를 써서 25센트 동전 하나로 몇 시간 동안 핀볼을 할 수 있었다. 우리는 드릴 프레스를 가진 한 남자를 졸라 25센트 동전에 구멍을 뚫었다. 덩컨 요요 줄을 그 동전 구멍에 끼우면 핀볼 기계에 넣었다가도 몇 번이고 다시 꺼낼 수 있었다. 어떤 수업이나 전문적 가르침을 받고 그런 장난을 꾸민 건 아니었다. 우리를 가르칠 유튜브나 칸 아카데미 같은 건 없었다. 그건 그냥 덤비고 깨지면서 배운 거였다. 몇 해 전 나이키는 "저스트 두 잇Just Do It" 상표를 등록했지만, 그것은 우리가 하루하루, 순간순간을 살아가는 좌우명이었다.

우리가 정든 동네를 떠나 태편지 다리 너머로 이사하게 된 건 무엇보다 부모님이 우리를 생각하셨기 때문이었다. 1970년대 헤드라인은 무시무시한 이야기들로 날마다 비명을 질렀다. 치솟는 살인율, 지하철 강도, 쓰레기 파업 대란, 해고당하는 경찰들, 비상계단 침입사건 등등. 마약과 복수는 어디에나 있었고 사람들의 목숨을 앗아가고 우리 이웃의 물건을 털어갔다. 베트남전쟁은 하룻밤 사이에 내 친구들에게서 형과 사촌들을 앗아갔다. 6학년이 되자 우리는 동네에서 가장 나이 많은 남자기 된 기분이었다.

가끔은 나쁜 소식이 우리 집에서 더 가까운 곳을 덮치곤 했다. 우리가 교외로 이사하기 얼마 전, 한 친구의 형이 자전거를 타고 가다 칼에 난자당해 죽었다. 우리 집에서 세 블록 거리에서였다. 범죄와 마약, 경찰 갈등, 인플레이션, 석유파동, 만연한 화이트 플라이트white flight[유색인종의 도시 유입으로 도심에 범죄가 증가하자 그들과 섞이기를 꺼린 백인들이 교외로 대거 이주했던 사회현상―옮긴이]에 직면하자, 뉴욕 시장 에이브 빔Abe Beame은 1970년대에 이른바 '공포의 도시'가 파산하지 않도록 기를 썼다. 이제 떠날 시간이었다. 우리 유대인들은 더 나은 학교, 더 안전한 동네, 주택 소유, 생활권이 같으면서 예배당을 채울 만큼 많은 유대인 가구를 약속하는 북쪽으로 이끌렸다.

1980년대가 되자 옛날에 내가 놀던 곳 대부분은 추억 속에만 남아 있었다. 브롱크스로 돌아간다는 건 귀향이라기보다 꿈에서 깨는 느낌이었다.

내 교직생활에서 첫 번째 열린교실 행사가 개최된 건 비 오는 가을 저녁이었다. 맨 처음 도착한 사람은 대릴이라는 남학생의 할머니이자 보호자였다.

"리츠 선생님을 꼭 뵙고 싶었어요. 우리 손주가 선생님을 정말 좋아하거든요." 그녀가 말했다.

대릴은 납중독 때문에 약간의 발달지체가 있었다. 그 아이는 여러 가지 이유로 교실에서 눈에 띄었는데, 우선은 그 체구 때문이었다. 키 198센티미터에 몸무게는 흠뻑 젖어야 54킬로그램쯤, 게다가 발은 세 세에서 사상 컸나. 만 친구들은 모두 대릴이 늦되나는 걸 알고 있었지만 절대 그 아이를 괴롭히지 않았다. 그 반대였다. 아이들은 대릴을 사랑했다.

대릴은 작은 것들을 찬찬히 주의 깊게 보는 재능이 있었다. 또 친절하고 참을성이 많았으며 절대 짜증내는 법이 없었다. 그 아이는 봉사를 위해 살았고 무언가에 도움이 되는 걸 좋아했다. 대릴은 모든 교사가 꿈꾸는 학생이자 아직 만들어지는 중인 모범 고용인이었다. 그래서 세세한 것에 주의가 필요한 일에는 대릴이 소중한 자산이었다.

"대릴, 이제 너를 '숙제 반장'에 임명한다." 나는 그해 초에 대릴에게 말했다. 매번 수업이 시작될 때마다 대릴은 답안지를 옆에 놓고 모든 학생의 숙제를 꼼꼼히 확인했다. 심지어 다른 학생들에게 글씨를 깔끔하게 쓰고 수학 답안을 반듯하게 열 맞추어 작성하도록 만들었다. 아이들은 나를 위해서는 그럴 생각이 없었다. 하지만 대릴을 위해서라면? 얼마든지!

대릴은 기발한 색 코드 체계까지 직접 만들었다. 이제 대릴은 숙제만 확인하는 게 아니었다. 반 친구들이 잘못 이해한 부분을 보여주기 위해 데이터 분석을 하고 있었다. 대릴의 작업(내가 소일거리로 하려고 했던)은 내 수업에 정보를 주었고 수업의 질을 향상시켰다. 그것은 답이 틀렸음을 말하는 것과는 전혀 달랐다. 그 답이 왜 틀렸는지 보여주고 착오를 수정할 수 있게 해주는 것이었다. 나로선 능숙한 데이터 분석이 아직 한참 힘에 부칠 때, 대릴은 가장 흔한 착오들을 표로 나타냈다. 대릴은 자부심을 가지고 기쁘게 그 일을 했고, 그 덕에 다른 학생들의 성적이 향상되었을 때 그의 일은 훨씬 더 중요해졌다. 대릴은 일찍 등교해서 늦게 하교했다. 그 아이는 우리 모두가 아끼고 사랑하는 유명인사가 되었다.

"손주가 학교에 가는 걸 좋아하는 건 처음이에요. 선생님한테 감사드리고 싶어요." 대릴의 할머니가 말했다. "올해 대릴이 학교에 한 번도 안 빠진 거 아세요?"

물론 알고 있었다. 나는 첫 번째 등급시험 기간이 끝났을 때 대릴의 셔츠에 개근 배지를 달아주었다. 대릴은 이후 날마다 그 배지를 달고 다녔다.

"저한테 고마워하지 않으셔도 됩니다. 대릴은 좋은 아이예요. 대릴이 우리 반이어서 오히려 제가 더 좋은걸요. 우리 팀에서 아주 중요한 아이입니다." 내 말은 모두 진심이었다. 대릴은 우리 교실에서 열정, 목적, 희망을 발견했다. 그것은 내가 모든 아이에게 주고 싶었던 선물이었다. 모든 아이가 교실이라고 인식하는 곳, 목적성을 가지는 곳, 저마다의 재능과 열정이 존중받고 하나의 더 큰 목표로 통합될 수 있는 곳, 나는 그런 교실을 만들기를 꿈꾸었다. 특수교육이라는 낙인과도 같은 이름을 '독특한 교육'이라는 새 이름으로 바꾸고 싶었다.

대릴의 할머니는 고마움을 표하기 위해 직접 만들어온 음식을 건넸다. 그녀와 작별인사를 나눌 때, 그녀의 외투 주머니에서 기어 나오는 커다란 바퀴벌레 한 마리가 보였다. 나는 뒷걸음질 치지 않으려고 필사적으로 애썼다. 그녀가 몸을 기울여 나를 포옹할 때도 물러서지 않았다. 정말 소름끼치고 충격적이고 비극적이었지만, 나도 그녀를 껴안아주었다.

몇 달 후 우리의 두 번째 열린교실 행사 때, 그녀는 내 이름이 쓰인 프라이팬을 들고 왔다. "대릴한테 들으니 몇몇 아이가 선생님을 힘들게 한다고 해서요." 이 귀여운 할머니가 말했다. "프라이팬으로 머리를 내려치는 것만 한 게 없죠. 요거만 있으면 못된 녀석들도 겁을 먹고 얌전해질 거예요. 녀석들한테 필요한 건 바로 이거예요." 나는 그 프라이팬을 1년 내내 책상 위에 누고 분진文鎭으로 썼다. 그해 대릴과 우리 반 아이들 모두가 주 연합 수학시험을 통과했다.

좋았던 시절, 우리 아이들이 성공을 거두자 나는 영원히 이 일을 하고 싶다는 생각이 들었다. 나는 아이들을 인솔해 현장체험이나 특별행사를 찾아가는 시간 외 업무에 자원했다. 흥미로운 무언가를 찾으러 멀리까지 갈 필요가 없었다. 하루에 1만 개의 롤빵을 생산하는 지역 빵집, 다가오는 뮤직 쇼의 홍보 전단지를 만드는 인쇄소, 아이들은 사물이 제작되는 현장을 보러 가는 걸 좋아했다. 우리는 양키스 홈경기 외야석에 함께 앉아 노래하고 가슴이 터져라 응원도 했다. 교문만 나서면 노크해주기를 기다리는 문들, 옛이야기 들려줄 때만을 기다리는 노인들, 지난 시절을 말해주는 건물들, 더 나은 미래에 대한 꿈과 희망이 하나씩 싹터가는 공터가 널려 있었다. 이 모든 것을 학급활동에 활용할 수 있었다. ABCD 같은 기본 교습에 몰두하던 사이에 나는 새로운 ABCD(자산 기반 공동체 발전asset-based community development)가 있다는 걸 깨달았고 우리 교실을 그 진원지로 만들기로 했다.

주변을 둘러보면 수업 자료는 어디에나 있다. 야구장 다이아몬드를 이루는 각 이름 알기, 빵 가게에서 하루 1만 개의 빵을 만들려면 쟁반 하나에 빵을 몇 개씩 놓아야 하는지 계산하기, 인쇄기 속도 계산하기 등등. 생산라인에서 나오는 실물을 보는 것은 구체적인 학습활동을 하게 해준다. 어떤 것을 만들어내려면 무엇이 필요한가? 생산과 관련된 단계에는 어떤 것들이 있나? 매일 정확한 개수를 생산하려면 어떻게 제조과정을 통제해야 할까? 가르침은 학교에서 일어나지만, 학습과 응용은 바깥의 현실세계에서 벌어진다.

그리고 그냥 재미를 위한 활동도 더러 있있는데, 그것 역시 중요하기 때문이다. 평생 한 번도 실제 야구 경기장이나 박물관, 쇼에 가본 적이 없는 아이들이 태반이었다. 그런 티켓을 내가 어디서 구했을까? 내가 아는 사람이 있었다…….

방과 후의 과외업무와 야간의 디제이 일을 하느라 나는 일찍 출근하고 늦게 퇴근하기 시작했다. 손목시계에 거금을 투자한 보람을 맛보고 있었다. 사실 나는 매 순간이 소중함을 깨닫고 있었다. 구내식당 모니터 같은 초보 교사가 피할 수 없는 과외근무가 없는 날이면, 나는 점심시간에도 계속 교실을 열어두었고, 그러면 아이들은 교실에서 편안하게 시간을 보내곤 했다. 내 점심시간의 단골손님 두 명은 쌍둥이 자매인 카르멘과 줄리아였다. 매우 독실한 오순절파 기독교도인 그들은 발목까지 오는 치마를 입고 다녔다. 그 자매의 집에서는 팝을 듣는 것이 허락되지 않았다. 그러나 점심시간에 그들은 우리 교실에서 단짝 마리차와 모여 앉아 이 비밀스러운 즐거움을 맛보았다. 그들은 내 건강을 걱정해서 집에서 만든 음식을 가져왔다. 그때만 해도 나는 연필처럼 깡말랐으니까. 우리는 파스텔론과 페르닐(플렌테인 라자냐와 돼지고기)을 먹으면서 영어 연습을 했고 시험을 준비했다. 점심시간의 우리 교실은 죽음도 성서도 없는 천국이었다.

한편 나는 만화책, 음악 잡지, 그 밖에 아이들의 주의를 붙들 수 있는 온갖 것으로 교실을 채웠다. 저마다 흉내 내고 싶은 인물이 등장하는 영화 〈스카페이스Scarface〉는 다들 좋아했는데, 나는 아이들의 등장인물 분석에 귀를 기울였다. 아이들의 관심을 연결하는 것이 내 교육의 출발점이었다.

나의 모토는 '문화는 아침식사로 전략을 먹는다'였다.

피터 드러커Peter Drucker라는 경영전문가가 바로 그 말을 유명하게 만들었다는 건 몇십 년 후에야 알게 되었다. 내가 본능적으로 알고 있었던 건 아이들에게 자신들이 환영받고 존중받고 연결되어 있다는 느낌을 주지 못한다면 아이들이 무얼 배우기를 기대할 수 없다는 사실이었다. 망가진 학교 문화를 나 혼자서 고칠 수는 없어도 내 교실에서는 모두가 서로 믿는 안전한 공간을 만들 수 있었다. 사랑하고 사랑받으라. 그것은 어떤 수업계획보다 중요했다. 열정, 목적, 희망은 나의 만트라가 되었다.

"이 교실에서는 어떤 토론도 금지되지 않는다." 어느 날 오후 내가 아이들에게 말했다. "나한테 하고 싶은 말이 있으면 뭐든 해도 돼."

"오줌 눌 때 따끔거려요!" 한 아이가 내 반응을 떠보려고 소리쳤다.

"좋아, 그건 우리끼리 따로 얘기하기로 하고." 내가 대답했다. "이 교실에선 여러분이 얘기하고 싶은 것, 반 전체에 도움이 될 만한 것이라면 무엇이든 말해도 된다."

두 가지 부류의 이야기가 아주 많았다. 개인적 문제에 관한 은밀한 이야기("리츠 선생님, 제가 임신했는데 어떡해야 좋을지 모르겠어요")와 학급토론("가게에 문을 열고 들어갈 때부터 마치 제가 뭘 훔치기라도 할 것처럼 쳐다보는 가게 주인들이 재수 없어요"). 어떤 때는 과학이론보다는 복지수당이나 인종주의 이야기가 더 중요하게 다가오는 날들도 있었다. 하지만 대체로 한 주제에서 다른 주제로 이어지곤 했다. 청소년들에게 해야 할 말을 꺼내도록 내버려둔다면, 그들은 여러분이 제시하는 것에도 얼마든지 마음을 열고 귀를 기울이고 배운다.

'트랜짓Transit(환승)'이라고 불리는 한 아이는 나로선 도저히 상상할 수 없고 상상해본 적도 없는 실생활의 수학수업을 제안했다. 그 아이가 그런 별명을 얻게 된 것은 개찰구에서 지하철 토큰을 빨아들이는 기술 때문이었다(말 그대로 개찰구 구멍에 입술을 누르고 깊이 숨을 들이마시며 토큰을 빨아늘였다). 그건 빅 브라더와 감시비디오의 시대가 도래하기 전의 전문기술이었다. 사실 그 아이가 지하철역의 내부자와 관계가 있다는 소문이 있었다. 트랜짓은 훔친 토큰들을 현금교환소에 가져가서 1달러짜리 토큰을 50센트에 파는 토큰깡을 했는데, 많게는 일주일에 1,000달러를 벌기도 했다. 그 아이는 지하철 요금인상안을 응원하고 있었는데, 그렇게 되면 자기 수입도 늘어나리라 기대했기 때문이다. 그러나 요금이 인상되면 자신이 얼마나 받아야 할지 계산할 방법을 몰랐다.

"홀수일 때는 어떻게 반올림해요?" 어느 날 트랜짓이 자신의 곤경을 설명하며 물었다. "바보처럼 사기당하고 싶지는 않거든요."

요금이 인상되고 트랜짓이 더 많은 몫을 받게 된 어느 월요일 아침, 그 아이는 다이아몬드를 박은 네 손가락 금반지에 트랜짓이라는 글자까지 새기고 학교에 나타났다. 그 아이는 반 전체에 카벨 아이스크림 케이크를 사서 돌렸다. 그것도 지하철 토큰을 닮은 케이크로. 언제나 그렇듯 음식은 축하자리에는 없어서는 안 될 핵심이었다.

우리는 스스로 새로운 과제를 해내기 위해 아카데믹 올림픽 팀을 꾸렸다.

"버네사, 우리가 너를 팀장으로 뽑았어." 나는 반 아이들 앞에서 선언했다. 버네사는 팀장 배지를 자랑스럽게 달고 다녔다. 귀찮아도 학교에 나올 때면 말이다. 버네사는 결석이 잦았지만 아카데믹 대회에는 절대 빠지지 않았다.

우리 아이들이 뉴욕 시 수학대회에서 우승했을 때, 사람들은 믿지 못했다. 그런 일은 우리 학교에서는 없던 일이었다. 아니 사우스 브롱크스의 어느 학교에서도 없던 일이었고, 특수반 아이들로 된 팀으로서는 더더욱 없던 일이었다.

나는 우리 특수반 가운데 많은 아이가 특수반에서 해줄 일이 없다는 것을 곧 파악했다. 오히려 아이들을 특수반에 배치하는 것이 고쳐야 할 일이었다. 이들은 품행문제 때문에, 서툰 영어 때문에, 의사표현을 잘 못해서, 또는 그저 지루함에 따른 동기부족 때문에 내가 맡은 특수반으로 추방된 아이들이었다. 우리는 작은 것을 해낼 때마다 성취를 축하하는 기회를 가졌다. 어떤 날은 내가 피자를 사기도 했고 지역 영화관에서 애면글면 공짜 영화표를 얻어내기도 했다. 지금까지도 나는 축하한다는 말을 자주 한다.

동료 교사들은 특수반의 건방진 풋내기 교사에 당황했다. "선생님은 왜 그렇게 열심히 일하세요?" 그들이 나에게 물었다. "주변을 둘러보세요. 정말로 이 난장판을 바로잡을 수 있다고 생각하세요?"

많은 교사가 어떻게 해서든 하루를 무사히 때우려고만 했다. 금요일과 월요일은 교사들의 결근이 많은 최악의 날이었다. 방학 전날은 교직원 중 50퍼센트가 출근하면 다행이었다. 내 기록도 개근과는 거리가 멀었다. 아무도 나에게 책임을 묻지 않았다, 아이들을 제외하고는. 내가 출근하지 않으면 아이들이 섭섭해한다는 걸 알게 되었을 때 그것이 동기부여가 되어 나의 출근율은 나아졌다.

비록 교사들의 형편없는 출근율이 어제오늘의 일은 아니었지만, 아이들은 연중 특정한 시기가 되면 왜 그렇게 많은 교사가 한꺼번에 학교에 나오지 않는지 이상하게 여겼다. 마치 교사들이 그냥 사라져버린 것 같았다. 교사들 중 누구도 그 동네에 살지 않았고, 그래서 아이들의 원망은 더했다.

"그때가 유대교 휴일이라서 그래." 내가 설명했다. "너희들 유월절에 대해 아는 거 있니?"

"패스마크 슈퍼마켓에 가면 '유월절'이라고 쓰여 있고 무슨 똥 같은 '마초볼'인가 그런 걸 쌓아놓은 판매대가 있던데요." 한 남학생이 대꾸했다.

"마초가 대체 뭐예요?" 샨테가 물었다.

"왜 유월절을 기념하는지 아니?" 내가 물었다.

아는 아이가 없었다.

"그건 유대민족이 이집트에서 노예생활을 끝내고 해방된 걸 신께 감사하는 축제란다."

이 말은 내가 예상했던 바로 그 효과를 불러왔다. 몇 초 동안의 쥐죽은 듯한 정적, 이어서 한 용감한 학생이 물었다. "유대인들이 노예였어요? 그러니까…… 노예처럼?"

이제 해야 일은 하나뿐이었다. 나는 우리 교실에서 유월절 식사를 계획했다.

서로 라이벌 갱단인 아이들이 유대교 모자인 야르물크를 쓰고 네 아들을 맡아서 연기했고, 그들 각자가 한 가지씩 질문하도록 책임을 맡았다. 나는 하가다 전례서 낭독을 선창할 또 다른 남학생을 지명했다. 우리는 그 아이를 '라비 월프레도'라고 불렀다. 물론 우리는 상징적인 음식들도 모두 맛보았다. 아이들에게 이 행사는 잊지 못할 역사수업이 되었다. 대부분의 아이는 유대민족(나의 민족)이 걸어온 과거를 알고 놀라워했다. "쌤, 쌤이 진짜 유대인 맞아요?" 이것이 내가 그날 가장 여러 번 받았던 질문이었다!

형세가 바뀌었다. 우리 아이들이 생각하던 나는 그들의 문화를 축하하고 즐기는 백인이었다. 아이들은 내가 저희들만큼 힙합을 사랑한다는 사실에 좋아하고 있었다. 그랬던 아이들이 이제 나의 유산에 호기심을 가졌다. 쌤은 어떤 것을 기념해요? 왜요? 이제 우리가 서로 많은 차이점을 가졌음에도 인간으로서 우리를 묶어주는 것에 관해 이야기할 수 있는 문이 열렸다. "쌤이 우리를 하나로 묶었네요." 윌프레도가 말했다.

이어서 우리는 홀로코스트를 공부했다. 이를 위해 나는 몇몇 강연자를 초청하고 싶었다. 어디를 찾아봐야 하는지는 알고 있었다. 내 할머니가 계신 요양원과 유대인 노인 간병 프로그램을 하는 고모의 직장이었다.

억센 억양을 쓰는 홀로코스트 생존자들이 우리 교실에 들어왔고 저마다 강제수용소에서 있었던 일을 아이들에게 들려주었다. 아이들은 책이 불타고 동네가 불탄 이야기, 가족이 죽은 이야기를 들었다. 어린이들의 공허한 얼굴을 찍은 색 바랜 사진들도 보았다.

거친 아이들조차도 감동해서 눈물을 흘렸고 나도 눈물을 흘렸다. 우리는 단지 필요한 독서만 하고 있는 게 아니었다. 우리는 우리의 공통된 인류애를 건드리고 있었다. 늙은 백인들, 어린 흑인들…… 그들은 모두 회복력이라는 하나의 이야기를 살고 있었다.

아이들은 중대한, 때로는 충격적일 만큼 솔직한 질문을 하곤 했다. "그러면서도 살고 싶었던 이유가 있나요?" 한 아이는 초청연사의 부모와 누이가 가스실에서 죽었다는 걸 알고 이렇게 물었다.

"내가 놓치게 되었을 것들을 생각해보세요." 그 노인이 대답했다. "살면서 수많은 고통을 겪어왔지만 그래도 절대 희망을 포기하지 않았어요. 나는 우리를 괴롭히던 사람들보다 오래 살았어요. 삶을 일구었고 인쇄업으로 그럭저럭 성공했고, 세 자녀와 일곱 손자손녀가 모두 바로 여기 뉴욕 시에 살고 있어요. 뭐가 어떻게 되었든, 포기하지만 않는다면 인생을 뒤집을 수 있는 희망은 항상 있기 마련이에요."

바로 그것이 아이들이 들어야 했던 말이었다. 지금 여러분의 상황이 영원히 지속된다는 법은 없다.

지금까지 학교생활이 성공적이라고 할 수 없었던 아이들을 데리고 성과를 이루어내자 노골적으로 원망하는 교사들도 있었다. "선생님 때문에 우리가 나쁜 교사로 보이잖아." 한 친한 동료가 그렇게 고백했다. 그 교사는 이런 말도 했다. "아이들이 등교하도록 선생님이 뇌물을 준다는 소문이 있던데." 무엇으로, 정크푸드로? 그것도 내 쥐꼬리 같은 봉급을 털어서?

나는 교사생활 초기에 키 큰 양귀비가 된다는 것이 어떤 건지 배웠다. 따돌림이나 제거를 당할 때는 늘 정당한 이유가 있는 건 아니었다. 무리보다 지나치게 돋보이는 건 싹둑 잘려나갈 위험이 있다.

나는 또 부패에 관해서도 한두 가지 배웠다. 우리 아이들이 아카데믹 올림픽스에서 우승했을 때, 브롱크스 민주당 지도자로 당시 뉴욕에서 가장 막강한 정치가로 꼽히던 스탠리 프리드먼Stanley Friedman이 사진촬영을 하러 왔다. 그는 이런 학생들을 데리고 내가 하고 있는 일에 감명을 받았다고 말했다.

그런 다음 그가 나를 한쪽으로 데려가서 말했다. "선생님이 정치기부금을 내신다면 언젠가는 교장이 되실 겁니다."

비즈니스란 게 이렇게 이루어지는 건가? 알 수 없었다. 하지만 나는 기부금을 내지 않았다. 설사 내고 싶었다고 해도 여윳돈이 없었다. 그 후 1년도 채 안 되어 프리드먼은 한 연방 사건에서 갈취, 모의, 우편사기로, 주 사건에서는 뇌물로 유죄를 선고받았다. 결국 그는 12년형을 선고받고 4년째 복역 중이다.

어쨌거나 나는 교장이 될 생각이 없었다. 교장이 무슨 일을 하는지 알지도 못했다. 이 사람이 학교 건물 안에서 일하기는 하는 걸까? 나는 복도나 교실에서 행정담당자들을 본 적도 없었다. 여전히 나는 교사가 되려면 무엇이 필요한지 고민하고 있었다.

───

아이들과 함께 이따금 획기적인 성공을 거두었지만 내가 답을 가지고 있다고 자만하지는 않았다. 우리 모두 우리의 통제를 넘어선 상황을 거슬러 헤엄치고 있었다. 버네사에게 닥친 변화를 지켜보고 있자니 그 사실은 분명해졌다. 불과 며칠 사이에 버네사에게서 사나운 태도가 사라졌다. 삶이 자신에게 던진 커브볼에 분노하거나 웃어넘기는 대신 무감각해진 것 같았다. 모든 감정이 그 아이에게서 빠져나가고 있었다. 버네사의 몸무게는 빠르게 줄어갔다. 마치 몸에서 색깔이 새어 나가기라도 한 듯 혈색이 누르스름해 보였다. 그 아이는 예민하고 신경질적이 되었고 불안해했으며 오지도 않는 잠을 청하려 애썼다. 나는 그게 뭔지 알고 있었다.

"버네사, 몇 분만 남아줄래?" 나는 수업이 끝날 때 그 아이에게 말했다. 버네사는 끄덕이는 듯 마는 듯 했지만 나가지 않았다. 아이들이 다 떠나자 나는 그 애 옆에 앉았다. "버네사, 넌 도움이 필요해."

나는 이유를 묻지도 않고 본론으로 들어갔다. 이유는 너무도 빤했다. 나는 해결책을 찾아주고 싶었다. 마약에 휘말린 몇몇 친구를 보고 난 후로, 크랙을 복용하면 사람이 어떻게 되는지 잘 알고 있었다. 그 아이의 무감각이 모든 것을 말해주었다. 책임 맡는 걸 좋아하던 이 씩씩하고 영리한 아이가 자기 삶에 대한 통제력을 포기해버린 것이었다.

나는 버네사가 어떻게 마약 값을 대는지 두려웠다. 정신이 들 때면 그 애는 악몽에서 깬 어린아이처럼 겁을 먹었다. 버네사의 얼굴이 내 가슴을 울렸다. 열여섯 그 소녀는 한순간은 순진한 여섯 살 같다가도 다음 순간이면 완고한 50대 같아 보이곤 했다.

"리츠 쌤, 전 망했어요." 버네사가 눈물 고인 눈으로 말했다. "어떡해야 좋을지 모르겠어요. 크랙이…… 계속해서 저를 불러요."

"그냥 계속 학교에 나오기만 해줘." 내가 애원했다. "도와줄게."

나는 그 약속을 지키겠다고 다짐하기는 했지만, 한 청소년에게 외래 환자 마약치료를 받게 하는 일이 얼마나 힘들지는 전혀 몰랐다. 이때는 재활치료가 보편화되기 한참 전이었다. 버네사의 어머니는 그 나름대로 너무 많은 문제로 씨름하느라 딸을 돌볼 여력이 없었다. 학교는 일상 비슷한 것을 제공했고 그녀의 가족이 복지수당을 받기 위해서는 필요한 장치였지만, 약물남용 상담이라고 할 만한 것은 전혀 제공해주지 않았다. 그래서 방과 후에 버네사와 나는 내 그랜드 암을 타고 사우스 브롱크스를 건너 치료센터를 방문하기 시작했다.

내가 운전하는 동안 버네사는 떠들었다. 그리고 내내 조잘대고 조잘댔다. 신기하게도 나는 그 아이가 하는 말에 귀를 기울였고 모든 말을 받아들였다. 오래전에 잃었던 누이동생을 찾은 기분이었다. 버네사는 내가 놓쳤거나 잘못 이해했던 교실의 드라마들, 라이벌 관계들, 낭만적 관계의 결별들에 관한 이야기로 나를 채워주었다. 또한 라디오를 이리저리 돌려서 내가 여태 듣지 못했던 힙합 뮤지션들에게로 나를 이끌어주었다. 그 소녀는 수많은 리듬과 거리 스타일을 알고 있었고, 앉은 자세로 춤을 출 줄 알았다. 버네사는 인근에서 가장 군침이 돌면서도 가장 싼 피자집으로 나를 안내했다. 내가 얼마나 맛있게 그 피자 조각들을 흡입했는지 이후 그 아이는 나를 '빅 치즈'라고 부르기 시작했다.

우리가 계속 이야기를 나누는 동안만큼은 버네사가 약을 하고 있지 않다는 걸 알았다. 날마다의 그런 드라이브는 그 아이에게 시간을 벌어주었지만 나는 시계가 째깍거리는 소리를 들을 수 있었다. 버네사가 학교에 나오지 않은 날에는 복도를 서성거리며 거리가 그 아이를 빼앗아갔을까 봐 마음을 졸였다. 어떤 날에는 밤새 버네사의 집 앞에서 진을 치고 그 아이가 집에 돌아오기를 아침까지 기다렸다. 마침내 우리는 버네사를 받아줄 외래환자 프로그램을 발견했다. 버네사가 사는 아파트와는 거리가 멀었지만 그 아이를 태우고 가게 되어 나는 기뻤다.

"리츠 쌤, 어떻게 보답해야 좋을지 모르겠어요." 어느 날 오후 주유소에 들렀을 때 버네사가 말했다.

"버네사, 난 보답을 바라는 게 아니야. 다른 사람들한테 갚으렴."

아무도 나에게 학생의 개인생활에 그렇게 깊이 관여하지 말라고 주의를 주지 않았다. 그 시절에는 소문이나 잘못된 비난을 걱정하는 사람이 없었다. 내가 걱정했던 건 만약 내가 아무것도 하지 않으면 어떻게 될까 하는 것뿐이었다. 사회운동가이자 저널리스트인 도로시 데이 Dorothy Day의 말을 생각했다. "가장 큰 실수는 때로는 매우 안전하게 이 삶을 살다가 결국엔 도덕적 실패로 끝을 맺는 것이다." 버네사를 위해 무언가를 하는 나의 단순한 행동이 언젠가 수많은 생명을 구하리라는 생각은 전혀 하지 못했다.

CHAPTER 03

가르칠 만큼 성장하다

1986년 봄

　　　　　비록 아이들에게 마음을 쏟았고 가르치는 일이 무척 좋았지만 그만큼 나도 이제 막 청소년기를 벗어난 어른아이에 지나지 않았다. 내 친구들은 여전히 영화 〈동물농장〉의 연장선인 것처럼 살고 있었다. 대학시절 나는 "딴 데 가서 졸업하라"(나가라는 말의 정중한 표현)는 소리를 들었다. 한 번도 아니고 두 번이나. 하지만 마침내 뉴욕주립대학교 퍼체이스 칼리지를 졸업했다.

　나는 버네사의 문제를 볼 수 있었던 반면 나 자신의 문제는 보지 못했다. 어쨌거나 나는 일과가 끝날 때까지, 또는 주말까지는 절대 파티에 가지 않았다. 파티란 걱정을 터뜨리는 방법의 하나일 뿐이라고 확신했다. 전날 밤 늦도록 놀다가 오처드 해변에서 잠을 깨는 일요일 아침이면, 그들만의 모험을 나선 우리 아이들을 종종 마주치곤 했다. "요, 리츠! 여기서 선생님을 만날 줄 알고 있었다니까요!"

내 지출을 예산에 맞추기 위해 아이들이 최선의 노력을 다했는데도 내 돈은 결코 월말까지 남아 있던 적이 없었다. 활동적인 사교생활은 비용이 많이 들었다. 주머니에 돈이 있으면 나는 우리 아이들만큼 충동적이었다. 모든 것이 내 눈을 사로잡았다. 수입을 늘리기 위해 나는 부업을 시작했다. 그것은 부정한 수단을 쓰면서도 너무 많은 걸 캐묻지만 않는다면 손쉬운 돈벌이였다.

지하경제는 어마어마했다. 과거엔 사우스 브롱크스 같은 동네에는 반드시 지하경제가 있었다. 아직 휴대전화기가 모든 사람의 주머니에 자리를 차지하기 전, 물정 밝은 거리의 사업가들은 정보가 곧 돈이라는 사실을 알고 있었다. 그들은 자기 나름의 방식을 꿰어 맞추어 커뮤니케이션의 흐름을 파악했다. 무선호출기와 동전 전화는 신속한 커뮤니케이션이 필요한 모든 사람(합법적인 패션 산업과 그 밖의 지역 사업들부터 내기, 숫자 도박, 마약거래 등등의 지하세계까지)에게 중요한 테크놀로지였다. 통신사업 규제완화로 동전 전화는 우후죽순처럼 생겨나고 있었다. 길거리의 공중전화는 여전히 시 당국이 임대하고 있었지만 식당과 정육점, 식료품점 등지에 설치된 실내 공중전화는 그것을 차지한 건물주와 가게 주인들에게 새로운 수입원이 되었다.

내게는 이 새로운 시장을 누가 소유하는가 하는 문제는 중요하지 않았다. 내게 필요한 것은 그런 공중전화를 팔 방법을 아는 것뿐이었다. 나머지는 비밀에 부쳐둘 수 있었다. 사람들과 말하기 좋아하고 누구도 두려워하지 않는 나 같은 사람이면 공중전화기와 선불 전화카드를 팔아 하루에 수백 달러를 벌 수 있었다. 누가 그 하드웨어를 소유하고 있는지, 누가 그 전화기를 만드는지, 그들이 무슨 얘기를 하는지는 알 필요가 없었다. 그럼에도 마음 한구석엔 이 일을 오랫동안 할 수는 없을 것 같다는 찜찜한 느낌이 있었다.

얼마 안 가서 나만의 작은 천국을 임대할 만큼 돈을 벌었다. 첫 번째 아파트는 238번가의 어느 거대한 6층짜리 복합건물의 꼭대기층 구석이었다. 그 건물에는 식물을 심어놓은 안마당이 있었다. 나무들이 늘어선 거리는 근사했다. 분명 우리 아이들도 자랑스러워할 만한 집이었다. 나는 내 아파트를 노출 벽돌벽이 있는 고미다락으로 만들었다. 대니얼 하우벤Daniel Hauben이라는 떠오르는 신예 화가가 길모퉁이에 살고 있었는데, 그는 비상계단과 열차 육교, 벽돌 건물들의 거슬리는 기하학을 예술로 바꾸어놓았다. 도시의 스카이라인이 한눈에 들어오고, 이웃에는 예술가들이 살고, 하우스파티를 열어 매일 밤 디제이를 맡게 되었으니, 나는 꿈속에서 사는 기분이었다.

어머니가 나의 새 보금자리를 보러 오신 날이었다. 어머니는 냉장고를 열었다. 그 안에는 너무도 근사한 신상품 운동화 50켤레가 놓여 있었다. 음식은 없었다. 냄비나 프라이팬도 없었다. 그리고 부엌 싱크대 선반에는 한 번도 신지 않은 운동화 100켤레가 있었다.

"왜 운동화를 냉장고에 넣었니?" 어머니가 물었다.

"엄마, 운동화도 나와 똑같아요. 그냥 시원하라고요."

좋은 시절은 오래가지 않았다. 주머니 속에 남은 돈은 정말 어리석은 일에 다 써버렸다. 나는 교실에서 어른 행세를 하고 있었지만, 나의 개인적인 삶에서 어른이 되기까지는 아직도 가야 할 길이 멀었다. 겉으로는 독립적인 것처럼 보였지만, 나는 충동적인 어른아이, 인간 핀볼이었다.

나는 내 학생들만큼이나 미래가 혼란스러웠다. 나는 무엇이 되고 싶은 걸까? 돈은 주변에서 쉽게 벌 수 있지만, 내가 치러야 할 대가는? 난 내가 완벽하다고 생각하고 있었다. 하지만 내 행동에 책임을 진다는 말이 무슨 뜻인지 아직 이해하지 못했다. 직업적인 목표는? 알 수 없었다. 나는 가르치는 일이 좋았지만, 2년 기한의 임시교사직을 끝내면 정식 자격증으로 바꿔야 했다. 그것은 대학원을 의미했다. 그에 필요한 과정을 밟기 시작했지만 염증만 느꼈다. 대학원에서 가르치는 모든 것이 우리 아이들의 현실과 무관하게 보였다. 교수들은 내가 숙제를 제출하고 보고서를 쓰고, 학교 바깥의 내 삶을 방해하는 온갖 의무를 해주기를 기대했다. 출세의 사다리를 오르기 위해 학위를 따는 건 내키지 않았지만, 그저 제자리걸음을 하기는 더더욱 싫었다.

그래서 2년간의 교직생활 끝에 임시교사 자격증이 만료되었을 때, 나는 그것이 하나의 신호라고 판단했다. 나는 브롱크스에 돌아가기를 간절히 원했던 만큼 탈출구를 찾기 시작했다.

그렇게 탈출구를 찾고 있던 어느 날, 한 친구의 전화를 받았다. 친구의 이야기는 마치 동화 같았지만, 엄연한 현실이었다. 그 친구의 먼 친척이 돌아가셨는데 애리조나 시골에 있는 큰 집을 물려주었다는 거였다. 친구가 유일한 상속자였다. 그는 그 저택에 살러 떠난다고 했다.

"300에이커에 목장주택까지 있어. 방이 아주 많아." 그가 말했다.

황무지에 서 있는 집이라니, 내 상상력은 활활 타올랐다. 어쩌면 그게 오아시스가 될 수도 있겠어. 브롱크스에서는 나에게 슬금슬금 다가오는 문제가 느껴지는 것만 같았다. 몇몇 친구는 변하고 있었고, 마약이나 사소한 범죄에 빠지고 있었다. 몇몇은 더욱 깊은 문제에 빠지기도 했다. 에이즈AIDS 판정을 받은 친구도 한두 명이 아니었다. 나는 그병이 무섭기만 했다. 아직 치료제도 없었으니 그 병은 곧 무시무시한 사형선고였다.

"그래서 뭐라는 거야?" 내가 물었다.

"나랑 같이 가자고. 새 출발하자. 네가 어디로 갈지 다음에는 무얼 할지 생각해보자고. 누가 알겠어? 어쩌면 여기로 돌아올지도. 어쩌면 아닐 수도 있고."

이렇게 해서 나는 애리조나의 프레스컷에 가게 되었다. 선인장과 모래, 수많은 백인이 가득한 이 낯선 풍경 속에서 나는 쉽게 답을 찾지 못했다. 하지만 번뜩이는 깨달음이 있었다. 내가 어디를 가든, 나는 거기에 있다는 것. 그리고 나 자신을 함께 데려간다는 것.

자리를 잡기까지 오래 걸리지는 않았다. 곧바로 나는 아메리카 원주민 학생들이 많이 다니는 한 학교의 운동장 지도주임으로 고용되었다. 나는 아메리카 원주민의 역사나 문화에 관해 아는 게 전혀 없었지만 열심히 배웠다. 이곳 아이들은 예전 우리 아이들과 공통점이 굉장히 많았다. 브롱크스에서 가르쳤던 아이들과 마찬가지로 이들은 비참한 가난 속에서 살고 있었다. 크게 보면, 외롭고 고립된 보호구역은 사우스 브롱크스의 공영주택과 다를 바 없어 보였다. 약물남용은 여기서도 기승을 부리고 있었다. 크랙은 아니었지만 접착제와 알코올이 많은 가정을 파괴하고 있었다.

크랙은 엄청난 속도로 삶을 망가뜨린다. 그것은 질주하는 열차처럼 덮친다. 크랙의 손아귀에 붙들린 사람은 어디서도 충분히 빠르게 충분한 자극을 받을 수 없게 된다. 감정은 홍수처럼 밀려와 순식간에 기분이 바뀐다. 접착제와 알코올은 그 반대다. 그것은 모든 것의 속도를 늦춘다. 아침에 출근하다 보면 고속도로변에 선인장처럼 꼼짝하지 않고 앉아 있는 사람들이 보였다. 밤이면 낮 동안 사막의 태양에 구워진 그 사람들이 여전히 그 자리에 있었다. 모래바람이 얼굴을 내려도 그들은 움찔하지도 않았다. 반사신경이 죽어버린 것이다.

나는 태아알코올증후군을 가지고 태어난 아이들의 특징과 모습을 알아보기 시작했다. 그들은 감정이 없는 멍한 표정이다. 나는 그 아이들과 친해지고 아이들을 웃게 만드는 것을 내 임무로 정했다. 나는 텔레비전 만화영화에 나오는 빨간 개 클리포드의 옷차림을 하고 보호구역에서 읽기를 가르치는 일에 자원했다. 농구 코트에서 썼던 모든 에너지를 끌어모아 나 자신을 내던지자 아이들은 반응을 보였다. 나는 그냥 운동장 지도주임이 아니었다. 나는 놀이나라 총리였다! 날씨가 좋을 때면 깃발 뺏기 게임 같은 운동장 게임에 300명의 아이들을 참여시키곤 했다. 나는 공을 가지고 그 한가운데 있었다. 그것은 오케스트라 전체를 지휘하는 것 같았고, 굉장히 재미있기도 했다. 하지만 나는 이 아이들이 처한 곤경과 성과를 진정으로 개선하기 위해 다른 무엇을 할 수 있을까 고민하기 시작했다.

운동장 업무를 맡고 6개월이 지나 교직을 진지하게 생각하게 되었다. 아니 반쯤 진지하게 생각했다는 말이 더 맞겠다. 애리조나주립대학교 대학원 진학은 승산이 없다는 걸 알고 있었지만 일단 캠퍼스를 찾아가서 내 사정을 호소라도 해보자고 생각했다. 운명과 행운이 나를 스탠 주커Stan Zucker 교수에게 연결시켜주었다. 반바지에 끔찍한 하와이안 셔츠 차림의 주커 교수는 학과장이라기보다는 인심 좋은 아저씨 같은 인상이었다. 실제로 그는 내 말을 주의 깊게 경청했다. 특수교육 전문가 스탠(그는 이름으로 불리는 걸 좋아한다)은 나에게 기회를 주기로 동의했다.

나처럼 그도 이주민 뉴요커 출신이었다. 캠퍼스의 나머지 사람들이 내게서 거침없는 입담꾼 또는 약간 시끄러운 녀석이라는 인상을 받았다면, 주키는 같은 브롱크스 도박이의 목소리를 알아보았다. 그는 눈길 하나만으로도 내가 무의식적으로 자제하게 만들 수 있었다. 내가 직접 말하지 않아도 그는 나의 허세를 통해 내가 짊어진 짐이, 그것도 아주 많다는 것을 알았다. 그도 나 같은 올빼미형 인간이었다. 그의 야간수업 일정은 마음에 쏙 들었다. 샌드위치 가게의 아르바이트를 포기하거나 활동적인 사교생활을 줄이지 않고도 대학원을 다닐 수 있을 것 같았다. 그는 내 대학원 지도교수가 되는 데 서명했다. 나는 운동장 지도주임 일을 그만두고 가까운 곳에서 수업에 출석하기 위해 템페에 있는 기숙사로 이사했다.

스탠은 록 밴드 그레이트풀 데드Greatful Dead의 콘서트에서 낙오되어 온 사람 같았다. 그의 첫인상은 사우스 브롱크스에 몰래 약을 사러 왔다가 재빨리 거래를 끝내고 도망치듯 빠져나가는 백인 같았다. 턱수염을 기르고, 머리를 한 가닥으로 묶고, 중년의 히피에서 봄 직한 잔잔한 미소를 띠고 있었다. 나는 이런 유형의 사람들을 아주 잘 알고 있었다. 아니 그렇다고 생각했다. 붙임성 있고 느긋한 그 태도만 보면 그가 얼마나 똑똑한 사람인지 짐작할 수 없었다. 그리고 얼마나 까다로운지도. 나는 힘들게 그걸 알아냈다.

"오늘밤 자네가 보고 싶었네, 스티븐." 그것은 내가 두려워하게 된 인사말이었다. 내가 수업을 빼먹기라도 하면, 스탠은 나를 추적해 찾아내곤 했다. 그는 내가 캠퍼스 근처 샌드위치 가게에서 일한다는 걸 알고 있었으므로, 문 닫을 시간이면 가게에 나타나곤 했다.

"늦게까지 일해야 해서요." 내가 그렇게 말하면, 변명을 다 마치기도 전에 그는 고개를 가로젓곤 했다. 어떤 날은 밤늦도록 농구 코트에서 시간 가는 줄 모르고 즉석 농구 게임을 하며 땀에 흠뻑 젖은 나를 찾아내기도 했다. "이런! 시간이 벌써 이렇게 된 줄 몰랐어요." 그렇게 변명을 늘어놓기 시작하면, 또 그 가로젓는 머리가 나오곤 했다.

"스티븐, 자네 여기서 뭐 하고 있나?" 그는 나를 다그치곤 했다. "내 프로그램에 유용한 스포츠를 도입하지 않아도 되네. 이런 짓은 그만둬야 해." 대학원생들이 가득한 교실에서 나는 온갖 잘못된 이유로 두각을 나타냈다. 수업을 빼먹고 과제를 빠뜨림으로써 나는 스탠의 관심을 한 몸에 받았다. 내가 낙제하든 퇴학당하든 내버려두는 게 손쉬운 해결책이었을 것이다. 그러나 그는 내가 그러도록 내버려두려 하지 않았다.

가장 힘들었던 건 내가 아는 게 거의 없음을 실토하는 것이었다. 나는 기본적인 기술을 배우지도 않은 채 흥정하고 환심을 사면서 학부생활을 했다. 학문적 빈틈은 어마어마했다. 조사는 어떻게 하나? 학술보고서는 어떻게 쓰지? 출처인용은 어떻게 하나? 핑계를 꾸미는 재주는 탁월했지만 대학원에서는 그것이 내 발목을 잡았다. 나는 내가 모르는 것을 인정하기가 부끄러웠다.

스탠 주커는 나에게서 무엇을 보았을까? 내가 최악의 학생일 때, 그는 나를 보면서 옛날에 가르쳤던 행동적 문제를 가진 아이들을 떠올렸다. 그에게 나는 헐렁한 반바지를 입은 커다란 아이, 그 자신의 최고 이익에 전혀 도움이 되지 않는 행동을 교정할 필요가 있는 아이였다. 내가 수업에 출석해 공공교육의 불의에 대해 욕을 퍼부을 때, 그는 얼핏 젊은 시절의 자기 모습을 보았다. 내 말이 지나치게 직설적이긴 해도, 내가 옳다는 걸 그는 알고 있었다. 그 날것의 열정을 강력한 지원이 필요한 아이들을 위해 쓰도록 나를 돕고 싶었다. 그는 내가 사람들을 열받게 하지 않는 한 관계 맺는 능력이 있다는 걸 알아차렸다. 제대로 훈련받고 조금 더 성숙해진다면, 나는 유의미한 해결책의 일부가 될 수 있었다.

"나도 지금 이 자리까지 오지 못했을 거네." 훗날 그가 고백했다. "사람들이 계속해서 나에게 주었던 그 많은 기회를 만나지 못했다면 말이야. 자네가 그 기회를 활용할 생각만 있다면 희망이 있다고 생각했어."

희망이 나를 잡아끌었다. 특히나 건강염려증을 가지게 된 후에는 더욱 그랬다. 학교는 고됐고, 수업이 진행될수록 스트레스는 커져갔다. 정신없는 하루 일과와 방종한 생활방식도 도움이 되지는 않았다. 감기에 한 번 걸렸는데 영영 떨쳐버리지 못할 일종의 흉부감염이 진행되었다. 한계점은 어느 날 아침에 찾아왔다. 잠을 깨서 보니 베개에 내 머리카락의 절반이 묻어 있었다. 무언가 아주, 크게 잘못된 것이다! 몇 주 전에 매직 존슨이 인간 면역결핍 바이러스HIV 양성이라고 밝힘으로써 전 세계를 충격으로 몰아넣었다. 정보와 그보다 많은 잘못된 정보가 걷잡을 수 없이 퍼지고 있었고, 내 증상과 그간의 위험했던 내 행동을 생각하니 아찔했다. HIV 검사를 받고 양성 판정을 받던 날, 그건 내게는 사형선고였다. 나는 은행에 가서 평생 저축한 돈(몇백 달러)을 모두 잔돈으로 인출했다. 그러고는 99센트짜리 햄버거 수십 개를 사서 그 소도시에서 가장 가난한 동네의 어느 길모퉁이를 찾아가 사람들에게 나누어주었다. 햄버거가 다 떨어지자 이번엔 1달러짜리 지폐를 낯선 사람들에게 나눠주기 시작했다. 결국 나는 그 거리에서 의식을 잃었고 동전 한 푼 없이, 신발도, 신분증도 없이 버려졌다. 정신을 차리고 보니 커다란 쓰레기통 안이었고, 나는 11킬로미터를 걸어서 캠퍼스로 돌아갔다. 맨발에 다 헤진 양말만 신고 38도의 열로 펄펄 끓으면서. 포기하지 않겠다고 결심한 나는 마침내 용기를 내어 재검사를 받았다. 첫 번째 검사결과가 가양성이었다는 것을 안 건 그때였다. 정신이 번쩍 드는 그 경험을 군이 지도교수에게 말하지는 않았다. 내가 위태위태한 춤을 추고 있었다는 건 나도 잘 알고 있었다.

스탠이 그렇게 까다로웠던 이유는 사실 자기 제자들이 특별한 도움이 필요한 학생들을 가르치게 될 거라는 사실을 잘 알고 있었기 때문이다. 우리를 교사로서 충분히 준비시키지 않는다면, 우리는 더 잘되어 마땅한 아이들을 좌절하게 만들게 될 터였다.

"특수교육에는 특별한 일이 있다네." 그는 나에게 말하곤 했다. "우리는 미래의 교사들이 그 일을 하지 않고 지내게끔 내버려둘 수가 없어. 난 그냥 점수만 깎고 넘어가지는 않을 걸세. 자네가 과제를 하지 않으면 교사로서 필요한 기술을 쌓지 못하게 돼."

성적은 동기부여가 되지 않았지만, 나에 대한 그 믿음이 탁 하고 스위치를 켰다. 그것은 궁극의 충돌이자 연결이었고 공동학습이었다. 그는 나의 성공을 자신의 성공으로 여겼다. 특수교육 프로그램에서 나는 그의 특별 프로젝트가 되었다.

시간이 조금 걸리기는 했지만 우리의 허심탄회한 대화는 내 마음에 전달되었다. 지나고 보니 그때 스탠은 나에게, 특수교육 대상 낙인이 찍힌 학생만이 아닌 모든 학생에게 적용되는 교육이론을 개인과외 해주고 있었다. 특히 한 교훈은 지금까지도 기억이 생생하다. 그것은 교습과 학습에 대한 나의 전반적 접근법에 길잡이가 되어준다.

"아이들이 어떤 것을 해내지 못하는 이유는 단 두 가지밖에 없네." 그는 이렇게 설명하곤 했다. "아이들이 순응적이지 않거나 아니면 실력이 부족하거나. 전자는 아이들이 그것을 하기 싫어한다는 뜻이고, 후자는 그것을 하는 방법을 모른다는 뜻이야. 어느 경우든 우리의 대답은 항상 가르치는 것이지. 아이들을 포기하지 말게. 그런데 말이야, 자네는 순응적이지 않으면서 실력도 부족해. 나는 교사고, 그래서 나는 자네를 포기하지 않는 거야."

일단 그 교훈을 이해하자 나는 그 가르침을 평생 간직하게 될 거라는 걸 알았다.

조금씩 조금씩 나는 그가 주는 기회를 받아들일 만큼 성장하기 시작했다. 내가 어떤 것을 모른다고 실토하면, 스탠은 내가 이해할 수 있는 방식으로 그 빈틈을 채우도록 도와주었다. 공부에 더 많이 투자하게 되면서 나는 스탠의 도움으로 내가 세운 학문적 목표를 이뤄나가기 시작했다. 나는 그가 꿈꾸는 영향력 있는 사람이 되는 데 에너지를 쏟을 준비가 되었다. 시간이 걸리긴 했지만 나는 그 프로그램을 우등으로 졸업했다.

교생실습 기간이 되자 나는 아무도 원하지 않는 지역을 자청했다. 가장 가난하고 가장 소외된 지역의 학교에 배정해달라고 한 것이다. 나는 더 열심히, 더 똑똑하게 가르치고, 대학원에서 배우고 있는 통찰을 적용해보기로 결심했다. 내가 배운 이론과 실천은 모든 아이가 똑같은 방식으로 배운다는 가정이야말로 정신 나간 짓임을 확신시켜주었다. 특수반 학생들과 함께하면서 나는 그 아이들의 강점을 찾는 데 초점을 맞추었다. 이 아이들은 무엇을 잘하나? 무엇에 열정을 보이나?

열정, 목적, 희망은 항상 내 일의 모퉁잇돌이었지만, 그것들을 주입하려면 올바른 지원이 수반되어야 한다. 열정은 아이들이 학교에 나오게 만든다. 목적은 아이들이 학교에 빠지지 않고 계속 나오게 만든다. 희망은 힘든 역경 속에서도 계속 노력하도록 만든다. 상황에 갇힌 나머지 자신은 배울 능력이 없다고 믿게 되는 학생들을 수없이 보아왔다. 내가 할 일은 그 아이들에게 그렇지 않다고 확신시키고 그들이 해내도록 필요한 지원을 해주는 것이었다. 나는 천성적으로 말이 빠르지만, 지금은 관찰을 빨리 해야 했다. 학생들이 수업을 주의 깊게 듣고 이해하는지, 아니면 혼란스러운 상태에서 겉돌고 있는지 재빨리 파악해야 했다. 전문가들과 정책입안자들이 학생 성적 책임이라는 말을 좋아하기 오래전부터, 내 교실에서는 그것이 현실이었다. 나는 학생들에게 말했다. "나는 여러분에게 책임을 지울 거예요. 여러분도 나에게 책임을 지우세요." 우리는 날마다 그 프로그램을 계속했고 상호신뢰의 문화를 만들어갔다.

우리의 합의안에는 이런 항목이 포함되었다.

— 나

나는 여러분에게 일일 활동주제, 입구 활동, 출구 티켓을 제공하겠습니다.

나는 어떤 학생이 묻는 어떤 질문에도 충분한 시간을 가지고 대답하겠습니다.

나는 여러분이 성공하는 데 필요한 도구 일체를 제공하겠습니다.

나는 여러분을 품위 있게 대하고 존중하겠습니다.

나는 일찍 출근해 늦게 퇴근하고, 언제든 여기서 여러분을 돕겠습니다.

— 학생들

우리는 항상 우리 생각이 눈에 보이도록 하겠습니다.

우리는 모두를, 비록 괴로울 때도 존중하고 사랑하겠습니다.

우리는 모두가 과제 내용을 확실히 주지하도록 하겠습니다.

우리는 단지 어떤 것이 힘들다는 이유로 포기하지 않겠습니다.

우리는 이해되지 않을 때는 질문을 하겠습니다.

우리는 다른 사람이 먹는 음식에 대해 절대 비웃지 않겠습니다.

이제 그 아이들에게 학교는 접어버린 어떤 것이 아니었다. 우리는 이 모든 것을 함께 해냈다. 스스로 교육의 주변부에 있다고 생각했던 아이들은 이제 자신의 성공에서 이해당사자가 되었다.

이 접근법이 효과를 보기 시작했다. 내가 맡은 기초학력 미달 학생들이 초과 성과를 내었고, 브롱크스에서 들었던 것과 똑같은 원망이 쏟아졌다. 아니 공정하게 말하자면 애리조나의 많은 동료는 선의를 가진 교사들이었다. 나는 그들에게 이렇게 되묻곤 했다. "선생님은 자녀를 여기 학교에 보내시지 않을 거예요? 선생님의 자녀가 이런 식으로 대우받기 원하세요?" 사람들은 그런 말을 듣고 싶어하지 않았다. 하물며 뉴욕에서 온 젊은 풋내기로부터는.

교생실습을 마칠 때쯤 나는 지금도 여전히 지키고 있는 교육이론을 채택했다. 내 관점은 복잡한 게 아니다. 이제 더는 가난을 탓하지 말아야 한다는 것이다. 가난한 아이들이 높은 기대를 가지도록 성장할 수는 있지만 우선은 우리가 그런 기대를 가져야 한다. 낮은 기대 속에서 성장하는 아이는 없다! 나에게 그건 사랑으로 시작된다. 우리는 아이들이 자신을 사랑하는 법을 배울 때까지 아이들을 사랑해야 한다. 스탠 주커가 나에게 기회를 주고 내 학생들에게도 똑같이 존중해주라고 나를 격려했을 때 나는 그 힘을 배웠다. 스탠을 만나고 그에게서 배우고, 그와 함께 일한 경험은 진정한 기회였다. 나는 영원히 그 기회를 나누기로 결심했고 그 결심은 지금도 변하지 않았다. 그를 통해서 나는, 교사에게는 삶을 변화시키는 힘이 있다는 걸 배웠다.

특수교육 석사학위를 받자마자 나는 교외에 있는 부자 학교에 채용되었다. 백인이 압도적으로 많은 이 학교에는 보호구역 출신의 가난한 아이들도 일부 다니고 있었는데, 단지 학군제 때문이었다. 학교는 나머지 '우수 학생들'과 부유 학생 집단으로부터 고립된 특수교육반 학생들 그리고 '보호구역 아동들'을 위한 베이비시터를 원했다. 나는 결과를 원했다. 보호구역 학생들(이른바 '레즈 키즈rez-kids')이 백인 교사를 신뢰할 근거는 심지어 브롱크스에서 내가 가르쳤던 라틴계와 흑인 아이들의 경우보다 적었다. 우리는 농구 코트에서 공통점을 발견했다.

내가 가르치는 아메리카 원주민 학생 팀이 그 학교 대표 팀을 이겼을 때, 나는 학교 행정관리자들에게 맹비난을 받았다. 대부분 백인인 대표 팀 아이들은 지위를 위해 우승을 원했다. 대학 장학금을 받으면 더 좋은 일이었다. 그러나 원주민 아이들에게 장학금은 인생을 바꿀 수 있었다. 만약 내 학생들 몇몇이 대표 팀의 선망받는 자리를 차지한다면 우리는 자연의 질서를 뒤집는 것과 같았다. 우리 아이들이 그 자리를 차지했다. 그러나 아쉽게도 그들은 당연히 받아야 할 것을 받지 못했다.

똑같은 일은 학업에서도 벌어졌다. 우리 특수반 학생들 가운데 열세 명이 그해 애리조나 주 쓰기대회 출전권을 얻었다. 그들의 성공 덕에 초임이던 내가 올해의 애리조나 교사상을 받았다. 이렇게 되자 동료들 사이에서 불평이 더욱 심해졌다. 그해 말, 나는 교장실에 불려갔고 2년 차에는 돌아오지 말라는 부탁을 받았다.

"시내 학교에 지원해보는 게 어때요?" 교장이 제안했다. 그는 훌륭한 추천서를 써주었지만 그의 지역사회는 나를 원하지 않는다는 게 분명해졌다.

어느 날 오후 한 10만 킬로미터를 건너온 것처럼 너덜너덜해진 봉투 하나가 내 우편함에 도착했다. 로클랜드 카운티에 있는 부모님 집을 시작으로, 이곳에서 저곳으로, 또 다른 곳으로 주소를 따라 나를 찾아온 편지였다. 봉투를 뜯고 그 편지 아래 쓰인 이름을 본 순간 입이 귀에 걸렸다. 버네사! 모자를 쓰고 가운을 입고서 찍은 그 아이의 사진이 펄럭이며 내 무릎에 떨어졌다.

내가 브롱크스를 떠나고 2년 만에 버네사는 해낸 것이다(마음 독하게 먹고 약을 끊었으며 고등학교 우등 졸업상을 받았다). 이제 그 아이는 대학 진학을 앞두고 상담 쪽으로 진로를 생각하고 있었다. 다른 사람들한테

갚고 있구나. 처음 아이들을 가르치는 나를 비웃었던 그 작은 화약고를 떠올리며 빙긋 웃었다. 영향을 준다는 게 이런 기분이구나, 나는 그 기분에 흠뻑 빠졌다.

주목할 만한 것은 버네사의 편지가 나에게 얼마나 큰 영향을 주었는가 하는 것이다. 그 편지가 그렇게 시의적절할 수가 없었다. 용기를 줘서 고맙다고 버네사가 인사하던 그때 그 순간, 그 아이는 내게 똑같은 선물을 주었다. 비록 나는 완벽하지 않았지만 충분히 내 몫을 했던 것이다. 나 자신의 삶을 엉망으로 살고 있을 때도 한 청소년의 삶을 바꿀 수 있었다면, 그곳에 돌아가 더욱 집중해서 현실에 기반을 둔다면 어떤 좋은 일들을 할 수 있을지 상상해보라. 모습을 보이고 성장하라. 몸이 가면 머리는 따라갈 것이다.

누구에게나 두 번째 기회가 필요해, 나는 생각했다. 물론 나에게도.

CHAPTER 04

새 뿌리를 내리다

1994년 가을

　　애리조나에서 몇 년을 지내고 나자, 고향으로 돌아가 두 번째 기회를 갖고 싶어서 몸이 근질거렸다. 전에 HIV로 오진을 받았던 병은 사실 피닉스 풍토병인 계곡열이라는 공기 알레르기였다. 그것이 다시 도지고 있었다. 애리조나에서 그동안 나에게 맞는 일을 찾으려 동분서주했다. 나는 제법 철들어 있었다. 그때쯤 아버지가 되었다. 대학 때 여자친구이자 미래의 아내인 리젯과 함께 딸 미카엘라를 키울 계획을 세웠다. 내가 애리조나에 있는 동안에는 장거리를 오가며 관계를 지속했다. 이제 우리는 브롱크스에서 함께 살 준비가 되어 있었다.

　도미니카인 부모를 둔 리젯은 야심 가득한 1세대 미국인이었다. 영어를 쓰는 가족이 없는 집에서 세 자녀 중 맏이로 자란 그녀는 스스로 영어를 터득해 그럭저럭 초등학교에 다닐 수 있었다. 덕분에 그녀는 가족의 통역사가 되었다. 비슷한 환경의 수많은 아이가 그렇듯(그리고 내 학생들 대다수가 그렇듯) 그녀는 빨리 철들어야 했다.

리젯을 만났을 때 나는 서두를 게 없이 여유로운 대학 4학년이었다. 그녀는 열일곱 신입생이었고, 대부분의 친구보다 적어도 한 살은 어렸다. 첫 번째 데이트가 있던 날은 1984년 만우절, 가수 마빈 게이가 살해당한 날이었다. 그의 노래 〈홧스 고잉 온What's Going On?〉에 맞춰 느린 춤을 추며 하룻밤을 지낸 뒤, 리젯은 집에 가서 결혼할 남자를 만났다고 어머니에게 말했다. 비록 우리는 여러 해가 지난 뒤에 결혼했지만, 그녀가 옳았다. 우리는 결혼식에서 마빈 게이의 노래에 맞춰 춤을 추었다.

애리조나에서 브롱크스로 돌아왔지만, 곧바로 교직에 복귀하지는 않았다. 적어도 전통적인 의미에서는 아니었다. 처음에 리젯과 나는 크랙 밀매소로 쓰이던 집 하나를 600달러에 사서 작은 식당을 열기로 계획했다. 건물 내부는 다 뜯겨나가 아무것도 없었다. 아직 벽 안쪽 어딘가에 숨겨놓은 약이 있을 거라는 소문 때문이었다. 파이프 안에 있을 거라고도 했다. 사우스 브롱크스 고등학교에서 전철로 두 정거장인 그 동네는 어느 때보다 험악한 곳이 되어 있었다. 그러나 우리가 찾은 그 장소는 학교나 이런저런 사업체들과는 걸어서 갈 만한 거리에 있었다. 이는 곧 보행자들이 많다는 뜻이었다. 게다가 우리는 배달을 했다.

그 장소는 첫날부터 수익을 안겨주었다. 리젯은 그 경험을 경영학 석사학위MBA를 따는 것에 비교했다. 작은 사업을 한다는 건 나로선 피드백의 힘에 관해 날마다 교훈을 배울 기회가 되었다. 대학원에서 즉각적이고 구체적이며 실행 가능한 피드백은 학습의 가장 강력한 도구라고 배운 바 있었다. 그 식당에서 손님들이 좋아하는 것과 싫어하는 것을 눈여겨보고 다음에는 그에 맞게 고치는 식으로 그 교훈을 실천했다. 우리는 꼼꼼히 결산하면서 날마다 자산과 부채에 관해 배워갔다.

셔터가 있고 좌석 스무 개(등받이 없는 의자 여덟 개와 4인용 식탁 세 개)가 있는 작은 우리 식당에서는 사우스 브롱크스에서 가장 훌륭한 수프를 팔았고 1.99달러짜리 특별식을 제공했다. 날마다 열정과 목적, 희망으로 만든 비밀소스를 곁들였고 빠르고 신선하고 깨끗하다는 약속을 내걸고 음식을 배달했다. 이곳은 사우스 브롱크스에서도 가장 위험한 구역이었지만, 우리의 작은 식당은 안전한 천국이었다. 리젯은 이곳을 드라마 〈프렌즈Friends〉에 나오는 카페 또는 그보다 더욱 다채로운 곳으로 여겼다. 손님들은 커피 한 잔을 마시러, 수프 한 그릇을 먹으러 왔다가 눌러앉아 사는 이야기를 들려주었다. 우리가 차에 타고 내릴 때면 같이 차까지 걸으면서 우리를 지켜주었다. 비록 우리 차 앞유리를 통째로 도둑맞은 적은 있었지만 우리는 단 한 건의 폭력사건도 겪지 않았다.

최고의 손님은 숙제를 도와주기를 바라는 학생들과 일상의 짐을 잠시 내려놓고 싶은 교사들이었다. 나는 밥과 콩 요리와 함께 수학수업을 제공했고 5문단짜리 에세이에 의견을 내주었다. 숙제를 도와준 대가로 별도의 비용을 받거나 'A'를 받아왔다고 공짜 식사를 주는 일은 없었다. 나는 배달을 위해 특수교육반 학생들을 고용했고 그 학생들이 재활용할 깡통이나 빈 병을 가져오면 추가수당을 주었다. 우리는 춤을 후원했고 학교 무도회와 졸업식에 음식을 기증했다. 이 모든 아이의 이야기와 질문을 듣다 보니 다시 교실로 돌아가고픈 마음이 들었다. 교실에서는 내가 배운 모든 것을 적용할 수 있을 터였다.

어쩌다 보니 우리의 작은 식당은 내가 몇 해 전 꿈꿨던 양방향 자산 기반 지역사회 발전 교실이 되어 있었다. 그리고 사우스 브롱크스 고등학교와는 불과 몇 블록밖에 떨어져 있지 않았다. 식당 수입이 꽤 좋왔던 건 사실이지만, 우리는 우리가 파생시킨 수입보다 사람을 얻는 것, 우리가 쌓아가고 있던 관계가 더 좋았다. 놀랍게도 이 식당에서도 모든 게 지역 아이들, 지역 학교들과 연결되어 있었다. 하루하루가 아이들의 무능과 불순응을 다룰 기회, 모두가 혜택을 보고 번영하는 문화와 공동체를 건설할 가능성을 보여주었다. 우리의 작은 공동체 안에서 음식은 협상의 여지가 없는 것이었다. 여기서는 모든 것이 성취와 업적을 축하하고 지원하면서 모든 것이 품위 있게 상대를 존중하며 제공되었다.

"난 당신이 교실을 떠난 적 없다고 생각해요." 리젯이 말했다. "다만 카운터에서 가르치고 있을 뿐이에요."

우리는 곧 이윤을 남기고 그 식당을 판 뒤 브롱크스에 아파트를 구입했다. 리젯은 맨해튼 금융가에서 일자리를 구해 성공적인 경력을 쌓기 시작했다. 나는 다시 교직으로 돌아갔고 절대 뒤돌아보지 않았다.

"거기요. 자리 좀 비워주길 부탁드려요! 여기 아이들이 있잖아요."

휴식시간과 점심시간이면, 나는 도보순찰을 돌며 정중하고 공손하게 계도활동을 했다. 마약 중독자들과 거래상들이 우리 중학교 아이들 눈에 띄지 않게 하기 위해서였다. 신임 교사로서 184번 도로에 있는 사우스 브롱크스 크레스턴 애버뉴/유니버시티 애버뉴와 회랑을 순찰하는 일은 곧 일상의 일부가 되었다. 루디 줄리아니Rudy Giuliani 시장이 '법과 질서' 공약을 내걸고 시장 선거에서 막 승리했지만, 그가 벌인 맨해튼 정화 운동은 너 많은 마약, 범죄, 노숙자들을 브롱크스로 밀어내는 결과를 낳았다. 어떤 날은 약을 사려는 사람들이 50명 넘게 보도에 줄을 서기도 했는데 길 가장자리에 이중 주차를 한 채 자동차 안에서 기다리는 사람은 더 많았다.

우리 아이들 중 일부(아직 너무 어려 운전할 나이도 안 된)는 이미 정맥 주사를 맞고 있었다. 많은 아이가 부모의 마약 복용이 불러온 여파를 겪었다. 이 아이들은 크랙 중독자들에게서 태어난 첫 번째 세대였다. 1980년대의 크랙 베이비들은 1990년대의 문제학생이 되었고 아무도 그들을 다룰 방법을 몰랐다. 그들은 충동조절 장애, 공격성, 집중력 부족 등의 문제를 겪었다. 마치 배선에 결함이 있어 끊임없이 단락을 일으키는 것 같았다. 이런 문제는 내가 우리 식당의 어린 손님 일부에게서 목격했던 것이기도 했다. 교직원 중 일부도 각자 나름의 악마와 중독에 시달렸다.

이런 회오리바람 속에서 위대한 영감을 주는 학교 지도자들 밑에서 일하게 된 건 행운이었다. 패멀라 매카시Pamela McCarthy 교장은 그 동네 출신의 흑인으로서 그 아이들도 똑같이 소중하다고 믿었고, 따라서 교사들에게 열심히 일할 것을 기대했다. 유대계 백인으로 엘리너 루스벨트를 본받으려 하던 낸시 벌린Nancy Berlin이라는 또 다른 행정관리자는 자기 자녀가 대우받기를 원하는 대로 학생들을 대우했고 직원을 가족처럼 대했다.

유난히 춥던 어느 겨울날, 점심시간이 끝난 후 낸시가 내 수업을 참관하러 왔다. 나는 변명을 늘어놓기 시작했다. 얼마 전 그녀가 학생들의 주의집중을 위해 칠판을 활용하는 더 나은 방법을 가르쳐주었는데, 그날의 수업에서 그녀의 훌륭한 전략을 하나도 반영하지 않았던 것이다. "쉬는 시간에 너무 추웠어요. 손이 꽁꽁 얼어붙어서 분필을 잡을 수가 없었습니다." 내가 말했다. 다음 날 낸시는 나에게 검은 가죽장갑을 선물했다. 그 선물은 어떤 변명도 하지 말라는 것을 일깨워주었다.

우리 학생들은 날마다, 하루하루, 우리에게서 최고의 것을 받을 자격이 있었다. 따뜻하고 폼 나는 그 장갑 덕에 나는 더 좋은 교사가 되었다. 그 장갑을 낄 때마다 사랑받고 소중한 사람이 된 기분이었다. 쉬는 시간이면 기쁜 마음으로 장갑을 꼈다. 그 좋은 기분을 우리 아이들에게도 전해주고 싶었다. (20년이 지난 지금도 나는 여전히 그 장갑을 낀다.)

교감인 캐런 암스트롱Karen Armstrong은 어머니가 육군 원사였는데, 그 학교의 훈육 담당이었다. 처음 만나던 날, 그녀는 쩌렁쩌렁 울리는 내 목소리를 따라 우리 교실로 들어왔다. "제 사무실이 복도 바로 아래쪽에 있어요." 그녀가 진지한 표정으로 말했다. "전 수학, 과학, 특수교육을 맡고 있습니다." 나도 진지하게 대답했다.

무너지고 있는 것 같은 학교 시스템 속에서도 이 지도자들은 공정하고 정직했다. 이들은 때로 내 접근법이 정신 나간 것처럼 보일지라도 아이들의 학습에 도움이 되는 한은 교실에서 혁신할 여지를 주었다. 시스템의 붕괴를 인정하지 않는 이상, 나는 전체 학교를 바꿀 수는 없다는 걸 알고 있었고, 그나마 사각의 벽 안의 유연성과 자유를 허용해주는 지도자들을 갈망하고 그들에게 매달렸다. 우리 교육 시스템이 의자 뺏기 놀이를 하는 동안 내가 이 학교에서 저 학교로 그들을 따라다닌 것도 바로 그 때문이었다. 그들 밑에서 일하던 6년 동안, 우리 학교의 이름은 세 번이나 바뀌었지만 우리는 그 건물을 떠난 적이 없었다. 그때마다 교육당국은 건물 외부에 새 간판을 바꿔 달았을 뿐이다. 건물 안의 사정은 옛날과 똑같았다.

만약 학교 시스템 자체가 헌신과 전념, 충성심을 조성해서 패멀라, 낸시, 캐런이 나를 매료시켰던 것처럼 변화를 용이하게 만들 수 있다면 어떻게 될지 상상해보라. 우리 모두 서로 노우넌서 일했고 우리 교실처럼 신성하고 접근이 쉬운 공간이 더 많이 생기게 해달라고 기도했다. 한 번에 한 교실씩이라도, 정 안 되면 우리 교실만이라도, 우리는 계속 꿈을 살려나갔다.

⚜

미구엘이 우리 특수반에 배정되었을 때는 세상물정에 밝은 7학년이었다. 그 아이는 그전 한 해 동안 우리 교실을 염탐하고 우리 반에 들어올 음모를 꾸미고 있었다. 아침 일찍 걸어서 등교하는 미구엘은 크랙 파이프와 피하주사를 피해 다녔다. 주차된 자동차 옆으로 마약 운반책이 쭈뼛쭈뼛 다가와 타이어 위에 꾸러미를 숨길 때면 미구엘은 못 본 척했다. 차라리 아무것도 모르는 게 나았다. 경찰은 으레 그 또래 아이들을 불러 세워서 동네 마약상에 관한 이런저런 정보를 털어내거나 망을 본다고 꾸짖곤 했으니까. 열세 살이 된 미구엘은 속으로는 죽을 만큼 무서워도 태연하게 행동하는 법을 이미 터득하고 있었다. 만만하거나 겁먹은 것처럼 보이면 목표물이 될 가능성이 높았다.

우리 아이들이 대개 그렇듯이 미구엘은 사실 특수반에 들어올 아이가 아니었다. 온두라스 이민자의 아들이고 아직 영어를 배우는 과정이었기 때문에 읽기 실력은 몇 학년이나 크게 뒤처져 있었다. 그래서 미구엘은 책을 건네주고 자리를 지정해주고 읽어보라고 다그치는 교사들과는 잘 지내지 못했다.

"선생님들은 제가 늦되다고 생각해요." 미구엘이 말했다. "하지만 전 그냥 영어가 좀 서툰 거라고요." 나는 아버지가 소싯적에 읽기에 애를 먹었던 일을 떠올렸다.

미구엘은 책을 읽는 시늉을 하다 책상에 엎드려 낮잠을 자거나 만학생들과 소란을 일으키곤 했다. 그 아이는 한순간에 혼돈을 끌어낼 수 있었다. 그렇게 해서 미구엘에겐 문제아라는 꼬리표가 붙었다.

　내 목표는 미구엘 같은 아이들이 시간을 보내고 싶은 곳을 만드는 거였다. 미구엘은 결국 비행소년이 되어 나에게 왔다. 나는 이런 궁금증이 떠나지 않았다. 만약 아이들이 적극적으로 참여하고 싶고, 같은 목적을 향해 함께 나아가고 싶은 교실과 교사를 만들 수 있다면 어떻게 될까? 만약 그 모든 창의성과 에너지를 좋은 방향으로 돌릴 수 있다면? 우리 교실을 아이들이 저마다 성공을 발견할 수 있는 오아시스로 만들기 위해선 무엇이 필요할까? 미구엘 같은 학생들이 패배자가 된 느낌을 갖지 않게끔 그들의 힘을 토대로 하는 문화를 건설할 방법은 무엇일까? 나는 그 방법을 찾아내기로 했다. 모든 학생, 모든 교사, 모든 교실을 위한 현실을 만들고 싶었다. 모든 학생에게 함께하고 싶은 교사와, 집이라 부르며 시간을 보내고 싶은 교실이 있다면? 모든 교사마다, 모든 교실 문마다 '환영합니다'는 고유한 언어를 크게 외치는 팻말이 붙어 있다면? 그렇다면 학교는 얼마나 멋진 곳이 될까!

　"요, 리츠 선생님! 오늘 계획은 뭐예요?" 미구엘은 교실로 껑충 뛰어들어오며 그렇게 묻곤 했다.

　방문객에게 나의 교습방식은 즉흥적으로 보일 수도 있었다. 하지만 나는 거의 저녁마다 학습계획을 꼼꼼히 조정하며, 학생들이 힘들어할 만한 부분을 예측하고 그들을 도울 방법을 고민했다. 미구엘은 나에게 늘 계획이 있다는 걸 알고 좋아했다. 아이들은 자기에게 무엇을 기대하는지 알면 그보다 훨씬 더 많은 것을 해낸다. 하루는 여러 자릿수 나눗셈을 가르치다가 아이들에게 말했다. "이건 이 문제를 푸는 한 가지 방식이야. 하지만 푸는 방식은 1,000가지가 있을 수 있지. 만약 더 나은 해법을 내놓을 수 있다면 소개해주렴."

　미구엘은 자기가 더 간단한 방식으로 풀었다는 걸 알고 눈을 빛냈다. "리츠 선생님, 선생님의 방법은 세 단계예요. 전 두 단계로 풀 수 있어요!" 나는 미구엘에게 분필을 건네며 간단 해법을 가르쳐달라고 말했다.

마침 그날은 내가 어린 딸을 학교에 데려간 많은 날 중 하루였다. 이때 미카엘라는 유치원생이었다. 깡마르고 초롱초롱한 눈의 미카엘라는 우리 교실 중학생들 틈에 앉아 있었다. 미카엘라는 우리 아이들의 체구나 거친 외모를 겁내지 않았다. 오히려 아이들과 똑같이 수업을 들었고 같이 읽는 것을 좋아했다. 자기는 키만 작을 뿐이지 갱단의 한 성원이라고 여겼다. "미카엘라가 있으니 교실 분위기가 말랑말랑해요." 미구엘이 말했다. 12년 후 미카엘라는 대학지원서 에세이에 아빠의 교실에 있던 언니와 오빠들, 자신의 가족이 된 비생물학적 남매들에 관해 썼다.

'특별관리' 또는 '저학력'이라는 꼬리표가 붙은 아이들이 자신들의 세계에 관한 학습에 반응하는 경우는 수도 없이 보곤 했다. 그 아이들의 눈을 뜨게 하고 호기심을 끌어낼 경험을 설계하기 위해 나는 미친 듯이 실험했다. 그때까지는 모험을 찾아 멀리 여행해야 한 적이 없었다.

힘과 운동의 원리를 이해하기 위해, 우리는 폐자전거 부품으로 자전거를 만들었고 다섯 개 구를 통과하는 68킬로미터 자전거 여행을 했다. 우리 열네 명이 브루클린의 그린포인트[브루클린의 북쪽 끝 지역. 폴란드 이민자들과 그 후손들이 많이 살아 리틀 폴란드로 불린다—옮긴이]를 지날 때 폴란드어로 된 간판들이 보이자 아이들이 물었다. "우리가 외국에 온 거예요?" 그렇게 현장학습을 나갈 때마다 아이들이 아는 세계는 우리 동네 주변을 떠나는 순간 멈춰버린다는 것을 나는 새삼 깨닫곤 했다. 착한 행동에 대한 보상으로 계획했던 심해 낚시 모험은 곧 전체 뱃멀미 체험으로 바뀌어버렸다. 나에게 가장 눈이 번쩍 뜨이고 가슴 아픈 순간은 해변을 향해 갈 때였다. 한 아이가 스테이튼 아일랜드를 가리키며 순진하게 물었다. "저기는 아프리카예요?" 아무도 그 아이의 빈약한 지리 상식을 비웃지 않았다. 우리 교실에서 바보 같은 질문이란 없었다. 나는 학생들이 학교에 가져오는 삶의 경험 속 거대한 차이를 되새기곤 했다. 경험 또는 경험부족은 부당하게 결과를 좌우할 수 있었다.

어느 날 오후, 나는 호기심에 이끌려 학교에서 몇 블록 떨어진 애완동물 가게에 들어갔다. 전시된 수족관들을 보고 마음을 뺏겨버렸다. 나는 교실에 놓을 작은 어항을 하나 샀고 네온테트라와 금붕어를 보러 몰려드는 아이들을 지켜보았다. 그러고는 날마다 방과 후에 남아서 어항을 관리했다. "거기서 뭐 하세요, 리츠 선생님?" 미구엘이 호기심을 보이며 물었다. "제가 도와드릴까요?"

나는 내가 무엇을 시작했는지 까맣게 모르고 있었다. 교육자로서 학생들의 주의를 끌고 흥미를 유발할 '갈고리' 설치가 중요하다는 건 알고 있었다. 그러나 이것이 어떤 괴물 갈고리가 될지는 전혀 예측하지 못했다. 지금 생각하면 내가 상륙한 곳은 고래 등이었다. 적어도 아이들에게 그 먹이를 의존하는 살아 있는 생물은 아이들의 삶에 엄청난 변화를 일으켰다. 내 가치 체계의 중심이라고 생각하던 공감과 연민, 그 생명이 그것을 자극했다. 어항 하나가 특별했던 건 그것이 자족적이기 때문이었다. 적절하게 관리만 한다면 전혀 냄새도 나지 않았고 치워야 할 똥도 없었으며 해충이나 벌레도 꼬이지 않았다. 물고기가 헤엄치는 모습을 바라보다 보면 아이들은 차분해졌다. 그래서 어항은 교실에는 이상적이었다.

아이들이 교실에서 물고기 키우는 걸 무척 좋아했으므로 나는 곧 55갤런짜리 어항을 들였다. 수업은 빠르고 활발해졌다.

"이 어항은 무슨 모양일까?" 내가 물었다.

"직사각형이요!" 누군가 소리쳐 대답했다.

"어항이 평면이라면 직사각형이겠지. 하지만 이 어항은 3차원이니까, 그렇다면……?"

"직육면체요!"

"그렇지. 그런데 이 어항에 물이 얼마나 들어가는지 알고 싶은데, 어떤 수치를 알아야 하겠지. 그 수치를 뭐라고 할까?"

"부피?"

"그러면 부피는 어떤 단위로 측정하는 거지?"

"세제곱?"

"그거야! 그렇다면 이 어항의 부피를 계산하게 누가 좀 도와줄래?"

물고기 곁에 붙어 있는 일이라면 지원자가 부족한 법이 없었다. 아이들은 자를 꺼내 길이, 너비, 높이를 재었다. 빈 어항을 채우려면 컵이나 파인트 잔, 쿼터 갤런 물통이나 반 갤런 물통, 갤런 물통으로는 몇 번을 부어야 할까? 어림짐작과 직접 시도를 통해 아이들은 10갤런이 얼마나 될지, 이어서 55갤런은 얼마나 될지 시각화했다.

그런 다음 우리는 다른 것들을 배워나갔다.

우리는 물고기에게 적합한 서식지를 만드는 방법에 관해 함께 배웠다. 적절한 온도는 얼마고 적절한 필터는 무엇이며 물갈이는 얼마나 자주 해야 하는가 등등. 큰 물고기가 작은 물고기를 잡아먹는 일도 있었지만, 이 아이들에게 그런 건 생활 속 이야기였다. 나는 나의 작은 물고기들이 큰 물고기들보다 계속해서 빨리 헤엄치기를 바랐다. 그것은 크기나 속도에 관한 문제가 아니었다. 무리 지은 물고기는 서로를 지켜주었다. 물고기 가족이 든든한 뒷배가 되어주었다. 함께 붙어 있음으로써 포식자를 물리치거나 적을 단념시킬 수 있었다. 마치 우리 아이들이 좋은 또래 집단이 있으면 가해 집단을 물리칠 수 있는 것과도 같았다.

미구엘은 곧바로 물고기 담당에 자원했다. 그 아이는 물의 화학성분 측정, 어항 청소, 장비 관리에 관한 한 타고난 것 같았다. 더욱이 밤낮으로 두 직장에서 일하는 이민자 부모를 지켜본 탓에 막강한 직업윤리를 가지고 있었다. 어느 날 아침 수업을 시작하기 전, 미구엘이 고백했다. "리츠 선생님, 저는 제가 이런 일을 잘할 줄은 전혀 몰랐어요." 나아가 미구엘은 이런 생각까지 해서 나를 깜짝 놀라게 했다. "선생님은 작은 것들이 더 큰 것들과 어떻게 연결되어 있고, 이 모든 것이 어떻게 학교와 연결되어 있는지 보여주고 계세요." 몇 년 후 미구엘은 나에게 말했다. "사실 학교는 아이들을 맡아놓은 사물함이나 시간을 때우는 곳처럼 느껴졌어요. 그런데 선생님이 우리 반을 다이빙 보드로 만들고, 세상을 우리의 수영장으로 바꿔놓으셨죠." 나는 날마다 이 기적을 목격하고 있었다. 아이들은 세상 속으로 뛰어들 준비를 하고 있고 끊임없이 계속 뛰어들기를 반복하고 있었다.

어쩌면 그 모든 것 가운데 가장 중요한 교훈은 양육이었다. 살아 있는 생물을 보살피는 방법을 아이들에게 가르치는 것, 그건 어떤 교과서도 줄 수 없는 것을 주는 행위다. 자연에 관해 아이들에게 가르칠 때, 우리는 양육을 가르치는 것이다. 그리고 양육하도록 가르칠 때, 우리는 하나의 사회로서 우리의 더 나은 본성을 포용하는 것이다. 우리의 구피 중 한 마리가 새끼를 낳던 날, 우리는 모두 경이로운 마음으로 지켜보았다. 우리는 달력에 그 중요한 날을 표시했고, 나는 점심시간에 밖에 나가 카벨 아이스크림 가게에서 고래 모양 퍼지 아이스크림 케이크를 사왔다. 그리고 우리의 아기 구피들을 위해 모두 함께 "생일 축하합니다" 노래를 불러주었다.

우리 아이들이 살아 있는 생물을 배우는 데 얼마나 열심인지 알게 되자, 나는 우리 특수반 교실에 생명다양성센터라는 새로운 이름을 붙였다. '특수반 교실'에 배정되기를 바라는 학생은 없었지만 모두가 우리의 '생명다양성센터'를 방문하고 싶어했다! 가망 없고 외롭고 길을 잘못 든 아이들이 가득했던 교실은 학교에서 가장 근사한 장소가 되었다. 종종 상황과 결과에 희생되던 아이들을 받아들였던 교실은 특혜받은 아이들의 교실로 바뀌었다. 아이들은 살아 숨 쉬는 서커스의 명실 상부한 무대감독이 되었고, 중요한 책임감과 함께 새로운 지위를 얻었다. 교실은 양방향이었고, 무엇보다도 살아 있었다!

184번 도로, 그 동네의 한가운데, 아름드리나무나 관목 한 그루, 식물 한 포기, 아니 풀잎 하나 없는 블록에서 우리는 자연의 원더랜드를 가지고 있었다. 조용히 책을 읽는 아이들의 책상 위에는 주둥이부터 꼬리까지 1.2미터나 되는 애완용 이구아나 한 쌍이 평온하게 앉아 있었다. 우리는 이구아나에게 바나나와 케일을 먹였다. 갈라파고스 제도에서 밀수된 커다란 거북이 한 마리가 케네디 공항에서 압수되었을 때, 우리는 그 거북이를 돌보겠다고 자원했다. 거북이에게는 딸기와 겨자 잎을 먹였다. 그리고 마침내 우리 교실에는 담수어와 해수어가 헤엄치는 수조들이 들어왔다……. 한 무리의 피라냐까지 포함해서. 총 부피는 2,500갤런에 달했다. 수조 하나에 300갤런이 들어갔다. 나는 동네의 한 소매업자로부터 진열 선반을 구입해 벽면 하나 전체를 수조로 채웠고 경이로운 탐구와 꿈의 장소라는 의미로 '상상수족관imaginarium'이라고 이름 붙였다. 새로운 생물 하나를 들일 때마다 정보와 조사의 필요성이 생겼고, 우리 아이들은 갑자기 그런 일을 좋아하게 되었다.

내가 이 모든 일에 허락을 구했을까? 아니다. 허락을 구하는 건 거절을 애원하는 짓이다. 내가 우리 아이들과 함께한 모든 일 중 어느 하나라도 허락을 구했다면, 아마 지금까지도 누군가의 고무도장이 찍히기를 기다리고 있었을 것이다. 담당자에게는 그저 공기구멍이 뚫린 운송상자를 보여주었을 뿐이다. 어쨌거나 나는 이 모든 것이 우리 교실 문밖으로 나가지 않도록 했으니까.

우리의 진지한 교감인 캐런 암스트롱은 우리 교실의 동물들과 나를 늘 예의주시했다. 다른 교사들이 또 내가 무슨 사고를 칠지 질문할 때는 그녀가 선수를 치며 교사들에게 되묻곤 했다.

"리츠 선생님이 이 학교에 들여온 자원을 보셨나요? 학생들이 어떤 반응을 보이는지 보셨어요?" 단지 아이들만이 아니었다. 내가 버스 한대에 학생들을 가득 데리고 파충류 쇼에 갔을 때는 학생들의 형제, 부모, 조부모들까지 함께했다.

캐런은 비록 규칙을 지키는 데는 엄격한 사람이었지만, 유연함의 가치를 이해하고 있었다. 메이플 시립 제조공장을 견학하기 위해 우리가 도시탈출 모험을 감행하던 날, 같이 갔던 캐런이 말했다. "선생님은 이 아이들에게 평생 해보지 못할 경험을 시켜주고 계시네요."

어느 날 방과 후였다. 싸움을 말리기 위해 도로를 가로질러 달리다가 벤에 치었다. 땅에서 붕 뜨던 느낌과 아이들의 외침소리는 지금도 기억난다. "리츠 선생님이 날아간다!" 황급히 가장 가까운 병원 응급실로 실려 갔다. 그날 오후 링컨병원 응급실에서 나는 바퀴 침상에 수

갑이 채워지지 않은 유일한 환자였다.

외과적으로 고정한 발목이 회복되기를 기다리며 휴가를 낸 동안 교실의 동물은 누가 돌볼지 걱정되었다. 당연히 미구엘이 나섰다. 미구엘은 관리인에게서 열쇠를 받아들고 시키지도 않은 모든 일을 도맡아 했다. 그리고 다른 일까지도. 미구엘은 지나칠 만큼 동물사육에 소질이 있었다. 나에겐 알리지도 않고 우리의 커다란 왕도마뱀을 훈련시켜 펄쩍 뛰어 먹이를 낚아채는 법을 가르쳤다. 학교에 복직한 어느 날 오후에 우리를 열었는데 90센티미터나 되는 이 녀석이 나에게 달려들었다. 녀석은 죽음의 아가리처럼 무시무시한 주둥이로 내 팔을 물고 늘어졌다. 그 녀석을 떼어내려 끙끙대는 사이에 미구엘이 들어와 내 모습을 보고는 배꼽을 잡고 웃었다.

"요, 리츠 쌤. 깜박 잊고 말씀드리지 않았네요. 제가 훈련시켰어요!"

우리는 그 커다란 도마뱀에게 새 집을 찾아 보내주었다.

20년 후에도 미구엘과 나는 계속해서 그 이야기를 같이 또는 우리 가족과 함께 나누곤 한다.

이따금 작은 소동이 벌어지긴 했지만, 이 생명 넘치는 환경은 아이들의 동기유발에는 굉장히 좋았다. 나는 모든 아이가 안전하고 든든하고 고무적인 환경, 공부할 수 있고 더 밝고 나은 미래를 꿈꾸고 기대할 수 있는 장소를 가질 자격이 있다고 믿는다. 일상의 목표의식과 책임감을 심어주는 환경은 모든 아이가 누릴 수 있어야 한다. 날마다 가고 싶어지는 교실에서 아이들은 자연히 실력을 키우고 순응하게 된다.

한 달 동안 한 번도 빠지지 않고 개근한 아이는 6미터가 훌쩍 넘는 알비노그물무늬비단뱀 블래키에게 먹이를 줄 권한을 얻었다. 블래키는 우리 교감을 실섭하게 만들었지만 아이들의 출석을 장려하는 데는 그만이었다. 블래키에게 먹이 주는 날은 몇 주 전에 미리 발표되었다.

그러나 관측 사상 가장 더웠던 여름에 결국 블래키는 우리를 곤경에 빠뜨렸다. 야간 관리인이 장난치다가 뒷수습을 잘못하는 바람에 블래키가 우리를 빠져나갔다. 관리인은 나 몰래, 그 뱀을 빈 복도에 풀어놓고 돌아다니게 한 뒤 도로 우리에 가둬놓는 일을 즐기고 있었다. 그런데 이번에는 우리를 제대로 잠그지 않았던 것이다. 내가 그 소식을 들은 건 꼭두새벽에 우리 집 전화벨이 울렸을 때였다.

"어마입니다. 스티븐 선생님 계신가요?"

"지금 새벽 두 시 반이에요. 제 남편은 어마란 사람을 몰라요."

리젯이 전화를 끊었다.

전화벨이 다시 울렸다.

"어마 자도야라고 합니다, 학교 관리소장요."

새벽 네 시, 나는 달아난 뱀을 찾아 미카엘라를 데리고 특수기동대와 함께 학교 건물로 달려가고 있었다. 머리 위에는 헬리콥터 한 대가 학교 건물에 노련하게 스포트라이트를 비추고 있었다. 우리는 버려진 수영장에 블래키가 있기를 바라면서 지하로 내려갔다. 우리가 찾은 건 쥐들뿐이었다. 뱀 미끼로 함께 사들인 아기 토끼보다 큰 쥐들이었다.

학교는 일주일 반 동안 문을 닫았다. 여름학교 학생들은 다른 건물로 옮겨 수업을 들었다. 저녁이면 뱀이 이 창문 저 창문에 나타났고(비둘기에게 달려들어 덥석 물면서) 그러다가 안쪽으로 들어가서는 구슬 같은 빨간 눈으로 행인들을 겁주고 간 떨어지게 만들었다. 어느 정신 나간 백인 녀석이 이 동네에 뱀들을 풀어놓았다는 소문이 퍼졌고, 시청에서 조사차 학교에 전화를 걸었다. 도시괴담이 따로 없었다. 그 뱀이 어린아이를 통째로 삼킬 수 있다고 하던데요! 블래키를 잡기 위해 덫을 놓고, 은신처에서 꾀어내기 위해 손가락 마디로 시멘트벽을 누드리며 보낸 지 여드레째, 마침내 내 딸과 나는 수위실 벽장 안에 숨어 있던 블래키를 발견했다. 10년 만에 가장 더웠던 그 주, 관측 사상 가장 더웠던 그날에, 물 한 모금이 간절했던 블래키는 우리가 벽장 안에 놓았던 수조 덫 속에서 몸을 식히고 있었다.

미카엘라는 그 일을 대단한 모험으로 여겼다. "아빠랑 함께 다니면 늘 재미있는 일이 생긴다니까."

한동안 그 뱀을 입양하겠다는 사람들, 액세서리를 만들기 위해 가죽을 원하는 사람들로부터 제안이 쏟아졌다. 그러나 우리는 블래키에게 어울리는 집을 찾아내 웨스트체스터의 부유한 교외에 있는 한 시설에 기증했다. 블래키는 마치 시트콤 〈프레시 프린스 오브 벨 에어Fresh Prince of Bel-Air〉[윌 스미스가 주연을 맡은 NBC 드라마로 시골 소년이 도시 부촌의 이모 집에 와서 살며 겪는 이야기—옮긴이]의 파충류판 주인공 같았다. 관리인 역시 전출되었지만, 그 교외로 가지는 않았다. 캐런 암스트롱은 그 둘 다 떠나는 걸 보고 얼마나 좋아하던지!

2년 후 나는 남학생 열두 명으로 구성된 독립학급을 가르쳤다. 뚜렛 증후군부터 자폐까지, 이 아이들에게는 정서적 장애아라는 꼬리표가 붙어 있었다. 그들 중 일부는 교사가 학생과 장기적 관계를 유지하도록 하는 '루핑'이라는 제도 덕분에 몇 년 동안 계속 우리 반에 있었다. 마침 〈젠틀맨 리그The League of Extraordinary Gentlemen〉라는 액션영화가 막 개봉된 후였다. 영감은 받아도 표절하기는 싫었던 우리는 우리 반을 '탁월한 젠틀맨 리그The League of Distinguished Gentlemen'라고 불렀다. 학교 전체에 '그 남학생들'로 일려졌던 이 아이들은 단 한 번도 정중하게 불린 적이 없었다. 글쓰기 프로젝트를 위해 우리는 각자의 회고록을 묶어서

책으로 낼 계획을 세웠다. 아이들은 저마다 각자 나름의 '젠틀맨 이름'
과 회고록의 한 장씩을 맡았다.

　나는 우리 젠틀맨들에게 주변의 세계와 각자가 좋아하고 싫어하는
것에 관해 모든 감각을 총동원해서 묘사해보라고 했다. 우리는 작가들
이 어떤 것을 잘 묘사하기 위해 어떻게 몰두하는지 이야기했다. 자신
이 쓰고 싶은 동물을 연구하기 위해 밀림에 가는 작가가 그런 예였다.

　그렇게 해서 '질'은 창문을 깨뜨렸다.

　그 아이는 창문이 깨지는 소리를 묘사하고 싶었고, 그래서…… 창
문을 깼다. 내가 질의 엄마로부터 전화를 받게 된 것도 그런 연유였다.
"리츠 선생님, 선생님이 제 아들에게 창문에 돌을 던져야 더 나은 글을
쓸 수 있다고 하셨어요?"

　"그게…… 정확히 그렇게 말하지는 않았습니다."

　어쨌거나 질은 그 소리를 정말 잘 묘사해냈다.

　우리는 편집을 마쳤고, 나는 책을 출판했다. 여기서 '출판'이라는 말
은, 내 아내가 원고를 받아서 엄청난 양의 복사를 맡기고, 근사한 나선
형 스프링으로 철해 광택 있는 증정용 표지까지 덧붙였다는 뜻이다.
그런 다음 우리는 책 사인회를 열어 부모님, 보호자, 교직원 등을 초청
했고, 당연히 『탁월한 젠틀맨 리그』라는 제목이 붙은 우리의 출간물을
나눠주었다.

　이 일에는 축하가 필요했고, 자연히 음식이 따라왔다. 나는 손님들
에게 나눠줄 닭날개 1,000개를 샀다. 중국음식점 매니저는 공짜 볶음
밥을 기증했다. 학생 저자들은 가족, 좋아하는 선생님, 교장 선생님에
게 드릴 책에 사인했다. 모든 참석자 앞에서 나는 학생들에게 각각 만
년필 한 자루와 형광펜 한 자루, 이 기세를 계속 이어가도록 일상 한
권씩을 선물했다. 아이들은 무척 뿌듯해했다!

아이들의 이야기는 예쁘게 다듬거나 건전해 보이게 삭제한 것이 아니었다. 비록 특수교육은 고상한 이유로 존재할지언정 또래 친구들이 놀리거나 괴롭힐 꼬투리만을 찾는 청소년기에 특수교육반이란 잔인한 곳일 수 있다. 아이들은 대체로 바로 그런 이야기를 통찰력 있게, 불편한 방식으로 전하고 있었다.

TJ라는 이름의 어느 소년이 쓴 이야기는 제목이 「끈끈이 덫」이었다 (부록 참조). 특수교육반에 다닌다는 것이 끈끈이 덫에 붙은 쥐가 된 기분이라는 이야기였다. 그 오명이 "모든 것에 들러붙어" 결국 그 아이는 탈출을 위해 자기 다리를 물어뜯고 싶을 정도였다. 그 소년은 자신을 기분 나쁘게 했던 교사들의 이름을 거명했고 특수교육 프로그램에서 보았던 불의를 묘사했다. 또 다른 학생은 검정 매직펜으로 자신의 이마에 '멍청이'라고 쓰고는 그렇게 학교까지 걸어오게 했던 교사에 관해 썼다. 우리의 스타 조련사 미구엘은 그 교사가 해고되도록 은밀한 계획을 도왔다. 물론 나는 이런 이야기를 검열할 수 있었고, 그랬다면 교직원들이 언짢은 일은 없었을 테고, 나도 곤란한 일을 피할 수 있었겠지만, 이 소년들의 진실을 없던 일로 만들고 싶지는 않았다. 아이러니하지만 그 아이들을 만들어낸 건 우리가 속한 학교 자체였다. 그들은 나의 탁월한 젠틀맨들이었고 그들의 말에 귀를 기울일 가치가 있었다.

그날 그 자리에서 깨달은 게 있다. 우리가 이 아이들이 처한 근본문제를 다루고자 한다면, 아이들 스스로 그 문제를 밝히고 그것이 성공을 가로막는 장애물임을 인식하게 해야 한다는 것이다. 부모가 아픈 아이를 병원에 데려가서 어디가 좋은지 의사에게 말하라고 하지는 않는다. 그보다는 어디가 왜 아픈지 아이가 의사에게 설명하도록 격려함으로써 전문기기 문제를 고민히고 완화할 수 있게 힌다. 우리 교육자는 우리의 행동과 조치가 피해나 고통을 주고 있다는 소리를 두려워해서는 안 된다. 우리는 기꺼이 그런 소리를 듣고 인정하고 분석하고 해체하고, 그래서 아이들을 더 나은 곳으로 데려가야 한다. 누구나 좋은 소리를 듣고 나누기를 좋아하지만 고통스러운 소리와 그에 따르는 우리의 역할을 인정해야 한다.

그 이야기들 중에는 유쾌한 것도 있었다. 한 아이는 어머니가 만든 라자냐를 얼마나 멋지고 자세하게 묘사했던지 듣다 보니 입에 침이 고이고 언젠가 저녁식사에 초대받기를 간절히 바라게 될 정도였다. 나는 그 어머니의 라자냐를 조금 사서 집에 가져가고 싶다고 부탁했는데, 에리베르토의 말대로였다. 그 어머니의 라자냐는 최고였다. 그해가 갈 때까지 나는 매주 금요일이면 그녀의 라자냐를 사갔다.

한 아이는 자신이 깃발 뺏기 게임을 얼마나 좋아하는지 묘사했다. 또 다른 아이는 교실에서 내가 짓는 '죽음의 표정'을 묘사하고 자기가 그 표정의 대상이 되지 않으려고 얼마나 애쓰는지 설명했다. 대체로 그 책은 비판적인 찬사와 논쟁을 불러일으켰다. 게다가 입소문이 나서 모두가 한 권씩 갖고 싶어했다. 초판 750부가 3일 만에 동이 났다! 심지어 우리는 재쇄 요구까지 받았다. 사람들은 서명본을 갖고 싶어했다. 나에겐 그 책의 한 페이지 한 페이지가 사랑스럽고 소중했다!

리젯의 직장 사람들도 그 책을 사랑했다. 그 책은 그들이 전혀 몰랐던 세계로 창을 내주었고, 그 책을 읽은 그들은 우리 아이들에게 끌렸다. 그렇게 해서 우리는 처음으로 기업 후원을 받게 되었다. 그들은 학생들의 변화를 돕기 위해 중고 컴퓨터를 기증했다. 실제로 아이들은 달라졌다. 그해 여름, 포덤대학교 영재 프로그램에 우리 특수교육반 학생들이 다섯 명 참가했다. 나로선 놀랍지도 않았지만 포덤대학교 여름 과학박람회에서 우리 아이들이 1등, 2등, 3등을 싹쓸이했다. 그리고 당연히, 미구엘이 1등이었다!

컴퓨터가 생기자 아이들에게 프로그래밍을 가르칠 수 있었다. 아스퍼거 증후군과 가벼운 난독증이 있는 알베르토라는 조용한 소년이 특히 빨리 배웠다. 하루는 연방 경찰에서 나사NASA 위성을 만지작거리는 사람을 찾고 있다며 우리 교실을 찾아왔다. 그들은 현장에서 알베르토를 붙잡았다.

"지들이 뭐라고!" 알베르토가 투덜거렸다. "한창 중요한 작업 중이었는데 놈들이 와서 수갑을 채웠어요!"

"그럼 못써, 알베르토!" 나는 그렇게 말했지만 속으로는 그 아이의 능력에 감탄했다.

그 일이 있은 후, 학교 스피커에서는 곧잘 알베르토의 이름을 부르곤 했다. 처음에는 또 뭐가 잘못되었나 하고 걱정했지만, 알고 보니 전산실에서 해결하지 못하는 컴퓨터문제가 생길 때마다 알베르토를 부르는 거였다. 이즈음 학교마다 디지털화 사업이 진행되었고 교육위원회는 그 작업을 외부의 민간 기술팀에 맡겼다. 큰 계약을 맺은 전문가들은 언제나 일정보다 한참 늦었다. 학교 건물 전체의 컴퓨터 배선망은 특수반 학생, 알베르토만 있으면 되었다. AT&T가 중고 컴퓨터 100대를 기증했을 때, 그 장비를 작동시킨 것도 알베르토였다. 그 아이는 모든 교사에게 컴퓨터 한 대씩 설치해주었고, 도서관을 디지털화했으며, 여분의 장비는 학생들의 가정에도 보냈다.

"선생님, 이거 일한 수고비는 받아야겠어요." 알베르토는 골똘히 생각했다.

"그래야지. 언젠가 받게 될 거야." 나는 말했다.

알베르토는 IT업계에서 성공적인 경력을 쌓고 있고 지금도 계속 연락하며 지낸다.

교사들은 항상 업무와 학생들의 문제를 집에 가져오곤 한다. 하루를 서랍이나 서가에 또는 라커에 놓고 퇴근카드를 찍고 집에 가는 직업과는 다르다. 헌신적인 교사라면 특히 그런데, 의심의 여지없이 나는 헌신적인 교사였다. 가르친다는 건 내가 하는 일 이상의 것이었다. 그것은 내가 누구인가 하는 것이었다. 나는 날마다 내 존재를 통째로 직장에 가져갔고 날마다 통째로 집에 가져왔다. 이 직업에 나 자신을 바치는 것은 감당하기 힘들고 벅찰 수도 있지만 말할 수 없을 만큼 보람된 일이기도 하다. 나는 그 경험을 집에 가져와 리젯과 내밀하게 공유하고 싶었다. 그녀가 그 열병을 같이 앓기를 바랐다. 그러나 그녀는 날마다 나와 함께 출근할 수는 없었다. 그래서 우리는 가족을 더 만들기로 결정했다.

리젯과 나는 2년 동안 아기를 가지려고 애썼고, 2003년 여름에 마침내 쌍둥이가 생겼다는 놀라운 소식을 듣게 되었다. 미카엘라에게 동생이 생긴 것이다. 두 명이나! 그러나 미처 축하할 시간도 없이, 우리는 쌍둥이 중 하나가 첫 3개월을 버티지 못했다는 사실을 알았다. 충격적이었다.

나머지 임신 기간 동안 리젯은 몹시 힘들어했다. 그해 마지막 날, 임신 22주차에 양수가 일찍 터졌고, 리젯은 거의 두 달간 병원 신세를 졌다. 나는 학교에 갔다가 밤이면 병원에서 자곤 했다. 그리고 2004년 2월, 위급한 상황에서 마침내 우리의 아들 맥스가 태어났지만…… 그 아이는 다음 날 떠나고 말았다.

리젯에겐 어떤 위로도 통하지 않았다. 나는 세상에 너무 화가 났다. 아예 아이를 돌보지 않거나, 자기 자녀를 학대 또는 방치하는 사람도 쉽게 아이를 가지는데 우리는 왜 그러지 못한단 말인가? 그렇게 사랑하고 그토록 원했던 아이, 이 아이는 왜 삶의 기회조차 가져보지 못한단 말인가? 우리가 아들을 묻던 날, 나는 낸시 벌린이 준 검정색 장갑을 꼈고 이 상황을 조금이라도 이해해보려고 애썼다.

우리는 '마치 오브 다임스March of Dimes'[1938년 1월 3일 소아마비 퇴치를 위해 만들어진 루스벨트 자선재단. 지금은 주로 기형아, 조숙아 예방과 산모와 아기의 건강증진을 위해 활동한다―옮긴이]의 최고액 기부자가 되었다. 우리 아들이 남긴 유산이 그 짧았던 지상에서의 삶보다 오래갔으면 하는 바람에서 우리는 맥스 재단을 만들었다. 이 고통스러운 시기에 우리 학교 직원들과 아이들은 나에게 굉장히 잘해주었다. 그들은 나를 배려해주고, 어떻게 도울 수 있는지 물어주었다. 우리와 함께 아파하는 그들의 마음이 느껴졌다. 어느 날 방과 후에 주저앉아 흐느끼고 있던 나를 캐런 암스트롱이 안아주었다. "제 마음속에 늘 선생님이 있을 거예요. 우리는 한 가족이에요." 캐런이 약속했다.

그리고 불과 몇 달 후에 또 한 번의 큰 시련이 닥쳤다. 내가 아끼는 학생 중 한 명인 빅터라는 키 큰 아이는 타고난 운동선수였다. 언젠가 학교 운동장에서 그 아이가 풋볼 공을 던져 하늘 멀리 날리는 것을 보고, 나는 다듬어지지 않은 그의 재능을 알아보았다. 어느 날 빅터는 한 구석에서 싸움을 하게 되었는데, 팔로 다른 소년의 목을 졸랐다. 나는 빅터에게 그만두라고 말했고 그 아이는 시키는 대로 했지만, 다른 소년은 쓰러졌고 머리뼈에 금이 갔다. 빅터는 정학을 받았다.

긴 정학 기간 동안 빅터는 매일 학교에 나와 내 차의 보닛 위에 앉아 있었다. 교실 창밖으로 빅터의 모습이 보였다. 나는 빅터에게 해야 할 숙제와 읽을 책, 점심 도시락을 내주기 시작했다. 빅터가 영하의 겨울 날씨에 머물 수 있도록 차에서 내릴 때는 자동차문을 잠그지 않았다.

정학 기간이 끝났을 때는, 빅터가 풋볼 장학금을 받고 브롱크스에서 멀리 떨어진 노스 캐롤라이나의 한 사립예비학교에 다니도록 주선해 주었다. 그 학교로 전학 가고 2주 후, 빅터는 풋볼 운동장에서 의식을 잃었다. 72시간 만에 백혈병 진단이 내려졌다. 내 아내가 임신 중 병원에 입원해 있던 바로 그 시기에 빅터도 병원에 있었다. 나는 매일같이 이 병원에서 그 병원으로, 도시를 가로질러 빅터를 찾아갔다. 그리고 몇 주 동안 내내 단 하루도 결근하지 않았다.

빅터는 결국 퇴원하지 못했다. 5개월 동안의 사투 끝에 숨을 거두었다. 내 아들을 묻은 지 석 달 만에 나는 빅터를 묻어야 했다. 빅터의 장례식에도 나는 역시 낸시가 준 검은 장갑을 끼고 갔다.

그런 일을 겪고 나서 어떻게 학교에 돌아간단 말인가? 나는 학교 건물 안으로 발을 디딜 엄두가 나지 않았다. 그 무렵에는 좋은 날이 하루도 없었다. 이 비극이 일어나기 전, 우리 교감은 나를 한 줄기 햇살이라고 부르곤 했다. 지금은 힘들고 고된 날의 연속일 뿐이었다. 내 존재의 모든 것을 직장에 가져갈 때, 고통도 함께 가져간다는 뜻이다.

나는 그 여름을 아내와 딸과 함께 보냈다. 그들에겐 내가 가까이 있어야 했으므로, 나는 집에서 가까운 직장을 찾아보겠다고 약속했다. 한 순간 한 순간이 중요했다. 고통스러운 기억에서 벗어날 수 있고, 날마다 통근시간을 20분 줄일 수 있고, 내 딸이 걸어서 통학할 수 있다면, 나에게는 그곳이 곧 세계였다.

그렇게 해서 그해 9월에 나는 월턴 고등학교로 가게 되었다. 그 학교는 집에서 아주 가까워 쉬는 시간에 들러 리젯을 살펴볼 수 있었다. 한때 빅터가 쓰던 사물함, 빅터가 교실에서 앉았던 자리를 보는 고통에서 벗어난다는 생각만으로도 굉장한 위안이 되었기 때문에, 내가 가게 될 학교가 어떤 곳인지 알아볼 생각도 하지 않았다. 월턴은 뉴욕 주 전체에서 꼴찌를 달리는 고등학교 중 하나였다.

출근 첫날, 금속 탐지기를 통과하면서 내 머릿속에 든 생각은 이것뿐이었다. 이 가슴앓이를 끝내자. 조금 더 나은 삶을 시작하자. 이 아이들과 우리 가족에게 옳은 일을 하자.

CHAPTER 05

수선화가 싸움을 중단시키고
학습 혁명을 일으키다

2004년 가을

　　새 직장인 월턴 고등학교에 도착하고 보니 4층짜리 축사에 들어온 것 같았다. 수용인원 1,800명인 건물에 거의 4,000명이 북적이고 있었다. 졸업률은 17퍼센트였다. 사실 그 학교는 폐교가 예정되어 있었다. 그 학교에 도착하고 나서야 알게 된 사실이었다. 나는 아무것도 몰랐다. 마이클 블룸버그Michael Bloomberg 시장은 2년 전에 뉴욕 시내 학교들에 대한 통제권을 쥐고서 엄중한 규율 단속을 위해 학교 안전요원을 증원했다. 그는 해묵은 시스템을 구조적으로 혁신하고 거대 학교들을 쪼개 작은 학교들을 만들고 싶어했다. 나는 수많은 학생을 낙제시켰던 시스템을 무너뜨리려는 근본적인 필요성에 동의하지 않는 건 아니었다. 그러나 블룸버그와 그의 개혁가들이 예상하지 못했던 문제는 새로운 학교 문화가 뿌리를 내리고 번성하기까지 얼마나 많은 시간이 걸리는가 하는 점이었다.

월턴 학교 교정에 도착한 순간부터 혼돈이 감지되었다. 사실 그건 학교에 들어서기 전부터 느껴졌다. 낙서와 방치된 흔적들은 결코 환대가 아닌 소리를 질러대고 있었다. 사람들은 아무렇게나 주차하고 종종 주차장소를 놓고 싸웠다. 수많은 학생이 밖에서 어정거리고, 건물 안으로 들어가려는 줄이 어마어마했다. 뻔뻔스러운 성적 행동은 어디서나 노골적으로 행해지고 있었다. 교정은 마리화나 연기로 뿌옇게 덮여 있었다. 건물 안은 북적거리고 시끄럽고 정신없었다. 어른들은 모두 워키토키를 들고 다녔고, 서로가 다른 채널을 쓰고 있었다. 무전과 알림방송이 끊임없이 빽빽거렸다. 칙칙한 벽의 색 바랜 페인트는 칠이라고 할 수 없을 만큼 몇 인치 두께로 덧씌워져 있었다. 늘 무언가 다급한 일이 벌어지고 있거나 벌어지기 직전이었다. 건물 안의 모든 것이 지켜보고 통제할 만반의 준비가 되어 있었다. 그러나 정작 현실은 전혀 통제되지 않고 있었다. 어디에도 질서의 느낌이라곤 없었다. 그야말로 순수하고 전적인 혼돈 자체였다.

이 학교에는 무장경찰 열여덟 명이 주둔하고 있었고, 서른여덟 명의 안전요원(사실상 비무장경찰), 열일곱 명의 훈육주임이 있었다. 나는 훈육주임 중 한 명이었다. 사실 나는 그 학교에 부임한 지 불과 몇 주 만에 주임 직급을 몇 단계나 승진했다. 그 이유는 내가 키가 크거나 몸이 건장해서가 아니었다. 같은 동네 중학교에서 여러 해 동안 근무한 경력 때문에 이 학교의 많은 학생을 알고 있다는 이유 때문이었다. 지금은 십대 후반이 된 이 아이들은 나를 존경했고 내가 자신들에게 마음을 쓴다는 걸 알고 있었다.

나의 보직 직함은 규율을 강조했는지 몰라도 나의 개인적 전략은 모두 관계에 관한 것이었다. 내 목표는 불순응과 무능을 구분하는 것, 그런 다음 그 각각에 따라서 가르치는 것이었다. 어떤 면에서는 나의 이런 태도 때문에, 나는 당장의 법과 질서를 원하는 사람들 틈에서 곧바로 열외자가 되었다. 이곳의 문제는 어마어마했지만 당장의 해결책은 전혀 없었다. 시간이 걸릴 터였다. 나는 사우스 브롱크스 고등학교 시절과 애리조나주립대학교의 은사 스탠 주커를 생각했다.

학교 앞에는 날마다 아이들을 무더기로 경찰서에 끌고 가기 위한 경찰차 한 대가 늘 대기하고 있었다. 정말 심한 일이지만, 학생들은 일상적으로 복도에서 최루 신경가스를 맞곤 했다. 그 한 학년 동안 월턴 고등학교에서는 200건이 넘는 강력범죄가 일어났다. 그러나 아이들은 어처구니없는 짓을 저지르다 붙잡혔을 때조차 나를 그들의 동맹군으로 여겼다. 그들은 수갑을 찬 채 끌려가다가 복도에서 나를 보면 경찰에게 멈춰달라고 부탁하고는 목청 높여 인사하곤 했다. "리츠 쌤! 사모님은 잘 지내세요? 미카엘라는요?"

그러나 학생들과의 그런 끈끈한 유대도 교실에서의 평화를 보장하지는 않았다. 정원 초과의 이 건물 안에서는 언제든 화가 폭발할 수 있었다. 한 학생이 다른 학생에게 건네는 한 번의 삐딱한 시선, 퉁명스러운 말 한마디는 작은 다툼을 일으키기에 충분했다.

여느 날과 다름없던 10월의 어느 날, 대체 무엇이 우리 아이들 두 명 사이의 팽팽한 긴장에 불을 댕겼는지 전혀 짐작할 수 없었다. 그걸 알아낼 시간도 없었다. 커다란 남학생 하나와 그보다 더 커다란 여학생 하나가 의자를 밀치며 벌떡 일어서는 모습을 본 순간, 나는 그 몸짓을 통해 그들이 싸울 준비가 되었음을 알았다. 여학생이 남학생의 엉덩이를 걷어찰 게 틀림없었다. 나는 나머지 학생들을 멀찌감치 떨어뜨릴 생각으로 그 둘이 넘어선 안 될 선을 그었다. 도움을 청하는 전화를 걸려고 애쓰던(전화는 되다 말다 했다) 찰나, 곤살로라는 이름의 그 소년이 라디에이터 밑으로 손을 뻗는 게 보였다. 바로 그때였다, 모든 것이 느린 화면처럼 돌아가기 시작한 건.

그 아이가 무언가를 홱 잡아 뜯자 와르르 쏟아졌다…… . 꽃이었다. 초록색 줄기마다 피어난 수십 송이의 밝은 노란색 꽃. 곤살로의 손안에서 그 꽃송이들은 작은 태양처럼 빛나고 있었다.

마치 그 아이가 마술 모자에서 토끼를 꺼낸 것처럼 교실 안에 탄성이 흘렀다. 그 꽃들은 너무도 뜻밖이었고 형광등 불빛 아래서 초현실적으로 보였다. 날아가던 주먹들이 곧바로 멈추었다. 대체…… 나는 혼자 생각했다. 이제 남학생들은 야단법석을 떨며 여학생들에게 꽃을 건넸다. 소녀들은 한두 줄기를 엄마에게 가져다주고 싶어했다. 그리고 과학교사로의 내 본능은 방금 일어난 이 소동을 이해하려 애쓰고 있었다.

심지어 나는 그 꽃이 수선화라는 것도 몰랐다. 몇 주 전, 나는 누군가 학교에 기증한 구근 상자 하나를 받았지만 그걸 어떻게 해야 좋을지 몰라 라디에이터 뒤에 처박아두었다. 쉭쉭거리는 라디에이터에서 나온 증기가 어떻게 구근을 꽃피우게 하고 상자를 썩게 만들었는지 전혀 몰랐다. 학생들 역시 전혀 모르기는 마찬가지였다. 콘크리트와 철조망뿐인 이 동네에 사는 아이들이 우리 교육자들이 '가르칠 수 있는 순간'이라고 부르는 그것을 방금 경험한 것이다. 이건 마술이 아니었다, 자연이었다. 그리고 기적 같았다! 이제 우리에겐 풀어야 할 수수께끼, 과학탐구의 실제 경험이 생겼다. 사실 그것은 우리 모두에게 가르칠 수 있는 순간이었다.

나는 그 순간을 그냥 흘려버리고 곧바로 그날의 학습계획대로 수업을 진행할 수도 있었다. 그러나 그 노란 꽃에 대한 아이들의 반응에는 너무도 가슴 찡한 무언가가 있었고 나는 감동받았다. 몇 달 만에 처음으로 가슴이 꿈틀거렸다. 희망 비슷한 엄청난 느낌. 이 근사한 느낌이 종소리와 함께 끝나도록 내버려둘 수는 없었다.

수업이 끝난 후, 기증받은 구근이 담겨 있던 그 커다란 상자를 찬찬히 살펴보았다. 안에 편지 한 통이 있었다. 보낸 사람은 네덜란드의 BK 벌브스사였고, 수선화를 기증하면서 포파크에서 열릴 '공원을 위한 뉴요커들New Yokers for Parks' 행사에 우리를 초대하고 있었다. 불과 일주일 남아 있었다.

"너희들 공원에 가고 싶니?" 다음 날 같은 반 아이들에게 물었다.

"웬걸, 그럼요!" 아이들이 한목소리로 대답했다.

그 구근의 개화 시기는 10월이 아니었다. 그것은 아직 구근상태로 있어야 했고, 우리가 구근을 심어야 이듬해 봄에 싹이 나올 터였다. 그러나 내가 정신이 없어 그것을 수증기 뿜는 라디에이터 밑에 처박아두었고, 덕분에 우리는 그 공원에 특별한 선물을 가져가게 되었다. 우리 꽃들은 추수감사절 기간을 지나 겨울의 첫 서리가 내릴 때까지 내내 피어 있을 터였다. 그것을 초보의 행운이라 불러도 좋다. 어쨌거나 식물 키우기에 관한 한 우리는 모두 초보였으니까.

포파크는 우리 학교에서 불과 세 블록 거리에 있었고, 에드거 앨런 포가 「애너벨 리」를 쓸 때 살았던 지극히 볼품없는 작은 오두막 때문에 국가 사적지에 올라 있다. 아이들 대부분이 에드거 앨런 포에 관해 아는 게 전혀 없었지만, 모두들 포파크를 좋아했다. 이 동네에서 그 공원은 여러 가지 이유로 중요하다. 포파크는 늘 사람들이 모이는 장소다. 누구에게는 좋은 목적으로, 누구에게는 안 좋은 목적으로. 성소수자 공동체에게 그곳은 안전한 만남의 장소로 알려져 있다. 갱단이나 마약 판매상들 역시 이 공공장소를 이용하고 있었지만, 대체로 싸움 때문은 아니다. 밤이면 이 공원은 종종 노숙자들의 야영지가 된다. 낮에는 가족들이 소풍을 나오거나 놀이터를 이용하려고 찾아온다. 우리 아이들은 담배를 피우거나 데이트를 하려고 많이들 이곳을 찾는다.

20년 전에는 나도 포파크에서 리젯을 만나 데이트를 하곤 했다. 우리의 축소판 뉴욕 시에서 포파크는 우리의 워싱턴 스퀘어파크였다.

행사 당일 아침 우리 반 전체 열일곱 명 중 열한 명이 나왔다. 우리가 공원에 도착했을 때는 시 공무원들과 수많은 노인 자원봉사자와 함께 수많은 장갑과 쓰레기봉투, 삽, 흙더미에다 수천수만 개의 구근이 있었다. 거기에 일하러 온 사람들 중 젊은 사람은 우리 아이들뿐이었다. 모두가 이름을 쓰고 서명해야 했고, 자원봉사자들은 혈기왕성한 우리 아이들을 뜨겁게 환영해주었다.

"이 명단으로 경품 추첨을 합니다!" 한 자원봉사자가 참석자 명단을 작성하면서 말했다.

첫 번째 목표는 공원 안 쓰레기 치우기였는데, 나는 아이들이 쓰레기를 척척 치우는 것을 보고 감명을 받았다. 우두커니 서 있는 아이는 아무도 없었다. 모두가 한 팀이 되어 적극적으로 돕고 지시를 주고받았다.

구근 심기에 들어가자 아이들의 활약은 더욱 놀라웠다. 아이들은 지침을 숙지하고 주변의 어느 누구보다 많이 심었다. 아이들은 잠시라도 일을 쉬려 하지도 않았고, 아무리 오래 걸리더라도 일이 마무리되는 걸 보고 싶어했다. 우리 아이들은 정말로 일을 잘한다는 칭찬을 끊임없이 받았지만, 그건 내가 시킨 게 아니었다. 아이들은 정말로 그 일에 푹 빠져 있었다. 심지어 마약 판매상들조차 가던 길을 멈추고 우리 아이들에게 씩 웃어 보였다.

거기에 있는 시간이 길어질수록 우리는 더 많은 관심을 받았다. 우리가 일을 더 많이 할수록 공원은 보기 좋아졌다. 결과가 한눈에 보였고, 그만큼 전염성이 있었다. 열한 명의 십대가 공원 화단에서 함께 일하는 모습은 일상적인 풍경이 아니었고, 사람들은 그 풍경을 무척 좋아했다. 신문사 사진기자들이 그 모습을 찍었다. 노인들은 걸음을 멈추고 자기가 젊을 때 정원 가꾸기를 얼마나 좋아했는지 이야기를 들려주었다. 이번만큼은 우리 아이들이 지역 주민들로부터 불신의 눈길이 아닌 긍정적인 피드백을 받고 있었다.

나중엔 우리 아이들 중 두 명이 추첨 경품까지 받았다. 한 명은 운동화 한 켤레를, 또 한 명은 링컨센터에서 열릴 어느 살사 밴드 콘서트의 앞좌석 티켓을 받았는데, 알고 보니 그 아이의 할머니가 좋아하는 밴드였다. 그 아이는 신이 났다. 그 경품에는 티켓 두 장뿐 아니라 할머니와 그 아이를 공연장까지 태워다주고 집에 데려올 기사 딸린 승용차편까지 포함되어 있었다! 그것은 그들에게는 꿈도 꾸지 못한 기회였고, 아이에게 깊은 영향을 주었다. 이 거친 소년은 그 콘서트에 갔다가 딴사람이 되어서 돌아왔다. 자신을 키워준 그 여인을 위해 근사한 무언가를 해드릴 수 있었던 것이다. 이 모두가 학교에서 시작된 어떤 것 때문이었다.

"리츠 쌤! 보세요! 우리가 신문에 났어요!" 피터가 소리쳤다. 월요일 아침 브롱크스 지역 뉴스에 수선화 심기에 관한 기사가 아이들의 사진, 이름과 함께 커다랗게 실려 있었다. 아이들에게 살면서 가장 멋진 일이었다. 아이들의 부모와 보호자에게는 냉장고에 붙여놓을 자랑거리가 생겼고, 학교의 나머지 학생들은 깊은 인상을 받았다.

우리 반 아이들 중 그날 나오지 않았던 여섯 명은 기회를 놓쳤다며 통탄했다. 나머지 아이들이 엄청난 관심을 받고 있었으니, 이제 나로선 그날 나오지 않았던 아이들을 자극할 거리가 생긴 셈이었다. 나는 그 계기를 확실하게 활용해야 했다.

"음, 토요일에 너희들이 보이지 않더구나." 나는 행사에 빠졌던 아이들에게 말했다. "이런 일이 또 있을지 모르는데, 너희들도 정말 같이

하고 싶어?"

누구도 원하지 않는 청소년들이 가득한 이 반에서, 그 일은 통상적인 사건이 아니었다. 공공교육을 10년 또는 그 이상 받은 후에도 닥터 수스의 동화책을 제대로 읽지 못하는 아이들도 더러 있었다. 그들로선 어떻게 할 수 없는 것들 때문에 삶 전체를 규정당한 아이들이었다. 일부는 약에 취해 그 삶을 견디었다. 일부는 금방이라도 터질 태세였지만, 폭발한다 한들 아무런 주목도 받지 못했다.

많은 아이가 자신의 발달능력으로서는 감당할 수 없는 삶을 살고 있었다. 한 소녀의 어머니는 급전이 필요해서 딸의 옷가지와 여성 위생용품을 팔아버렸다. 또 다른 소녀는 방과 후 집에 가보니 다 끄지 않고 매트리스에 놓아둔 크랙 파이프 때문에 아파트 전체가 잿더미로 변해 있었다. 아이들 일부는 자기 부모나 조부모가 자신들을 학교에 보내는 이유가 복지수당이나 보충적 보장소득을 받기 위해서라는 걸 이미 알고 있었다. 그런 수당을 받으려면 아이들이 적어도 일정 일수는 학교에 출석해야 했기 때문이다. 그러나 아무리 거칠고 세상물정을 다 아는 것처럼 보여도, 그래도 몸집만 어른이지 아이들은 아이들이었다. 총을 가지고 다니거나 범죄 전과가 있는 아이들도 내가 이야기를 읽어줄 때는 유치원생처럼 반응했다. 아이들은 젖은 개수대에 던져진 마른 스펀지처럼 사랑과 긍정적인 관심을 빨아들였다.

나는 그 공원 행사의 여세를 계속 몰아가고 싶었다. 그리고 그런 방법은 결코 부족하지 않았다. '공원을 위한 뉴요커들'은 우리에게 구 전역에서 벌어지는 비슷한 행사를 소개하는 전단지를 건네주었다. 다음 세기까지 계속할 만큼 일은 얼마든지 있었다.

하지만 그보다 먼저 나는 우리 팀을 공식단체로 만들 필요가 있다고 생각했다.

"낙서와 갱단 표시는 채 마르기도 전에 다시 덧칠된다. 좋은 일로써 오래 지속될 흔적을 우리 동네에 남겨보자는 초대장을 지금 여러분에 게 나누어주겠다." 월요일에 내가 선언했다. "여러분 책상 위에 지원 서가 있을 거야. 우리는 '그린 그래피티' 운동을 시작하려고 한다. 보기 흉한 장소를 찾아서, 그런 곳을 깨끗이 청소하고 꽃을 심어서 우리 동 네를 더 아름답게 하는 일이야. '그린 틴스'에 들어오고 싶은 사람은 지 원서의 빈 칸을 채우고 이력서를 써야 한다."

"진담이세요?"

"물론 진담이지. 우리는 이 팀에 많은 노력을 기울일 생각이니까 진 지한 사람이 필요하다. 나야 너희들이 가입했으면 좋겠지만, 반드시 책임감이 있고 마음의 준비가 되어 있는 사람이어야 해. 그래야 최고 의 학생들만 뽑게 되겠지."

캘빈은 내 제안을 의심스럽게 받아들였다. "아무려면 우리가 손에 흙을 묻히고 싶을 거 같으세요? 전 지원 안 해요." 그는 체지방이라곤 없는 근육질의 탄탄한 몸을 갖고 있었다. 육체노동을 잘할 수 있을 것 같은 학생이 있다면, 그건 캘빈이었다. 그는 그 첫 번째 토요일 작업에 나오지 않았고 거기서 다른 누군가가 차지한 운동화 브랜드를 잘 알고 있었다.

"걱정 말아라, 캘빈. 흙은 씻으면 된다. 너희들은 동네를 위해 큰일 을 할 기회를 얻게 되는 거야. 그 결과는 오래 지속되고."

캘빈이 혼자 투덜거렸다. "쌤은 제정신이 아니야."

나는 아이들에게 목요일까지 지원서를 받겠다고 했다. 다음 날 나는 우등반 수업을 대신 보강해야 했는데, 우리 반 아이들이 기웃거리면서 그 반 학생들도 지원서를 쓰고 있는지 살펴보고 있었다. 그래서 나는 꾀를 냈다.

지원서는 학업적 자질이 아닌 투지와 결의를 확인하기 위한 질문을 묻고 있었다. 나는 학생들의 답을 끌어내기 위해 이런 질문을 했다.

— 이 팀에 들어올 자격이 있다고 생각하는 이유는 무엇입니까?

— 이 팀에서 일하는 동안 어떤 점이 힘들 거라고 생각합니까?

— 이 팀은 여러분에게 어떻게 도움이 될까요?

— 이 팀이 일했으면 하는 장소가 있습니까?

— 우리가 여러분에 관해 알아야 할 특이점이 있습니까?

— 여러분은 어떻게 특별한가요?

이 질문들은 학생들이 스스로를 진단하게 했고, 나에게는 학생들의 재능을 들여다보게 해주었다. 아이들을 특별하게 만드는 것, 그게 뭐든 바로 그것을 축하해주고 싶었다. 결국 모든 아이가 자기 자신과 자신이 사는 동네를 고치고 싶어했다. 나로선 놀라운 발견이었다. 그리고 그 일은 완벽하게 가능해 보였다.

우리 반 아이들 모두가 지원서를 제출했다. 캘빈을 포함해서 말이다. "선생님을 한번 믿어보기로 했어요. 선생님은 약간 무모하긴 하지만, 뭔가 근사한 결과를 내실 것 같아서요."

그 목요일 아침에 조그만 연극이 시작되었다. 만약 내가 조회시간에 우리 반 전원이 가입될 거라고 발표하면 김이 빠질 것이었고, 아이들은 내가 아무 이유 없이 지원서를 내게 했다는 걸 깨달을 터였다. 그래서 방법을 바꾸었다.

"이 프로그램에 지원서가 200여 장 들어왔다. 그래서 다 검토해보려면 하루나 이틀이 더 걸릴 거야." 나는 설명을 시작했다. "심지어 브롱크스 과학고등학교 학생들 일부도 신청서를 냈다. 그리고 전문 정원사 두 분에게 최종 합격자를 뽑아달라고 부탁했다. 그분들이 앞으로 우리를 가르쳐주실 전문가니까."

몇몇 아이는 눈에 띄게 풀 죽은 모습이었다. 이 아이들을 길 위쪽 명문 고등학교 학생들과 경쟁시키다니? 선생님은 뭐지, 배신자인가? 이제 이 아이들에게는 아예 기회조차 돌아가지 않을 터였다.

내가 말한 두 명의 전문가 멘토는 '공원을 위한 뉴요커들'을 통해 접촉한 실제 인물이었다. 나는 내 정신 나간 프로젝트에 도움을 청하는 걸 두려워하지 않는다. 그리고 이런 일에는 도움이 필요하다는 걸 잘 알고 있었다. 텃밭 가꾸기 프로그램을 시작하는 일에 내가 무얼 안단 말인가? 나는 수선화조차 알아보지 못했다.

합격소식 전달을 도와줄 그 사람들이 학교에 도착했다. 나는 총무에게 안내방송을 부탁해 첫 번째 학생 호세를 행정 사무실로 불렀다. 뭔가 혼날 예상을 하며 호세가 들어오자 총무는 그를 만나고 싶어하는 사람들이 있다고 전해주었다.

나는 그들을 소개할 준비를 하고 일어섰다.

"호세, 이분들은 대럴 펜과 폴 소여란다. 네가 낸 지원서와 이력서를 읽어보시고 너를 직접 만나고 싶어하셨어."

호세의 눈이 휘둥그레졌다. 그 아이는 뭐라고 말을 잇지 못했다.

그들은 정원 장갑을 낀 중년의 백인 남자가 아니었다. 그들은 젊은 멋쟁이, 고등교육을 받은 잘생긴 흑인이었다. 그들은 당장에 그린 틴스와 나에 대한 신뢰를 심어주었다.

"안녕, 호세. 네가 지원서에 쓴 얘기가 정말 마음에 들었단다." 대럴이 먼저 시작했다. "네가 새로운 기술을 배우는 데 관심이 있다고 한

게 눈에 띄더구나. 그건 정말 큰 목표라고 생각해. 정원을 가꾸고 조경을 꾸미는 일을 배우면 네가 진로를 선택할 때 중요한 자산이 될 거야." 호세 자신과 주변 친구들과 비슷하게 생긴, 멋지고 똑똑한 남자 어른에게서 이런 말을 듣다니, 황홀한 일이었다.

"넌 매우 헌신적이고 열심히 일할 각오가 되어 있는 것 같구나. 우린 네가 그린 틴스 프로그램의 소중한 자산이 될 거라고 생각해." 폴이 덧붙였다. "축하한다! 우리 팀이 된 걸 환영해. 너랑 일할 날이 무척 기대된다." 폴은 지역 전설을 줄줄 꿸 만큼 그 동네를 잘 알고 있었다. 그는 곧바로 우리 아이들을 사로잡았다.

호세는 세상 최고의 심사위원들이 주는 상 하나를 받은 기분이었을 것이다.

우리는 그날 하루 종일, 그리고 다음 날도 내내 이런 식으로, 아이들이 서로 다른 시간에 합격소식을 듣고 서로가 그 내용을 비교하게끔 시간차를 두면서 계속했다.

"합격했어?"

"아니. 아직 내 이름 안 불렀어. 지금도 계속 이름 부르는 거 맞지?"

"몰라. 행운을 빌어, 친구."

마침내 우리는 그린 틴스에 입단할 합격자 발표를 끝냈다. 어땠겠는가? 우리 반 지원자 열일곱 명 모두가 합격했다. 흥분의 도가니였다.

"리츠 선생님, 믿어지세요?" 호세가 물었다. "우리 전부 합격했어요!"

"정말 놀라운 일이구나." 내가 말했다. "너희들 모두 저마다 자신을 돋보이게 하는 특별한 무언가가 있는 게 틀림없어." 아이들은 서로를 돌아보며 눈빛을 교환하고 고개를 끄덕이며 응원했다. 나는 그 순간을 놓칠세라 재빨리 덧붙였다. "생각해봐. 니희들을 알지도 못하는 사람들이 너희들이 쓴 지원서에서 무언가를 보고 '와, 이 녀석들은 최고 중의 최고인걸' 하고 감탄했다는 얘기잖아."

　　　　　　　　　　　　　🐟

　　매일 아침 학교 현관문을 지날 때마다 학생들은 금속 탐지기를 통과해야 했고 무장경비원의 검사를 받아야 했다. 남학생 한 줄, 여학생 한 줄. 감춘 무기가 없다는 걸 보여주기 위해 누구나 등에 맨 가방과 신발을 벗었다. 남학생은 벨트를 풀어야 했다. 여학생은 종종 귀고리를 빼야 했다. 수용인원 1,800명인 학교에서 4,000명의 십대 소년소녀들을 일일이 검사하는 과정은 45분이 걸릴 수도 있었다. 시작종이 울렸을 때 줄 뒤쪽에 서 있다면, 설사 시간 맞춰 등교하기 위해 아무리 아침 일찍 일어났다 해도 자비는 없었다. 아침을 걸러 배고프고 짜증난 상태로 문밖에서 기다리는 동안, 아이들을 따뜻이 맞아주는 건 없었고, 그렇다고 눈을 즐겁게 할 볼거리조차 없었다. 지루한 아이들은 종종 낡은 게시판의 흰색 플라스틱 글자들을 이리저리 재배열해 '엿 먹어라'는 문구를 만들곤 했다. 그것은 대부분의 아이가 이 학교 문화를 설명하는 방식을 단적으로 보여주고 있었다.

　　그런 환경을 좀더 주의 깊게 바라보기 시작한 첫 번째 그린 틴스 대원이 캘빈이었다. "여기는 너무 더러워요." 어느 날 캘빈이 교실에 들어오면서 말했다. "풀 한 포기, 꽃 한 송이 없어요. 나무들조차 심하게 파였고요. 슬퍼요."

　　캘빈은 월턴 고등학교에서 걸어다닐 만한 거리에 살고 있었지만 그래도 학교에 지각하지 않으려면 기를 써야 했다. 어떤 날은 아예 지각을 피하려고 애쓰시도 않았나. 나는 캘빈이 어니 사는시 알아내어 이따금 아침 일찍 그 아이의 집 앞으로 찾아갔다. 그린 틴스가 된다는 건

정근이 필요한 특전이었다.

"에이, 선생님한테는 숨을 수가 없네요." 캘빈이 말했다.

"너를 잃고 싶지 않아서 그래, 캘빈." 내 대답에 그 아이의 입꼬리가 살짝 올라갔다. 캘빈이 웃으면 입이 귀에 걸리곤 했다. 나는 나의 오랜 은사 스탠 주커가 나에게 책임을 맡길 때면, 그 앞에서 수줍게 웃던 내 모습이 떠올랐다.

우리는 학교 입구의 단단하게 다져진 흙을 파서 화단과 장미덩굴을 올릴 땅을 고르기 시작했다. 새로운 일을 할 때마다 또 다른 비유가 생겨나고 호기심에 불을 지필 새로운 기회가 만들어졌다.

"왜 퇴비를 흙에 섞어줘야 하는 거예요?" 크리스털이 물었다.

"그러게요, 그런데 이건 어디서 나온 거예요?" 포셔가 맞장구치며 물었다.

"그리고 흙이랑 냄새가 나른데 왜 그런 거죠?" 프레셔드도 갸웃거렸다.

삽을 들고 외바퀴 수레를 밀면서, 아이들은 모든 것이 구제 가능하다는 걸 이해하게 되었다. 주방의 음식물 찌꺼기, 나뭇잎, 베어낸 풀 등은 기름진 양토로 재활용할 수 있었다. 구제 불가능한 것은 없다, 심지어 흙까지도. 세계에서 가장 좋은 황갈색 흙이 코끼리 똥이라는 걸 알았을 때 아이들의 반응을 상상해보라. 나는 한 브롱크스 동물원 직원에게 들어 이미 알고 있었지만 아이들은 무릎까지 흙 속에 빠지고 나서야 사실을 알게 되었다. 물론 때는 너무 늦었다.

간단한 손도구와 삽이 손에 익게 되자 아이들은 자신을 특별하게 여겼다. 아이들은 난생처음, 대부분의 또래 친구가 하지 않는 일을 하게 된 것이다. 그뿐 아니리 데럴과 폴의 특별지도까지 받고 있었다. 우리가 작업할 때는 멘토인 폴과 데럴이 아이들에게 말을 걸어주었다. 그들은 완벽한 2인조였다. 프린스턴 대학원생인 대럴은 교육의 가치를 이야기하는 걸 좋아했다. 그는 텃밭 가꾸기 훈련뿐 아니라 아이들이 연관시킬 수 있는 롤 모델까지 선물했다. 폴은 우리 학교에서 3킬로미터쯤 떨어진 직장에 다니고 있었다. 그는 지역 공원 관리라는 멋진 일을 하며 많은 혜택까지 받고 있었다. 그는 이 아이들의 환경을 아이들보다 더 잘 알고 있었고, 덕택에 굉장한 신망을 얻었다. 이것은 아무런 힘도 없는 유색인종 청년들 앞에 힘을 가진 유색인종 청년들을 선보일 기회였다.

우리 아이들은 손을 더럽힐수록, 그들 주변의 자연세계를 더 많이 주목하기 시작했다.

"요, 리츠 쌤. 길바닥 틈에서 어떻게 식물이 자라날 수 있어요?" 루이스가 궁금해했다.

"난 열차 선로 위에 자란 식물도 봤어요. 어떻게 거기로 올라갔을까요?" 프랭클린은 신기해했다.

아이들의 질문은 씨앗과 식물의 한살이, 서식지에 관한 대화로 이어졌다. 우리는 자연히 과학에 관해 이야기했지만, 혹독한 조건에서도 살아남고 심지어 번성할 수 있는 유기체의 강인함에 관해서도 이야기했다. 아이들 모두 식물과 사람의 유사점을 깨달았다.

우리는 일단 학교 입구를 단장하고 난 후 구내식당 뒤쪽 공터에 도전했다. 금 간 시멘트를 깨서 파낸 뒤 흙을 덮고 보기 좋은 식물을 심었다. 다른 반 학생들이 그 공터에 와서 점심을 먹거나 시간을 보내기 시작했고, 따라서 우리 그린 틴스 아이들은 오래도록 존중받았다. 나는 특별 프로젝트를 위해 일과 중에도 아이들을 데리고 나갔다.

어느 날 아침, 우리 반 아이들을 데리고 그 공터에 나갔다. 아이들은 온갖 잡동사니 더미를 발견했다. 플라스틱 빨대, 연필, 잉크가 다 떨어진 펜, 그 밖의 각종 폐품들이 있었다. "이 물건들을 활용해 시간을 알수 있는 방법이 있을까?" 내가 물었다. 아이들은 질문을 이해하지 못했다. "시계는 여기 있는데요." 프랭클린이 자신의 디지털 손목시계를 가리키며 말했다.

"수업 종소리를 들어도 되고요." 크리스털이 덧붙였다.

내가 땅바닥에 원을 그리고 한가운데 빨대를 꽂자 아이들은 또 내가 무슨 일을 벌이려고 한다는 걸 알아챘다. "뭐가 보이지?" 이제 아이들은 호기심을 보이며 태양이 드리우는 그림자를 보려고 가까이 다가섰다. 그것이 우리 해시계 수업의 첫머리였다. 이런 식으로 태양의 궤도를 추적하는 법을 배우는 것은 비밀암호를 배우는 것과 같았다. 우리반 아이들은 수업 시작 전에 그 공터에 나가서 '실제' 시간을 알아보고, 해시계가 계속 작동하고 있음을 확인하곤 했다. 아이들의 질문은 태양계와 고대 문명, 예술에 대한 또 다른 수업으로 이어졌다. 우리는 폐품처리장의 고물들을 가져와 기능적이고도 아름다운 기가 막힌 야외시계들을 만들어냈다.

일단 월턴 고등학교 지면의 것들을 보기 좋게 만든 우리는 수업 중과 방과 후의 새로운 기회들을 주목하기 시작했다. 캘빈이 불평했던 학교 입구의 엉망으로 망가진 나무들은 가지치기를 배우기 위한 훈련장이 되었다. 더 많은 비유가 생겨났다. 훌륭한 수목관리사는 마른 가지와 부러진 가지가 가득한 나무를 보고 새 잎이 돋은 건강한 나무를 상상할 수 있다. 아이들에게 뉴욕 시의 공인 수목관리사가 연 4,500달러를 번다는 얘기를 해주자 작업 장갑을 끼고 열성적으로 배우려는 훈련생들이 줄을 섰다.

"자격증이 있는 사람을 모셔올까 하는데 어떻게 생각해?" 내가 아이들에게 물었다.

"그러니까…… 여기 이 학교에요?"

"내가 아는 사람이 있지."

그것은 사실 내 삶의 이야기였다.

설사 내가 그런 사람을 알지 못한다 해도, 그런 남자를 아는 여자를 알고 있거나, 그런 남자를 아는 한 이모의 친구의 매형을 알고 있었다. 삶에서 의미 있는 모든 관계는 한 통의 전화, 한 번의 악수 또는 비밀스러운 노크 한 번이다.

우리 학교에 와서 가르치는 걸 기꺼이 돕겠다는 이들은 항상 있었다. 대개는 훌륭한 직원을 고용할 필요가 있는 도급업자들이었다. 외지인을 고용하거나 새로 사원을 뽑아 봉급을 줘가며 훈련시키느니 이 젊은이들을 일찍부터 훈련시켜 일에 투입하면 그들에게도 이익이었다. 그래서 우리는 모든 아이에게 나무 전지 교육과정을 마쳤음을 보여주는 수료증을 주었다. 아이들은 성적표처럼 교실에 얼마나 오래 앉아 있었는지가 아니라 무엇을 할 수 있는지를 말해주는 수료증을 얻고 고마워했다. 우리는 전지작업을 더 많이 해볼 생각으로 교정 주변에 더 많이 나무를 심었다. 우리 계획은 계속해서 우리를 아주, 아주 바쁘게 만드는 것이었다.

때마침 시기가 더할 나위 없이 좋았다. 바로 얼마 전, 블룸버그 시장이 다섯 개 구 전역에 100만 그루의 나무를 심자는 과제를 뉴욕 시민들에게 제시했던 것이다. 이는 뉴욕을 더 푸르고 더 위대하게 가꾸어 21세기에도 지속가능한 도시를 만들자는 계획이었다. 지구를 건강하게 만들자는 것도 중요했지만, 나에게 가장 중요했던 건 뉴욕 시에서 무료로 나눠주는 묘목을 구하는 일이었다. 우리에겐 묘목을 심고 가꿀 학생 인력이 있었다. '트리스 뉴욕Trees New York' 같은 지역 조직들은 나와 우리 학생들과 연결되기를 열망했다. 필요한 건 연결을 위한 전화한 통뿐이었다. 이번 일은 우리 모두에게 돈과 의의를 주었다.

그 학기가 끝나기 전에 학교 모습은 훨씬 깔끔해졌고 우리는 일을 마쳤다는 만족감으로 뿌듯했다. 그러나 아이들이 그동안의 노력을 제대로 보상받기 위해서는 봄을 기다려야 했다. 당장의 희열을 안겨줄 라디에이터 구근은 더는 없었다. 물론 그것도 내 계획의 일부였다. 이제 우리 아이들에겐 겨울방학이 끝난 후에도 모든 것이 꽃 필 봄까지 계속 출석해야 할 이유가 생긴 것이다.

학교 주변에서 일하는 것도 좋았지만, 우리 그린 틴스를 훨씬 더 설레게 한 것은 학교에서 나갈 기회가 생기는 것, 그래도 벌이 아닌 상점을 받는다는 사실이었다. 우리는 닥치는 대로 모든 서류에 서명하기 시작했다. 브롱크스 주변 환경미화 계획에 참여할 자원봉사 기회가 있는 곳마다 우리가 있었다.

내 딸 미카엘라는 예전에 내가 다녔던 학교에서처럼, 월턴 고등학교를 자주 찾아왔다. 미카엘라는 내가 근무 중일 때도 아빠와 함께 나갈 기회가 생기면 좋아라고 따라왔다. 초등학교 고학년이 되자 미카엘라는 방과 후에 우리와 함께하기 시작했고 덩치 크고 건장한 그린 틴스를 마치 자기 언니와 오빠처럼 우러러보았다. 아이들은 애지중지 미카엘라를 보호하면서 리즈 쌤의 딸만큼은 누구도 손대지 못하게 했다. 적대감과 호르몬 과다가 일상인 학급(남학생들은 특정 남학생들을 미워했고, 여학생들은 다른 여학생들과 드라마를 펼치고, 남학생들과 여학생들은 항상 아슬아슬했다)에서, 커다란 백팩을 맨 이 깡마르고 어벙한 아이에게는 모두가 미소를 지었다. 미카엘라도 같이 미소를 지었다.

우리 그린 틴스 프로젝트는 훌륭한 균형장치였다. 모두가 손에 흙을 묻힌다. 미카엘라도 똑같이 땅을 파면서 언니, 오빠들과 어울리는 걸 좋아했다. 조그만 꼬마가 씩씩하게 일하는 모습을 본 우리 아이들은 더 열심히 일했다. 아이들은 미카엘라를 실망시키고 싶지 않았다. 그리고 프로젝트 하나를 마칠 때마다 일이 잘되었는지 평가하는 시간을 가졌다. 아이들 모두 투지에 관해, 그리고 일을 제대로 끝낸다는 것에 관해 하나씩 배워나갔다. 우리는 한 가족이었다.

미카엘라는 어른들이 곧잘 겁먹곤 하는 아이들의 피어싱이나 문신, 거친 행동을 별로 신경 쓰지 않는 듯했다. 미카엘라는 읽기 실력이 6학년보다 못한 고등학생들을 절대 우습게 여기지 않았다. 그때쯤 미카엘라는 세지윅 애버뉴의 우리 동네 도서관 분원 직원들과는 아주 친했다. 우리 아이들이 정크푸드와 팝 문화, 미디어가 마케팅하는 것이면 무엇이든 게걸스럽게 흡입하는 것처럼, 미카엘라는 책이라면 사족을 못 썼다.

아직 어린 나이였는데도 미카엘라는 우리 아이들이 자기와는 달리 많은 곤경에 처해 있다는 걸 이해하고 있었다. 특히나 우락부락하게 생긴 한 아이가 있었는데, 굵직하게 빨간 줄을 넣어 머리를 염색하고 태도가 쌈닭 같아서 권위 따위는 우습게 여긴다는 걸 누가 봐도 한눈에 알 수 있었다. 내가 부탁해라든가 고마워라는 말을 하면 그 아이는 놀라는 눈치였다. 내 딸은 그 아이에게 생긴 변화를 처음으로 알아챈 장본인이었다. "그 오빠가 부드러워졌어요." 미카엘라가 말했다. "아빠가 자기한테 진심으로 대한다는 걸 아는 것 같아요." 미카엘라가 수업을 따라잡으려 끙끙대는 또 다른 남학생과 한 조가 되어 일한 적이 있었다. 그 아이는 항상 다른 아이들보다 시간이 더 필요했다. 하지만 교실 밖에서 일할 때는 시간이 부족하지 않았다. "오빠는 초고속 씨앗

파종기야!" 미카엘라가 그 학생에게 말했다. 그 아이가 활짝 웃었다.

열성적인 우리 아이들에게 숙련된 조경기술이 무엇을 할 수 있는지 보여주기 위해, 나는 우드론 묘지 같은 역사적이고 볼 만한 장소를 탐방하는 현장학습을 계획했다. 그 묘지는 과거 뉴욕의 부자들이 묻힌 유명한 브롱스크 묘지였다. 넓게 뻗어 있고 나무가 늘어선 이 녹색 공간을 유지하려면 높은 보수를 받는 숙련된 지상 근무자들이 신경 써서 관리해야 한다. 아이들은 밀스 데이비스, 허먼 멜빌, 듀크 엘링턴, 타이타닉 호 생존자들의 묘지를 발견하고 놀라워했다. 조경수업은 역사 산책이 되었다.

그 현장학습은 최저 생활임금에 관해 생각할 기회이기도 했다. 부유한 가문들이 조성한 웅장한 묘 사이를 거닐면서, 우리 아이들은 계급과 사회정의에 관한 각자 나름의 결론에 도달했다.

"헐, 부자들은 죽어서도 더 좋은 곳에 사네!" 프랭클린의 말에 친구들이 동의한다는 듯 고개를 끄덕였다. 이 모든 경험이 세계에 대한 더 큰 깨달음과 호기심을 불러일으켰다.

우리 그린 틴스가 기울인 노력의 대가가 조금씩, 그러나 확연하게 드러나기 시작했다. 가장 가망 없어 보이는 아이들조차 믿음을 갖게 되었다. 교실에서는 한 번도 좋은 결과를 받아본 적 없던 아이들이 노력의 대가를 보기 시작했다. 전문가들이 내재적 동기라고 부르는 것을 아이들이 처음으로 맛보고 있었다. 아이들은 성적 향상이나 우등 배지를 위해, 또는 내가 머리 쓰다듬어주기를 바라고서 일하고 있지 않았다. 그들은 자신이 달성하고 싶은 것을 위해 스스로 목표를 세우고 있었다.

"리츠 쌤 말씀이 우리가 우리 동네를 위해 위대한 일을 할 수 있다고 했어." 캘빈이 한 친구에게 말하는 소리가 들렸다. "그거 거짓말 아니야. 쌤이 또 무슨 계획을 세우든 간에 나도 같이할 거야."

열심히 일하면 배가 고프다. 나는 월턴 고등학교 교정 옆 제롬 애버뉴의 열차 선로 밑에 늘어선 소매상가의 패스트푸드 매장과 식료품점을 부지런히 드나들며 배를 채웠다. 점심을 살 돈이 없는 아이들을 위해 종종 국수 몇 그릇을 사다주곤 하던 방탄유리를 댄 싸구려 중국음식점에는 내 외상장부가 있었다. 나이트클럽을 겸하던 지역 스페인 식당에도 외상장부가 있었다. 아이들은 내가 그 식당에 자주 다닌다며 계속 놀리곤 했는데, 나는 이유를 몰랐다. 나중에야 아이들의 말을 듣고 보니, 그곳은 밤이면 활발한 매매춘이 이루어지는 장소였다. 모퉁이의 24시간 빨래방 겸 패스트푸드점은 오전 쉬는 시간마다 들르는 장소였다. 그곳에서는 3달러를 내면 피자 두 조각과 특대 소다수를 먹을 수 있었다. 거리의 노점상에서는 얼린 코코 엘라도coco helado[코코넛 아이스크림—옮긴이]를 종이컵으로 파는데 코코넛 맛, 바나나 맛, 체리 맛, 망고 맛, 그 밖에도 도저히 저항할 수 없는 온갖 맛과 색의 예쁜 아이스크림이 가득했다. 미국 어디에나 있는 프라이드치킨은 학교에서 세 블록 내에서 구할 수 있었다. 나는 모든 것을 먹어보겠다는, 먹을거리에 관한 나만의 '명백한 운명'[미국이 대서양 연안에서 태평양 연안까지 확장해나가는 것은 신의 섭리이며 운명이라는 19세기의 믿음—옮긴이]에 사명을 띠고 있었다.

그러는 사이에 몸무게가 급속히 불어났다. 108킬로그램이 되자 XL 사이즈 티셔츠가 팽팽해져 배가 드러났다. 한 번에 0.5킬로그램씩, 나도 모르는 사이에 불었다. 그러나 속도는 빨랐다. 몸무게와 함께 혈압이 급속도로 올라갔다. 의사는 식습관을 바꾸라거나 운동을 권하기보다는 약을 처방했다. 아침마다 먹는 약이 너무 많아 약을 헷갈릴 정도였다. 마지막으로 기억나는 건 학교 수업 시작 전에 미카엘라와 함께 월턴 고등학교 교정에 도착했다는 것이다. 정신이 들고 보니 구급차 안이었고, 휴대전화기를 꼭 쥐고 있었다. 어떻게 구급차 안에 누워 있게 되었는지 알 수 없었다. 내 딸이 다른 교사의 전화기로 911을 부른 것이었다. 확실히 나는 이제 마르고 강단 있는 농구 선수가 아니었다. 너무 바빠서 건강에 신경 쓰지 못하고 시간을 보냈다. 구급차에 실려 간 후에도 건강에 주의해야 한다는 생각은 들지 않았다.

이 모든 일의 와중에 월턴 고등학교는 여전히 감당할 수 있는 범위를 넘어선 학교생활 지도문제를 겪고 있었다. 복도는 너무 붐벼서 학생들은 다음 수업을 들으러 이동할 때도 종일 서로 부딪치곤 했다. 건물 수용량은 195퍼센트에 달했다. 그건 학교가 아니라 도매창고였다. 학생들이 내 교실로 찾아오는 소리는 멀리서부터 들을 수 있었다. 아이들이 차분할 때면 2층에서 3층으로 올라오는 내내 "미안. 미안. 미안"이라는 말을 연거푸 했다. 그러나 참을성은 곧 바닥났고, 팔꿈치 하나만 잘못 놀려도 "미안"이 "제기랄"로 바뀌기 일쑤였다.

굉장했던 것은 우리가 얼마나 빨리 향상되었는가 하는 것이다. 우리 교실에서만 일일 출석률이 40퍼센트에서 90퍼센트 넘게 훌쩍 뛰어올랐다. 그해에 딱 한 번 열린 학교 전체 모임은 브롱크스 구청장이 우리 그린 틴스의 성공을 축하하는 행사였다. 우리 아이들은 각각 한 명씩 전교생 앞에서 상을 받았다.

조금씩 조금씩, 한 번에 식물 하나씩 심으면서, 우리는 쾌적한 환경을 만들어나가고 있었다. 지나가는 열차와 디젤 엔진 트럭의 소음, 재

학생 4,000명의 발걸음으로 빚어지는 소음조차 학교 앞쪽 계단에서는 견딜 만한 것이 되었고 그 위로 새소리가 들렸다. 우리의 초록빛 노력이 뿌리를 내리면서 교정 전체가 기나긴 겨울잠에서 깨어나는 것 같았다.

이윽고 우리는 럼펠슈틸츠킨Rumpelstiltskin[그림 형제의 동화에 나오는 요정으로 지푸라기를 금으로 만드는 능력을 갖고 있다—옮긴이]을 만나게 되었다!

'브롱크스 파크스 스피크 업Bronx Parks Speak Up'은 20년 넘는 역사를 가진 지역 전통의 행사다. 브롱크스 구청장이 후원하는 이 연중 일일행사에는 지역 사회활동가, 정치가, 환경운동가 등등 뉴욕을 더욱 푸르게 만드는 데 관심을 가진 사람이 많이들 모인다. 나와 우리 그린 틴스는 초대장을 받고 행사장인 리먼 칼리지에 가게 되었는데, 마침 그 대학이 월턴 고등학교 바로 옆이었다. 우리 아이들은 유일한 청소년 참가자들이었다. 공원을 설계할 때 청소년을 염두에 두면서도 청소년을 초대하는 건 여태 아무도 생각하지 않았던 일이었다. 그 주말까지 우리 누구도 리먼 칼리지 교정에 가본 적이 없었다. 우리 두 학교 사이에는 보이지 않는 벽이 있었는지도 모른다. 두 학교는 불과 200여 미터 떨어져 있었다.

3대째 브롱크스 주민인 러스 르카운트Russ LeCount는 '그린 더 게토' 티셔츠를 입은 이 십대들이 공원 관련 회의에 오게 된 이유를 궁금해했다. 그는 우리 아이들과 내가 포파크와 우리 학교 교정에, 그리고 브롱크스 곳곳의 현장에 우리가 해왔던 미화작업을 설명하는 동안 주의 깊게 귀를 기울였다. 휴식시간에 그가 내게 다가오더니 악수를 청하며 말했다. "내가 선생을 영웅으로 만들어드리겠습니다."

아마도 내 평생 처음으로 말문이 막혔던 것 같다. 빨간 멜빵이 달린 짧은 바지와 플란넬 셔츠, 검은 군용 부츠 차림의 이 대머리 백인 노인이 나와 우리 아이들에게 제안을 하다니, 무엇을 보고 그럴 수 있었을까? 이 남자는 피부가 그냥 하얀 정도가 아니었다. 그의 피부는 형광빛을 발했다! 말 그대로 빛나고 있었다. 나는 그와 악수를 했지만 속으로는 달아날 준비를 하고 있었다. 정말이지 간절히 피하고 싶은 충돌이었다.

알고 보니 르카운트는 자기 동네를 파괴하려고 위협하는 범죄, 마약남용, 불법 쓰레기투기를 근절하기 위해 자기 나름의 그린 그래피티 운동을 시도하고 있었다. 그는 이용되지 않고 버려진 한 거리를 근린공원으로 만들고 싶어했다. 이미 수백 주의 묘목을 구하기 시작한 그는 그 묘목들을 심어야 했다. "저한테는 나무와 관목, 삽이 있습니다. 선생한테는 아이들이 있고요. 같이 일하면 어떨까요?" 그가 물었다.

그런 제휴는 괜찮을 것 같았다. 어떻게 거절하겠는가?

르카운트를 더 많이 알면 알수록 그의 기술적 전문성이 존경스러웠다. 이 남자는 자신이 심는 식물을 잘 알고 있었다. 오랜 시간 동안 배운 번식과 재배 기술이 있었고 자신이 아는 지식을 기꺼이 공유하고자 했다. 게다가 우리가 빌려 쓸 도구들까지 갖고 있었다.

그때쯤 우리 아이들은 더 큰 프로젝트에 도전할 만큼 조경의 기초가 단단해져 있었다. 우리는 르카운트가 사는 웨이크필드에서 엄청난 도전에 직면했다. 이곳은 열차 2호선과 5호선이 끝나는 노스 브롱크스의 일부다. 20년 전 '지하철 자경단'이 활개 치던 시절에 나는 사우스 브롱크스 고등학교 아이들을 데리고 바로 그 열차를 탔다. 그때만 해도 우리는 우리 안전을 걱정했다. 그런데 지금 나는 새로운 학생들을 데리고 그 동네를 재건하러 가게 된 것이다.

1970년대와 1980년대에 이 열차들은 뉴욕에서 가장 근사한 그래피티를 자랑했다. 사람들은 체포될 위험을 무릅쓰고 역 구내 담장을 뛰어넘어 열차 차량에 멋진 디자인을 입혔다. 우리 그린 틴스가 갔을 무렵, 그 동네는 다른 부류의 위험으로 오명을 얻고 있었다. 그곳엔 싸구려 주류 판매점들과 시간제로 방을 빌려주는 지저분한 모텔들이 늘어서 있었다. 그 지하철역 직원들이 야간 교대근무를 한다는 얘기는 퇴근 후 여흥거리를 찾는 사람이 800명이나 북적인다는 뜻이었다. 지하철 선로 주변 몇 블록 구역은 장외 베팅, 크랙거래, 매매춘으로 악명이 높았다. 그 동네에 있는 한 집은 불법활동의 백화점 같아 보였는데, 1층에서는 크랙, 2층에서는 헤로인, 3층에서는 매춘을 거래하고 있었다.

지리적 여건은 문제를 악화시켰다. 지하철역 북쪽의 몇 블록을 사이에 두고 브롱크스와 부유한 웨스트체스터 키운티가 나뉘어 있다. 웨스트체스터에서는 소량의 마약을 소지하는 것만으로도 흉악범죄가 된다. 브롱크스에서는 소량의 마약을 들고 있다 붙잡혀도 책상 앞에 앉아서 뺨 몇 대 맞으면 그만이었다. 그 때문에 가격 차이가 생겨났다. 브롱크스에서 5달러짜리 봉투 하나가 웨스트체스터에서는 25달러가 되곤 했다. 따라서 소비자들은 웨스트체스터에서 브롱크스로 짧은 여행을 마다하지 않았고, 종종 우리 구에서 얼쩡거리며 마약을 하곤 했다. 한편 마약 상인들과 포주들은 그 교통의 회랑을 이용해 온갖 상품과 서비스를 시장에 쏟아내고 있었다.

창백한 대머리에 배가 불뚝 나오고 거친 말투를 쓰는 베트남 참전용사인 르카운트는 자기 동네가 망가져가는 모습을 더는 보고 있을 수가 없었다. 그는 잘못되어버린 모든 것에 대해 서슴없이 남 탓을 해댔다. '브롱크스 파크스 스피크 업'에서 그가 우리 아이들을 처음 만나던 날,

한 아이가 나에게 소곤거렸다. "리츠 쌤, 저 아저씨 어디 사람이래요? 정말 브롱크스 사람 맞아요?" 그의 모습은 바이킹 또는 럼펠슈틸츠킨처럼 그 행사에 어울리지 않았다. 그러나 르카운트는 우리 아이들에게 사람들이 붙여놓은 꼬리표 너머 그 이상의 것을 꿰뚫어보았다. 그는 일에 대한 아이들의 열성을 알아보았다. 그리고 아이들에게 엄청난 인내심을 보여주었다. 아이들이 땅을 파기로 했을 때는 솔선수범해서 삽을 들었다. 아이들과 나란히 일하면서는 그 동네의 옛이야기를 들려주었다. 알고 보니 철공 기술자인 그의 부친은 우리 월턴 고등학교를 지을 때 일했던 사람이었다. 굉장한 인연이었다!

우리의 야심찬 계획은 수명을 다한 비셀 애버뉴의 다섯 개 블록을 근린공원으로 바꾸는 것이었다. 고가 철로를 경계선으로 한쪽에는 직사각형 공간이 멀리 뻗어 있었다. 다른 한쪽은 한창 때가 지난 소박한 단독주택들이 늘어서 있었다. 뭐라도 심기 위해서는 우선 쓰레기부터 치워야 했다.

"자, 작업 장갑을 끼고 무릎받이를 채우고, 허리를 굽혀 흙을 묻힐 시간이다." 캘빈이 친구들에게 말했다.

학교 프로젝트로 시작한 일은 어느새 우리 모두를 사로잡은 일이 되었다. 우리는 방과 후와 주말 동안 일을 계속했고, 결국엔 여름에도 계속했다. 첫 단계는 약 1년여 동안의 그린 틴스의 노력이 필요했다. 1년 반이 지나자 그 프로젝트는 다른 학교 학생들과 어른 자원봉사자들까지 포함하는 대규모 사업으로 커져 있었다. 어른들 중에는 그 동네에 사는 베트남 참전용사들이 많았다. 2007년 여름까지 나는 뉴욕 시를 통해 기금을 확보한 뒤 청소년 예순 명에게 노임을 지급했다.

우리는 가장 큰 쓰레기부터 시작했다. 쉽터나 매춘징소로 또는 둘 다로 쓰이다가 버려진 자동차들이었다. 대부분의 자동차는 마약을 사기 위해 또는 장난으로 부품을 팔아치우느라 그 자리에서 해체되어 있었다. 우리는 40여 대의 고물 자동차에서 남은 고철을 팔았고 그렇게 얻은 수익은 울타리와 온실 재료비에 투자했다.

쓰레기만 치워도 그곳은 훨씬 나아 보였다. "사람들이 그렇게 말하곤 했죠. '와, 너희가 큰일을 하고 있구나.'" 캘빈은 그때 일을 자랑스레 기억한다. "아이들이 자기 시간을 내서 이런 일을 한다는 생각을 하면서 사람들이 우리 같은 십대를 새롭게 보기 시작했어요."

정원 건설의 각 단계는 더 많은 실습기회를 제공했다. 우리는 온실 두 동을 지었고, 결과를 비교하면서 실력 향상을 눈으로 확인할 수 있었다. 첫 번째 온실에서 배웠던 교훈을 총동원해 지은 두 번째 온실은 더 나았다. 첫 번째 온실은 바닥이 흙이었다. 두 번째 온실은 포장재로 마감했다. 더 열성적인 아이들은 피크닉 벤치를 만들며 기본적인 목공술을 쌓은 뒤 우아한 목재 정자를 만들어냈다. 정자가 완성되자마자 주변에 사는 가족들은 그 정자를 결혼식이나 킨시아네라[quinceañera[소녀의 15세 생일에 치르는 라틴아메리카의 성인식이지만 미대륙 전역에서 행해진다—옮긴이] 축하파티에 이용하기 시작했다. 우리는 용도 폐기된 소화전에 수도꼭지와 호스를 연결해 갱스터 스프링클러를 만들었다. 무언가 내어줄 물건을 가진 사람이면 누구에게든 연락해 물자를 구해왔다. 남는 건축 자재? 가서 가져왔다. 집을 리모델링하고 남은 자재? 기쁘게 가져왔다. 우리는 모든 것을 흔쾌히 받아들였다.

결국 우리는 조금씩 생각하기(다음엔 무엇을 해야 할까?)에서 체계적으로 생각하기로 옮겨갔다. 이 다섯 블록의 공간을 어떻게 더 훌륭하게 만들 것인가?

블록들을 서로 연결하는 구불구불한 오솔길을 만들기 위해 우드칩을 뿌릴 때는, 지역 주민들이 현장에 나와 돌아보며 진전 상황을 칭찬하기 시작했다. 크리스마스트리 재활용하기 같은 뉴욕 시의 프로그램 덕분에 우드칩은 공짜로 무한정 공급되었다. 그 많은 나뭇조각을 얻기 위해선 어디론가 가야 했다. 운전자들은 비셀 가든스의 경계를 이루는 주거구역 길 끝에 그 나뭇조각들을 비워내는 걸 굉장히 좋아했다. 거대한 나뭇조각 더미는 임시장벽이 되어 사람들이 차를 몰고 공원 안으로 들어오는 것을 막아주었다. 일단 오솔길이 만들어지자 사람들이 영구장벽이 될 만한 것을 제공했고 주민들의 행동까지 바뀌었다. 얼마 안 가서 동네 주민들이 집에 작은 마당을 가꾸겠다고 서명하기 시작했다. 캘빈은 이 오랜 노력을 되돌아보면서 그 일을 한 문장으로 요약했다. "우리가 쓰레기장 같던 곳을 햇볕을 쬐며 피크닉을 즐기고 거닐 만한 곳으로 만들었어요."

이렇게 한 동네의 골칫거리가 지역사회의 자산으로 탈바꿈했다. 비셀 가든스처럼 결과가 선명한 프로젝트 덕에 아이들은 자신의 기술과 솜씨를 주목하고 평가하게 되었다. 칭찬을 받는 것은 새로운 경험이었고 아이들은 좋아했다. 법적 문제가 있던 아이들은 법원이 명령한 사회봉사가 아닌 일을 할 수 있었고 몇몇은 여름에도 일을 계속해 급료를 받았다. 아이들은 그것도 좋아했다. 확실히 우리는 무언가를 하고 있었다.

월턴 고등학교에 브롱크스의 모습을 바꾸는 학생 집단이 있다는 소문은 빠르게 돌았다. 우리는 여러 번 신문에 났고 〈뉴스 12〉는 아이들이 나오는 꼭지를 방송했다. 그것은 신문 기사보다 훨씬 짜릿한 일이었다. 프리미엄 채널을 볼 돈이 없는 사람들도 〈뉴스 12〉는 본다. 그리고 뉴욕 전역의 병원에서부터 공공기관까지 모든 대기실에서 방영되는 게 어느 채널이겠는가? 〈뉴스 12〉다. 몇몇 아이는 보호관찰 심리를 받던 중 텔레비전에 스치고 지나가는 자기 얼굴을 보았다. 생활개선을 위해 노력하고 있다는 확신을 당국에 심어주려고 할 때 그거야말로 엄청난 참고사항이었을 것이다.

아이들은 그 뉴스가 채널 12번에서 하루 종일 반복된다는 사실을 몰랐다. 그 꼭지가 계속해서 방송되는 것을 본 아이들은 자신이 훨씬 더 중요한 사람이 되었다고 생각했다. 아이들은 친구에게 전화를 돌리고 가족에게 전화를 걸었다. 그들은 완전히 유명인사가 되었다!

우리는 초대를 받으면 어디든 나갔다. 사업체, 비영리단체, 공공분야를 가리지 않았다. 그들은 자재를 제공했다. 우리는 무료 노동을 제공했다. 비셀 가든스 같은 큰 프로젝트는 여러 달이 걸렸지만, 우리가 일으키고 있던 많은 변화는 거의 곧바로 눈에 띄는 결과를 냈다. 아이들은 그 빠른 피드백을 받으며 힘든 일도 척척 해냈다.

얼마 후 뉴욕 시의회에서 우리에게 상을 주고 싶어한다는 소식이 왔다.

"너희들이 모두 넥타이를 맨 모습을 보고 싶구나." 내가 말했다.

"넥타이가 없어요!" 루이스가 말했다.

"내 거 하나 빌려줄게."

"저도 빌려주세요." 레이먼이 말했다.

"좋다, 넥타이 없는 사람이 몇 명이지? 손 들어봐."

음. 넥타이를 많이 사야겠군.

우리는 유니언 스퀘어에 있는 값비싼 식당에 갔고, 거기서 굉장히 품위 있게 행동했다. 누구 할 것 없이 그렇게 차려입은 아이들의 모습을 나는 처음 보았다. 삼난이 설로 나오는 쌍경이있나.

시의회는 우리에게 황금 수선화상을 주었고, 아이들은 기쁨을 감추지 못했다. 시의회는 그들이 우등생(브롱크스가 배출해야 할 가장 똑똑한 아이들)이라고 생각했다. 나는 그들의 오해를 고쳐줄 생각이 없었다. 이번만큼은 우리 아이들이 아무런 꼬리표도 없이 사람들 앞에 나설 기회였던 것이다. 시의회 의원들의 머릿속에서는 이 아이들이 우등생이었다는 사실을 알고 아이들은 스스로를 새롭게 보았다. 그들은 상을 받은 팀이었다.

성공은 중독된다. 이 십대들에게 그것은 완전히 새로운 세계였다. 그리고 우리는 이제 막 시작하고 있었다.

CHAPTER 06

토마토에 취해서

2005년 봄

　　우리가 비셀 가든스 미화활동을 끝내고 1년이 지난 후, 우리의 친구 러스 르카운트와 그린 틴스 가운데 한 명이 그 공원에 채소를 키워보자고 제안했다. 다들 찬성이었다. 우리 아이들은 배고픈 느낌이 어떤지 잘 안다. 미국 농무부가 '식품 불안정성'이라고 부르는 상황, 즉 적절한 영양섭취가 제한되거나 불확실한 상황은 우리 아이들의 가족과 이웃들에게 너무도 익숙하다. 우리 아이들은 주방 찬장이 텅 비어 있고 배가 꼬르륵거리기 때문에 팬시용품을 필요로 하지 않는다. 설사 그들의 배가 꼬르륵거리지 않는다 해도 친구나 형제가 배를 곯는다. 아이들이 다른 누군가를 도울 방법을 이야기하는 걸 듣고 나는 감동했다. 이 아이들이 다른 사람을 도우면서 배워나간다는 걸 그때 알았다. 수는 섯이 옅는 서라는 신실을 싊은 계속해시 가르처 주고 있었다.

먹을거리를 키우자는 이야기를 처음 시작했을 때, 아이들은 그들의 삶이 얼마나 고달픈지를 다시금 내게 상기시켰다. 사실 나는 무료급식소가 순전히 심한 알코올중독자들과 노숙자들을 위한 곳인 줄로만 알았다. 따뜻한 한 끼 식사를 위해 그런 쉼터를 찾는 엄마들과 아이들이 있다는 생각은 하지 못했다. POTS('파트 오브 더 솔루션Part of the Solution')라는 한 지역사회 자원이 월턴 고등학교 가족들에게는 일종의 구세주 역할을 하면서 식사와 식료품 창고, 샤워, 그 밖에도 궁핍한 사람들을 위한 다양한 사회적 서비스를 제공한다는 사실도 아이들에게 들어서 알게 되었다.

'파트 오브 더 솔루션'을 도울 방법을 찾아보자고 제안하자 아이들은 당장에 논의를 시작했다. "우리가 '파트 오브 더 솔루션'이 될 수 있다고요? 멋진데요." 아이들은 동의했다. 그리고 크게 공감하고 있었다. 그러나 비셀 가든스에 도시 농장을 만들어 쉼터로 보낼 작물을 키우자는 아이디어를 설명하자 아이들은 마치 내가 화성 여행을 제안하기라도 한 듯한 표정이었다. 농사는 그들의 경험과는 너무나 동떨어져 있었기에 마치 판타지처럼 정신 나간 소리로 들렸던 모양이다.

솔직히 말해 많은 아이에게 농사는 곧 노예제를 뜻했다. 100년 전에는 브롱크스가 농장과 채소 장수들로 유명했다고 말해주자 아이들은 눈이 동그래졌다. 나중에 2차 세계대전 중에 브롱크스 구의 애국주의자들은 군데군데 작은 텃밭을 일구었다. 이민자 가족 출신의 아이들이 고국으로 돌아가 채소밭을 일구는 친척들 이야기를 했다.

"우리 할머니는 식탁 한가운데 아보카도 화분을 키워요. 그건 할머니의 농사 아이디어예요." 루이스가 큰 소리로 말했다.

어찌 생각하면 열차 선로 바로 옆 우리의 첫 번째 농장에 채소를 심기 시작했을 때 우리는 우리 자신의 뿌리로 돌아가고 있었던 건지도 모르겠다.

봄은 채소를 심을 시기였으니 여름에 수확을 기대할 수 있었다. 농사 달력에서는 그게 합리적이지만 교사인 나에게도 그건 중요했다. 나는 아이들이 중퇴하지 않도록, 다음 학기에도 꼭 학교에 돌아오도록, 아이들이 줄 서서 일의 대가를 받는 기분을 맛볼 수 있도록, 여름 내내 아이들이 나와 일할 동기를 부여하고 싶었다. 자기가 쏟은 노력이 열매 맺는 것을 볼 가능성(수확 때도 그 자리에 있을 기회)은 실로 매혹적이었다.

무엇을 심을지 선택하는 것은 집단 의사결정으로 이루어졌다. 이는 그 텃밭과 관련해 아이들에게 확실한 주인의식을 심어주기 위한 나의 은밀한 전략이었다. 나는 아이들이 단지 내 지시에 따라서만이 아니라 질문과 호기심을 통해 배우게 하고 싶었다. 솔직히 채소가 얼마나 다양한지는 나나 아이들이나 모르기는 매한가지였다. 우리 모두가 가장 잘 아는 채소는 아이들이 '동네 채소'라고 부르는 것이었다. 운이 좋을 때나 식료품점 냉장고에서 발견하게 되는, 가장자리가 물러버린 때 묻은 상추가 그런 예다. 어쩌다 거리 노점상을 마주칠 때 보게 되는 가지나 토마토가 그런 예다. 화려하지도 않고 유기농도 아니며 확실히 값이 아주 비싸지는 않은 것들. 그런 것들이 동네 채소다.

우리가 키우고 싶을 만한 다른 채소들을 생각해보기 위해 나는 홀푸즈 마켓[미국 내 최대 유기농 식품 체인점—옮긴이]으로 오후 현장답사를 계획했다. 몇 년 전 홀푸즈 마켓이 맨해튼에 처음 지점을 열었던 것이다. 우리 열두 명은 월턴 고등학교에서 어퍼웨스트사이드까지 열차를 타고 갔다.

언제나 그렇듯 맨해튼 지하철 출구를 빠져나오자마자 보도 위 우리 주변에는 아무도 얼씬거리지 않았다. 말끔한 옷차림의 보행자들은 후

드티를 입고 헐렁한 진을 입은 이 패거리들을 힐끔 쳐다보고는 길을 건너버렸다. 몇몇은 안전할 만큼 떨어진 거리에서, 키 큰 백인이 이끄는 너저분한 우리 패거리에 다시 한번 눈길을 주었다. 우리는 늘 눈에 띄었지만, 우리 동네 주변 밖으로 나가면 특히 그랬다. 절대 실수하는 일은 없어야 했다. 지하철로 불과 30분 거리였지만, 그곳은 집과는 멀리 떨어진 세계였다. 행인들 눈에 우리는 범죄드라마와 학원드라마의 만남으로 보였을 것이다. 아이들은 썰물처럼 보도에서 사라지는 사람들과 힐끔거리는 시선에 익숙해져 있었다. 그들이 다가가면 딸깍 하며 자동차 문을 잠그는 소리도 잘 알고 있었다. 아이들은 동요하지 않고서 목적지를 향해 가는 나를 따라왔다.

우리를 환영하듯 그 식료품 매장 문이 열리자마자 아이들은 낯선 환경에 들어왔다는 걸 깨달았다. 방탄유리 같은 건 전혀 없었다. 철창 안의 계산원도 없었다. 머리 위에서 빛나는 형광등도 없었다. 이 매장의 크기를 가늠하기 시작하면서 아이들은 거리에서 걸치고 있던 일종의 보이지 않는 보호 갑옷인 태연함을 벗어버리고 완전경계 태세로 전환했다. 아이들의 목이 길게 늘어났다. 눈은 커졌다. 흥미로운 일이었다!

문에서 두 발자국 들어선 순간 누가 먼저랄 것도 없이 눈앞에 펼쳐진 풍부함 앞에 우뚝 걸음을 멈추고 말았다. 빨강, 노랑, 초록의 사과들이 완벽한 피라미드 꼴로 쌓여 있었다. 레몬, 오렌지, 라임은 금방이라도 통 위로 넘쳐 구를 것 같았다. 감자들조차 우리가 한 번도 본 적 없는 색깔별로 있었다. 자주 감자라니? 설마 농담이겠지. 그리고 고추들! 고추 종류도 서른 가지는 되었던 것 같다. 큰 것, 작은 것. 주황 고추, 노랑 고추, 초록 고추, 빨강 고추, 자주 고추. 우리 동네 검볼 기계 밖에서든 주류 판매점 안에서든 그렇게 화려한 색색의 전시는 볼 수 없었다.

그 매장은 티끌 하나 없었을 뿐 아니라 미치도록 좋은 냄새가 났다. 브롱크스의 식료품점들은 저마다 특별한 냄새를 풍긴다. 뒷방에서 새어나오는 코를 찌르는 마리화나 냄새나 각종 화학약품 냄새를 가리기 위해 향을 태우기도 한다. 바퀴벌레 스프레이 같은 냄새를 풍기는 곳도 있다. 그러나 이 매장은 여름날 과수원 같은 냄새, 우리 아이들이 평생 맡아보지 못한 어떤 냄새를 풍기고 있었다. 그것이 우리 모두를 취하게 만들었다.

홀푸즈 매장은 눈에 보이는 모든 것과 사랑에 빠지도록 예술적으로 설계된 환경을 자랑했다. 우리는 단단히 사랑에 빠졌다. 그것은 후지 사과를 보자마자, 앙주 배를 보자마자, 일본 가지를 보자마자 첫눈에 반한 사랑이었다. 아이들에게 그런 고급 소매점은 난생처음이었고, 식품과 관련해서는 확실히 처음이었다. 아이들은 몇 푼이라도 용돈이 생기면 자기를 돋보이게 해줄 옷가지나 자기 이름을 새긴 벨트 버클 같은 싸구려 장신구를 사곤 했다. 아이들이 물건을 사는 곳은 거리 노점이나 저가 판매점이지 첨단 조명이 비추고 여가시간을 요가 스튜디오에서 보낼 것 같은 직원들이 있는 대형 소매점이 아니었다. 이곳의 모든 게 정말로 근사했다. 이곳에선 심지어 무료시식 기회도 제공하고 있었다. 우리가 온 곳이 식료품 매장이 아니라 식료품 박물관이라고 말했어도 아이들은 이렇게 대답했으리라. "멋진데요, 리즈 쌤. 멋져요."

그 최초의 감각자극이 지속된 것은 겨우 1, 2분 정도였지만 한 시간처럼 느껴졌다. 우리가 그 모든 것을 받아들이는 사이에 시간이 멈춘 것 같았다. 마치 3D 정물화 홀로그램 안으로 들어온 기분이었다. 심지어 나도 제정신이 돌아오기까지 1분은 걸렸다. 정신을 차리고 보니 경비 한 명이 의심스럽게 우리를 살피고 있었다. 깔끔하게 다듬은 그 머리 위로 이런 생각 풍선이 보일 정도였다. "저 녀석들이 대체 여기 뭐

하러 온 거야?"

보통 우리 아이들은 사람들이 언제 자신을 지켜보고 있는지 잘 안다. 사실 그런 때가 대부분이다. 슬프게도 그들은 그런 대우를 받아들여왔고, 동네 밖에 나가면 특히나 그렇다. 그런데 첫 번째 홀푸즈 매장이 너무도 황홀한 나머지 아이들은 자신들이 경계 대상이 되고 있다는 사실을 잊어버렸다. 잠깐 동안 아이들은 완벽하게 익은 토마토에 취해버렸다. 과일과 채소의 풍요로움에 취한 기분을 느꼈다. 경계심을 내려놓고 순수하다는 것이 어떤 느낌인지를 기억해냈다. 잠깐 동안은.

경비원이 옆에 서 있다는 걸 눈치 챈 순간, 아이들의 표정에서 어린 아이 같은 기쁨은 사라져버렸다. 낯선 이를 상대로 완충장치를 놓을 때면 나오는 예의 구부정한 자세와 읽을 수 없는 표정이 되돌아왔다.

나는 숨을 죽이고 제발 누구도 말썽을 일으킬 만한 언행을 하지 않기만을 바랐다. 이런 매장은 어서 건드려보라고 유혹한다. 어떤 것도 유리 뒤에 감춰두거나 자판기 안에 넣어두지 않는다. 나는 말린 과일과 견과류, 단일 원산지 초콜릿이 담긴 커다란 통 안으로 들어가는 방황하는 손이 없기를 바랐다. 불안해진 어느 녀석이 전시된 물건 위로 넘어지는 일은 없기를 바랐다.

사실 걱정할 필요가 없었다. 아이들은 경비원에게 먼저 다가가서 우리는 브롱크스에서 온 도시농부라고 소개하면서 조사차 이곳에 왔다고 설명했다. 경비원은 놀라는 표정이었지만 우리 체험단을 만나 너무 기뻐서 그랬을 뿐이다. 솔직히 말해 어퍼웨스트사이드의 이 아름다운 매장에서 일하는 말라깽이 경비원은 우리 아이들에게 그다지 위협이 되지 못한다. 상품은 맨해튼이 더 크고 더 좋을지 몰라도, 우리 브롱크스의 경비원들은 훨씬 더 근육실이다. 우리 여학생들은 그 경비원쯤은 한 손으로 제압할 수 있었다. 아이들은 일단 상황판단을 마치자 이런

저런 논평과 질문을 쏟아내기 시작했다.

"헐! 이건 엄청난 녀석이네, 헐!" 어클이라는 한 남학생이 대형 양배추인 콜라드를 가리키며 말했다.

"저것 봐. 바질이 500그램에 8달러야." 케이샤가 거들었다. "제길! 백인들은 돈도 많네." 우리 동네 사람들은 저소득층 식품복지제도인 푸드 스탬프와 부녀자 할인쿠폰으로 물건을 산다. 플래티넘카드나 골드카드는커녕 신용카드나 직불카드도 쓰지 않는다.

우리 아이들이 사업적인 생각을 떠올리기까지는 오래 걸리지 않았다. "쌤, 이런 걸 키워보면 어때요? 브롱크스에서 파는 것들은 완전 똥 같잖아요." 토야가 말했다. "이건 진짜 좋은데요. 이건 어떻게 하는 거예요?"

"네 말은 알겠어, 토야. 하지만 좀더 적절한 말로 다시 해주겠니?"

"예." 리콴이 대신 대답하면서 자신이 배웠던 수업과 연관시켰다. "여기 가격의 차이는 마치 길거리 잡초와 수경재배한 채소와 같아요. 이렇게 좋은 채소를 키울 수 있다면 굳이 싸구려 채소를 키울 필요가 없겠죠." 비록 길거리에서 터득한 소매 경험이었지만 리콴의 본능은 정확했다. 그 아이는 여느 경영학과 학생만큼 가치의 차이를 잘 이해하고 있었다.

30분 정도 매장을 탐험하자 점점 조바심이 난 건 오히려 나였다. 학교가 파할 때까지 돌아가려면 다시 한번 열차를 타야 한다는 걸 나는 알고 있었다. 끝나는 종에 맞춰서 돌아가는 것만 걱정이 아니었다. 이날 오후는 너무도 찬란했으므로 나는 분위기를 망칠 일이 벌어지기 전에 얼른 마무리하고 싶었다. 그것은 완벽한 첫 데이트와 같았으니까.

그때는 미처 몰랐지만 이것은 아름다운 관계의 시작이었다. 1년 후 나의 농부들은 다시 홀푸즈 매장을 찾아가 직접 기른 근사한 상품 중 일부를 바로 그 매대에서 팔게 되었다. 그렇게 돌아온 아이들은 결국 첨단 재배시설을 설치했다. 매장 물건을 훔치지나 않을까 하는 의혹의 눈초리를 받는 대신에, 그들이 이루어낸 성과를 인정받아 친절한 대우와 존중을 받게 되었다. 그들 옆에는 교원협력과 기술교육연합회의 부회장인 스털링 로버슨Sterling Roberson이 있었다. 몇 년 후 나는 홀푸즈의 구매를 결정하고 사회활동의 이점을 판단하는 중요 인물들이 모이는 '홀푸즈 부족회의'에 연사로 초청을 받았다. 우리 아이들은 풍족한 작물을 재배해 '파트 오브 더 솔루션'에 싱싱한 과일과 채소를 수천 킬로그램씩 기부하게 되었다. 우리는 이 전통을 지금까지도 지켜나가고 있다.

그리고 그때는 미처 몰랐지만 2년 후 나는 콜롬비아대학교에서 강연을 하게 되었다. 나는 "크랙에서 오이까지"라는 제목으로, 성공과는 동떨어진 아이들에게 성공의 일부가 될 기회를 줄 때 어떤 일이 벌어지는지를 강조했다.

그러나 아직 그런 꿈같은 모험들은 우리가 상상하지 못하는 아득한 지평선 위에 있었다. 지금으로선 우리에게 해야 할 일이 있었다. 소매를 걷어붙이고 도시의 공터를 우리의 아름다운 텃밭으로 만들 시간이다. 허리를 굽히고 흙을 묻혀라. 구어메이 고추, 에얼룸 토마토, 소렐 상추야, 우리가 간다!

CHAPTER 07

하늘 정원

2005년 가을

　　"대애-애-애-바아악!" 루이스는 소리가 크게 울리도록 입에 손나팔을 하고 외쳤다. 헌츠 포인트의 라파예트 애버뉴, 5층 높이로 솟아오른 뱅크노트 건물 옥상에 우리 그린 틴스가 처음 발을 디뎠을 때, 다들 창의적인 감탄사를 쏟아냈다. 몇몇 감탄사는 너무 원색적이어서 여기에 옮기기가 곤란하다.

　하늘만큼 높아진 우리의 위상은 브롱크스에서 가장 전망 좋은 전략적 지점에 우리를 데려다놓았다. 한낮의 태양 아래 도시의 색을 누그러뜨리는 그림자 하나 없었다. 거기서는 길게 뻗은 맨해튼 섬 전체와 멀리 롱아일랜드 사운드까지 내려다 보였다. 마치 팝업 북의 한 페이지를 넘긴 것처럼 우리 앞에 불쑥 뉴욕의 스카이라인이 솟아 있었다. 센트럴파크는 에메랄드빛 숲 같았다. 난생처음 그 순간 우리는 아메리카 위를 맴도는 독수리들이었다.

라구아르디아 공항의 활주로에서 떠오르는 여객기를 지켜보던 레이먼이 말했다. "제가 시간을 재봤어요. 30초마다 한 대가 떠요. 다들 어디로 가는 거예요?"

이 아이들 대부분은 브롱크스 밖으로 나갈 일이 거의 없었다. 360도 거칠 것 없는 이곳 전망은 아이들 대부분이 평생 보아왔던 것보다 더 많은 세계를 보여주고 있었다.

"마치 제임스 본드 영화 속에 있는 것 같아요." 재닛이 말했다. 큰 키에 몸 전체가 문신으로 덮인 재닛은 허튼 장난 같은 건 치지 않고 대부분의 남학생도 두려워하는 그런 소녀였다. 재닛이 캘빈에게 더 잘 보이는 가장자리로 오라고 손짓했다.

"난 높은 데는 질색이야." 캘빈은 그렇게 고백하면서도 조금씩 다가왔다.

"헐, 저기 봐." 레이먼이 진청색 이스트 강 속에서 반짝이는 섬 하나를 가리켰다. 아이들이 목을 빼고 바라보았다. 자세히 살펴보니 다이아몬드 형으로 엮은 철사 울타리 위에 박은 예리한 금속조각들이 햇빛에 반사되어 마치 보석처럼 반짝이는 거였다. 수천 마리 갈매기들은 그 아래 사람들을 비웃기라도 하듯 하늘 높이 맴돌고 있었다. 우리는 세계에서 가장 큰 죄수의 유형지를 보고 있었다.

"라이커스 섬이네." 루이스가 알겠다는 듯 고개를 끄덕였다. 통계상 그의 친구들 열 중 넷은 스물한 살이 될 때까지 거기서 시간을 보내게 된다. 내가 가르친 아이들 중에도 이미 그 섬의 수용소에서 짧은 기간 살다 온 아이들이 있었는데, 그들이 아이들에게 자아내는 외경심은 그 섬만큼이나 컸다. 어느 아름다운 만의 한가운데 떠 있는 커다란 섬. 이 커다란 땅덩어리가 온전히 하나의 감옥이라고 생각해보라. 머리가 멍해졌다.

브롱크스 방향을 돌아보자 훨씬 친숙한 풍경이 펼쳐졌다. "저기 크랙 밀매소가 보여요." 이매뉴얼이 한 건물을 가리켰다. 크랙을 사는 사람들이 소풍 나온 개미들처럼 그 건물을 부지런히 들락거리고 있었다. 그 거리 모퉁이에서는 매춘부들이 환한 대낮에 일을 시작하려 하고 있었다.

아이들은 자기 생활 속의 이런저런 지형물을 아무런 감흥 없이 짚어냈다. "저기가 내 친구가 총 맞은 곳이야." "우리 형이 체포된 장소는 바로 저기야." "저 공터에 원래 우리가 살던 건물이 있었는데 불이 나서 잿더미가 되었지."

이윽고 아이들은 브롱크스로 들어오는 쓰레기 트럭의 수를 세기 시작했다. 날마다 수천 대의 트럭이 뉴욕 시의 쓰레기 중 40퍼센트를 싣고서 들락거리며 우리네 문 앞에 쓰레기를 비워놓고, 디젤 엔진의 연기로 천식 발생 비율을 높이고 있었다. 배기가스와 쓰레기의 익숙한 악취가 이 높은 곳까지 올라오지는 않았지만, 이 야심가들은 가슴 가득 깨끗한 공기를 마시기 위해 본능적으로 산들바람 쪽으로 고개를 돌렸다.

그것은 우리 시대를 단적으로 보여주는 은유였다. 오늘 우리는 문자 그대로나 비유적으로 저 아래 보이는 쓰레기 위를 오르고 있었다. 담대한 사고를 자극하기 위한 장소로, 내 생각에 뱅크노트 건물만한 곳이 없다. 1911년에 지어진 아메리칸 뱅크노트 회사 인쇄공장 건물은 원래 돈을 찍어내던 곳이었다. 우리 아이들처럼 홀로 선 그 지형물은 오랫동안 방치되어 있었다. 요새처럼 지은 그 당당한 벽돌 건물은 헌츠 포인트의 한 언덕에, 단과대학 캠퍼스가 충분히 들어설 정도의 넓은 부지에 서 있다. 그 건물은 5층 높이에 면적이 42만 5,000제곱피트[약 4헥타르—옮긴이]나 된다. 옥상만 해도 풋볼 경기장 두 개 넓이다.

우리는 이곳에 초록 지붕을 만듦으로써, 도시의 하수처리장에서 흘러나오는 폐수 수천 갤런을 절약하고 공기 중의 오염물을 제거하게 될 터였다. 그보다도 지붕 가운데 수백 제곱피트에 적절한 옥상 농장을 만듦으로써, 우리는 낡은 브롱크스의 대표 건물을 미래의 상징으로 변모시킬 예정이었다.

그 가을날 우리가 처음 뱅크노트 건물에 갔을 때 나는 웃음이 절로 나왔다.

"뭐가 그렇게 재미있으세요, 리즈 쌤?" 호세가 물었다.

"언젠가 이 건물을 털려고 했었어."

모두가 나를 따라 웃기 시작했다. "설마." 아이들은 믿지 않았다.

어릴 때 친구들과 나는 영화 〈꾸러기 클럽〉을 너무 많이 본 탓에 이 돈공장을 털 계획을 꾸몄다. 그 안에서 온갖 돈이 만들어지고 있었으므로 우리는 이 건물을 돈공장이라 불렀다. 우리는 한 친구의 할머니 집 뒷마당에서 많은 시간을 보내며 우리 계획을 치밀하게 다듬었다. 그 친구의 할머니 집은 뱅크노트에서 내리막의 어느 모퉁이 근처 상업용 창고들 틈에 끼어 있었다.

우리 계획에는 고전적 범죄의 모든 요소가 다 들어 있었다. 우리는 두 조로 나누어 서로 다른 방향에서 그 건물에 몰래 접근할 계획이었다. 한 친구가 울타리에 끼어서 주의를 끌기로 하고, 그사이에 나머지는 빨간 장난감 네 바퀴 수레를 끌고 전리품을 운반하기로 했다. 만에 하나 추격을 당하면 도로에 구슬을 던져 추격자들을 방해할 생각이었다. 당시 건물 인쇄기에서는 하루에도 500만 장의 화폐와 증권이 나왔지만 우리는 지폐에는 관심이 없었다. 그저 사탕과 아이스크림을 살 동전만을 원했다. 그 건물 지붕에 진짜 총을 든 경비원이 있다는 사실을 알게 되자 우리의 용기는 증발해버렸다.

그랬던 내가 이제 정예 대원들, 그중 다수는 범죄 전과가 있는 대원들과 함께 이곳에 돌아오고 있었다. 참으로 아이러니가 아닌가. 나는 강도짓을 계획했던 장본인이다. 그런데 지금은 문제아라는 꼬리표가 붙은 청소년들 덕택에 이곳 열쇠를 손에 쥐고 있다니.

이때까지 그린 틴스는 거리의 버려진 땅에 도시 조경과 정원 가꾸기를 하고 있었다. 아이들은 저마다 삽을 들고 외바퀴 수레를 밀면서 자신의 가치를 충분히 증명해왔지만 이제 우리는 빅 리그에 들어가고 있었다. 많은 예산과 개인 투자자, 비영리 파트너, 풍부한 공적 조사가 포함된 지속가능한 대규모 건물 시범사업에 참가해보라고 추천을 받은 것이다. 실수해서는 안 되었다. 이것은 어린 시절의 철없는 범죄가 결코 아니었다. 우리는 우리의 재능, 역량, 독창성을 집결해야 할 뿐 아니라 거치적거리는 초짜 학생 무리를 못마땅하게 여길 숙련된 노동조합원들과 함께 일해야 한다.

나는 이 유능한 청소년들이 얼마든지 그 과제를 해낼 수 있다는 걸 보여주고 싶었지만, 다른 동기도 있었다. 우리 브롱크스가 미국에서 가장 지저분한 동네라는 말은 평생 들었던 소리였다. 내 평생의 대통령들, 지미 카터, 제럴드 포드, 로널드 레이건 등은 모두 샬럿가까지만 와서 사진을 찍고 브롱크스를 이렇게 저렇게 개선하겠다고 큰소리를 쳤다. 결국 그들은 아무것도 하지 않았다.

어느 하루 모습을 보이는 것은 아무런 의미가 없다. 무언가 의미를 가진 것은 내 어머니 같은 사람들, 실제로 변화를 일으키는 일상의 과제에 헌신하는 사람들이었다. 어머니는 샬럿가에서 여섯 블록 떨어진 모리스 고등학교에서 특수교육 교사로 일했다. 31년 동안 단 하루도 결근하지 않았다.

이제 여기서 우리는 우리보다 더 큰 무언가의 일부였다.

브롱크스가 미국에서 가장 가난한 선거구라는 것은 사실이다. 그러나 외부인의 눈에 기회의 결핍이 가득한 그곳에서 나는 넘치는 에너지를 본다. 열악하고 소외된 지역사회 내의 활용되지 않은 재능이야말로 세계에서 가장 큰 미개발 자원이다.

이 공업 중심지에서 날것의 아름다움과 감춰진 자산을 본 사람은 나만이 아니었다. 마조라 카터Majora Carter는 떠오르는 지역운동가이자 '지속가능한 사우스 브롱크스'라는 기구의 설립자였다. 그녀의 사무실이 뱅크노트 건물에 있었다. 그녀는 그 녹색 지붕 프로젝트의 숨은 브레인이자 미인이었고 우리를 환영해준 사람이었다. 물론 내가 아는 사람이 있었기 때문이었다.

마조라는 지역의 한 배관 설비업체 주인(보브 비더Bob Bieder라는 그 남자는 우리 서로의 친구였다)에게 이 큰 프로젝트를 할 괜찮은 일꾼을 찾을 수 없을 것 같아서 고민이라고 털어놓았다. 그가 그녀에게 물었다. "월턴 고등학교의 스티븐 리츠 선생님과 그 아이들 얘기를 들어봤어요?" 우리는 그때까지 옥상 프로젝트는 해본 적이 없었지만 멋지게 식물 심기는 한 적이 있었고 자격증도 많이 갖고 있었을뿐더러 상도 여러 개 받았으며, 무엇보다…… 텔레비전에 나왔다! 그보다 좋은 추천서가 어디 있겠는가? 더욱이 우리는 새 기술을 배울 기회를 얻기 위해 자원봉사자로서 우리 재능을 기부할 의사가 있었다.

우리가 처음 만나던 날, 마조라는 그녀의 사무실 뒤쪽에서 내가 그린 틴스와 함께 걸어오는 모습을 지켜보았다. 그녀는 몇 분 동안 머뭇거리면서 우리를 살폈다. 내 반바지와 티셔츠는 전형적인 교사의 옷차림이 아니었다. 아이들은 그녀가 기대했던 것보다 나이가 많아 보였다. 그러나 우리의 무언가가 좋은 인상을 주었던 모양이다. "선생님처럼 그런 방식으로 학생들과 소통하시는 분은 처음이에요." 그녀가 들으라는 듯 중얼거렸다. "선생님이 학생들한테 말을 거실 때는 학생을 존중한다는 게 느껴져요. 그게 파트너십이죠. 여러분 모두 무언가의 일부가 되기 위해 여기 온 것처럼 보이네요. 멋져요."

로비에 나와 악수를 하는 마조라 역시 우리 아이들이 기대했던 그런 모습이 아니었다. 여러 가닥으로 땋은 레게 머리, '그린 더 게토' 티셔츠, 이름을 새겨 넣은 힙합 벨트, 눈부신 웃음. 그녀는 아이들이 상상했던 현장책임자와는 전혀 다른 모습이었다. 담배도, 튀어나온 배도, 문신도, 찌푸린 인상도 없었다. 그녀는 아주 따뜻하고 쾌활했고, 거친 면모라곤 찾아볼 수 없었다. 그녀는 여자였다. 그리고 흑인이었다.

"저 여자가 책임자라고?" 한 녀석이 낮게 중얼거리는 소리가 들렸다. 아이들은 큰 프로젝트를 지휘하는 흑인 여성은 고사하고 사회사업가가 있다는 소리도 들어본 적이 없었다. 우리 팀의 재닛, 프레셔스, 캐시 같은 여학생들에게 마조라는 책임자 이상이었다. 그녀는 완벽하게 차분했으며 애정을 가지고 책임을 수행했다.

나중에 아이들은 마조라가 도시재생 운동을 이끈 공을 인정받아 맥아더 '천재' 연구장학금을 받았다는 사실도 알게 되었다. 그녀는 바로 이곳 헌츠 포인트에서 열 남매의 막내로 자랐고, 대학을 마친 뒤 자신의 일을 시작하려고 이곳으로 돌아왔다. 그녀는 지속가능성 사업에서 지역사회가 전국적인 선두주자가 될 수 있음을 보여주고자 했다. 그녀는 뱅크노트 같은 프로젝트를 지역사회가 하는 걸 환영했고 말 그대로 나에게 그 건물의 열쇠를 주어 우리가 녹색 지붕에 재능을 기부하게 해주었다. 그녀는 모르고 있었지만, 우리 아이들에게 그녀는 실물로 구현된 한 편의 동화였다. 아이들은 그녀를 실망시키려 하지 않을 터였다. 나도 마찬가지였다.

비록 우리 머리는 공상에 잠겨 있었지만, 우리 팀은 곧 뱅크노트의 이 황량한 옥상을 묘목들이 뿌리를 내릴 수 있는 비옥한 생태계로 바꾸는 작업이 얼마나 힘들지 평가하기 시작했다.

"여기는 왜 이렇게 빌어먹게 더워요?" 엘 보리가 지붕 마감재인 타르에 쩍쩍 달라붙는 운동화를 힘들게 떼어내며 물었다. 우리 팀에는 호세가 두 명이다. 우리는 그중 키가 큰 호세를 빅 호세라고 불렀다. 스스로를 엘 보리(미국에서 태어난 푸에르토리코인을 뜻하는 말)라 부르는 곱슬거리는 더벅머리의 작은 호세는 항상 맨 처음 질문하는 아이였다.

옥상의 열기가 우리의 몽상을 깨웠다. 수천 톤의 아스팔트와 100년 묵은 검은 타르 때문에 뱅크노트 건물 옥상은 열판과도 같았다. 맨해튼이 32도라면 헌츠 포인트는 분명 40도가 넘었다. 그 열기 속에서 저 아래 도로의 노란 선들이 아롱거리며 희미하게 보였다. 그늘 한 점 없는 이 옥상에서 우리는 스펀지처럼 태양 에너지를 그대로 빨아들이고 있었다.

"리츠 쌤, 대체 볼 사람도 없는데, 이렇게 졸라 높은 곳에 왜 정원을 만들어요?" 엘 보리의 질문에 한바탕 웃음이 터졌다. 정말이지 옥상 정원은 정신 나간 생각이었고, 어쩌면 효과도 없을 터였다. 그런데 만약 효과가 있다면? 우리는 담대한 방식으로 브롱크스에 우리의 자취를 만들게 되는 것이다.

녹색 지붕은 빗물을 빨아들이기 때문에, 하수관을 넘치게 해서 거리를 물바다로 만드는 폭우피해를 줄이니 환경에 좋았다. 공기정화에도 좋고, 여름에는 건물을 시원하게 겨울에는 따뜻하게 유지해주는 데도 좋았다. 따라서 건물 소유주로서는 비용을 아끼게 되고 지붕의 수명을 연장하게 된다. 녹색 지붕은 또 세제혜택도 받을 수 있었다. 건물에 녹색 인증을 받으면 매년 세액공제를 받는다는 뜻이다. 그리고 무엇보다도 일단 매력적이었다. 대부분의 녹색 지붕은 장식적인 역할을 하지만, 이 프로젝트에는 먹을거리를 키우는 텃밭이 생긴다는 추가 보너스가 있었다. 이곳은 보통의 녹색 지붕보다 접근성도 더 좋았는데, 안에서 문을 통해 쉽게 올라갈 수 있었고 방문객의 안전을 지켜줄 흉벽이 사방에 둘러져 있었다. 우리가 공사를 마치면 사람들은 곧장 이 옥상으로 올라와 점심거리 채소를 따갈 수 있을 터였다.

하지만 작업이 쉽지는 않을 터였다. 우선 작업현장에 가는 것만 해도 어마어마한 노력이 필요했다. 윌턴 고등학교에서 헌츠 포인트까지 자동차로는 15분 안에 갈 수 있었지만, 학교 규칙은 대중교통을 이용하도록 하고 있었다. 다시 말해 열일곱 명분의 지하철카드를 얻기 위해서는, 우리 구에 돈 한 푼 쓰지 않으면서도 생색내는 관료주의 집단의 끝없는 지시를 따라야 한다는 뜻이었다. 마침내 지하철카드를 손에 넣었지만, 우리의 지하철 여행은 편도 1시간 15분이 걸렸고, 그 때문에 나의 불안감은 가중되었다. 빙 돌아가는 길(4호선 열차를 타고 할렘 한가운데의 125번가까지, 이어서 지역 6호선으로 갈아타고 다시 외곽으로 헌츠 포인트까지) 때문에 우리는 브롱크스 내의 정거장마다 멈추어야 했다. 열차 문이 열릴 때마다 나는 드라마를 대비했다. 혹시라도 옛날 남자친구나 옛날 여자친구, 아니면 라이벌 갱단(이 셋 모두 똑같이 나쁘다)이라도 우리 열차에 올라타서 뭔가를 시작한다면?

허가증을 받고 보험에 가입하고 면책보증을 서는 등의 번거로운 일은 얼마든지 처리할 수 있었다. 심지어 우리 아이들이 옥상에서 일하는 것도 불안하지는 않았다. 하지만 시내를 가로지르는 열차라는? 으아아! 혈압이 올라가고 심장박동이 미친 듯 빨라졌다!

지하철역에 내려 뱅크노트 건물까지 가려면 우리 아이들의 기준으로도 험악한 동네를 통과해야 했다. 노상방뇨와 마약거래는 공공연히 벌어졌다. 뱅크노트에서 길 건너편에 있는 100년 된 수도원이 매춘부와 마약거래상, 그 고객들을 막기 위해 세운 7.6미터 높이의 콘크리트 블록 벽은 보지 않으려야 보지 않을 수 없을 것이다. 벽은 메시지를 전한다. 우리 아이들과 나는 그 반대쪽, 내가 통제할 수 없는 요소들에 노출된 쪽을 가야 했다.

일단 뱅크노트 건물 엘리베이터에 발을 들이고 지상의 추악함을 뒤로한 채 올라가기 시작하면 몸에서 긴장감이 빠져나가는 기분이었다.

"너희들은 모르는 사람을 믿어야 할 거야." 나는 아이들에게 주의를 주었다. "그리고 그 사람들도 너희를 믿어야만 일이 제대로 될 수 있을 테고."

본격적으로 우리의 옥상 정원 프로젝트를 시작한 후에는 노동조합 사람들과 책임을 분담했다. 노조 사람들은 대부분 머리를 단정하게 자른 백인들로서 고도로 숙련된 사람들이었다. 우리 아이들은 각양각색이었고, 아이들의 문신과 옷차림은 그 차이를 더욱 두드러져 보이게 했다.

이 어른들 앞에서 뻣뻣해진 우리 아이들은 처음에는 잘난 척, 멋있는 척하려고 애썼다. 그러나 그 허세 뒤에는 어린아이처럼 들뜬 호기심이 가득했다. 끊임없는 질문으로 서먹한 분위기를 깨는 재주를 가진 엘 보리에게 감사하라. "여기서 식물들이 숨을 쉴 수 있을까요?" 그가 물었다. "다시 말해 산소를 충분히 흡수할 수 있을까요?"

루이스가 비웃는 표정으로 그를 보며 대답했다. "식물은 이산화탄소가 필요한 거야, 바보야. 산소가 필요한 건 우리라고." 노조 사람들까지 웃음을 터뜨렸다.

머잖아 아이들은 새로 알게 된 이 사람들에게 질문을 퍼붓고 있었다. "이런 일자리는 어떻게 얻게 됐어요? 아는 사람이 있어야 해요?" "시간당 얼마 받아요?" "저 크레인을 작동하는 건 어떻게 배웠어요?" 어른들은 시간이 지체되지 않는 한 귀찮은 기색 없이 대답해주었다. 우리 아이들은 점심시간이나 휴식시간이 되면 그들을 건드리지 말아야 한다는 걸 재빨리 눈치로 배웠다.

본격 작업이 시작되면 모든 잡담은 뚝 그쳤다. 작업의 첫 번째 순서는 길에 쌓아둔 몇 톤의 건축자재를 옥상으로 옮기는 것이었다. 이를 위해 5층 높이까지 닿을 수 있는 크레인이 왔다. 크레인 기사의 임무는 각각 1톤이나 나가는 팔레트들을 올리는 것이었다. 1.8미터 길이의 육면체는 그냥 들어 올려 아무데나 내려놓으면 되는 게 아니었다. 기사들은 건물의 흙벽에 부딪치지 않도록 정확한 각도로 크레인의 팔을 조종해야 했고 그런 다음에는 예정 지점에 정확히 팔레트를 내려놓아야 했다. 우리 아이들은 옥상에서 크레인 기사의 눈 역할을 하면서 양방향 무전기로 지시를 내렸다.

교훈 하나. 일을 망치지 마라.

무전기 저쪽에서 짜증난 남자 목소리가 꽥꽥거렸다. "얼마나 더 왼쪽으로 가라고?"

"조금만 더요." 레이먼이 말했다.

"똑바로 말해. 조금이라니, 조금이 얼마냐고, 이 멍청아. 몇 미터?"

우리 아이들이 교실에서 신음하고 투덜거렸던 모든 수업이 여기서는 아주 중요했다. 정확한 측정, 센티미터 단위까지 정확한 측정이 중요했다. 수학수업에서는 몇십 센티미터 정도의 계산 오차는 별일 아닌 것 같았다. 그러나 작업현장에서는 단순한 반올림 실수 하나면 1톤 무게의 자재를 엉뚱한 장소에 내려놓는 일이 생길 수 있다. 그러면 어쩔 수 없이 그것을 손에 들고 제자리에 옮겨놓아야 한다.

분명한 의사소통은 필수적이었다. 자존심 세우느라 지시나 설명을 되물어보지 않았다가는 낭패를 보기 십상이었다. 아이들의 태도는 순식간에 "그게 뭐 대수라고?"에서 "그게 정말 중요하구나"로 바뀌었다.

일단 팔레트가 제자리에 놓이면 아이들은 그 육면체 꾸러미를 풀기 시작했다. 재활용 플라스틱으로 만든 몇십 미터짜리 포장재를 풀고 나면 아이들은 1.8미터 육면체 안에 그렇게 많은 것이 들어갈 수 있다는 데 놀라곤 했다. 여기에는 내가 가르치지 않아도 되었던 부피에 관한 수학수업이 있었다. 이제 아이들은 지름과 면적에 관한 공식을 떠올리면서 교과서 수업을 현실에서 시험해보기 시작했다.

정원 화단을 구획 짓기 위해 우리는 거대한 레고처럼 격자 안에 끼워 맞추는 플라스틱 모듈을 활용했다. 아이들은 거듭 측정하고 단번에 자르기가 왜 합리적인지를 배웠다. 모서리가 정확한 직각으로 만나도록 하기 위해 T자를 이용하는 방법을 터득했다. 프로젝트 관리자는 엉성하게 대충 하는 일을 절대 봐주지 않았다. X/Y 축과 면적 계산 공식을 이해하는 것이 갑자기 중요해졌다. 이제 연산은 합리적일 뿐 아니라 실제 돈으로 환산될 만큼 가치가 있었다. 수학 실력으로 작업능력을 높일 수 있다는 것이 분명해졌다. 누가 알았겠는가?

턱수염이 무성해서 마흔 살이라고 해도 믿을 건장한 십대인 빅 호세는 각 부분을 어떻게 조립할지 머릿속으로 그리는 방식을 금세 터득했다. 그뿐만 아니라 친구들이 무슨 일을 잘하는지 금방 파악했다. 측정하고 자르는 일은 누가 꼼꼼하게 잘하는지, 도면을 이해할 수 있는 친구는 누구인지, 무거운 물건을 옮기는 일은 누가 도맡을지 알고 있었다. 거리에서 습득해온 리더십 기술이 옥상에서 새로운 의미를 띠게 되었다. 친구들은 힘을 합치지 않으면 절대 일을 끝낼 수 없다는 걸 깨닫고 그의 지시에 응했다.

그게 재미있었던 건 빅 호세가 교실에서는 내성적이었기 때문이다. 그때까지 나는 한 번도 그 아이에게서 이런 보스 기질을 본 적이 없었다. 외부 일꾼들은 그가 감독관이라고 생각했고, 그래서 그는 다른 아이들에게는 효과적인 완충장치 역할을 했다.

또 하루의 작업을 위해 열차를 타고 현장에 갈 때마다 우리는 작업이 얼마나 진전됐는지 볼 수 있었다. 첫 번째 구획을 조립하는 데는 두 시간이 넘게 걸렸다. 다음번에는 90분밖에 걸리지 않았다. 완벽하게 줄을 맞춘 직사각형 화단 바닥판들로 옥상 외곽을 두르고 난 뒤에는 빗물을 가두기 위해 설계된 재료를 각각의 바닥판에 끼워 넣는 고된 작업 차례였다. 정확성이 중요했다. 빈틈이 생겨선 안 되었다. 그러지 않으면 빗물이 새어 아래쪽의 지붕 재료가 손상될 수 있었다. 빗물 보존층이 제자리에 놓이자 이제 식재매체를 추가할 준비가 되었다. 그것은 뗏장처럼 돌돌 말려서 나왔고, 다시 측정하고 자르고 확인하고 거듭 확인하는 작업을 해야 했다.

일단 화단 바닥이 자리를 갖추자 조합 사람들이 짐을 꾸려 떠났다. 우리가 일을 시작한 지 한 달 만이었다. 이제 식물을 심고 가꾸는 가벼운 작업은 우리 몫이었다.

옥상은 식물이 자라기에 최적의 환경은 아니다. 식물이 살아남았어도 모진 열기와 추위, 가뭄의 상황을 견뎌내야 한다. 지붕이 하중을 지탱할 수 없기 때문에 얇은 토양층 속에서 자라면서도 거센 바람을 견뎌야 한다. 우리 옥상 정원이 빠르게 자리 잡을 수 있도록, 우리는 큰

매트 안에 심기 적당한 꿩의 비름속 다육식물로 시작했다. 이 작고 강인한 식물들은 사막과 같은 환경에서도 잘 견딘다. 무게는 가볍지만 가뭄에 끄떡없을 만큼 엄청난 양의 물을 저장할 수 있다. 엔지니어들과 작업하면서 나의 야심찬 기술자들은 지붕이 얼마나 많은 하중을 견딜 수 있는지 제곱피트 단위까지 계산해냈다.

우리 아이들은 비셀 가든스에서 일하면서 지표 수준에서 텃밭을 가꾼 경험이 있었다. 지금은 지붕에서 어떻게 먹을거리를 키울 것인지 고민해야 했다. 우리는 사철딸기로 시작해보기로 했다. 사철딸기는 강인할 뿐 아니라 그 싹들은 생육배지를 제자리에 붙들어주는 역할을 해줄 터였다. 그렇게 되면 어떤 것도 바람에 불려가는 일 없이 프로젝트의 수명을 보장해줄 것이었다. 조금씩 조금씩, 우리는 자연세계를 모방해나가고 있었다. 아이들은 이런 노력을 설명해줄 SAT 시험[Scholastic Aptitude Test, 미국 수학능력시험—옮긴이]에나 나올 만한 어휘를 배웠다. 생체모방biomimicry이었다.

"얼마나 오래 있어야 딸기를 먹을 수 있을까요?" 재닛이 줄을 맞춰 딸기 모종을 흙에 꽂으면서 물었다. 우리의 첫 딸기를 수확하려면 몇 달 동안은 기다리고 잡초도 뽑고 지켜봐야 할 터였다.

"다음 주에 샐러드를 먹는다는 건 확실해." 멜빈이 자라는 게 실제로 눈에 보이는 잎 무성한 상추를 가리켰다.

교사로서 나는 노력의 열매를 확인하는 학생들의 힘을 알고 있었다. 우리는 매주 그 옥상을 찾아갔다. 텃밭을 팽개쳐둔 채 무럭무럭 자라기를 기대할 수는 없는 일이다. 아이들이 배우는 건 지속성과 인내심만이 아니었다. 아이들은 생명이 성장하는 것을 지켜보고 "내가 저걸 했어" 하는 기쁨도 경험했다. 처음 심을 때는 우리 엄지손가락 크기만 했던 다육식물들이 연녹색으로 바닥을 덮었다. 초봄에는 허약하게만 보이던 블루베리 관목과 토마토는 날씨가 더워지면서 쑥쑥 자라 주렁주렁 열매를 달고 있었다.

하루는 주황색과 검정색의 무언가가 날아온 걸 본 엘 보리가 물었다. "저 나비가 어떻게 이 높은 곳까지 올라왔을까요?" 우리 옥상 정원에서 꿀을 빠는 나비라니, 그 광경은 가장 우락부락하게 생긴 아이들조차 웃음 짓게 했다. 뉴욕에 새라고는 쓰레기를 먹는 비둘기뿐이라고 생각했던 아이들은 우리 옥상을 찾아온 날개 달린 생물을 경이로운 눈으로 지켜보았다. 이 생물은 날개 달린 쥐가 아니었다. 빨강, 주황, 하양, 파랑 같은 눈부신 색깔을 하고 있었다. 우리 중 누구도 우리가 보는 새들의 이름을 알지 못했지만, 그렇다고 달라지는 건 없었다. 우리에게는 그 모든 새가 마냥 아름답기만 했다.

초록이라고 모두 환영받는 건 아니었다. 지역의 침입종들이 바람이나 날개 달린 생물에 실려 옥상에 오기도 했다. 봄에는 그 침입자들을 뽑아주어야 했다. 식물을 싱싱하게 키우는 건 지속해서 끊임없는 관리가 필요한 일이었다. 굳이 그 비유를 아이들에게 설명해줄 필요가 없었다. 아이들은 몸으로 알고 있었다.

그린 틴스가 인내심과 회복력, 투지, 다정한 손길로 이 산업적 흉물을 변모시키는 동안, 나는 아이들에게 일어나는 심오한 변화를 볼 수 있었다. 그 옥상에 처음 올라오던 날 아이들은 불확실하고 검증되지 않은 상태였다. 브롱크스에서 이런 규모의 녹색 지붕을 시도해본 사람은 없었고, 그때까지 중요한 도시 건설 프로젝트를 오합지졸 아이들에게 맡겼던 사람은 더더욱 없었다. 우리 그린 틴스는 스스로를 증명할 기회를 잡았고 결국 증명해냈다.

세상을 굽어보는 뜨거운 옥상에서 점심을 먹을 때면, 나는 아이들에게 월트 휘트먼의 작품을 포함해 고전 구절들을 읽어주곤 했다. "이것이 네가 할 일이다. 대지와 태양과 동물을 사랑하라. 부를 경멸하고 원하는 모든 이에게 자비를 베풀어라. 어리석은 일, 제정신이 아닌 일에 맞서라. 수입과 노동을 다른 이들에게 바쳐라. 폭군들을 미워하고 신에 관해 논쟁하지 말라. 사람들에게 참을성을 가지고 너그럽게 대하라. 모르는 것, 알려지지 않은 것을 존중하라." 내가 읽는 동안 아이들은 웃음 지으며 고개를 끄덕였고 더 많은 것을 묻기도 했다. 이 프로젝트를 끝냈을 때, 그 엄청난 성공 덕에 곧 더 많은 옥상 정원을 만들어달라는 요구가 들어오기 시작했다.

그 아이들은 한 명도 빠짐없이 고등학교를 졸업했다. 보통 졸업률이 17퍼센트밖에 안 되는 학교에서 100퍼센트가 고등학교 졸업장을 받았다. 중퇴하거나 수용될 처지에 놓였던 청소년들(모든 전문가가 예측하기로 성공 가능성이 가장 적은 아이들)이 대학생이나 견습생으로 제 길을 찾기 시작했다. 빅 호세는 졸업하자마자 마조라 카터와 '지속가능한 사우스 브롱크스'와 함께하는 청소년 환경지킴이 프로젝트에 가입했다. 그는 마조라의 첫 졸업생 가운데 한 명이었다. 그 사우스 브롱크스 훈련 프로그램 덕에 그는 수많은 기회의 세계가 기다리는 새로운 녹색 경제 분야에서 일할 자격증을 땄다. 그것은 세상 밖으로 나가는 티켓이 되었다. 빅 호세는 허리케인 카트리나가 휩쓸고 간 뉴올리언스 재건사업에서 하청업자로 일하기 시작했고 지금까지도 꾸준히 일하고 있다.

한편 나는 마조라 카터와 계속 마주치곤 했다. 사우스 브롱크스에서 열린 한 지역사회 행사에서 잇달아 만난 그녀는 이렇게 인사하곤 했다. "스티븐! 계속 나타나시는군요!" 그녀는 이제 나를 반바지에 티셔츠를 입은 멍청한 교사가 아닌, 사회정의를 위해 싸우는 동료 투사로 인정해주었다.

"당신이나 나나 이기려면 맞붙어야 한다는 걸 알고 있어요." 그녀는 입버릇처럼 그렇게 말했다. 그녀도 나처럼 그녀의 접근법을 이해하지 못하거나 그녀의 성공을 시기하는 비평가들에게서 오는 맞바람 속으로 달려들고 있었다. 그녀는 우리 두 사람 모두 계속 더 크게 생각하도록 자극했다. "어떻게 하면 소외되고 낙오되고 낙담한 사람들과 우리 공동체를 지원할 수 있을까요?"

그녀의 말은 나를 행동하게 했다. 마조라와 꽃피는 우리 브롱크스에 영감을 받은 나는 새롭고 영구적인 행동지침을 세웠다. 사람들이 더 나은 곳에서 살고 배우고 돈 벌기 위해 살던 동네를 떠나서는 안 된다! 이후 그것이 나의 슬로건이 되었다.

CHAPTER 08

러버룸 징계사건

2006년 가을

       월턴 고등학교에서 우리가 거둔 성공이 널리 알려지면서 청하지도 않은 일자리 제안이 들어왔다. 블룸버그 시장의 학교 개혁 요구에 따라 뉴욕 시 전역에서 작은 학교들이 우후죽순처럼 생겨나고 있었다. 실패를 거듭하던 과밀 고등학교들이 쪼개어져 소규모 특수목적학교와 차터스쿨[대안학교적 성격의 미국 학교. 정부 예산으로 설립되지만 자율적 운영이 이루어진다. 공교육의 대안으로 여겨졌지만 주로 진학을 목표로 하는 학교가 많아지면서 공교육 약화를 부추긴다는 우려도 많다—옮긴이]이 만들어지고 있었다. 많은 학교가 예술, 사회정의, 환경과학 같은 관심 높은 주제에 초점을 맞추었다. 이런 학교들은 하향식 통제를 줄이고 더 많은 자율성을 보장하는 혁신의 온상을 의도하고 있었다.

    표면적으로는 이런 접근법이 상당히 합리적이었다. 확실히 정원초과에 실적이 부진하고, 비인간적인 대형 학교보다 작은 학교가 좋아

보였다. 실제로 이들 새로운 학교 가운데 일부는 성공담을 만들어냈다. 그러나 나는 이런 새 학교 가운데 다수가 학생들에게게나 교사들에게 했던 애초의 약속을 지키는 데 실패했다는 사실을 쓰라린 경험으로 배우게 되었다. 작은 학교를 책임지는 자리에 형편없는 지도자가 있다면, 그 학교는 빠르게 봉건 영토가 될 수 있었다. 이런 학교가 잘못될 경우, 그야말로 손쓸 수 없이 잘못되어버렸다.

◈

학교 개혁 회전목마에서 내 첫 번째 기착지는 작은 특수목적 고등학교였다. 나는 녹색 학제 간 커리큘럼에 더해 직업훈련에 초점을 맞춘 학과 프로그램을 만들기 위해 월턴 고등학교에서 차출되었다. 그것은 내가 그린 틴스를 통해 배웠던 것을 더욱 지속가능한 학교 전체 프로그램으로 전환해 더 많은 학생에게 적용할 기회처럼 보였다. 그러나 그런 행운은 없었다. 교장은 나에게 혁신할 교실을 주는 대신, 내가 문자 그대로 따라야 할 지도안을 건넸다. 그는 갈채받는 학교 지도자였고, 일부 집단에서는 존경까지 받는 사람이었다. 그러나 그를 더 잘 알아갈수록, 나는 그의 리더십이 두려움과 위협에서 나온다는 사실을 알았다. 그는 책임을 지거나 혁신을 장려하고 싶어하지 않았다. 그저 충성을 원했다. 사람들 앞에서는 유창하게 사회정의를 말하지만 사람들이 없는 데서는 다른 이야기를 했다.

"모든 학생이 배울 수 있게 출석률을 향상시키겠습니다." 그는 지역사회에 약속했다. "만약 아이들이 학교에 오지 않으면 나올 때까지 현관문을 두드리고 부모님에게 전화할 겁니다."

그래서 나는 그렇게 했다. 출석이 저조한 한 특수반 학생이 학교에 다시 나오게끔 격려하기 위해 내 방식대로 하자 교장은 내게 으르렁거리며 공격을 개시했다. "그 녀석은 동물이에요! 저는 이 건물에서 그 학생을 다시 보고 싶지 않습니다."

학생들에게 더 잘해야겠다고 결심했던 나는 그의 결정에 계속 문제를 제기했다. 말과 행동이 다른 교사들이나 의도적으로 정책을 위반하는 교사들을 폭로했다. 시킨 대로 하라는 그의 태도는 그의 활동이나 우리가 의도한 결과와 일치하지 않았다. 확실히 나는 교장의 신경에 거슬렸던 모양이었다. 어느 날 아침 교장이 복도에서 나를 불러 세웠다. "리츠 선생, 선생은 내 대답이 마음에 들지 않는 모양이군요. 그러지 말고 질문이 있으면 상부에 직접 물어보시죠. 다음 주에 교육감이 브롱크스에 옵니다. 선생의 직업개발 시간을 쪼개 교육감을 만나보는 건 어떻습니까?"

그건 농담이었는지도 모른다. 그러나 나는 괜찮을 것 같았다. 또 하나의 시간낭비인 교직원 회의에 앉아 있는 대신 뉴욕 시 학교들의 교육감인 조얼 클라인Joel Klein의 말을 경청하러 갈 수 있었다. 나는 영감에 굶주려 있었다. 어쩌면 그가 영감을 줄 수도 있으리라.

그 행사는 헌츠 포인트 근처, 뱅크노트에서 불과 1.5킬로미터 떨어진 곳에서 열렸다. 알고 보니 그날은 마침 학교의 인종차별 폐지를 선언했던 '브라운 대 교육위원회 판결' 이후 반세기 만에 불결한 공립학교에 갇힌 흑인 학생들의 '쓰라린 역설'에 관해 클라인이 연설하는 날이었다. 클라인의 연설은 헤드라인을 장식했다. 그가 사우스 브롱크스에 나타난 것만으로도 뉴스거리가 될 만했다. 행사장은 귀빈들로 가득했다. 나머지는 그 교육감과 사진을 찍기 위해 단체로 온 사람들이었다. 나는 사진촬영을 위해 거기 간 건 아니었다. 심지어 클라인 교육감이 어떻게 생겼는지도 몰랐지만, 나는 변화를 보고 싶고 변화를 일으키고 싶은 신봉자였다.

클라인은 인상적이었지만 나에게 불을 지핀 사람은 부교육감이자 브롱크스 토박이인 에릭 네이들스턴Eric Nadelstern이었다. 그는 새로운 리더십의 필요성을 이야기했다. 청중이 가득 들어찬 패니 루 헤이머 프리덤 고등학교의 강당에서 나는 그가 내 귀에 대고 말하는 것 같은 기분이었다. 어떻게 하면 사람들을 지속적인 변화로 이끌 수 있을까?

그날 네이들스턴은 다양성과 포섭의 차이를 알게 해주었다. 계속해서 수많은 아이를 낙제시키는 시스템 아래서, 단순히 우리의 다름을 인정하는 것만으로는 충분하지 않다. 포용력이 판도를 바꾼다. 다양성이 학교 행사에서 다문화적인 음악을 연주하는 것을 뜻한다면, 포용력은 모두가 같은 댄스 무대에 나가도록 하는 것이다. 그것은 새롭고 개선된 리더십으로 시작해야 했다. 네이들스턴의 연설이 끝날 때쯤 나는 피가 뛰었고 빠른 춤을 출 준비가 되어 있었다.

이틀 후 우연히 다시 네이들스턴을 만나게 되었다. 그의 어머니가 우리 아파트에서 길 위쪽에 살았는데, 어머니를 모시고 아침식사를 하러 가려고 오는 중이었다. 나는 출근길에 그를 보았다. 그는 현금 입출금기를 이용하기 위해 지역 은행에 들렀다. 설레는 소녀 팬처럼, 나는 급하게 차를 세우고 뛰쳐나갔다. 도둑으로 오인받지(우리 학생들이 날마다 겪는 현실이다) 않기를 바라면서, 천천히 그에게 다가가 아침 여섯 시에 보도에서 정중하게, 그리고 조심스레 그를 불러 세우고 일전의 그의 연설에 정말 감동했다고 말했다. 놀랍게도 그는 그 많은 군중 속의 내 얼굴을 기억하고 있었다. 아주 격렬하게 고개를 끄덕이곤 하던 키 큰 남자라고. 우리의 길거리 만남이 다시금 나에게 활력을 주었다. 그 순간 설레던 마음은 헌신으로 바뀌었다.

한 달 안에 나는 교장 리더십 프로그램에 등록해 온갖 질문으로 동료 수강생들을 자극하고 있었다. 예산 편성 시간에 그들은 여름 보충 교육 프로그램 기금 마련에 초점을 맞추고 싶어했다. 나는 격분했다. 그 프로그램이 학생들의 성과가 아닌 그들의 추가수당을 위해 설계되었다는 걸 알고 있었기 때문이다. "지금이 10월인데 왜 내년 여름에 학생들이 수준 미달이 될 거라고 예상하세요? 어떻게 감히 아이들의 낙제를 예상해요? 아이들이 성공하도록 돈과 자원을 재배분할 생각은 없나요?"

내가 가장 잘 아는 학교들을 지구 전체의 나머지 학교와 비교하면서 나는 더 힘든 질문을 던졌다. "왜 금속 탐지기는 특정 학교들에만 적용됩니까? 왜 가난한 아이들 대부분이 어린 범죄자 취급을 받나요? 학교에서 감옥으로 가는 직행 수송로를 깨뜨리기 위해 우리가 하는 일이 대체 뭐가 있습니까?"

"기대가 낮은데 성장하는 아이는 없습니다." 그런 내 말에 일부 동료들이 불쾌해했다는 것은 잘 안다. 그러나 내 의도는 비난하는 게 아니라 자극하는 거였다. 나는 이 미래의 지도자들이 계획하는 태도부터 시작해 우리가 교실에서 하는 모든 언행이 한 아이의 삶에 큰 영향을 미친다는 사실을 깨닫게 해주고 싶었다. 한 아이가 학교생활을 잘해내지 못한다고 해도 우리는 결코 그 아이를 비난해서는 안 된다. 우리는 가르치는 방식을 바꿔야 하고, 그 아이가 성공할 수 있게 환경을 살펴보고 우리가 하는 일을 검토해야 한다. 한 식물이 한 환경에서 성장하지 못할 때 우리는 그 식물을 탓하지 않는다. 환경과 그 식물을 살펴보고 원인과 결과를 판단한다. 우리가 식물에 쏟는 그런 정성을 우리 아이들도 받을 가치가 있다!

나는 답을 구하는 일에도, 망가진 시스템을 고치기 위한 현실적 변화에도 조급해하고 있었다. 교장 후보인 동료들 대부분은 출세 지향적이었고 수입에 집중했다. 그들은 시스템을 뒤흔들고 싶어하지 않았다. 심지어 시스템 개선을 원하지도 않았다. 그들은 그 시스템 안에 있으면서, 시스템을 자신에게 유리하게 이용하고자 했다. 나는 그 모든 답을 알지 못할지라도 하나씩 찾아보기로 결심했다. 그리고 항상 옳은 지도자는 못 되더라도 그것을 바로잡는 데 헌신하는 그런 지도자가 되기로 맹세했다.

나의 다음 행동을 고민하는 동안, 나는 아이들 근처에는 아예 가지도 않는 학교 지도자들 밑에서 싸웠다. 교육부가 학교 개혁이라는 체스 게임을 계속하는 동안, 학교들은 되는대로 개교하고 폐교하는 것 같았다.

2년 사이에 나는 서로 다른 세 학교로 전보되거나 재배치되었다. 모두 같은 교정에 있는 학교였다. 처음 갔던 학교는 성과가 저조하다는 이유 때문에 곧 교육부 조치로 폐교되었다. 어쩔 수 없이 은퇴해야 했던 그 학교 교장은 반유대주의 때문에 교직원들에게 소송을 당했다. 나는 직접적인 피해자는 아니었지만 증인으로 지명되었다. 나는 다른 특수목적고로 자리를 옮겼지만 그 학교 교장은 그야말로 문맹이었다 (영어와 스페인어 모두 말이다). 그녀는 나에게 자기 보고서를 대신 쓰라고 시켰다. 세 번째 학교 교장은 밀입국자 부모들에게 터무니없는 요구를 하면서 들어주지 않으면 이민국에 신고하겠다고 협박했다. 자신이 봉사해야 할 대상을 등치면서 출세하는 사람들을 지켜보자니 소름 끼쳤다.

그런 뒤에 간 한 학교는 시작은 좋았지만, 불행히도 끝이 좋지는 않앉다. 교장은 지역사회 파트너들과 제휴하는 내 능력을 인정해서 학생 활동 책임자로 만들었다. 유연한 일정 덕에 나는 학교 텃밭사업을 시작했고 배드 보이 레코드사의 녹음 기술자들의 공연을 포함해 많은 특별행사를 기획할 수 있었다. 그리고 학교 밖 관계를 활용해 학생들과 교직원들에게 영감을 줄 수 있었다. 우리는 하나씩 서로 떨어져 있던 점들을 연결해나갔다. 나는 전원이 지난 학기말 고사에서 낙제했던 특수교육 대상 학생 집단을 데리고 추가근무를 하기로 동의했다. 그 아이들이 시험을 통과해서 제때에 졸업하도록 하는 게 내가 맡은 일이었다. 그리고 모든 아이가 해냈다. 아이들이 무사히 시험에 통과해 나는 기쁘고 자랑스러웠지만, 그 성과는 결과적으로 학교 등급을 올려주었고, 교장에겐 그것이 중요했다. 사실 이 아이들 중에는 졸업시험을 통과해 예정된 기간 안에 교문 밖으로 쫓겨나는 대신에 1년의 추가교육으로 더 많은 혜택을 받을 수 있는 아이들이 많았다. 불공평은 어디에나 확연하고 만연해 있었다. 학교는 결코 학생 중심이 아니었다.

이따금 나는 결근한 동료 교사를 대신해 수업에 들어가야 할 때도 있었다. "안녕. 난 리츠 선생님이야. 오늘 내가 대신 보강하게 됐어." 시끄러운 과학교실에서 주의를 끌기 위해 내가 말했다. "지구에 관해 이야기해보자."

발목까지 오는 형광색 구두를 신고, 내가 평생 본 것 중 가장 멋진 모자를 쓴 한 여학생이 내 말에 귀를 쫑긋했다. 그 아이는 우리 지구의 안타까운 상태에 관해, 그리고 우리 인간이 어떻게 더 나은 관리자가 되어야 하는지에 관해 많은 의견을 말했다. 내가 그 학생 자신에 관해 좀 더 이야기해보라고 했더니 이렇게 대답했다. "전 차디나고 미술가예요." 챙에 그림을 그린 그 파격적인 모자와 구거진 벨벳 디테일은 그 아이의 작품이었던 것이다.

수업 후 차디나와 이야기를 나누었는데, 그 아이가 이 학교에 오게 된 건 이 학교가 미술에 중점을 둔다는 광고 때문이라고 했다. "전 미술 때문에 살아요." 차디나가 말했다. "제가 어렸을 때 할머니가 재미있는 것들을 그리도록 가르쳐주셨어요. 그런데 이 학교에는 왜 미술용품이 하나도 없어요?" 그 아이가 물었다. 좋은 질문이었다.

차디나는 내가 조직한 방과 후 인기 프로그램들의 단골 학생이 되었다. 나는 파트너 단체에서 제공하는 미술용품과 풍부한 기회를 차디나가 접하게 해주었다. 그림, 섬유, 디자인과 관련된 모든 것에서 차디나의 재능이 꽃을 피웠다. 그 아이는 (쿠퍼 휴이트 국립 디자인 박물관에서 후원하는) '우리 동네 재설계'라는 한 프로젝트에서 노숙자 쉼터 설계를 하기도 했다.

차디나는 혼란스러운 가정생활 탓에 노숙자 신세가 될 처지에 있었다. 십대였던 차디나는 거듭되는 위기를 견디고 있었다. 어머니는 중병을 앓고 있었다. 그들의 집은 불에 타서 잿더미가 되었고, 따라서 차디나는 쉼터로 이사해야 했다. 당연히 그 아이는 교과학습에 뒤처졌다.

교장은 차디나가 절실히 필요로 하는 지원을 해주는 대신에 그 아이를 쫓아내려고 했다. 문제아가 이사를 가거나 전학을 선택하면 그것은 깔끔한 방출로 여겨질 터였다. 학교는 기록에서 그 학생을 북북 지워버릴 수 있었고 더는 그 학생의 학업 성과에 책임을 지지 않아도 되었다. 따라서 자연히 그 학교의 성취 등급이 올라갈 수 있다. 이 방식의 비극은 학생들이 시스템 전체를 돌며 전학을 다녀도 결코 학업을 따라잡지는 못한다는 것이었다. 학교 향상 전문가로 알려진 그 교장은 시스템 게임에 능숙했다. 투명성을 외치는 시스템 속에서, 그녀는 은밀히 학생들의 삶을 소중했나.

차디나는 버텼다. "이건 제 인생이에요." 그 아이는 주장했다. "전 교장 선생님의 도표에서 1등이 아닐 뿐이라고요." 차디나는 자신의 학점이 부족하다는 것을 알고 있었지만 학교를 그만두거나 다시 9학년으로 갈 생각은 전혀 없었다. 그 아이는 과외 프로젝트와 현실세계에서 성공함으로써 자신이 재능 있고 능력도 있음을 보여주었다.

나는 최선을 다해 개입했지만 교장이 나를 등지게 하는 결과만 낳았을 뿐이다. 내 파일에는 학교에서 내가 했던 긍정적인 작업을 거론하며 교장이 쓴 추천서가 가득했지만, 그 일 이후 우리의 관계는 멀어졌다. 차디나가 새빨간 거짓말(실제로 허락을 받았음에도 내가 허락도 없이 그 아이를 데리고 현장학습을 갔다는 비난)을 거부했을 때 사태는 급속도로 악화되었다. 차디나는 어느 교실에 혼자 가두어졌고 문밖에 경비가 세워졌다. 그 아이는 지친 한숨을 내쉬며 내게 말했다. "이 규칙들이 다 뭐람. 그 사람들은 학생에게 뭐가 최선의 이익인지 전혀 고려하지 않는 것 같네요."

그 학교에서 지내기가 점점 더 힘들어지면서 나는 가치관을 가지고 그 가치관을 고집한다는 것이, 특히나 힘들고 스트레스를 받고 반대에 부딪힐 때는 얼마나 중요한지 배웠다. 자신과 자신의 가치관이 시험받을 때 그것을 고집하지 않는다면, 그것은 가치관이 아니다. 그저 희망 사항이고 시간제 취미일 뿐이다.

진실을 조작하고, 반쪽짜리 진실을 말하고, 도무지 공정하거나 정직해 보이지 않는 시스템의 한가운데서, 우리 학생들과 나는 진실과 정의에 집착하게 되었다. 우리가 구성원으로 있는 학교가 학생을 위한 곳이 아니라는 걸 우리 모두 뼈저리게 느꼈다. 학교는 오히려 현상유지와 교장의 성과를 위한 곳이었다. 나는 직업개발을 통해 로버트 셰털리Robert Shetterly라는 놀라운 작가 겸 미술가에 관해 알게 되었다. 그는 '진실을 말하는 미국인들'이라는 초상화 연작을 시작했고 웹사이트를 개설했다. 나는 그의 필력, 정직함, 고집, 그리고 훌륭한 초상화 한 점과 짧고 유려한 인용문에 한 사람의 알맹이를 담아내는 능력이 감탄스러웠다. 학생들은 그의 미술작품을 사랑했고, 그의 짧은 인용문은 정말 우아하고 훌륭해서 수업 영역 설명과 관련된 '두 나우' 활동에 적용하기에도 손색없었다. 셰털리의 작품은 내가 보아왔던 조합들 중 가장 포괄적이고 다양한 컬렉션이었다. 우리 아이들에게는 완벽했다.

2007년 초, 버락 오바마Barack Obama는 미국 대통령 후보 출마를 선언했다. 얼마나 멋진 일인가! 나는 굉장히 흥분되었고 의욕에 불탔다. "씨 쎄 푸에데Sí se puede(우리는 할 수 있다)"라고 말하는 오바마가 그려진 티셔츠를 보았을 때, 참으로 아름답고 간결하다는 생각이 들었다. "우리는 할 수 있다!" 나 역시 스페인어로 인용되고 있던 한 미국 흑인의 포용력을 사랑했다. 하룻밤 사이에 모든 도전과 모든 기회에 대한 나의 단순하고 즉각적인 반응은 "씨 쎄 푸에데!"가 되었다. 나는 그 말을 하는 것이 좋았고, 아이들은 그 말을 듣는 것을 좋아했으며, 그 말을 외치는 것 또한 좋아했다. 그 말은 쉬웠고 금방 이해되었다. 무엇보다도 우리의 말이 잘못 인용되거나 잘못 이해될 수가 없었다. 필요한 것은 간단한 세 단어뿐이었다. 씨 쎄 푸에데! 그 말이 미국 농장노동자 조합 설립자이자 인권운동가인 시저 차베스Cesar Chavez에게서 나왔다는 사실을 알았을 때는 더욱더 좋았다!

그런 기분에서 나는 로버트 셰털리에게 직접 연락해 우리 학교에 초빙하기로 결심했다. 씨 쎄 푸에데. 그는 기꺼이 동의했다. 그는 우리 학교에 왔고 다른 어떤 어른과도 다른 방식으로 우리 아이들을 사로잡았다. 나이 지긋하고 조심스럽지만 아주 달변의 신사인 그는 우리 눈을 들여다보면서 우리의 진실에 관해 질문했다. 어떻게 하면 우리 자신을 위해 더 나은 삶을 살 수 있을까? 그는 우리의 미래를 예견할 수 있는 가장 좋은 방법은 우리의 미래를 소유하고, 그 미래를 계획하고 미래를 준비하는 것이라고 했다. 거짓말과 반만 진실인 것을 받아들이지 않는 것이라고 했다. 간결하고 유려한 그의 설명은 우리 아이들과 내가 경험했던 가장 뜻깊고 강렬한 말이었다. 그의 말에 우리 모두 눈물을 지었고 행동을 결심했다. 마치 우리가 그의 다음번 초상화와 책 속에 묘사될 주인공이 될 수 있다는 것처럼. 그는 우리더러 당국에 문제제기를 하라고 격려했고 19세기 개혁가 엘리자베스 캐디 스탠턴 Elizabeth Cady Stantond의 말로 강연을 마쳤다. "다른 사람의 의견을 두려워하고 우리 안의 진실을 말하기를 주저하기 시작하는 순간, 그리고 그것이 말해야 할 때 침묵하는 처세술에 따른 것이라면, 생명과 빛의 신성한 홍수는 더는 우리 영혼으로 흐르지 않습니다." 그러자 그 자리에서 '진실을 말하는 미국인들'의 다음 세대가 태어났다. 우리는 한 번도 상상하지 못했던 방식으로 학교를 다니고 옹호했다. '씨 쎄 푸에데'는 우리의 슬로건이 되었다!

엄청난 사실 하나. 셰털리는 그저 아이들의 말에 귀를 기울이는 것만으로 아이들에게 동기부여를 하고 있었다. 그의 연설의 힘은 말솜씨나 재능, 열정보다도 우리 아이들에게 귀를 기울이고 이야기를 들어주는 능력에 있었다. 그는 아이들의 목소리와 논점을 높이 평가했고, 거꾸로 그것은 아이들에게 자기 생각에 대한 주인의식을 더해주었다. 그날부터 나는 내 교육의 모든 측면에 학생의 목소리와 학생의 책임을 통합하겠다고 약속했다. 그것이 중요하다는 사실은 늘 알고 있었지만, 임의의 방문객인 셰털리는 내가 오랫동안 해오던 것을 그 짧은 방문 중에 보강해주었다. 짜릿한 일이었다. 아이들이 각자 머릿속의 생각을 눈에 보이게 만들고 행동하도록 내버려둔 채 그 과정에서 아이들을 지원함으로써, 나는 아이들이 진실을 말하는 사람이 되도록 도울 수 있었다. 아이들의 목소리, 꿈, 삶이 중요했다. 아이들은 자기 운명의 주인 의식을 가질 수 있었다. 진실, 정직함, 엄격함, 책임감이 있는 문화에는 성공하는 모든 조직의 성분이 있다. 우리는 분명 올바른 사람들이었다. 그저 옳지 않은 환경에 놓여 있을 뿐이다. 그 학교와 그 교장은 우리 자신 또는 우리의 대담해진 '씨 쎄 푸에데' 태도를 받아들일 준비가 되어 있지 않았을 뿐이다.

나의 인내심을 무너뜨린 결정적인 계기가 있었다. 교장이 우리 학교의 성과를 부풀리기 위해 표준화 시험을 취소하려는 걸 보게 된 것이다. 시험 성적이 부진하면 어떻게든 놓치고 있는 점을 '찾아낼' 조사반의 면밀한 조사를 받게 되어 있었다. 내가 어떤 지시도 따르지 않겠다고 한 뒤, 교감이 나를 보자며 사무실로 불렀다. 수요일 아침이었다.

"축하합니다." 교감이 웃으면서 말했다. "선생님이 전보되셨습니다. 이곳을 벗어나게 됐네요." 그는 내가 새로 다닐 학교(워싱턴 하이츠에 있는 수학·과학 특성화학교) 주소를 말하고는 바로 그날 오전 열한 시에 수속을 밟아야 한다고 했다. 그 학교 웹사이트를 찾아보던 나는 뭔가 이상한 생각이 들기 시작했다. 그곳은 교감이 일러준 주소와 맞지 않았다. 그 주소에 도착했지만 건물 앞에 학교 이름 같은 건 없었다. 대신에 '아카데믹센터'라는 간판이 있었다. 흐음.

안으로 들어갔을 때 계략을 깨달았다. 나는 불복종을 이유로 이 도시에서 가장 악명 높은 러버룸Rubber Room으로 보내진 것이었다. 나에게 진실을 말해줄 만큼 예의를 갖춘 사람은 없었다. 러버룸은 뉴욕 시 교육부가 징계를 내릴 때까지 교사들을 보내는 곳이다. 교사들에게는 대기발령소와 같았다.

그 첫날 오전에 서류에 서명하고 나자 경비원들이 크고 널찍한 방을 가리켰다. 그 방에 뒤죽박죽 놓인 여러 개의 책상과 탁자 주변으로 북적이는 어른들의 바다가 펼쳐졌다. 나머지 어른들은 바닥에 진을 치고 있고, 그 주변에는 과자며 커피 컵들이 어지러이 흩어져 있었다. 빈 의자를 발견하고 앉으려는데 한 여자가 나를 불렀다. "이봐요, 그건 내 자리예요! 내가 선배예요. 난 여기 3년이나 있었어요." 그날 오후 늦게 나는 러버룸에서 몇 년째 이어오며 날마다 열리는 낱말 맞추기 게임 대회에서 이겼다.

공기순환도 제대로 안 되는 이 가축우리 같은 곳에 최고의 교육과 최악의 교육이 공존하고 있었다. 나는 내 딸을 가르쳤으면 하고 생각될 만큼 훌륭한 교사들을 만났다. 일부 교사들은 징계사건이 해결되기를 기다리는 동안에도 교습기술을 갈고닦기 위해 서로에게 수업을 해주었다. 오전 열 시에 술 냄새를 진하게 풍기는 나머지 교사들은 아이들 근처에 얼씬할 자격도 없었다. 교장에게 베이글을 던져서 이곳에 오게 된 남자 교사도 있었다. 또 한 남자는 학생을 때렸다고 나에게 떠벌렸다. "하지만 딱 한 명이었고, 그 녀석은 맞을 만했어요."

일부는 꼬박꼬박 교사 급여를 받는 동안 노트북으로 당일치기 주식 매매를 함으로써 부수입을 올리느라 가능한 한 여기 오래 머물기를 바랐다. 나는 가능한 한 빨리 교단으로 돌아가고 싶었다.

나를 러버룸에 보낸 교장은 자신이 조작한 마녀사냥과 나의 교실업무 중단이 나에게 새로운 일자리를 찾을 시간을 주리라는 사실을 미처 몰랐던 게 틀림없다. 솔직히 그것은 그녀가 할 수 있었던 가장 어리석은 조치였다. 러버룸에서는 휴대전화기를 쓸 수 있어서 나는 그걸 요긴하게 활용했다. 오랜 친구 마조라 카터에게 전화해서 최근의 딜레마에 관해 들려주었다.

"마조라, 내가 어디 있는지 상상도 못할걸요."

"지금 어디예요, 스티븐?"

"러버룸이에요!"

처음에 그녀는 경악하더니 이윽고 내 말소리가 너무 즐거운 것 같다며 충격을 받았다.

"벌써 새 일자리를 찾았는걸요." 내가 설명했다. 월턴 고등학교 교정에 여러 개의 작은 새 고등학교가 들어서기 위해 재편되고 있었다. 여기저기 전화한 끝에 나는 방금 그중 한 곳인 디스커버리 고등학교에 취직되었던 것이다. 빨리 시작하고 싶어 견딜 수 없었다. 사실 나에게 그건 귀향과도 같았다.

러버룸에서 사흘을 지낸 뒤 나에 대해 날조된 혐의는 사라졌다. 내 뒤통수를 치려고 혈안이 되어 있었던 교장은 징계절차를 밟기 위한 서류를 제대로 작성하지 못했고, 그 체제 안에서 내가 새로운 일자리까지 구했으니, 이제 일을 되돌리기에는 너무 늦었다. 더욱이 내가 그녀의 학교 정책에 관해 공개적으로 이야기하지 않는 조건으로 나에게 '만족' 평가를 주겠다는 그녀의 제안을 서면으로 갖고 있었다. 새 일자리를 위한 추천서까지 들고서 나는 교사로서 다시 새로운 모험에 나섰다.

한편 내가 새 학교를 다니기 시작하면서, 마조라와 나는 사태가 늘 익숙한 패턴이 되어가는 것에 관해 계속 한탄하고 있었다. 교육의 '구세주들'은 교육을 바로잡기 위한 대단한 아이디어들로 브롱크스를 휩쓸곤 했다. 그러나 그들은 그 지역이나 그곳 주민들을 알지 못했다. 자신의 아이디어가 통하지 않으면 그들은 허겁지겁 떠났다.

"새로운 학교를 제안할까 생각하고 있어요." 어느 날 마조라가 말했다. 교육위원회는 새롭고 혁신적인 작은 학교에 대한 아이디어를 계속

구하고 있었다. 마조라는 사우스 브롱크스의 어른을 위한 녹색 일자리를 개발하려고 노력하면서 전국적 시야를 갖춰나가는 동안에도 학교가 어떻게 청소년을 망가뜨리고 있는지 날마다 증거를 보고 있었다. 어른들은 준비도 없이 새 일자리를 구하러 오고 있었다. "이미 우리는 시스템이 낙제시킨 사람들을 받고 있어요." 그녀가 말했다. "하지만 선생님이 학생들과 이뤄내는 일들을 보면 감탄이 절로 나와요." 만약 어른을 위한 노동인력 개발 프로그램이 기본 기술 교정부터 시작하지 않아도 된다면? 만약 학교가 빅 호세처럼 다음 진로에 도전할 준비와 동기를 가진 젊은이들을 더 많이 배출해낸다면? 마조라는 내가 위원회 고문으로 와주기를 바랐고 나는 그 제안을 기꺼이 받아들였다.

우리의 첫 번째 주요 아이디어는 지속가능성과 진로과정에 전념해 지역 고용주들과 지역사회 자원을 강조하고 제휴하는 공립학교를 제안하는 것이었다. 그 학교는 100퍼센트 지역적이고, 지역사회 내의 지역사회를 위한 생태계가 될 터였다. 사우스 브롱크스에는 자질을 갖춘 청년을 찾는 고용주가 절대 부족하지 않았다. 우리는 이런 고용주들과 그 밖의 동네 자산을 학교 구상에 포함시켜 진정 취업으로 이어지는 학교를 만들고 싶었다. 우리는 우리가 시대를 앞서가고 있다는 걸 깨닫지 못했다. 당시 우리가 꿈꾸던 모델은 훗날 커뮤니티스쿨, 즉 지역사회학교로 불리게 되었다.

현 시스템 내에서 우리가 보았던 모든 틈새를 채워줄 우리만의 고등학교를 설계하는 것은 "정신 나간 생각인지 모른다"고 마조라는 주의를 주었다. "하지만 정신 나간 생각은 현실세계에서 시험해봐야죠. 시도해보지 않으면 영영 알 수 없을 테니까요."

우리는 '지속가능한 사우스 브롱크스 고등학교' 제안을 꼼꼼히 다듬으면서 1년이 넘는 시간을 보냈다. 우리가 이야기했던 사람들마다 마조라 카터와 사진을 찍고 싶어했다. 교육위원회는 우리의 학교 구상을 마음에 들어했지만 그것을 브루클린에서 실행하기를 원했다. 그것은 우리의 정체성, 우리가 생각하는 것과는 정반대였다. 브루클린의 아이들이나 활기찬 그 지역사회에 반감은 전혀 없었지만, 우리는 우리가 사랑하는 브롱크스에 초점을 맞추고 있었다. 우리가 사는 동네에서 브롱크스의 고등학교들이 브롱크스의 아이들을 낙오시키고 있었다. 위험한 아이들을 날마다 지하철에 태우고 편도 90분 거리를 통학시킬 생각을 하니 우리 계획이 아무리 웅대하더라도 그것은 말도 안 되는 소리였다. 우리는 정중히 거절하고 처음부터 다시 시작했다.

우리는 머리를 쥐어짜서 다음번 제안으로 마조라 카터 성취 아카데미를 구상했다. 사우스 브롱크스를 실생활의 교실로 활용해 아이들이 직접 행함으로써 배우도록 하는 체험 모델을 계획할 때는 서로의 앞말을 받아 문장을 완성할 만큼 호흡이 척척 맞았다. 우리는 수많은 혜택을 보리라고 기대했다. 학업적·사회적·경제적·환경적인 혜택들을.

대화를 하는 동안 우리는 서로가 가진 리더십의 유형이 다르다는 걸 발견했다. 마조라는 생각이 깊지만 스스로 원래 내향적이라고 여긴다. 반대로 그녀는 나에게 이렇게 말했다. "선생님은 굴러갈 때 사람들을 모으며 최상의 에너지를 내는 공 같아요." 이때쯤 내 허리둘레는 엄청나게 늘어나서 실제로 내 모습도 공 같았다. 마조라는 요령 있는 사람이라 부푼 내 배가 수박을 닮았다는 말은 하지 않았지만, 사람들이 "소방호스로 물을 마신다는 느낌이 없이" 내 생각을 판단할 수 있게 내 에너지를 조금 누그러뜨리라고 조언해주었다. 우리는 상황대응 리더십에 관해 깊이 토론하곤 했다.

우리의 두 번째 제안에서 그녀는 나더러 교장을 맡아달라고 요청했다. 그녀의 조언과 우리의 협동작업은 성과를 거두었다. 다양한 조직과 실세들로부터 지원의 편지가 쇄도했다. 그중에는 전 대통령 빌 클린턴Bill Clinton, 텔레비전 논평가가 되기 전 오바마 대통령의 지속가능성 사업을 이끌었던 밴 존스Van Jones도 있었다. 스미소니언 연구소, 코넬대학교, 유엔 식량농업기구 대표 등이 모두 우리 계획을 지지했다. 이때쯤 유엔의 그 프로그램 대표는 시위현장이나 뉴욕 전역의 공동 프로젝트에서 활동하는 내 제자들을 이미 만나보고 있었다. 우리는 몇몇 학교와 파트너가 되어 활동했는데, 그는 녹색 커리큘럼 설계에 관해 교사들을 상대로 직업개발을 실시하던 나를 본 적 있었다. 그는 자기 일과의 논리적 연관성을 높이 평가했다.

그러나 아이디어 공모에 제출된 100건의 새 학교 제안 중에서 우리의 안은 교육부의 공청회 기회를 얻어보지도 못한 채 탈락했다. 정책과 이기심이 일부 작용한 것이 틀림없었다. 괜한 분란을 만드는 여자 이름을 딴 학교 이름을 담당자들이 못마땅해했다는 소문이 들렸다. 아마도 말에 거침이 없고 사과도 할 줄 모르고 뻔뻔스럽다는 명성을 가진 내가 교장직을 맡기로 되어 있었던 것도 확실히 도움이 되지는 않았을 것이다. 우리는 실망했지만 선의의 싸움을 계속해나가자고 맹세했다. "우리가 할 일은 많아요." 마조라가 말했다. "하지만 아쉽네요. 가장 놀라운 학교가 될 뻔했는데 말이죠."

우리는 세 번째에도 시도했다. 비록 내가 리더십 훈련과정을 이수했고 모든 자격을 갖추었는데도 심사위원단이 새 교장 자리에 나를 앉히는 모험은 원하지 않을 거라는 게 우리의 생각이었다. 그래서 확률을 높이기 위해 우리가 제안하는 브롱크스 직업 아카데미에 교장 후보를 제안해달라고 교육부에 요청했다. 브롱크스 구청장인 루벤 디아스 주니어Ruben Diaz Jr.는 우리의 예전 작업과 브롱크스 내에서 그동안 증명된 성과, 헌신적인 파트너들을 언급하면서 감탄스러운 지지 편지를 보내왔다. 우리는 그동안의 성공을 입증하는 제자들의 편지까지 받아서 지원서와 함께 제출했다(부록 중 「학생의 편지」 참조). 아울러 우리는 추천받은 지도자와 1년을 함께 일했지만 이번에도 다시 탈락하고 말았다. 어느 누구도 나머지 30건의 제안이 실행되었으면서도 우리의 제안은 그러지 못한 이유를 말해주지 않았다.

처음부터 시작하는 공립학교가 아니라면, 더 많은 학생을 참여시키고 더 많은 지역사회가 혜택을 볼 녹색 커리큘럼을 어떻게 준비할 수 있단 말인가? 그런 혜택이 상당할뿐더러 수치로 측정 가능하다는 증거는 얼마든지 있었다. 지역 일자리와 새로운 산업들이 우리 눈앞에서 등장해 우리 지역사회 내의 재능 있는 사람들을 흡수하고 있었다. 내 제자들은 준비되어 있었고 의지가 있었으며 재능을 발휘할 수 있었다.

그러나 나만 기회를 알아본 건 아니었다. 2006년 무렵 도시재생 운동은 사우스 브롱크스 전역에서 일어나고 있었다. 루벤 디아스 주니어는 끊임없이 새로운 브롱크스를 이야기하고 있었다. 그곳은 이제 잿더미도, 불타는 곳도 아니었다. 꽃을 피울 준비가 되어 있었다. 나는 발에 치어 굴러다니는 기회들을 구경만 하고 싶지 않았다. 당장 그 기회를 잡고 싶었다!

필요한 건 다른 사람들도 적용할 수 있게 접근법을 더 쉽게 해줄 돌파구였다. 나는 교실에서의 실험과 지역사회 정원 가꾸기 프로젝트 실험을 계속하면서도 확장이나 축소, 복제가 가능한 모델을 계속 찾고 있었다. 내가 만든 녹색 교실 한 곳을 넘어서, 하늘과 땅을 움직일 각오가 된 한 명의 헤라클레스 같은 교사를 넘어서, 우리가 성장할 수 있는 길은 바로 그 모델이었다. 나는 아직 몰랐지만 곧이어 일어날 일련의 우연한 사고들이 우리의 앞길을 보여주게 된다.

어떤 로비스트도 자연을 매수할 수는 없다.
결국엔 모든 정치가와 나머지 모든 사람이
자연의 명령을 받아들이고 자연을 거슬렀던 결과를 감수해야 한다.
그것이 나의 낙관론이다.

― 페리 맨Perry Mann

씨앗
심기

CHAPTER 09

그린 월을 만들다

2009년 가을

       과거 사우스 브롱크스 고등학교에서 초보 교사였을 때, 나의 목표는 아이들보다 하루 더 진도를 앞서가는 것이었다. 세월이 흐르면서 나는 그때보다 더 잘 준비되고 더 지식이 많은 교육자가 되었다. 그러나 원대한 계획을 가져본 적은 한 번도 없었다. 살면서 내 전략(단지 학교에서뿐 아니라)은 내가 좋아하는 세 가지 C에 늘 주의를 기울이는 것이다. 바로 충돌collisions, 연결connections, 공동학습co-learnings 이다.

  충돌의 예를 보여주는 중요한 사건 하나는 불복종이라는 조작된 혐의로 러버룸에 보내졌던 두 번째 날에 일어났다. 아이러니하게도 그날은 우리 아이들과 내가 〈굿모닝 아메리카〉에 출연하기로 했던 바로 그날이있다. 우리는 몇 달째, 할렘에 아름나운 지역사회 성원을 짓는 사업에 참여하고 있었다. 그날은 마침내 그 정원이 개장하는 날이었다.

촬영 팀은 우리에게 아침 여섯 시에 할렘에 나오도록 요구했다. 워싱턴 하이츠에 있는 러버룸에는 여덟 시까지 출석하면 되었다. 두 가지 일을 모두 웃으면서 할 시간은 충분했다.

그 정원은 보통은 잘 섞이지 않는 두 집단, 즉 브롱크스 출신의 우리 아이들과 할렘의 지역사회 기반 청년 조직 사이의 야심찬 협동작업이었다. 할렘은 외부인이 보기에는 브롱크스만큼 험해 보일 수 있지만, 우리 아이들에게는 친숙한 영역이었다. 우리 아이들은 주로 라틴아메리카계와 카리브계 흑인이었다. 강 건너 역사적으로 미국 흑인구역이던 할렘에서 아이들은 무엇을 보게 될지 모르고 있었다. 아이들이 할렘에 관해 아는 것 대부분은 빈정거리는 말들과 소문, MTV에서 나온 내용이었다. 작업복을 입고 몸을 숙여 흙을 묻힐 준비를 하고서 143번가에 도착한 첫날, 아이들은 뜨거운 환영을 받았다.

우리 아이들 가운데 몇몇이 아주 매력적인 젊은 숙녀라는 점도 나쁘지는 않았다. 할렘의 청년들은 이 예쁜 브롱크스 소녀들과 사귀고 싶어 안달이었다. 여학생들은 그런 추파에 관심이 없었다. 그들은 가장 열심히 일하는 우리 일꾼이었고, 그게 우리에게는 이점으로 작용했다.

"여기 우두커니 서서 나한테 수작 걸지 말아요. 어서 가서 일하세요." 미셸이 한 청년을 꾸짖었다.

"요, 그 퇴비 옮겨주시죠." 타메이카가 뿌리 덮개 더미를 가리키면서 청년들에게 명쾌하게 지시했다. 청년들은 놀란 듯 눈을 굴렸지만 이 까탈스러운 소녀들의 마음을 얻으려고 두 배는 더 열심히 일했다.

모두가 힘들게 해야 할 만큼 일이 많았다. 그 벽돌공장에 정원을 만들기까지 우리는 주말마다 지하철로 왕복하면서 몇 달을 보내야 했다. 벽돌공장이란 그 동네의 한 아파트가 헐리고 깨진 벽돌과 폐기물만 남아 있는 걸 보고 우리가 붙인 이름이었다. 거의 매주 그 현장에 갔기 때문에, 우리는 벽돌들이 풍성한 정원으로 바뀌는 모습을 볼 수 있었다. 그곳은 보기에도 멋있었지만 시간이 갈수록 동네 사람들이 많이 나와서 동참했다. 그것은 비셀 가든스에서 그랬듯, 우리가 시작한 작업이 다 끝났을 때도 주민들이 계속 그 정원을 가꿔나갈 거라는 걸 보여주는 분명한 지표였다. 여러 가지 이유로 그날은 축하하는 날이었다.

〈굿모닝 아메리카〉 기자 크리스 쿠오모Chris Cuomo와의 인터뷰를 앞두고 촬영 팀이 우리를 준비시키고 있을 때, 나는 그 현장을 마음에 새겼다. 그 정원은 아침 햇살에 특히 푸르러 보였다. 이 황량한 할렘 거리에 막 동이 트고, 벽돌이 깔린 오솔길과 푸른 잎에 매달린 아침 이슬에 햇살이 비치는 시각, 마침 사진작가들이 사랑하는 하루 중의 그 시간에 우리는 카메라 앞에 있었다. 태양이 대지에 아침 키스를 하는 그 시간, 그때야말로 마법의 시간이었다. 우리 아이들은 미디어 데뷔를 맞아 뿌듯해하면서도 들떠 있었다. 아이들은 그 정원의 식물들처럼 아침 햇살에 반짝였고 전국의 텔레비전에서 빛을 발했다.

얼핏 어깨 너머로 녹색의 멋진 무언가가 보였다. 우리 뒤에 놓인 것은 황홀하게 꽃을 피운 토마토 나무들이 폭발하듯 뻗친 벽이었다. 그런 벽이 수백 개나 있었다. 이 살아 있는 구조물은 이 새 정원을 위한 깜짝 선물이었다. 평생 처음 보는 벽이었지만 가로세로 2.4미터의 그 벽이 우리 정원 전체보다 더 많은 먹을거리를 생산해낼 거라는 건 한눈에 알 수 있었다.

얼마나 근사한 충돌인가! 촬영 팀이 내 마이크를 떼자마자 나는 그 벽을 자세히 보려고 다가갔다. 이 벽이 어떻게 설계되었는지, 어떻게 관리하는지, 수천수만 가지 궁금증이 일었다. 누가 더 많은 걸 말해줄 수 있을까?

판매자의 이름을 알아냈다. 그때는 새 직장인 디스커버리 고등학교에 나가기 시작한 때라 나는 우리 학교를 방문해달라고 그를 초대했다. 디스커버리 고등학교는 내가 여러 해 전 그린 틴스를 시작했던 월턴 고등학교 건물에 생긴 작은 고등학교 중 하나였다.

"교실에서 이걸로 뭘 할 수 있을지 혹시 생각하시는 거 있으세요?" 3층에 있는 우리 교실로 그가 찾아왔을 때 내가 물었다. 그에겐 별다른 생각이 없었다. 그때까지 그린 월은 대부분 상업적 매장이나 산업현장에 설치되고 있었다. 그가 교육현장에서의 가능성을 깨닫기까지는 오래 걸리지 않았다.

"우리 교실에 이런 벽 하나를 설치해주세요." 내가 설명했다. "그러면 정원이 있는 곳까지 한 시간씩 지하철을 타고 아이들을 데려가지 않아도 되거든요. 날마다 수업에 식물을 통합시킬 수 있을 거고요." 나는 우리 교실의 큰 창문으로 식물에게 충분한 빛이 들어올 거라고 생각했다.

더욱이 아이들이 그린 월을 설치하고 관리하는 법을 배운다면 기술, 생물학, 데이터 수집, 엔지니어링 등등 더 많은 것을 배울 온갖 길을 발견할 수도 있었다. 무엇보다도 그린 월은 그냥 보기에도 너무나 근사했다! 그것은 우리의 그린 그래피티를 실내로 들여올 방법인 것 같았다.

내가 잠시 숨을 고르기 위해 말을 멈추자 판매업자는 무역박람회에서 쓰다 남은 일부 재료를 기증할 테니 실험해보라고 제안했다. 게임이 시작되었다. 교실에 설치할 그린 월과 나의 피드백에 흥미를 가진 판매업자가 생겼으니 이제 진지한 공동학습을 시작할 시간이었다. 무엇보다 알고 싶은 건 이거였다. 우리가 힘을 합치면 이 제품을 어떻게 개선할 수 있을까, 나아가 교육을 어떻게 개선할 수 있을까? 어떻게 하면 1 더하기 1로 2보다 더 큰 것을 만들어낼 수 있을까? 나는 알아내고 싶어 견딜 수 없었다.

아이들과 나는 하루 만에 우리의 첫 그린 월을 설치하고 식물을 심을 준비를 마쳤다. 그리고 거의 그만큼 빠르게, 첫 번째 그린 월은 내가 예상했던 모든 면에서, 그리고 그보다 많이 학습 환경을 바꾸었다.

"교실 분위기가 완전히 *살아 있는* 것 같아요." 비아니가 뒤로 물러서서 모종이 가득한 우리의 그린 월을 바라보며 말했다. 파이고 깎이고 오랜 세월의 낙서와 온갖 학대를 감추려고 페인트를 덧칠한 다른 교실의 벽과는 완전히 달랐다. 우리의 그린 월은 거의 천장에 닿았다. 우리는 모종이 햇볕을 한껏 받도록 그 벽을 3층 창가에 가까이 놓았다.

그 벽을 구경하려고 여기저기서 사람들이 왔다. 첫 번째 손님은 다른 학급에서 온 아이들이었다. 우리의 정신 나간 최근 프로젝트에 관해 이미 들어서 알고 있었던 것이다. 그다음에는 더 많은 손님이 오기 시작했다. 궁금해하는 동료 교사들, 월턴 교정에 들어선 다른 학교 교사들, 이 건물 3층에서 흥미로운 일이 벌어지고 있다는 낌새를 눈치 챈 이웃들. 성장시간을 늘리기 위해 빨강, 자주, 파랑 엘이디LED 전등까지 설치했을 때는 밤에 빛을 내는 학교 창문에 대한 소문을 조사하러 기자들이 찾아왔다. 대체 그 3층에서는 무슨 일이 벌어지는 걸까?

"이 전등이 너무 밝아서 하늘의 비행기나 헬리콥터에서도 다 보이겠네요!" 에드거가 말했다. 그 아이는 가장 정확하게 식물을 심었고 자기가 '아기들'이라고 부르는 모종에 빛을 쐬어줄 전등을 간절히 바라고 있었다.

실내 그린 월을 갖게 되면서 우리에게는 뉴욕 시와 미국을 통틀어 최초로, 바로 여기 브롱크스에서 싹 트고 자란 '먹는 교실'이 생겼다. 기대했던 대로 아이들은 자기만의 탱탱한 토마토와 향기로운 허브, 달콤한 딸기, 그 밖에 나머지 상상할 수 있는 모든 것을 직접 키우면서 건강한 식생활에 관심을 갖게 되었다. 무엇보다도 이런 보상은 특정 계절에만 한정되지 않았고, 학교에서 멀리 떨어진 곳에서 얻어지는 것도 아니었다. 그것은 우리 교실에서 1년 내내 얻을 수 있었다.

"리츠 선생님, 우리 할머니가 저 벽에서 살사소스에 들어갈 할라피뇨를 키울 수 있는지 물어보시던데요." 어느 날 루페가 말했다. 그 질문은 곧바로 고추의 번식과 꽃가루받이에 관한 수업으로 이어졌다. 나는 아이들에게 깃털과 칫솔을 이용해 꽃가루받이하는 방법을 보여주었다. 호기심 많은 한 아이는 전동칫솔을 가져와서 실험했다. 다들 그것이 첨단 꽃가루받이법이라고 생각했지만, 구식 기술도 똑같이 효과가 있었다.

열다섯 명의 십대들이 깃털과 칫솔을 들고 이 식물 저 식물로 옮겨다니며 야외에서 꿀벌이 하는 일을 직접 하는 광경은 초현실적이었다. 하루는 교장이 우리 교실에 와서 무슨 일이냐고 물었다. 그가 아이들의 대답에 얼마나 놀랐을지 상상해보라. "식물들을 섹스시키는 거예요!" 그렇게 말한 뒤 아이들은 좀더 전문적인 용어로 수분과정을 설명하면서, 부쩍 늘어난 학술 어휘 실력과 학업 성취도 과학시험에 준비되어 있음을 보여주었다. 그전에는 유성 수정과 무성 수정에 관해 몇 주씩 수업을 들어도 아이들은 한마디도 기억하지 못했을 것이다. 이제 아이들은 정확하게 이해할 수 있었다. 우리는 이 수업을 '식물 어버이'라고 불렀다. 아이들에겐 그럴 만한 지식이 있었다.

그런 학습은 매우 흥미로웠고 이동 등 기타 작업에 시간을 낭비하는 일 없이 시작종부터 마침종까지 이어졌다. 식물은 빠르게 자랐고 신선한 먹을거리를 가방에 넣어 집에 가져갈 만큼 양도 충분했다. 부모와 할머니들은 무척 좋아했고, 싱싱한 채소를 직접 따려고 교실을 찾아오기 시작했다. 심지어 그린 월에 심으라며 좋아하는 식물과 허브의 씨앗을 가져오는 부모들도 있었다. 아이들의 학업문제나 행동문제 때문이 아닌 긍정적인 이유로 가족이 학교에 찾아오는 건 기쁜 일이었다. 이거야말로 내가 바라던 전환적이고 확장 가능한 부류의 녹색 경험이었다.

그린 월은 빠르게 자라지만 저 혼자 자라지는 않는다. 수많은 모종을 심으면 성장매체가 가득한 저만의 작은 셀에서 뿌리를 내린다. 새 식물을 심고 싶으면 먼젓번 식물을 쉽게 바꿀 수 있다. 아이들은 그 벽을 이용해 살아 있는 예술작품을 만들 수 있다는 걸 알고 식물의 색깔과 질감으로 실험하고 싶어했다.

우리는 한 달 동안 빨간색과 녹색의 식물로 디스커버리 고등학교의 약자인 DHS라고 쓰인 살아 있는 벽화를 만들었다. 이 프로젝트를 하면서 아이들은 그래프, 제도, 식물, 식물 사이의 비례에 관해 배울 수 있었다. 아이들은 먼저 종이에 벽화를 디자인한 다음, 그래프용지에 스케치를 옮기고, 어떻게 X/Y 축에 그것을 제도할 것인지 고민했다. 우리는 색종이로 모형을 만들어 디자인을 꼼꼼히 수정한 뒤 빨간색 세덤과 잎이 많은 녹색 식물을 벽에 심었다. 마지막 단계는 살아 있는 색색의 식물로 숫자에 맞춰 색칠하는 것과 같았다.

그 과정은 탐구학습과 자기표현에 더없이 좋은 기회였지만, 이 모든 실험은 아이들이 식물들을 빠르게 조사해나가고 있다는 뜻이었다. 이 직접 학습 경험을 계속하기 위한 충분한 모종은 어디서 구할 수 있었을까?

우리 녹색 교실에서 모종을 돌보는 일은 가장 발달이 늦은 몇몇 아이가 책임을 맡았다. 그들은 모종을 키우는 일에 관해서는 천재였다. 그들은 인내심이 있었고, 그 과정을 사랑했다. 그들은 천천히, 제대로 해냈다. 나머지 아이들은 그 아이늘에게 의존했고, 그것이 우리 반 아이들의 포용력을 높여주었다. 우리는 모두에게 중요한 일을 하고 있었다.

주 상원의원 구스타보 리베라Gustavo Rivera는 여러 학교가 들어선 월턴 교정 근처에 살고 있었는데, 하루는 우리의 '먹는 교실'을 보기 위해 우리 학교를 찾았다. 나는 그가 누구인지 몰랐고 정치 시스템이 어떻게 돌아가는지도 알지 못했다. 나는 보통 방문객과 똑같이 그를 대했다. 한 번에 서로 다른 열 가지 일이 일어날 듯 일부러 높인 목소리와 요란스러운 몸짓이 활개 치는 교실 분위기에 푹 빠져서 말이다.

그날은 유독 바빴다. 우리 교실에서는 지역사회 최초의 직거래 시장을 개최해 학생들의 미술작품과 함께 교실에서 키운 작물을 파느라 정신이 없었다. 요리 시연을 해줄 셰프 한 명도 초대했다. 그리고 바로 옆 초등학교의 유치원생들이 채소 이야기를 듣기 위해 곧 도착할 예정이었다. 1학년생들은 칫솔을 들고 의상까지 갖춰 입고서 우리 아이들의 지도로 꿀벌 역할을 하기 위해 들어오고 있었다. 심지어 어퍼웨스트사이드의 배타적인 명문 사립학교인 컬훈스쿨에서도 손님들이 왔다. 그 학교의 교사가 학생들을 위한 녹색 커리큘럼을 실험하고 있었던 것이다. 너무 많은 사람이 와 있어서 큰 교실에 사람들이 넘치다 못해 복도까지 북적거렸다. 우리가 키운 작물은 인기가 좋아서 학생들이 준비한 신발상자에는 2,000달러가 넘는 현금이 쌓였다.

우리 아이들은 직접 전단지를 만들어 동네방네 직거래 행사를 알렸지만, 그렇게 많은 사람이 모이리라고는 예상하지 못했다. 예산을 맡은 아이들은 300달러어치의 판매를 계획했다. 솔직히 나는 그것도 낙관적인 기대치라고 생각했다. 그저 손해나 보지 않기를 바라고 있었다. 상원의원은 그 혼돈의 행사장 안으로 들어왔다.

"어서 오세요, 의원님! 와주셔서 감사합니다. 이쪽으로 오세요." 나는 어깨 너머로 소리쳤다.

교실의 왁자지껄함에 정신이 없는 듯, 그는 허둥지둥 나를 따라왔다. 리베라는 체구가 크고 풋볼 선수처럼 어깨가 넓었다. 옷차림은 말쑥했고 바지는 칼날처럼 다림질되어 있었다. 깨끗이 면도해서 반짝이는 얼굴은 어려 보였다. 아직은 그를 어떻게 해야 할지 확신이 서지 않아서 나는 기대에 찬 표정의 어른들이 뒤에 서 있는 또 다른 교실로 안내했다.

"여기서 기다리세요." 나는 그에게 말하고는 다시 혼돈 속으로 들어갔다. 몇 분 후 나는 서로 손을 잡은 유치원 아이들을 이끌고 다시 나타났다. 아이들은 채소를 닮은 이름표를 하고서 셔츠 등에는 꿀벌 날개를 달고, 이마에는 더듬이를 붙이고 있었고, 교실 뒤에 서 있는 부모들을 보자마자 손짓하기 시작했다.

"애들아! 오늘 너희들을 위해 특별한 걸 준비했단다." 나는 깜짝 놀란 표정의 리베라를 곁눈질로 보며 말했다. "상원의원님이 오셨어!"

그 말만 하고서 나는 그 정치가가 다섯 살 꼬마들과 어울리도록 내버려두었다. 어린 꼬마들은 보통 그가 연설하는 대상이 아니었다. 다행히 그 옆에 있던 보좌관들이 어린아이들에게 말랑한 질문을 하도록 도와주었다. "좋아하는 채소가 뭐예요?" 등등. 몇 분 후 다시 돌아가서 보니 리베라는 그 교실에 있던 부모들과 일일이 악수를 나누면서 어린 아이들은 처음 대해본다고 고백하고 있었다. "저한테는 아이가 없다는 게 티 나나요?" 그는 그런 질문으로 호의적인 웃음을 끌어냈다.

나는 그 상원의원을 그들에게서 구해주고는 빠른 말로 우리 프로그램을 소개하면서 '먹는 교실'이 주는 온갖 혜택을 설명하고, 이 아이디어를 많은 학교에 전파할 수만 있다면 공공교육에 도입할 수 있을 거라고 이야기할 생각이었다.

본격적인 설명에 막 들어가려는데 그가 덥석 내 팔을 잡았다. "스티븐, 진정해요! 선생한테 수많은 아이디어가 있다는 건 알겠는데, 선생이 하는 말을 절반밖에 알아들을 수 없네요." 그 말을 듣자 마조라의 충고가 떠올랐다. 사람들에게 소방호스처럼 정보를 쏟아붓지 마라.

그래서 심호흡을 하고 다시 시작했다. 이번에는 식물의 성장과 건강한 지역사회 성장 사이의 연관성을 좀더 자세하게 설명하려고 애썼다. 이번에는 그가 이해했다. 뉴욕 주 전체에서 건강 관련 통계가 최악인 구를 대표하는 의원으로서 리베라는 해법을 찾고 싶어했다. 그는 나더러 계속해보라고 격려했고 다시 만날 일이 있을 거라고 약속했다.

리베라는 떠나기 전에 우리 고등학교 학생들이 가득한 교실에서 같이 일할 시간을 가졌다. 그는 열심히 일했다. 그는 우리 아이들에게 다가가 일일이 눈을 맞추고 악수를 청하고 인사했다. "안녕, 난 뉴욕 주 상원의원이야. 너희들을 위해 일한단다." 아이들은 깜짝 놀랐다. 자신들을 위해 존재하는 관리는 한 번도 만나본 적이 없었기 때문이다. 그런데 이 남자는 눈 깜짝할 사이에 영어에서 스페인어로 바꾸면서, 얕보는 기색 없이 십대들에게 말을 걸었다. 그는 통찰 있는 질문과 음악, 패션, 동네 관심사에 관한 말로 아이들과의 공통 화제를 곧바로 찾아냈다.

"잊지 마세요, 스티븐." 그는 교실 문을 나서며 나에게 조언했다. "우리가 필요로 하는 건 저렴하고 복제 가능한 프로그램입니다."

우리 녹색 교실이 수는 많은 기회는 매우 환영할 만했지만, 나는 그 장치가 여전히 만족스럽지 않았다. 그린 월은 교실에서 활용하기에는 완벽하지 않았다. 사실 우리 아이들과 나는 첫 번째 그린 월을 조립하자마자 손질하고 수정하기 시작했다.

"여러분, 문제가 생겼다." 나는 수업 시작 때 아이들에게 말했다. "관리 아저씨들이 우리에게 단단히 화가 나셨어."

모든 교사는 학교 관리 직원들의 심기를 건드리지 않기를 원한다. 우리의 직접 학습 자료가 그들이 치워야 하는 난장판 쓰레기가 된다는 건 내가 무엇보다 피하고 싶던 일이었다. 그런데 정확히 그런 일이 벌어지고 있었다. 그린 월에 처음 물을 주던 때, 생육배지 중 일부가 물에 씻겨 바닥에 떨어졌다. 야간 관리인들이 교실에 왔을 때는 치워야 할 흙덩어리가 놓여 있었다. 나는 우리 농부들이 치울 테니 내버려두라고 말했다.

아이들은 투덜거렸다. 어제만 해도 그린 월을 조립하고 식물을 심으면서 마치 바퀴라도 발명한 기분이었다. 그런데 오늘은 이런 따분한 일이나 해야 한다니. 나는 아이들에게 스펀지를 건네고 걸레질하는 동안 생각할 거리를 주었다. "자, 물을 줄 때마다 바닥 청소를 해야 하는 건 내키지 않아, 그렇지? 하지만 물을 주지 않을 수도 없어, 식물들이 말라죽을 테니까. 그렇다면 이런 난장판을 만든 건 무엇일까?"

"중력이요!" 한 아이가 불쑥 대답하면서 곧장 문제의 핵심을 짚어냈다. 첫 번째 그린 월은 바닥에서 90도 각도로 세워졌기 때문에 꼭대기에 부은 물이 바닥까지 빠르게 내려가면서 흙을 쓸어내려갔던 것이다.

"맞아, 우리가 어떻게 중력하고 싸울 수 있을까?" 내가 그 아이에게 물었다.

그러자 모든 아이가 그 난장판 때문에 투덜거리는 대신 그린 월을 분석하기 시작했다.

우리는 여러 실험을 설계했다. 내용물이 쏟아지지 않게 하면서도 어느 정도까지 벽을 기울일 수 있을까? 기하학에서 기울기를 이해하지 못하던 아이들이 이제 이해하게 되었다. 우리는 문제를 해결하기 위해 스케치를 하고 모형을 구상했다. 그러나 생각해야 할 변수는 언제나 더 많았다.

"이 벽에 바퀴를 붙여요." 하루는 조너선이 제안했다.

"바퀴는 왜?" 나는 궁금했다.

"바퀴가 있으면 벽을 이리저리 옮길 수 있잖아요!" 그 아이가 소리쳤다. "이 벽은 완전 짱이에요. 다들 보고 싶어할 거라고요. 우리가 무얼 배우는지 사람들한테 보여줄 수도 있어요."

다른 학생이 거들었다. "그래요, 리츠 쌤. 쌤도 우리 생각을 눈에 보이게 만들고 싶어하잖아요, 맞죠?"

"맞아." 교실에서 내가 자주 쓰는 말을 따라 하는 그 아이의 말에 웃음이 나왔다. 그래, 아이들 말이 옳아, 이 아이들은 교육을 바꾸고 전체 그린 테크 산업에 영향을 미칠 준비가 되어 있어, 나는 속으로 생각했다.

적당한 바퀴를 알아내려니 해결해야 할 문제는 더 많아졌다. 우선은 바퀴가 바닥에 자국을 남기지 않도록 해야 했다. 그린 월은 쉽게 모퉁이를 돌 수 있으면서도 움직일 때 넘어지지 않을 만큼 충분히 안정적이어야 했다. 바퀴는 고정형이 좋을까, 아니면 회전형이 좋을까? 반대로 기울이면 어떨까? 우리는 수많은 변형을 시험하고 분석했다.

마침내 우리는 그린 월을 교실 밖으로 밀고 가 우리의 21세기형 발표회를 위한 완벽한 소품으로 활용할 순비가 되었다. 식물 가능한 바퀴 달린 벽을 처음 밀고 엘리베이터 안으로 들어가서 3개 층을 내려와 구내식당 안으로 들어갔던 그날, 우리는 마라톤을 끝낸 기분이었다. 그러나 중대한 결승선은 아직도 우리 앞에 있었다.

우리가 그린 월을 밀고 들어갔을 때, 600명의 왁자지껄한 십대들로 가득한 구내식당이 한순간에 멈추었다. 세상에, 이게 대체 뭐람? 다른 아이들은 벽을 미는 우리 아이들을 보고서 온갖 억측을 해댔다.

"요, 그게 뭐야, 약풀 벽인가?" 누군가 소리쳤다. 우리 아이들 몇몇이 마리화나를 피운다고 알려졌다는 건 비밀이 아니었다.

"천만에!" 비앙카가 되쏘았다. "약풀을 키우는 건 아마추어나 하는 짓이지. 이건 그보다 훨씬 근사한 거야. 먹는 거라고. 게다가 우리가 직접 만들고 키운 거야!"

우리 아이들은 이제 주변부에 있는 게 아니라 스포트라이트를 받으면서 채소의 혜택과 건강한 식생활에 관해 또래 아이들을 교육하고 있었다. 교실에서는 절대 섞이지 않는 청소년들이 몰려들어 질문을 했다. 우리 아이들은 전문가가 되어 있었다.

그린 월에 모든 학생이 반응하는 모습을 보면서 나는 이 기술이 비단 특수교육반 학생에게만이 아니라 전국의 모든 교실에서도 광범한 매력을 가질 수 있다는 것을 알았다. 그러나 더 많이 수정하지 않고서는 그럴 수 없었다. 나는 리베라 상원의원의 충고를 내내 되뇌었다. "저렴하고 복제가 가능해야 합니다." 우리는 그 두 가지 요구조건 중 하나도 충족하지 못하고 있었다.

내가 처음 시작했던 산업용 그린 월 모델은 납작하게 뉘어서 발송되었다. 그것을 조립해야 한다는 건 아무 문제도 아니었다. 나는 의욕과 열의가 넘쳤으므로 힘센 학생들 몇 명을 불러 거추장스러운 상자를 3층까지 옮기게 했고, 그런 다음 머리를 싸매가며 그 모든 조각을 끼워맞추었다. 조립작업은 아이들에게는 목적이 있는 읽기, 지시 따르기,

자신의 손으로 근사한 것을 직접 조립해내는 만족감 등을 즐길 수 있는 굉장한 기회였다. 그러나 대부분의 교사는 그 조각들을 힘들게 옮기고 조립을 감독하느니 차라리 금방 잊어버리고 말 거라는 사실 또한 나는 잘 알고 있었다.

더욱이 그린 월은 비쌌다. 나는 운 좋게 기증받은 재료를 가지고 작업했을 뿐이다. 식물에 들어가는 돈은 고사하고 5,000달러 가격표가 붙은 물건에 돈을 댈 수 있는 학교들(특히나 우리 학교처럼 빈곤율이 높은 지역사회의 공립학교들)이 얼마나 되겠는가?

이보다 작은 모델이라면 더 큰 교육시장에서 먹힐 게 분명했다. 크기는 얼마가 적당할까? 데이터가 필요했으므로 나는 이때쯤 조교로 불리던 학생들을 보내 교정 전체의 교실 문과 복도, 계단통, 엘리베이터 입구 등의 치수를 재게 했다.

"흠, 이 치수가 정확한 거 맞아?" 나는 아이들의 계산을 보고 물었다. "너희들이 조사한 치수가 모두 똑같잖아."

아이들은 다시 돌아가서 출입구의 치수를 두 번 세 번 다시 재더니 결국 이렇게 주장했다. "쌤이 모르셔서 그래요. 숫자들이 모두 똑같아야 맞아요. 문마다 크기가 똑같으니까요!" 표준 규격에 관한 얼마나 훌륭한 수업인가. 아이들은 그 모든 것을 스스로 이해한 것이다.

우리는 측정에 관한 우리의 의견을 그린 월 판매자와 공유했고, 그는 우리에게 시험해보라며 더 작은 새 모델과 수정본을 보내왔다. 우리 모두 함께 배워가고 있었다.

조교 아이들의 문제해결력이 높아지다 보니 그들은 생육배지가 젖으면 팽창하도록 스펀지 같은 재료를 추가하자는 멋진 아이디어를 내놓았다. 아이들은 난장판이 된 교실을 치울 때 스펀지의 성질에 관한 모든 걸 알았던 것이다. "리츠 쌤, 그게 효과가 있을 것 같아요." 아이들이 말했다. "하지만 물을 빨아들이려면 어떤 걸 써야 할지 모르겠어요."

"그럼, 이번에는 재료과학을 공부해봐야지." 나는 그런 말로 수업시간에 몇몇 학문 어휘를 추가했다. "너희는 흡수력이 매우 좋으면서도 식물에게 독성이 없는 걸 찾고 싶은 모양이구나. 그게 너희가 바라는 기술적 요건이야, 그렇지?"

그랬다. "음, 난 재료과학은 잘 몰라서 말이다." 내가 인정했다. "그걸 알아내도록 우리를 도와줄 만한 사람이 누구일까?"

한순간도 망설이지 않고 알레한드로가 불쑥 소리쳤다. "미카엘라한테 물어봐요! 미카엘라는 별의별 괴짜들을 다 알고 있잖아요. 미카엘라네 학교에 답을 아는 사람이 분명 있을 거예요."

그 무렵 내 딸은 명성이 자자한 브롱크스 과학고등학교 학생이었다. 딸아이 학교는 우리 학교와는 걸어서 네 블록 거리밖에 안 되었지만 또 다른 우주라고 해도 될 정도였다. 이 전설적인 명문학교에는 뉴욕시의 다섯 개 구 전역에서 학생들이 왔다. 그곳은 선발제였으므로 입학하려면 시험을 치러야 했다. 미카엘라와 그 반 친구들은 첨단 과학실험실과 첨단 컴퓨터를 썼고 별을 배울 때는 천문대까지 이용할 수 있었다.

원래 두 학교의 학생들은 서로를 피하는 사이라 같은 4호선을 타고 내릴 때도 서로 다른 역을 이용했다. 아이들은 사회학 학위가 없어도 누가 어디에 속하는지 알고 있었다. 한 번의 눈길만으로 서로를 평가하면서 그 즉시 서로를(그리고 자신을) 판단했다. 미카엘라는 이 교정과 저 교정을 오가면서 두 세계 다 편안하게 느끼는 고독한 꽃가루 매개자였다. 덕분에 미카엘라는 정보의 통로가 되어 두 교정의 아이들에게 멀지 않은 신비한 상대 학교의 가교 역할을 했다.

미카엘라는 똑똑한 자기 반 친구들이 멋진 과학실험실에서 우리의 너저분한 문제에 대한 해결책을 찾아줄 거라고 확신했다. 그 학교 아이들은 미친 과학자의 온갖 아이디어를 가져왔다. 한 아이는 식물의 뿌리가 보이도록 고체 대신에 젤리 같은 투명한 생육배지를 이용하라고 제안했다. 우리 아이들은 무슨 연구개발 팀처럼 다양한 제안을 실험하고 평가했다. 아이들의 문제해결력은 점점 더 성장하고 있었다.

실제로 우리 아이들 중 일부는 그린 월과 관련된 일을 너무 잘해서 민간 산업이나 개인의 특별 프로젝트에 고용되었다. 맨해튼 록펠러센터에 그린 월 설치작업에 참여한 아이도 여럿 된다. 그들이 푸르게 만드는 건 이제 동네만이 아니었다. 록펠러센터는 최고의 부동산 아닌가! 아이들은 보스턴의 한 초고층 건물 안 21층에도 그린 월을 설치했고, 맨해튼의 홀푸즈 마켓 매장에도 그린 월을 세웠다. 내가 예견했던 그대로 우리가 교실에서 해낸 실험은 취업기회를 열어주었고 떠오르는 녹색 경제의 동맹군을 끌어들였다.

마지막 종이 울린 뒤에도 리즈 쌤이 계속 학습하기를 원한다는 건 공공연한 비밀이었다. 나는 방과 후에도 늘 학교에 있었고, 돕기 위해 남은 학생들 누구와도 같이 일하려고 했다. 보통 학교 문을 열고 닫는 사람은 나였다. 나는 야간조는 물론 주간조까지 모든 관리인과 친해서 종종 우리 교실에서 딴 싱싱한 채소를 들려 보내곤 했다. 위탁양육 기관에서 가장 다루기 힘든 청소년들을 위한 방과 후 훈련 프로그램을 맡을 의향이 있는지 물어왔을 때는 그 아이들을 초대해 그냥 출석만 하라고 했다. 우리는 직접 해봄으로써 배우려는 의향이 있는 참가자들을 언제든 활용할 수 있었다.

며칠 후에 한 사회복지사가 나디예라는 이름의 한 소년을 데리고 왔다. 나디예는 아프리카 코트디부아르 출신의 이민자로 평생을 비극 속에서 살아온 아이였다. 어머니는 그 아이가 열두 살 때 세상을 떴고 아버지는 삼촌과 살라며 아들을 미국에 보냈다. 가족 갈등은 신체적 학대로 발전했다. 그 아이는 익명의 한 고발로 열네 살 때 위탁양육가정에 가게 되었다. 지금은 열여덟 살이 다 되어가는데, 곧 위탁양육가정을 떠나야 해서 스스로 먹고살 방법을 궁리해야 했다. 나디예는 직업 기술을 절실히 원했지만 고등학교를 졸업하려면 과학시험을 통과해야 했다.

"여기서 과학은 많이 배우게 될 거야." 내가 약속했다. 머지않아 나는 나디예의 머리가 명민하고, 섬세한 식물을 깃털로 수분시키기 등 손으로 하는 일에 재주가 있다는 걸 알았다. 그래서 고등학교 생물시험을 통과하는 데 필요한 학문 어휘를 일부러 강조해서 말하곤 했다. 그러던 중 나디예가 다른 학생에게 하는 말을 우연히 듣게 되었다. "우리가 왜 이 백인을 위해서 공짜로 일해줘야 해?" 나는 자원봉사가 기술을 쌓는 데 도움이 될 것이며, 기술이 있으면 결국 취직을 하게 될 거라고 설명했다.

"지금은 보수를 받지 않는 인턴으로 시작하는 거지만, 나중에는 정식 일자리를 구하게 될 거야." 나디예의 기분을 풀어주기 위해 나도 자원봉사를 하고 있으며 우리 프로그램을 확대할 생각으로 방과 후에 개인 시간을 쓰고 있다고 말해주었다. 그 아이는 할 말이 없는 모양이었다.

"그럼 선생님은 왜 항상 행복하게 웃고 계세요?" 나디예가 물었다. 내가 할 수 있는 대답은 또 한 번의 미소뿐이었다.

눈에 보이는 우리의 프로젝트가 우리에게 명성을 안겨주었고, 그 명성 덕에 때로는 특별 프로젝트를 맡게 되었다. 덕분에 돈을 받는 일거리에 학생들을 고용하는 것도 쉬워졌다. 한 개인주택에 녹색 지붕을 설치하는 여름 일거리에 몇몇 아이를 데려갈 기회가 생기자 자연히 나디예 생각이 났다. 나는 그의 위탁양육가정을 찾아가 그에게 가방을 싸라고 말했다. "그리고 수영복도 가져와. 나디예, 우린 햄턴스로 간다!"

"농담이시겠죠." 나디예가 눈이 휘둥그레져서 말했다. 그 아이는 햄턴스가 어디인지 전혀 몰랐지만 며칠 동안 뉴욕 시를 벗어나 있을 거라는 말에 좋아했다.

나디예는 그 일로 괜찮은 급료를 받았을 뿐 아니라 냉장고가 갖춰진 숙소와 교통비 일체를 지급받았다. 그 아이는 굉장히 일을 잘했기 때문에 다른 프로젝트에도 추천되었다. 나는 힘든 성장배경을 지닌 이 아이가 가는 곳마다 친구를 만드는 것을 지켜보았다. 햄턴스에서도 우리 동네에서도, 그 아이는 "다른 어머니가 낳은 내 형제"라고 부르면서 친구를 만들었다.

햄턴스에서 돌아왔을 때 나는 모든 아이에게 은행계좌를 만들도록 했다. 나디예는 첫 번째 아파트를 마련하기 위해 저축했다. 나중에야 알게 된 사실이지만 그 아이는 코트디부아르의 집에도 돈을 보내고 있었다.

나디예가 웃음을 띠고 말했다. "리츠 쌤, 쌤이 제 마음을 움직였어요." 나디예도 내 마음을 움직였다.

나의 새 친구 구스타보 리베라 상원의원은 자신이 했던 말대로 더 건강한 지역사회를 위한 대변자로 나섰다. 그야말로 앞으로 나섰다. 이른바 '브롱크스 CAN(Change Attitudes Now, 지금 태도를 바꾸라)'이라는 새 사업이 시작된 2011년 여름 건강박람회 기간 중 그는 한 지역사회센터에서 저울에 올라가기 위해 나선 것이다. 텔레비전 카메라들이 저울 눈금을 자세히 비춰서 결과를 보여주었다. 136킬로그램이 조금

넘었다.

세상에, 나는 깜짝 놀라고 말았다. 그는 나만큼(거의 뒷자리까지 같게) 체중이 많이 나가기도 했지만, 정치인이 그렇게 공개적으로 투명하게 처신하는 걸 본 적이 없었다. 사실 보기에는 그만큼 무거운 것 같지 않았지만 저울을 두고 논쟁할 일은 없었다. 자신에 관해 엄연한 진실을, 그것도 공개적으로 말하는 남자가 여기 있었다. 그는 본을 보이고 솔직함으로써 앞장서고 있었다. 로버트 셰털리의 초상화처럼 말이다. 모든 분야에서 그런 자세가 더 많이 필요했다.

리베라는 그 여름에 9킬로그램을 빼겠다고 맹세하고, 앞으로 몇 달 동안 예정된 건강박람회에 자신의 변화를 공유하겠다고 약속했다. 그리고 근사한 스파에 다니거나 개인요리사를 고용하지 않고서 체중감량을 할 계획을 세웠다. 아니, 이 브롱크스 주민은 나머지 사람들과 똑같은 동네에서 음식을 먹으면서 날씬해질 생각이었다. 비록 우리 브롱크스가 뉴욕 주의 건강지표에서 맨 꼴찌일지언정 리베라는 이 지역사회가 더 건강해지기 위해 필요한 모든 자산을 갖추고 있다고 확신했다. 우리만의 건강관리 전문가들, 로컬푸드 제공업자들, 운동을 위한 물리적 공간까지 부족한 게 없다고 말이다.

게임은 시작되었다. "리베라가 9킬로그램을 뺀다면 난 18킬로그램을 빼겠어." 나는 내 가족과 학생들을 포함해 내 말에 귀 기울일 만한 모두에게 약속했다. 나의 지나친 경쟁심을 불태우는 데 필요한 건 리베라의 공약뿐이었다.

나는 그 상원의원의 모범을 따라 절제를 시작했다. 감자칩과 소다는 더는 입에 대지 않았다. 피자는 세 조각 대신 한 조각만 먹었다. 하루 동안 활기를 유지하기 위해 견과류와 사과 같은 작고 건강한 간식을 즐겼다. 자, 어떻게 되었을까. 최초의 18킬로그램은 그냥 날아가버렸다! 몸이 전보다 좋아진 것 같았다. 옷들이 그렇게 꼭 끼지 않았다. 그리고 사람들이 알아보았다. 그들의 반응은 체중감량을 계속하게 하는 자극제가 되었다. 그 상원의원처럼 나도 나 자신을 책임지고 있었다. 아이들에게 더욱 건강하게 살라고 가르치려 한다면 나도 똑같이 해야 하지 않겠는가?

한편 해결해야 할 새로운 문제들이 생겼다. 다른 반 학생들이 우리의 녹색 프로젝트에 참여하기를 원했다. 그 때문에 학교 안에서 마찰이 빚어졌다. 교장은 우리 특수교육반 학생들이 열심이고 잘해내는 것을 보고 기뻐했다. 이 아이들의 학업은 매우 뚜렷하게 향상되어 학교 전체의 성과가 크게 좋아졌다. 그러나 우리 반은 이례적이었다.

교장은 주류 학생들이 계속 대학 진학준비에 초점을 맞추기를 원했지, 직업교육의 샛길로 빠지는 걸 원하지 않았다. 그것이 학교와 그 아이들의 미래를 위한 그의 야망이었다. 나는 분열조장자였고 이 교장은 분열을 혐오했다. 물론 그는 사명감이 있었고, 그 사명에 관한 한은 고귀했다. 그 사명이 나의 것과는 다를 뿐이었지만, 나에게는 내 사명도 똑같이 중요했다. 그 마찰은 여러 가지로 너무 위험했다.

아마도 우리가 그린 브롱크스 머신Green Bronx Machine이라는 새 이름을 도입한 게 학교 행정부에 아무런 보너스 점수를 얻지 못했던 게 아닌가 싶다. 몇 년 전, 나는 우리 월턴 고등학교 학급 아이들에게 그린 틴스라는 이름을 붙여주었다. 내가 직장을 바꾸면서 그 프로그램은 종결되었다. 이제 우리는 별개의 학급 프로젝트보다 훨씬 크고 훨씬 중요한 무언가를 하고 있었다. 우리 아이들에게 초청강연을 해주곤 하던 사랑하는 한 동료가 우리의 새 이름을 제안했다. '그린 브롱크스 머신'이라는 이름은 지역사회 변화의 농력이 뇌셨나는 우리의 야심을 포착하고 있었다. 우리는 우리의 녹색 프로젝트로 어린이와 청소년만이 아닌 모든 사람의 삶을 향상시키고 싶었다. 우리 아이 중 한 명이 녹색 기어가 들어간 로고를 디자인했다. 그것은 근사한 브랜드였지만, 디스커버리 고등학교에 관해서는 아무것도 말하고 있지 않았다. 우리는 더 크게 생각하고 있었다.

떠도는 소문을 통해 나는 교장이 그린 브롱크스 머신을 분열로 여긴다는 걸 알았다. 나머지 교사들은 우리 아이들이 그린 월을 돌보다 더러워진 손과 엉망이 된 옷차림으로 교무실에 들어온다고 투덜거렸다. 그들의 고민거리를 나에게 직접 말해주는 사람이 아무도 없었다. 나는 그 모든 것을 간접적으로 들었다.

여름방학이 끝나고 돌아왔을 때 꽃이 시들었다는 걸 알았다. 나는 지하의 창문 없는 작은 교실로 재배치되었다. 도서보급실로 쓰였던 그 방은 천장이 너무 낮아서 들어가려면 머리를 숙여야 했다. 그린 월을 위한 공간은 없었다. 우리의 먹는 교실은 해체되어야 했다.

키 큰 양귀비는 다시 한번 베어지고 있었다. 텃밭용품들을 주섬주섬 싸던 나는 문득 녹색 교실 하나가 학교의 문화를 바꾸지는 못했다는 생각이 들었다. 그러나 그것은 학생들 가운데 결정적인 일부의 결과를 변화시켰다. 성공 가능성이 가장 적다고 여겨지던 아이들이 잘해내고 있었다. 디스커버리 고등학교에서 내가 처음 맡았던 아이들의 경우, 출석률은 40퍼센트에서 93퍼센트로 껑충 뛰어올랐다. 그 아이들은 이미 지역사회의 전설이 되어 있었다.

"마치 우리가 록 스타가 된 것 같아요." 한 아이가 내게 말했다. "헐, 우리가 록펠러센터에 가다니. 우린 텔레비전에도 나왔어요. 햄턴스에도 갔고요. 우주비행사도 만났잖아요!" 그 모든 것이 식물 한 뿌리의 힘 때문이있다. 정말 내단한 씨 쎄 푸에네 아닌가!

계절이 바뀔 때 느끼는 달콤 쌉싸래한 기분처럼 월턴 교정에서의 시절도 끝나간다는 느낌이 들었다. 그러나 내 안의 영원한 낙관주의자는 포기하려 들지 않았다. 나는 이것을 실패가 아니라 일보후퇴라고 생각하기로 했다. 세 가지 C(충돌, 연결, 공동학습)에 주목함으로써 나는 텃밭 농업과 그린 테크놀로지, 건강한 식생활의 혜택을 우리 교실 안으로 끌어올 수 있었다. 설사 이 학교 행정가가 내 꿈을 공유하지 않을지라도 그 아이디어는 포기하기 아까울 만큼 좋았다. 사회운동가 짐 하이타워Jim Hightower는 이렇게 쓴 적이 있다. "용기의 반대말은 비겁함이 아니라 순응이다. 죽은 물고기도 흐름을 따를 수는 있다." 나는 죽은 물고기가 아니었다. 나는 물을 거슬러 헤엄쳐 올라가 알을 낳아야 한다는 것을 알 뿐이다. 내가 여기서 배운 모든 것을 옮겨 심고 확장하면 훨씬 많은 아이에게 다가갈 수 있다.

확실히 그린 브롱크스 머신은 우리가 예전에 그린 틴스와 함께했던 어떤 것보다 훨씬 더 깊이 들어갔다. 더욱이 그것은 100퍼센트 학교 중심이었다. 우리가 초점을 맞추었던 프로젝트와 작업은 어떤 성격의 어떤 학교에도 얼마든지 흡수 통합될 수 있었고, 모든 내용과 학과목에 걸쳐 있었다. 그것이 포괄적이고 비과세기구의 위치를 가진다는 건 그 활동이 감독기구를 가질 수 있고 특정 학교의 특정 교사에게 의존하지 않아도 된다는 뜻이었다. 우리는 이제 내부적 틀과 기반시설을 갖추었으니 그 영향력은 우리의 손이 닿는 범위를 영원히 넘어설 것이고 그럴 수 있었다!

만약 다른 교사들로부터 학교를 푸르게 만드는 일에 관심을 끌어낼 수 있다면, 어쩌면 우리는 더 큰 분열을 일으키고 공공교육을 더 낫게 변화시킬 수 있을 것이다. 이제 힘들게 얻은 통찰력을 더 수용력 좋은 청중과 나눌 시간이었다. 씨 쎄 뿌에데! 나는 미처 몰랐지만 열심히 귀를 기울일 이상적인 청중은 줄을 서 있었다.

"WE WILL NEVER STOP STRUGGLING HERE IN THE BRO
EVEN THOUGH THEY'VE DESTROYED IT AROUND US.
WE WOULD PITCH TENTS IF WE HAVE TO RATHER THAN M
FROM HERE. WE WOULD FIGHT BACK, THERE IS NOTHING WE V
NOT DO. THEY WILL NEVER TAKE US AWAY FROM HERE. I V
VERY MUCH A PART OF THIS AND I'M NEVER GOING TO LEAVE
AFTER ME, MY CHILDREN WILL BE HERE"
CARRY ON... I HAVE VERY STRONG CHILD
AND VERY STRONG GRANDCHILDRE

CHAPTER 10

테드가 대체 누구야?

2011년 겨울

       크리스마스 방학 직전의 어느 추운 겨울 저녁, 나는 맨해튼 로어이스트사이드를 성큼성큼 걸어가고 있었다. 다이앤 해츠Diane Hatz라는 한 여자를 만날 약속이 있었다. 우리는 이메일로 연락했고 딱 한 번 휴대전화로 짧게 이야기한 게 전부였다. 아직은 그녀가 누구인지, 테드엑스TEDx 맨해튼 행사 큐레이터로서 그녀가 무슨 일을 하는지 전혀 알지 못했다. 나는 테드가 뭔지도 전혀 몰랐다. 그냥 테드라는 이름의 한 남자와 관련된 일이겠거니 생각하고 있었지, 많은 청중 앞에서 짧은 연설로 "전파할 가치가 있는 아이디어"를 퍼뜨리는 기구라는 건 금시초문이었다. 돌이켜보면 구글 검색을 먼저 했어야 했다.

  더욱이 트위터 동향이 무슨 뜻인지도 몰랐다. 심지어 트위터가 뭔지도 알지 못했다. 링크들이 이렇게 유튜브에서 소문을 타는지도 전혀 몰랐다. 나는 소셜미디어 초보자였다. 내가 아는 거라고는 우리가 서로 아는 사람이 이메일을 통해(나의 믿을 만한 AOL 계정을 이용해) 우리를 소개했다는 게 전부였다. 그녀의 아파트에서 했던 나의 테드엑스 시도가 우리의 첫 충돌이었다. 나는 정보가 얼마나 빨리, 얼마나 멀리 가는지에 관한 단기특강을 받을 예정이었다.

다이앤의 아파트 거실에 앉아서 나는 그린 브롱크스 머신에 관한 내 이야기를 시작했다. 아니 적어도 그러려고 했다. 다이앤은 어른이긴 했지만 우리 아이들과 다를 게 없었다. 굉장히 호기심이 강했고 똑똑했으며 배우는 데 열심이어서 두 문장마다 한 번씩, 새로운 질문으로 내 말을 자르곤 했다. 그 작은 아파트는 그녀의 지적 에너지와 끝없는 질문을 가까스로 감당해내고 있었다. "아이들이 그린 브롱크스 머신에 참석하면서부터 출석률과 학업 성적, 행동이 나아졌다는 그 이야기를 뒷받침해줄 아무 데이터라도 갖고 계세요?" 그녀가 물었다.

"물론 데이터가 있죠. 아직 데이터에 관해 말씀드릴 기회가 없었을 뿐이죠." 이윽고 그녀는 내가 얼마나 많은 사진을 강연에 포함시킬 생각인지 알았다. 그 사진들 대부분은 우리 아이들이 찍은 것이었다. 일전에 그녀는 내게 이메일을 보내면서 15장에서 20장의 슬라이드를 준비하라고 했다. 내가 수백 장의 사진을 보여주었을 때, 그것은 지나치게 준비된 교사의 한 모습일 뿐이었다.

"사진이 450장이라고요? 농담하세요? 안 돼요." 그녀는 단도직입적으로 자르면서 협상의 여지를 남기지 않았다.

우리가 대화를 끝낼 때쯤, 그녀는 2012년 초에 "우리 식생활 바꾸기"라는 주제로 테드엑스 맨해튼 행사를 벌써 예약해두었다. 그날 처음 만난 후 한참 나중에야 그녀가 말해준 사실이지만, 그녀는 나를 위한 강연을 마련하기 위해 심지어 행사 상사신까지 바꾸었다.

우리가 처음 대화할 때부터 다이앤은 사우스 브롱크스라는 지역사회에서 우리가 해왔던 일의 중요성을 이해하고 있었다. '체인지 푸드 Change Food'라는 네트워크의 설립자인 그녀는 모든 우편번호 구역마다 그 구역에서 건강하고 영양 많은 음식을 구할 수 있도록 공정하고 지속가능한 식품 시스템을 만드는 일을 사명으로 삼고 있었다. 그녀는 이 나라에서 가장 가난한 지역사회 중 한 곳에서 일어난 우리의 분열적 활동에 관해 더 많이 듣고 싶어할 사람들을 알고 있었다. 그 행사를 보려고 수백 명이 타임스센터에 모일 것이고, 전 세계에서 수천 명이 넘는 사람들이 뷰잉파티를 통해 라이브 스트림을 시청할 터였다.

나는 이 가운데 어떤 것도 아는 바가 없었다. 뷰잉파티? 생전 처음 듣는 말이었다. 라이브 스트림? 감도 오지 않았다. '좋은 먹을거리 운동'을 상상하려고 애써봤지만 떠오르는 게 없었다. 온통 나의 녹색 교실에 집중하고 있었기 때문에 넓은 세상에서 벌어지고 있는 일을 전혀 알지 못했던 것이다. 나는 뒷마당의 텃밭과 급진적 환경운동가를 떠올렸다. 우리에게 어떤 공통점이 있지? 확실히 나는 교육받을 필요가 있었다.

하지만 좋은 기회를 알아볼 만큼은 알고 있었다. 이것은 그린 브롱크스 머신에 관해 처음으로 중대 발표를 할 기회가 될 터였다. 우리 아이들과 나는 우리 이야기를 공유한다는 생각에 흥분했다. 하지만 그런 큰 무대 데뷔는 하필 최악의 시기와 겹쳐서 왔다. 나는 여전히 월턴 교정의 디스커버리 고등학교에서 가르치고 있었다. 교장과의 갈등, 나의 건강문제 때문에 나는 지옥과도 같은 하루하루를 보내고 있었다. 그런 문제는 서로가 서로를 악화시키는 것 같았다. 교장은 나를 창문도 없는 지하교실에 배치한 것도 모자라 그다음에는 날마다 서로 다른 다섯 학급을 가르치도록 배정했다. 그 말은 학교 건물 전체를 누비면서 학습재료를 들고 계단을 오르내리고, 잡탕이 된 학습과정을 가르쳐야 했다는 뜻이다. 1년 전 나는 이 나라 최초의 먹는 교실에서 가르치고 있었다. 지금은 그린 월 같은 건 없었다. 살아 있는 교실은 없었다. 그린 브롱크스 머신 활동을 위한 공간도 따로 없었다. 심지어 햇빛 한 줄기도 없었다. 나는 그의 메시지를 무겁고 선명하게 받아들였다.

설상가상으로 나는 탈장 치료를 위해 외래환자 수술을 받아야 했다. 최대한 수술을 미뤄서 단 하루도 결근하지 않도록 겨울방학 중에 수술 일정을 잡았다.

수술이 끝나고 정신이 들었는데 의사들이 에워싸고 있다면, 좋은 소식이 아니라는 건 누구나 알리라. 여전히 몸을 가누지 못한 상태에서 나는 병상 주변을 떠도는 수많은 흰 가운의 수를 세어보았다.

"합병증이 있어요." 한 의사가 말했다.

나는 바로 그날 퇴원하기를 기대했건만, 그들은 이 외래진료 환자를 보내는 대신에 바로 다음 날 또 한 번의 수술 일정을 잡고 있었다. 나중에 안 사실이지만, 내가 마취상태에 있을 때 내 심장이 경고신호를 보냈다고 했다. 수술 도중에 내출혈이 시작되었다. 수술 후에는 그 위험 구역까지 악화되었다. 체중이 18킬로그램이나 빠졌는데도 여전히 과체중이라는 것도 한몫했다. 나는 지나치게 살이 쪘고 당뇨 전 단계였으며 콜레스테롤 수치는 하늘을 찔렀다. 간 역시 좋지 않은 모양이었다. 무절제한 음식 소비로 보낸 그간의 세월이 나를 만성병을 경고하는 포스터 속 인물로 바꿔놓았다. 리젯은 다음 한 주 내내 병실 바닥에서 잠을 잤다. 우리가 상상했던 크리스마스 휴가는 그런 게 아니었다.

테드엑스 맨해튼 강연 날짜가 되었을 때도 나는 아직 회복 중이었고 옷 속에 테이프로 붙인 두 개의 주머니를 차고 있었다. 수술 후 합병증으로 열은 38.9도로 끓고 있었다. 그러나 취소할 생각은 없었다. 이것은 우리 아이들의 성취를 자랑하고 사우스 브롱크스의 좋은 소식을 전할 기회였다. 크리스마스 단기방학이 될 때까지 아이들은 날마다 방과 후에 남아 우리의 이야기를 꾸미는 걸 도와주었다. 아이들은 우리가 이뤄낸 것들을 역사학자처럼 분석했고, 어떤 사건이 중요했는지, 어느 사진이 우리 경험을 가장 잘 포착했는지 판단하고 결정했다. 내가 병원에 처박혀 있던 크리스마스 방학 동안에는 테드엑스 무대에 전시할 아름다운 그린 월을 만들고 가꾸었다.

우리의 시간이 왔다. 그것은 내 이야기이기도 했지만 아이들의 이야기이기도 했다. 아이들을 실망시킬 수는 없었다. 우리는 아이들을 위한 그 행사 티켓을 구하지 못했다. 설사 구할 수 있었더라도 티켓은 몇 달 전에 이미 매진이었다. 입석만 남았다는 사실도 전혀 몰랐다. 하지만 준비하는 동안 아이들의 존재를 느낄 수 있었다. 그날 아침 일찍 리젯과 그린 브롱크스 머신 대원 몇 명이 그린 월을 타임스센터 무대까지 옮겨왔다. 나는 기력이 없어서 거들지 못했다.

다이앤이 나를 한 번 바라보았다. "스티븐, 당신은 여기 있어선 안 돼요." 그녀는 내가 무대에 서는 걸 원하지 않았다. "다시 기회가 있을 거예요. 강연 하나를 취소하는 건 큰일도 아니에요."

나한테는 큰일이었다. 나는 우리 아이들과 그들이 이룬 모든 것을 대신 말하기 위해 거기 있었다. 그날 나는 목소리 없는 아이들을 위한 목소리였다. 나는 우리 아이들의 노래를 부르기 위해 거기 온 거였다.

무대 뒤에서 보니 수백 명의 사람들이 현장에 와 있었다. 어리둥절했다. 말쑥하게 차려입은 이 사람들은 다 누구일까? 왜 이런 토요일에 시간을 내어가며 나 같은 사람의 식품에 관한 강연을 들으려 하는 걸까? 무대에 올라갈 차례를 기다리는 동안 나는 좋은 아이디어를 전파하기 위해 역시 그곳에 온 정말 내난한 사람들을 만났다. 그들과 나란히 있다는 사실만으로도 내가 굉장히 좋은 곳에 있는 것 같았다. 나는 그들의 이야기에 매료되었고 그들의 에너지를 빨아들이기 시작했다.

하워드 힌터슈어Howard Hinterthuer라는 베트남전 위생병 출신의 한 남자는 자신과 참전 동료들이 유기농 재배를 통해 어떻게 마음의 평화와 건강을 되찾았는지 설명했다. "밭을 가꾸는 것보다 더 낙관적인 일은 없어요." 그가 말했다. "수확기에 내가 그 자리에 있을 거라고 내기하는 것과 같기 때문이죠." 우와. 그는 외상 후 스트레스와 우울증으로 고통받는 참전용사 이야기를 하고 있었지만 우리 아이들의 이야기를 하고 있다고 해도 과언이 아니었다. 나는 비셀 가든스를 만들 때 우리를 도와주었던 베트남 참전용사들을 떠올렸다. 그들은 우리 아이들과 나란히 일하면서 전체 지역사회의 치유를 거들었다. 나는 참전용사들이 텃밭 농업을 얼마나 사랑하는지 몸소 알고 있었다. 수확에 내기를 건다는 건 내 일이 의미하는 모든 것이었다!

그로NYC의 새 농부 개발 프로젝트 대표인 미셸 휴스Michelle Hughes는 소액융자와 기업가 정신 훈련을 통해 뉴욕 시 외곽에 작은 가족 농장을 건설함으로써 농장과 도시 식탁의 거리를 줄이는 이민자들의 이야기를 들려주었다. "우리는 사람들이 자신에게 필요한 기술을 가지고 있다는 것을 스스로 깨닫도록 돕고 있습니다." 그녀가 청중에게 그렇게 말했을 때, 나는 마음이 통하는 사람을 찾은 기분이었다. 그동안 우리 아이들이 그린 브롱크스 머신 프로젝트를 통해 자신의 잠재력을 깨닫는 모습을 얼마나 많이 보아왔던가? 우리 사우스 브롱스크 학생들 대다수는 이민자였고, 지역사회를 살찌우는 식품을 키우는 다중의 혜택을 이해하는 가족의 아이들이었다.

몇 해 동안 교육계에서 혼자 고립되어 있다고 느끼던 내가, 텃밭 가꾸기 프로젝트에 정신 나간 교사, 주변부 청소년들과 함께 일하는 갱스터 교육자였던 내가 이제 나의 공동체를 찾은 것 같았다. 급진적 환경운동가, 채소 애호가, 식도락가, 다양한 미치광이의 종합세트로 가득한 방에서 나는 이제 열외자가 아니었다. 우리는 모두 공정함의 투사들이었다! 빨리 연결되고 싶어 참을 수가 없었다. 나와 이야기를 나눈 사람들은 저마다 식품과 공정함에 관해 새롭고 고무적인 무언가를 가르쳐주었다. 그들의 메시지에 나는 희망으로 부풀었고 신선한 아이디어가 샘솟았다. 그들 역시 나 못지않게 내 경험에 관심을 가지고 배우려 했다. 나는 시금치를 먹는 뽀빠이가 된 기분이었고, 이 비타민들은 곧장 내 두뇌로 흘러가고 있었다. 무대에 오르기 직전 이런 생각을 했던 기억이 난다. "지금이야말로 완벽한 시간, 완벽한 장소야."

그 번뜩이는 깨달음이 충분한 힘을 준 덕에 비록 당장이라도 들것이 필요할 것 같은 몰골이었지만 나는 두 발로 일어설 수 있었다. 그러고는 뛰다시피 무대로 나갔다.

나는 교실에서 엉덩이를 들썩이는 청소년들의 주의를 끌기 위해 하는 것과 똑같이 행동했다. 그건 연기가 아니었다. 이것은 식물 한 뿌리의 힘으로 삶을 바꾸는 것과 관련한 진정한 설렘이자 절박함이었다. 청중은 우리 아이들과 똑같은 방식으로 나의 에너지와 감정에 반응했다. 그들은 똑바로 앉아 몸을 앞으로 숙이고 귀를 기울였다. 심지어 나의 짤막한 농담에 웃고 박수를 치기도 했다("학생들의 주의를 끌 필요가 있을 땐 이렇게 말하죠. '조용히. 지금 식물들이 섹스 중이야'").

몇 분 후 나는 펄펄 날아다녔다. 한편으로는 테드 강연의 엄격한 시간제한에 초조한 마음도 있었다. 청중이 기립박수로 내 강연을 끊으면, 나는 자리에 앉아달라고 호소했다. 시간이 흐르고 있어요. 6분밖에 안 남았어요! 나중에야 알게 된 사실이지만 그것은 테드엑스 맨해튼 역사상 첫 번째 기립박수였다.

무대 뒤의 다이앤은 검은색 드레스와 검은색 가죽부츠 차림으로, 미친 듯 날뛰며 강연하는 내 모습을 지켜보고 있었다. 그녀는 내가 임무를 다하고 있다는 걸 알면서도 내 건강 때문에 가슴을 졸였다. 그녀는 무대에 등받이 없는 의자라도 놓아 힘을 아껴야 한다고 했지만, 나는 의자에 앉을 사람치고는 너무 많이 돌아다니고 있었다. 그녀가 몰랐던 건 내가 말 그대로 숨을 헐떡이고 있었다는 것이다. 내가 두 팔을 휘저으며 폐 안으로 공기를 풀무질하는 듯한 동작을 할 때 그녀는 내가 흥분해서 그런다고 생각했다. 그녀는 또한 자신이 좋다고 생각하는 부분을 아직 내가 말하지 않은 것도 걱정하고 있었다.

"데이터를 보여주는 것도 잊지 마세요." 그녀는 수도 없이 조언했고, 내가 무대에 나가기 직전에도 그랬다. "그래야 식물을 키울 때 아이들에게 긍정적인 일들이 얼마나 많이 일어나는지 사람들이 제대로 이해할 거예요. 단순해 보이지만 그 효과는 엄청나거든요."

마침내 강연이 끝날 때쯤 내가 숫자들을 제시하자 청중이 다시 한번 일어섰다. 두 번째 기립박수였다! 나는 14분 동안 375장의 슬라이드를 보여주었다. 그 강연은 '스티븐 리츠 심호흡Stephen Ritz Deep Breath'으로 알려지게 되었다. 다이앤의 말이 모두 옳았다. "맞아요, 이건 식물을 키우고 더 나은 것을 먹는 이야기예요. 하지만 기회를 잡는 이야기이기도 하죠." 구체적 증거로 뒷받침된 사회정의의 메시지는 청중을 벌떡 일어서게 만들었고 소셜미디어의 광풍을 불러일으켰다.

내 강연이 채 끝나기도 전에 트위터에서 그린 브롱크스 머신이 뜨고 있었다. 나는 아무것도 몰랐고, 트위터가 무엇인지, 내 폴더형 전화기로 이 '트위터'에 어떻게 접속하는지 궁금했다. 트렌드가 무슨 뜻인지도 전혀 알지 못했다. 뷰잉파티 덕분에 나는 미국 전역은 물론 그 너머에서도 사람들의 연락을 받았다. 앞으로 무슨 일이 멀어질지 선혀 심작도 하지 못했다. 나한텐 정말 큰 문제였다. 전 세계 사람들과 대화를 계속 나눌 방법을 이해한다는 건. 우리 아이들은 그린 브롱크스 머신 페이스북 페이지를 만들었고, 마침내 나는 트위터 계정을 만드는 일에 착수하게 되었다.

다이앤이 내 강연 비디오를 편집해 테드닷컴TED.com에 보냈다는 건 나중에야 알게 되었다. 테드닷컴은 테드엑스 맨해튼처럼 지역에서 조직된 수많은 행사 중에서 선보일 만한 비디오들을 선정한 기획 플랫폼이다. "이 강연은 꼭 보셔야 해요." 다이앤은 프로듀서들에게 그렇게 강요하면서 더 많은 관심의 물결을 일으켰다.

내 강연 비디오가 메인 테드 웹사이트에 발표되자, 이는 더 많은 충돌과 연결, 공동학습을 위한 무대가 되었다. 조회 수가 빠른 속도로 올라갔고, 그 비디오는 교육 관련 테드 강연 상위에 올랐다. 강연 초대장들이 이메일로 도착하기 시작하면서 그린 브롱크스 머신에는 예상하지 못했던 기회와 새로운 동맹군들이 생겼다. 테드 강연 하나가 입소문이 나면 수많은 문이 열린다. 그것이 우리 작업을 확장할 수 있는 길을 뜻한다면 나는 얼마든지 그 문으로 들어가고 싶었다. 지금까지 그 14분의 강연(스티븐 리츠의 심호흡)은 100만 회가 넘는 조회 수를 기록했고 그 수는 계속 늘어나고 있다.

CHAPTER 11

그린 브롱크스 머신이 힘차게 돌다

2012년 봄

　　월턴 고등학교 출신의 첫 번째 그린 틴스 아이들이 황금 수선화상을 받고 근사한 만찬에서 수상을 축하받은 이후 나는 줄곧 공식기구를 만들 생각을 하고 있었다. 그날 밤 청중 가운데 여러 사람이 우리 비영리 프로그램에 기부할 수 있는지 물어왔다. 우리에겐 기부자가 없었다. 오랫동안 나는 비영리가 무슨 뜻인지도 이해하지 못했다. 세금구조나 기구의 조례 같은 것은 생각할 시간도 없었다. 우리는 한 프로젝트에서 다음 프로젝트로 넘어가며 너무 바쁘게 일하고 있었다. 우리의 비밀소스는 우리의 자선사업적인 지위가 아니었다. 그것은 열정, 목적, 희망이었다.

　이제 그린 브롱크스 머신은 힘차게 돌아가고 있었지만, 나는 자원을 끌어내고 일을 추진할 때는 여전히 "내가 아는 사람이 있는데" 전략에 의존하고 있었다. 사업계획? 전혀 몰랐다. 직원? 존재하지 않았다. 내

아내와 딸이 우리 프로젝트에 너무 많은 시간을 들여 자원봉사를 했기 때문에 우리는 스스로 '팀 리츠'라고 불렀다.

우리의 노력이 교실 밖으로 크게 뻗어나가기 시작하면서 나는 우리의 사업을 확장하기 위해서는 공식기구가 필요하다는 사실을 깨달았다. 비영리단체라면 우리 일을 지원할 협력업자와 자금제공자를 구할 수 있을 테고, 그러면 우리는 한정된 학교 자원이나 내 지갑에 의존하지 않아도 될 터였다. 비영리기구 설립을 위해 고된 서류작업을 시작하던 나는 그 아이러니에 웃음을 터뜨렸다. 평생 파산 직전의 상태로 살아온 사람이 이제 비영리단체를 만들게 되다니!

2012년 초까지도 나는 여전히 디스커버리 고등학교에서 가르치고 있었고, 여전히 교장과 마찰을 빚고 있었지만, 출구를 예상하고 있었다. 우리 사업의 확장을 위한 최선의 방법에 관해 많은 질문을 붙잡고 씨름하고는 있었지만 무언가 더 큰 것이 다가온다는 느낌이 들었다. 내 테드엑스 강연의 기대하지 않았던 인기는 대중매체의 관심을 사로잡았다. 그 때문에 우리 학교에 더 많은 촬영 팀이 몰려왔고, 덕분에 이미 우리를 분열인자로 여기던 교장의 짜증이 심해졌다. 답답한 노릇이었다. 우리 아이들은 자신들이 기념할 가치가 있는 이야기의 일부임을 알고 있었다. 테드엑스 강연이 끝나고 다음 월요일에 나는 영웅처럼 환영받았다. 내가 지나가는 교실마다 환호성이 터졌다. 학생들은 그 행사의 라이브 스트림을 보는 법을 알고 있었던 것이다. 우리는 무언가 큰일을 감지했다. 이번만큼은 브롱크스에서 뭔가 좋은 일이 벌어지고 있었다.

우리는 서서히 우리 브랜드를 구축하고, 소셜미디어 프로들처럼 트위터와 페이스북 활용법을 배우기 시작했다. 우리는 시청률이 높은 요리 채널의 한 꼭지를 비롯해 온갖 매체에 출연할 때마다 우리의 그린

브롱크스 머신 티셔츠와 모자를 착용했다. 나는 나비넥타이를, 나중에
는 녹색 스웨이드 구두를 추가했다. 녹색 학교 회의에서 강연해달라는
초대를 받고 위스콘신에 갈 때 공항의 한 선물 가게에서 치즈모자가
눈에 띄었다. 나는 그것을 사야겠다고 생각했다. 우리 아이들은 이미
나를 '빅 치즈'라고 부르고 있었다. 그 어벙한 모자는 당장에 나의 트레
이드마크가 되었다.

　나의 옛 은사 스탠 주커는 그린 브롱크스 머신 차림을 한 내 사진을
보고 껄껄 웃었다. "자네 꼭 만화 캐릭터 같구먼! 하지만 괜찮아. 사람
들이 자네가 오는 걸 보면 뭔가 좋은 일을 연상할 테니까 말이야."

　　　　　　　　　　　　　　　&

　디스커버리 고등학교를 그만두지 않으면 거기서 급사할 것 같은 느
낌에 사직서를 낸 바로 그달, 우리의 비과세기구가 승인을 받았다. 퍼
즐 조각들이 제자리에 맞춰지고 있었다. 그린 브롱크스 머신은 합법
적인 기구였고 가동할 준비가 되어 있었다. 내가 좋아하는 말로 표현
하자면 501(c)3[미국 비영리기구 관련 501(c) 조항은 연방세 면제기구에 관
해 정의하고 있다. 교육, 종교, 자선, 과학, 문예, 공공안전과 아마추어 스포츠 증
진 등을 목적으로 한 기구가 포함된다―옮긴이] 조항의 지위를 갖추고 목적
을 위해 충돌효과로 굴러가는 기구였다. 501(c)3이 비영리라는 말보
다 훨씬 더 근사하지 않은가? 솔직히 말해서 나는 첫 음절이 '비非' 또
는 '무無'로 시작되는 말로 우리가 규정된다는 것에 대한 거부감이 있
었다. 우리는 '할 수 있다'를 뜻하는 'CANS'가 아닌가! 아메ㄹ-I-Can,
아프ㄹ-I-Can, 도미ㄴ-I-Can, 멕스-I-Can, 푸에르토ㄹ-I-Can! 나는
교사직을 계속하면서 그 기구를 활성화할 계획이었다.

그러던 중 느닷없이 조얼 매카워Joel Makower로부터 강연 초청을 받았다. 내가 곧 알게 된 바에 따르면 그는 지속가능한 세계에서 넓은 인맥을 자랑하고 있었다. 그린비즈 그룹의 회장이자 편집장이며, 많은 책을 낸 작가이기도 한 매카워는 '그린비즈'나 '버지Verge' 등 세간의 관심을 끄는 행사를 기획했다. 그의 행사에는 녹색 경제 부문의 지속가능성 지도자들과 투자자, 사회적 책임을 다하려고 애쓰는 기업 지도자들이 모인다. 그들은 전형적으로, 가난한 동네의 아이들과 함께 먹을거리를 키우는 교사의 말에 귀를 기울일 청중은 아니었다.

매카워는 3일 간의 대형 강연회 강사진들을 구상할 때 다양한 목소리(유명인과 비유명인)를 섞으려고 한다. 그는 열외자인 내 활동에 관해서는 소셜미디어를 통해 알고 있었다. 그가 설명한 바로는 "자신은 청중에게 일정 부분은 그들이 원하는 것을, 또 일정 부분은 그들이 원하지만 아직 그 사실을 모르는 것을 주고 싶다"고 한다. 분명 나는 후자에 해당했다.

매카워는 나를 초대하는 것이 자신에게는 기회임을 알고 있었다. 나의 생김새나 말투, 사고방식은 그 자리에 참석하는 사람들과는 달랐다. 타임스퀘어의 어느 근사한 호텔에서 열리는 그의 행사에 나는 평소대로 나비넥타이를 하고 치즈모자를 쓰고 나타났다. 미카엘라가 함께 갔다. 내 강연시간은 10분으로 예정되어 있었으므로 나는 금방 들어갔다 나올 걸 예상했다. 수학 숙제를 가져온 미카엘라를 로비에 남겨두고 나는 연회장 안으로 들어갔다. 군중을 슬쩍 본 나는 굉장히 당황스러웠다. 이 막강한 실력자들이 가득한 방에서 대체 내가 무얼 하고 있는 거지? 나는 내 편안한 구역을 벗어나 있었다. 테드엑스 맨해튼이 따뜻하고 푸근한 공동체로의 도약이었다면, 이것은 기업들의 깊은 물속으로 뛰어드는 자살 다이빙 같았다.

매카워의 직원 중 미카엘라보다 나이가 많을까 말까 한 새나 래퍼포트가 나의 곤경을 눈치 챈 모양이었다. 그녀가 곧바로 다가왔다. "와주셔서 기뻐요. 선생님은 정말 중요한 일을 하고 계세요." 그러더니 굉장한 멋쟁이에다 테크놀로지에 능숙할 것 같은 스무 살 남짓한 이 여성이 가장 놀라운 행동을 했다. 몸을 숙여 나를 껴안은 것이다. 순식간에 소속감 같은 것을 느꼈다. 그 포옹은 날마다 내가 우리 아이들에게 해주고 싶었던 바로 그것이다. 그것은 관계의 힘이다. 그런 다음 그녀는 내 눈을 똑바로 쳐다보며 말했다. "잘해내실 거예요." 이윽고 한 번 심호흡을 한 나는 그녀의 말을 믿었다.

한편 매카워는 이런 환경이 편안했을 것이다. 값비싸 보이는 정장의 바다에서 그는 비즈니스 캐주얼 코듀로이 재킷을 입고 단화를 신은 채 자신감을 뿜어내고 있었다. 나는 그가 그 연회장에서 몇 걸음마다 사람을 만나 멈춰 서서 대화를 나누는 모습을 지켜보았다.

내 연설이 시작되자 매카워는 청중의 반응을 살피면서 나의 메시지가 얼마나 괴팍한지, 얼마나 실질적인지 알아보려 했다. 나중에 그는 이렇게 돌이켰다. "사람들은 선생님이 목소리도 크지만 실속도 있다는 걸 금방 알아차립니다. 그리고 그 모자도요." 놀랍게도 매카워는 사업에 밝은 그의 청중이 나의 메시지에 어떻게 무장해제가 되었는지 말해주었다. "사람들은 방어책은 있는지, 있더라도 어떤 방어책을 써야 할지 잘 모릅니다. 그러다가 미처 깨닫기도 전에 항복하고 말지요."

사실 우리에게 부와 지위의 차이는 아무런 장애가 되지 않았다. 청중이 점점 나의 식물 이야기와 꾸준한 체중감량, '게토'에서의 삶 이야기를 좋아하는 게 눈에 보였다. 그들은 가장 중요한 핵심으로서 관계를 강조하는 내 말에 반응했다. 혁신은 늘 사람에 관한 것이다. 수백만 달러짜리 회사를 건설하든 교실에서 참여를 이끌어내든 마찬가지다.

관계는 판도를 바꾼다. 친절한 말 한마디나 뜻밖의 포옹 한 번으로 우리는 어떤 것과 동떨어진 느낌에서 그것의 일부라는 느낌을 갖게 된다. 그것이 그 사람들이 듣고 싶어하는 이야기였다. 또한 그것이 내가 날마다 살아가는 이야기였다. 9분 52초 동안 275장의 슬라이드를 본후, 사람들은 그린비즈 31년 역사상 처음으로 기립박수를 보냄으로써 나에게 반응했다. 그것은 또 한 번의 스티븐 리츠 심호흡이었다.

강연이 끝나기 전, 청중 가운데 한 은행가가 자기 사무실에 문자를 보내 그 회사에서 그린 브롱크스 머신을 지원하고 있는지 물었다. 매카워는 내 프로그램을 확장, 확대해줄 금융지원이 분명 들어올 거라고 확신했다. 내가 할 일은 부탁하는 것뿐이었다.

매카워는 두 번째 강연 행사에도 나를 초대했다. 녹색 비즈니스계의 슈퍼볼이라 할 만한 행사인 버지는 피닉스의 어느 으리으리한 리조트에서 열렸다. 거기에 가려면 오래전 내가 교생실습을 했던 애리조나 사막까지 여행해야 했다. 내가 다시 교육을 받게 되리라는 것을 나는 알았어야 했다.

매카워는 내 강연이 끝날 무렵 내가 있는 무대로 올라왔다. 군중이 일어섰다. 나를 젊은 교사로 만들어준 곳, 애리조나에서 이렇게 따뜻한 환대를 받으니 더욱 감격스러웠다. 사회를 맡았던 매카워가 고맙다고 인사하더니, 곧이어 그때까지 그의 행사에서는 한 번도 하지 않던 것을 했다. 500명의 거물 사업가들 앞에서 그가 나에게 물었다. "스티븐, 당신의 요구는 무엇인가요?"

그 느닷없는 소프트볼 같은 질문을 들었을 때, 나는 한 걸음 물러나 전광판 위를 날아가다 포수의 미트 안으로 들어가는 공을 지켜보았다. 솔직히 나는 아직도 어안이 벙벙했고 이 영향력 있는 청중이 쏟아내는 지원에 많이 겸손해져 있었다. 나는 누구에게 무엇을 요구할 준비가 되어 있지 않았다. 개인적인 기부나 기업의 지원을 요구할 생각은 하지 못했다. 이 유력 인사들 중 누구에게든 우리 풋내기 기구의 이사진이 되어달라고 초대하지도 않았다. 심지어 그렇게 절실히 필요한데도 사업적 조언을 구할 생각도 하지 못했다. 그 연회장은 프로그램을 시작하고 전 세계로 확대하는 사람들이 들어차 있었다. 내가 무얼 알겠는가, 평생 교사의 봉급으로 수지타산을 맞추며 살다가 갓 만든 기구를 운영하려는 사람이?

내 머리에 떠오른 건 "페이스북에서 '좋아요'를 눌러주세요"라는 말이 전부였다. 우리 아이들은 페이스북 계정을 운영하면서 팔로워를 애타게 기다리고 있었다.

누구나 다시 되돌렸으면 하는 순간이 있다. 그때가 그런 순간이었다. 나중에 그 만남을 돌이켜보면서 나는 매카워가 곧잘 하는 질문 "무엇이 필요할까요?"에 대한 답을 생각해두어야 했다는 걸 깨달았다.

식물 한 포기의 힘을 통해 수많은 어린이와 지역사회의 삶을 향상시키려면 무엇이 필요할까? 그린 브롱크스 머신에 안정적인 재정 기반을 마련해 더 많은 지역사회에 우리의 해법을 전달하기 위해서는 무엇이 필요할까? 나는 그것을 알아내기로 결심했지만 그 답을 찾으려면 지금까지보다 더 많은 충돌, 더 많은 연결, 더 많은 공동학습이 필요할 터였다. 지금까지 우리는 모든 것을 돈 한 푼 없이, 내가 즐겨 말하는 불굴의 용기와 투지로 이루어왔다.

내가 진정 요구하는 것은 무엇이었을까? 능력이었다.

CHAPTER 12

장소, 장소, 장소

2013년 가을

　　디스커버리 고등학교를 떠난 뒤, 나는 결국 하이드 리더십 차터스쿨 학생주임이 되었다. 이 학교는 12학년까지 있는 공립 차터스쿨로 내가 사랑하고 즐겨 찾는 헌츠 포인트에 있다. 이 동네로 돌아오니 마치 우승 후 트랙을 도는 느낌이었다. 어린아이들은 인터넷과 입소문을 통해 예전에 내가 했던 옥상 정원 프로젝트들을 알고 있었다. 사실 그 일은 지역의 전설이 되어 있었다. 아이들은 내가 그 학교에 온다는 사실에 너무 흥분해서 내 직함을 '끝내주임Dean of Awesomeness'으로 바꾸도록 압력을 넣기까지 했다.

　아이러니하게도 디스커버리 고등학교의 먹는 교실로 받게 된 전국적인 상이 지금 나를 따라오고 있었다. 어쩔 수 없이 그 프로그램을 폐지하고 1년 후에야 비로소 어스 포스Earth Force와 제너럴 모터스가 주는 쉐보레 녹색 교육자상으로 공로를 인정받은 것이다. 솔직히 시대를 앞서간다는 것은 좌절감을 느낄 수도 있는 일이다. 그 수상식을 어디서 열어야 할지 고민하던 나는 브롱크스 구청에 전화를 걸었다. 구청 직원들이 헌츠 포인트 어린이연맹 건물에서 만나자고 약속을 잡았다. 거기서 그들이 한 장소를 제안했을 때, 나는 번지는 웃음을 참을 수 없었다.

뱅크노트였다! 그들은 내 이야기의 가장 상징적인 배경으로 다른 곳을 생각할 수 없었다. 뱅크노트 건물을 다시 찾으니 기억이 홍수처럼 밀려들면서 어린 시절 꾸러기 클럽의 모험까지 떠올랐다. 물론 이곳은 예전에 가르쳤던 아이들이 우리의 하늘 정원을 만들었던 곳이기도 했다. 마조라 카터를 처음 만나고 녹색 경제 분야에서 사회정의를 위해 일하는 동맹군을 찾은 곳도 여기였다.

여전히 브롱크스의 자랑스러운 상징인 뱅크노트 건물은 새 주인과 새 입주자들로 역시 변화를 겪고 있었다. 그중 한 입주자는 연령초과 학점미달 학생들에게 두 번째 기회를 주는 고등학교인 존 V. 린지John V Lindsay 와일드캣 아카데미 차터스쿨이었다. 그 JVL 학교는 내게는 생소했지만, 내가 교육경력을 쌓으면서 함께했던 아이들과 여기 구성원들은 똑같은 부류였다. 이 학교가 이 지역사회의 모든 어린이와 학교에 봉사하는 기구인 헌츠 포인트 어린이연맹의 일부라는 걸 알고는 전율을 느꼈다.

시상식이 준비되기를 기다리는 동안, JVL 학교의 조리 프로그램을 살펴보았다. 한눈에 조리 교실이라는 걸 알 수 있었는데, 이 교실은 아름답게 구성되어 있었다. 학생들은 천창에서 자연광이 듬뿍 들어오는 상업용 주방에서 조리기술을 배우고 있었다. 마치 집에 온 듯한 기분이었다. 이 청소년들이 어떤 아이들인지는 여전히 모르지만 그 비슷한 아이들은 수없이 만나왔다. 대체로 몸집이 크고, 온통 문신과 피어싱을 하고서, 분노를 갑옷처럼 입고 있는 아이들. 사실 내가 지금 받게 될

상을 안겨준 그 또래들에게는 그런 것이 통하고 있었다.

하얀 주방에 갖춰진 각자의 조리대에서 솜씨 좋게 감자를 써는 이 학생들을 보고 있으려니 그 재료들이 어디서 오는 건지 궁금해졌다. 그 환한 자연광을 고려하면 이곳이야말로 실내 농장을 만들기에 완벽한 장소였다. 주방 바로 옆에는 넓게 트인 공간이 있었다. 내 상상력은 날개를 폈다.

뱅크노트의 옥상에서만이 아니라 건물 안에서도 채소를 키우면 어떨까 하는 생각이 들었다. 우리 하이드 리더십 학교의 초등학생들은 텃밭 프로젝트를 간절히 바라고 있었지만, 우리 학교에는 공간이 없었다. 이 학교와 제휴할 수만 있다면 성공을 찾아 이 지역사회를 떠날 필요도 없을 터였다. 우리 초등학생들은 걸어서 JVL 학교에 와서 텃밭 프로그램과 조리 프로그램을 하면서 다 큰 아이들과 어린 꼬마들이 같이 배울 때 일어나는 특별한 마법을 일으킬 수 있을 터였다. 나는 먹는 교실 개념을 더 큰 규모로, 지역사회 전체가 누릴 수 있을 만큼 다시 한번 시도할 기회를 찾고 있었다.

어쩌면 이것이 그 기회였다. 더 중요한 것이 나올 수도 있었다. 공공과 민간 파트너십을 갖춘 세대 간, 문화 간의 어떤 것이. 늘 나눔의 진원지가 되어왔던 이 헌츠 포인트에서 모든 생산수단을 묶어낸다면 얼마나 완벽할까. 그것은 헌츠 포인트 살사소스와 JVL 와일드캣 핫소스처럼, 가치가 첨가된 소지역 산물을 아우른 풍부한 엔칠라다가 될 것이다. 하지만 그날 나의 아이디어는 희망사항을 뛰어넘지는 못했다.

일주일 후 프레시 다이렉트FreshDirect라는 한 지역회사로부터 전화가

왔다. 교육 목적의 수경재배 프로그램을 후원하고 싶다는 내용이었다.

"관심을 가질 만한 학교를 혹시 알고 계신가 해서요." 저쪽에서 말했다. "우리가 물자를 기증하려고 합니다." 내가 들어야 했던 말은 그뿐이었다. 내 머리는 과부하가 걸릴 정도로 돌아가기 시작했다.

나는 JVL 와일드캣 학교 교장에게 나를 소개하고 내 생각을 이야기했다. 그가 자신의 학생들에 관해 더 많이 이야기할수록, 조리와 함께 실내 농업을 가르친다는 아이디어는 점점 더 우리 마음을 사로잡았다.

JVL은 일반적인 고등학교 생활에 실패한 학생들을 위해 세워진 학교다. 학생 중에는 이미 부모가 된 아이들도 많다. 더러 위탁양육가정이나 소년원에서 나와야 하는 아이들도 있다. 그들은 JVL 와일드캣에 들어오면, 각자 나름의 문제와 동기, 생각을 가진 나머지 학생들과 충돌한다. 커리큘럼은 어른이 다 된 이 아이들이 기본적인 학력을 갖추고 사업체, 병원, 그 밖의 여러 곳에서의 인턴십을 통해 진로를 탐색할 수 있도록 해주는 체험적·실질적 요소가 많다.

"제가 자원봉사를 하는 셈치고 시간을 내겠습니다." 나는 약속했다. "우리 학교 아이들이 교장 선생님 학교의 다 자란 학생들과 함께 일하게만 해주신다면요."

게임이 시작되었다.

우리 꼬마 농부들을 그 프로젝트에 참여시키기 전에, 우선 수경재배 시스템을 만들어야 했다. 수경재배 프로젝트에서 일할 열다섯 명 남짓한 JVL 학생을 직접 뽑는 작업은 생각하지 못했다. 이 학생들의 꿈은 고사하고 이름도 제대로 알지 못했다. 하지만 그들과 나를 연결시킬 방법에 관해서는 몇 가지 아이디어가 있었다.

"자, 여러분. 난 리츠 쌤이라고 해. 여러분 중에 진짜 돈을 버는 데 관심이 있는 사람? 튀김기 앞에서 일하지 않아도 되는 일, 패스트푸드점 유니폼을 입지 않아도 되는 일을 구하고 싶은 사람?"

그러자 바닥만 쳐다보던 아이들 중 몇몇이 내가 있는 쪽을 흘깃 바라보았다.

"현장학습 가고 싶은 사람은?"

그러자 반응이 있었다. 몇몇 아이는 팔짱까지 풀고는 한 손을 들어 올렸다.

"하루 동안 교실 밖으로 나가는 거죠? 저 갈게요." 자기를 플림 플램이라고 부르는 한 아이가 말했다. 나는 그의 성을 결코 알아내지 못했지만 그가 좋은 기회는 그냥 지나치지 않을 아이라는 걸 곧바로 알아차렸다.

"어디로 가요?" 마리오가 물었다.

"정원으로 갈 거야. 하지만 너희들이 지금까지 보았던 그런 정원과는 다르다. 내일 알게 될 거야." 나는 약간의 기대를 불러일으켰기를 바라면서 장담했다. "현장학습은 내일 아침 열 시 시작이야. 점심은 각자 준비해오고."

다음 날 아침 현장학습 팀을 데리러 JVL의 그 교실에 들렀을 때는 즐거운 설렘으로 떠들썩했다. 모두가 현장학습을 좋아한다. 하지만 아래층으로 내려가 차도 가장자리에 도착한 순간 회의적인 분위기가 감지되었다. 연석 쪽으로 크고 노란 스쿨버스가 다가오더니 김빠지는 소리를 내며 멈추었다. 아이들은 한목소리로 신음했다. "뭐야, 병아리 버스는 싫은데!" 빅토리아가 모두를 내변했다. "우리가 뭐 유치원생인가?" 금방 성인이 될 젊은 사람이 크고 노란 스쿨버스를 타기란 정말 품격

떨어지는 일이다.

목적지는 브루클린 그린 포인트. 그린 브롱크스 머신 티셔츠를 입은 내 아내와 딸이 같이 갔다. 나는 리젯에게 몸을 기울이며 소곤거렸다. "이게 실수가 아니기를." 아무리 생각해도 이건 눈감고 계기에만 의존해 비행하는 것과 같았다. 아직 이 청년들과 관계를 쌓을 시간이 없었다. 동기나 능력, 관심사과 관련해 그들이 무엇을 가지고 있는지, 또는 놓치고 있는지 알지 못했다. 심지어 우리의 목적지를 직접 본 적도 없었다.

버스가 그린 포인트의 우드 익스체인지 빌딩에 멈추었을 때, 나는 어마어마한 잘못을 저질렀음을 확신했다. 이 2층짜리 산업용 창고는 뱅크노트의 건축적 웅장함 같은 건 전혀 없었다. 쭈그러지고 흉한 모습이었다. 헌츠 포인트 출신인 이 아이들은 황량한 동네 풍경에 익숙했다. 그러나 그린 포인트는 더 황량해 보였고, 헌츠 포인트와 같은 다채로운 거리 차량들도 전혀 없었다. 실제로 사방을 돌아봐도 사람 모습은 보이지 않았다. 모든 활동은 실내에서, 수천억 달러의 신생 경제를 일으키기 위해 용도변경이 한창 중인 이 낡은 창고 건물 안에 처박혀서 이루어지고 있었다. JVL 학생들은 그런 사정을 알 리 없었다. 그들이 아는 거라곤 학교 버스를 타고 45분 동안 지저분한 거리들을 달려왔는데 처음 출발한 곳보다 더 황량한 어느 동네에 왔다는 것뿐이었다.

"여기에 무슨 정원이 있다는 거예요?" 노나의 질문에 반 아이들은 한층 더 투덜거리기 시작했다. 거리에 선 우리에게는 초록의 어떤 것도 보이지 않았다.

터벅터벅 계단을 오르기 시작하자 불만은 더욱 요란해졌다.

"여러분, 어서 오세요." 2층에서 아주 명랑한 여성이 우리를 맞으며 인사했다. "안에 들어가기 전에 신발을 벗어야 해요."

맙소사. 이 젊은이들에게 소중한 게 하나 있다면, 바로 운동화였다. 그런데 이제 현관에서 그것들을 검사해야겠다니. 아이들은 모욕감을 느끼는 것 같았다. 우리가 여기서 뭐 하는 거지? 그리고 다음 순간 상황은 더 악화되었다.

"일단 신발을 벗었으면 크록스 실내화를 신으시고 살균대를 지나간 뒤 종이 덧신을 끼우세요." 우리의 주인이 말했다. 그녀의 유쾌한 정중함은 모든 참가자의 얼굴에 나타난 표정과는 정반대였다.

"뭔 개소리야? 우리 신발을 벗으라고? 저 멍청이 같은 크록스를 신으라고?" 그것은 사실상의 합창이었다.

나는 크록스를 살균하고 종이 덧신을 신는 것이 대단한 일이 아닌 듯 행동하며 앞장섰다. 리젯과 미카엘라도 똑같이 하는 걸 보고 아이들이 우리 뒤를 따랐다.

"이건 백인들의 이상한 수작이 분명해." 듀런이 투덜거리면서도 발을 디디며 앞으로 나섰다.

우리가 준비를 마치자 우리 인솔자는 여러 개의 문을 지나 옥상으로 우리를 안내했다. 우리가 들어선 곳은 당시 미국 최대의 도시 온실이었다. 우리 앞에는 수많은 식물의 대열이 마치 1,400제곱미터를 뒤덮은 살아 있는 카펫처럼 펼쳐져 있었다. 내 평생 그렇게 많은 녹색은 처음이었다. 밝은 햇볕은 색채의 강도를 더하면서 그곳에 초현실적인 느낌을 드리우고 있었다.

오전 내내 쌓여만 가던 아이들의 짜증과 불신과 투덜거림은 이 고요한 초록 바다 안에서 순식간에 사라졌다. 나는 모두가 깊이 숨을 들이마시면서 생기 가득한 향기를 만끽하는 모습을 지켜보았다. 어느새 나도 똑같은 행동을 하면서 방금 깎은 잔디 냄새 같은 채소의 냄새를 들이마시고 있었다.

갑자기 아이들이 질문을 퍼붓기 시작했다.

"누가 이런 아이디어를 냈어요?"

"이런 걸 하겠다는 생각은 누가 했을까요?"

"우리도 이런 걸 할 수 있어요?"

"이건 내내 여기 있는 거예요?"

"그런데 겨울에는 이걸 어디로 옮겨요?"

"바보야, 지금이 겨울이잖아. 이건 크리스마스의 여름 같은 거야."

"어떻게 하면 이것에 관해 더 배울 수 있어요?"

마치 신호가 떨어졌다는 듯, 비라지 푸리 Viraj Puri가 앞으로 걸어왔다. 플란넬 셔츠와 우리 아이들이 감탄할 만큼 멋진 청바지를 입은 그는 서른 살쯤 되어 보였고, 인도계 미국인의 특징을 가진 잘생긴 얼굴에 짙은 색 머리를 하고 있었다. 그는 우리를 보더니 이어폰을 빼고 음악을 껐다. "고담 그린스에 오신 걸 환영합니다." 그가 활짝 웃으며 말했다.

그동안 오간 이메일과 전화를 통해, 나는 그가 도시 옥상에 온실을 설치해 전통적 농업의 해체를 목표로 하는 이 도시농업회사의 최고경영자이자 공동창립자라는 걸 알고 있었다. 그린 포인트는 그 첫 번째 장소였다. 이 회사는 2011년 설립된 이후 뉴욕 시의 최고 레스토랑과 고급 식료품점 사이에서 신선한 소지역 생산물 수요를 빠르게 창출해 왔다. 비라지는 자랑스러운 뉴요커이자 콜게이트대학교 졸업생이면서도 인도에서 아프리카까지 모든 곳에서 지속가능한 농업과 대체 에너지 프로젝트를 하고 있다. 그 첫마디에서 그가 세상물정에 밝고 현명하지만 아주 허물없는 사람이라는 느낌이 왔다.

아이들은 고담 그린스의 기원을 설명하는 그의 말에 귀를 기울이면서 자신들의 눈앞에 있는 사람이 새로운 유형의 농부라고 생각했던 모양이다. 테크놀로지에 정통하고 자원 절약에 관해서도 영리한 21세기

농부가 여기 있었다. 그는 색깔만 밝은 초록일 뿐 배트맨의 배트 케이브처럼 미래주의적인 것을 뉴욕에 건설했다. 그리고 그것을 평범한 장소, 어느 창고의 옥상에 지어서 생산물을 사람들에게 더 가까이 가져왔다. 더욱이 이 남자는 아이폰으로 모든 것을 관리할 수 있었다. 아이들은 그에게 모든 일을 해주는 애플리케이션이 있다는 걸 알고 입을 다물지 못했다.

"잠깐만요." 마리아노가 자신이 듣고 있는 내용을 소화하려는 듯 잠깐 뜸을 들였다. "그러니까 이 녹색의 것들이 전부…… 먹는 거라고요?"

이 야심만만한 셰프들은 비록 조리 프로그램에 등록하기는 했지만, 신선한 산물은 물론 지역 산물은 더더욱 접할 기회가 거의 없었다. 이들은 감자를 썰고 튀기는 방법을 알고 있었다. 버터와 밀가루와 설탕을 섞어 탄수화물 가득한 디저트를 만드는 방법도 배우고 있었다. 그러나 자신들이 싱그러운 채소의 통로를 돌고 있다는 사실은 알지 못했다. 그들은 토마토, 당근, 오이 정도는 알아보았다. 거기서 넘어가면 나머지 모든 채소는 그냥 '샐러드'였다. 가지? 보라색 샐러드였다.

비라지는 자기가 좋아하는 작물을 구경시켜주면서 바질, 버터헤드 상추, 청경채 등 많은 채소가 파릇파릇 늘어선 줄을 가리켰다. 이런 식물들은 모두 현장에서 씨앗부터 키워내며 수확, 포장, 선적까지 이 온실 지붕 아래서 이루어진다. 살충제는 쓰지 않는다. 흙도 없다. 시장까지 거리도 멀지 않다. 수경재배를 위한 물을 가두고 재활용함으로써 이 시스템은 전통적인 농법보다 열 배는 더 효율적으로 물을 쓰고 있었다. 넓은 시골 농장에서 재배하는 대신, 고담 그린스는 휑하니 비어 있었을 도시의 옥상에서 수십 수백 톤의 작물을 생산하고 있었다. 그러고도 아무도 흙을 묻히지 않았다!

스티븐은 곧바로 궁금해했다. "여기서 일하는 사람들은 급료를 얼마나 받나요?"

"네, 그리고 어떻게 하면 취직할 수 있어요?" 테이자가 덧붙였다. "대학을 나와야 해요?"

학생들이 똑같은 것을 깨닫는 순간 사방에서 전구가 켜지는 것 같았다. 여기에 좋은 일자리가 있어!

JVL 학생들은 이 넓은 공간을 돌아다니는 직원들을 보고 흥미를 느꼈다. 몇몇은 식물을 살펴보고 있었고, 몇몇은 기계를 확인하고 있었으며, 주문 들어온 배달 물건을 준비하는 사람도 있었다. 어느 누구도 작업대에 갇혀 있지 않았다. 모두가 목적의식을 가지고 임무를 수행하고 있었지만 호통 치며 명령하는 상사는 없었다. 서로 다른 구역에 서로 다른 언어(스페인어, 아랍어, 힌디어)로 붙어 있는 표지판들은 다양한 노동인력이 있다는 걸 보여주고 있었는데, 그건 눈으로도 확인할 수 있었다. 일부 벽에 붙은 다이어그램들은 언어를 초월해 이모티콘 같은 그래픽으로 기술적 과정을 설명하고 있었다. 이 청소년들은 어렵지 않게 언젠가 여기서 일하는 자기 모습을 상상했다.

"리즈 쌤, 지금 점심 먹어도 돼요? 배고파 죽겠어요." 실라가 당장 급한 일에 관심을 옮기며 물었다.

"여기서 먹어도 돼요? 피크닉 온 것처럼?" 마리아가 거들었다.

"멋져요, 농장에서 피크닉이라니!" 욜란다가 맞장구쳤다. 몇몇 남녀 학생이 짝을 짓는 모습을 보자, 옥상의 로맨스가 어디로 이어질지 걱정스러운 마음이 들기 시작했다.

모두가 그 피크닉 아이디어를 좋아했다. 아니, 그 모두에서 비라지와 명랑한 우리의 인솔자는 빠져 있었다. 그들은 교차오염의 우려를 설명했다. 우리가 신발을 벗어두고 멸균 덧신을 신었던 것과 똑같은 이유에서, 모든 조건이 신중하게 관리되는 이 청정 환경에 우리가 싸온 음식을 들여와서는 안 되었다.

비라지는 이 방문객들이 가져온 도시락을 보더니 더욱 걱정했다. 대체로 도시락은 탄산음료 한 캔, 형광색 봉지 속의 소금과 인공조미료가 가득한 감자칩, 식료품점 냉장고에서 집어온 아마도 하루는 묵었을 샌드위치였다. 가장 나쁜 것은 설탕 가득한 포장 케이크(벌레들을 꾀어들이는 완벽한 음식)였다! 그런 것들은 여러 가지로 그가 이 온실 환경에 정말 풀어놓고 싶지 않은 최악의 성분들이었다.

교차오염은 우리 학생들 대부분에게는 낯선 과학개념이었지만, 아이들은 교차문화적 렌즈를 통해 금방 이해했다.

"알겠어요. 제 무슬림 친구들이 돼지고기가 들어간 건 전혀 안 먹는 것과 비슷하네요."

"유대인들은 우유와 고기를 따로 보관하잖아요? 혹시 유대인이세요?" 덩치 크고 대담한 한 학생이 비라지에게 물었고, 비라지는 고개를 저었다.

비라지는 할랄과 코셔에 대한 이 비유를 알아차렸지만 곧 화제를 바꾸었다. 비라지는 학생들에게 '진짜' 식품과 그렇지 않은 식품을 생각해보라고 했다. 학생들이 요리사가 되고 싶다거나 언젠가 자신의 식당을 운영하게 된다면, 손님들에게 영양 많은 음식을 대접하고 싶지 않겠는가? 그는 사람들에게도 좋고 지구에도 좋은 생산물을 공급하고 있다는 걸 자랑스러워하는 눈치였다. "그 모든 것을 하면서 돈까지 벌 수 있답니다." 그는 이 청소년들에게 이 세 가지 요점에 관한 첫 번째 교훈을 주고 있었다.

"점심은 이따 집에 갈 때 먹도록 하자." 이번엔 내 제안에 투덜거리는 학생은 별로 없었다. "우선은 여기서 더 배워야 할 게 많으니까."

이 현장학습을 계기로 나는 JVL 학생들의 개인적 관심사를 엿볼 수 있었다. 몇몇 학생은 테크놀로지에 관심이 아주 많았다. 그들은 비라지와 직원들에게 온실로 쓰이지 않는 부분의 평평한 지붕 표면을 덮은 태양광 패널에 관해 질문을 쏟아냈다. 이 도시 온실에 에너지가 필요하다고 해도, 크고 평평한 창고 지붕은 많은 태양광을 포착하므로 걱정이 없었다.

나 역시 열심히 귀를 기울였다. 뱅크노트 프로젝트를 통해 녹색 지붕에 관해서는 조금 알고 있었지만 이런 규모의 녹색 지붕은 본 적이 없었다. 비라지는 분명 시대를 앞서가고 있었다. 우리 모두에게 그는 더 많이 알고 싶은 그런 남자였다.

'진짜' 식품을 생각해보라는 그의 말을 들으면서 나는 교직에 들어선 이후 식품 마케팅이 얼마나 많이 변해왔는지를 생각해보았다. 과거 1980년대에는 좋은 음식도 있었고 정크푸드도 많았지만, 어렵지 않게 구분할 수 있었다. 그리고 인기 있는 식품 브랜드와 제품들은 과거에도 있었지만, 지금은 공식 감자칩, 공식 크래커, 공식 쿠키, 공식 아이스크림, 공식 캔디, 공식 핫도그, 공식 박하사탕, 공식 음료, 심지어 공식 물까지, 온갖 식품이 특정 유명인, 운동선수, 텔레비전 쇼, 영화, 라디오 방송국 등등 어린이의 생활에 영향을 주는 온갖 것들과 묶여 있다. 포장과 마케팅은 너무나 정교하고 세련되어졌다. 때로 그것은 잠재의식적이고 때로는 매우 노골적이었다. 한 가지는 분명했다. 이런 메시지들은 어디에나 있었고, 우리가 눈치 채든 아니든 상관없이 우리의 식습관을 형성하고 있다는 사실이었다. 서서히 그러나 확실하게, 아이들은 멀리 떨어진 곳의 낯선 사람들을 위해 수익과 기회를 창출하도록 프로그램된 작은 이익 중심점이 되어가고 있다는 생각이 머리를 스쳤다. 이 아이들은 그 순위 서열의 맨 밑바닥에 있었다.

그날 가장 힘든 시간은 우리의 현장학습이 끝났을 때 찾아왔다. 아무도 그 마법의 그린 포인트 옥상에서 내려와 병아리 버스를 타고 싶어하지 않았던 것이다. "제발, 애들아." 나는 사정했다. "학교에 돌아가서 근사한 것을 만들어보자꾸나."

✿

수경재배 시스템은 모든 조건을 통제해 실내에서 식물을 키우는 믿을 만한 방법이다. 고도로 산업화된 헌츠 포인트에서 그것은 디젤 트럭들로 말미암은 토양오염이나 대기오염을 걱정하지 않아도 된다는 뜻이었다. 수경재배에는 흙이 필요 없다. 뿌리는 암면이나 성장 큐브 같은 불활성 물질로 고정되고, 영양소가 풍부한 용액으로 영양분을 공급받는다. 늘어뜨린 수평 프레임 안의 기다란 관을 통해 펌프로 영양액이 식물의 뿌리에 공급된다. 첨단 방식을 이용하기 때문에 농업은 매혹적인 일이 되고 실내 전체가 아름다워진다.

기술에 관심이 많은 우리 아이들에게, 그리고 나 같은 타고난 땜장이에게 수경재배의 재미는 우리가 가진 다양한 변수들을 제대로 충족시키고 있었다. 우리는 조리훈련 프로그램에 충분히 재료를 공급할 큰 시스템을 JVL에 만들고 싶었다. 일단 시스템을 설치하고 가동하자 텅 비었던 공간은 12미터가 넘는 줄마다 상추와 시금치, 케일, 수영sorrel[마디풀과에 속하는 다년생 초본으로 나물로 먹거나 향미료, 샐러드, 샌드위치, 스프, 소스 등에 이용한다—옮긴이] 등등의 채소들로 가득 찼다. 밭에서 식탁까지 거리도 마일이 아니라 걸음으로 셀 수 있었다. 패기 있는 농부들은 바질을 심었고 3주 후에는 그 바질을 가지고 페스토를 만드는 법을 배웠다. 심지어 교장은 도시 농법을 전공한 파트타임 직원까지 고용했다.

우리 실내 농업 프로그램은 활기차게 돌아가고 있었다. 첫 번째 전기요금 고지서가 도착할 때까지는.

교장은 이 시스템 전체에 식물 영양제를 고루 공급하는 이 커다란 양수기를 계속 돌리는 데 얼마나 많은 비용이 드는지 알고 충격을 받았다. 학교의 전기요금이 불과 한 달 사이에 수백 달러나 더 나왔다. 나는 고담 그린스에서 보았던 태양광 패널을 떠올렸고 그 온실에 전력망 대신 태양광 패널을 설치했던 비라지가 얼마나 똑똑했는지 깨달았다.

"우리에게 조금만 더 시간을 주세요." 나는 교장에게 사정했다. "틀림없이 효율성을 높일 방법을 찾아내겠습니다. 다른 건 아니더라도 최소한 학생들은 데이터를 수집하고 분석하면서 귀중한 수학공부를 하게 될 겁니다."

"한 달 드리겠습니다." 교장이 동의했다. 우리 둘 다 다음 달 전기요금 고지서의 숫자가 내려가지 않는다면 게임은 끝이라는 걸 알고 있었다.

시계가 똑딱거리기 시작했으니 우리는 서둘러 혁신안을 찾아야 했다. 나는 기술에 가장 뛰어난 학생들에게 어떻게 하면 전기를 덜 들이고 우리 시스템을 계속 돌릴 수 있을지 방법을 알아보자며 과제를 제시했다. 한 학생은 중력을 이용하자는 기막힌 아이디어를 냈다. 그러면 그 큰 양수기에 덜 의존하고도 물을 움직이게 된다는 것이었다. 우리는 고대 송수로가 어떻게 중력을 이용해 물을 보냈는지 연구했고, 우리 시스템 안의 관들을 똑같은 방식으로 개조했다. 또 다른 팀은 작물을 다양화하는 실험을 했다. 모종은 많이 자란 식물만큼 물이 많이 필요하지 않았다. 이는 곧 물을 적게 보내고 전기를 덜 쓴다는 뜻이었다. 우리는 모종을 많이 키우고 큰 식물을 적게 키우는 식으로 비율을 바꾸었다. 그렇게 우리는 조금씩 고쳐가면서 마침내 전기료를 줄이면서도 풍성한 수확을 유지할 수 있는 조합을 찾아냈다.

몇 달 후 JVL 와일드캣 팀은 일반적인 운영비의 적은 일부만으로 수경재배가 가능한 멋진 설계를 제출해 전국 실내 농업 박람회 최우수상을 받았다.

⁂

"여러분, 가방을 싸도록!" 나는 JVL 팀에게 말했다. "우린 캘리포니아로 간다!"

우리가 받은 그 상에는 샌프란시스코에서 열리는 실내 농업 쇼를 볼 수 있는 탐방기회가 포함되어 있었다. 학생들을 함께 데려갈 만큼 상금이 충분하지는 않았다. 그렇다고 내가 사비를 털어서 학생들의 비행기 표를 구했다는 것까지 알릴 필요는 없었다. 나는 이 아이들 모두에게 승자의 기분을 만끽하게 해주고 싶었다.

우리는 비행기로 이 나라를 가로질러 날아갔고, 샌프란시스코의 컨벤션센터로 걸어갔다. 아이들을 데리고 그 안에 들어가기 전에 의심을 했어야 했다. 내가 아는 농부들의 모습은 이렇다. 못이 박인 손에 볕에 그을린 피부의 다부진 모습. 그러나 컨벤션센터는 멋진 안경을 쓰고, 귀고리와 피어싱을 한 사람들로 가득했다. 작업복이나 흙 묻은 장화는 보이지 않았다. 이들은 농부가 아니었다, 첨단 멋쟁이들이었다!

우리는 마리화나 산업을 상대로 과도한 마케팅을 벌이는 실내 농업 쇼 행사장으로 곧장 들어간 것이었다. 나와 동행했던 또 한 명의 인솔자는 해병대원처럼 짧은 머리에다 그에 어울리는 간단명료한 태도를 가진 JVL의 엄격한 교장이었다. 그의 아버지는 비밀정보부 요원을 지 낸 바 있었다.

어떡해야 할지 미처 생각하기도 전에 나와 우리 학생들을 인터뷰하 려고 덤비는 잡지 『하이 타임스』 기자가 다가왔다. 나는 임기응변에 능하지만, 이 이야기가 보도된다면 우리가 곤경을 피할 방법은 없었 다. 큰일이었다!

"얘들아, 회의하자." 나는 아이들을 불러 모으면서, 그 기자에게는 잠시 떨어져 있으라고 손짓했다. 나는 속으로 되뇌었다. 지금 이 시간 이야말로 가르칠 수 있는 순간이다.

나는 아이들과 바짝 붙어서 기본 규칙을 전달했다. 절대 샘플에 손 대지 말 것. 아무것도 집에 가져가지 말 것. 나중에 곤란해질 수도 있으 니 재배 전시관 안에서 절대 셀카를 찍지 말 것. 나는 아이들에게 거의 애원하다시피 했다. "제발, 너희들. 리즈 쌤이 실업자가 되지 않게 도 와주렴." 다시 러버룸으로 돌아갈 내 모습이 선했다. 적어도 이번에는 같이 갈 교장이 있겠지만.

JVL 와일드캣 팀은 환하게 웃어 보였다. "걱정 마세요, 리즈 쌤. 우리 가 지켜드릴게요." 그 군중 속에서 테드엑스 강연을 통해 나를 알아보 는 사람들도 제법 있었다. 아이들은 놀라워했다. "리즈 쌤, 쌤이 유명 인 같아요!"

다른 상황이었다면 이 청소년들은 완전히 다른 행동을 할 여지가 있 었을 것이다. 그러나 우리 모두 약속을 지켰고, 많은 것을 배웠으며, 들 려줄 만한 좋은 이야기를 해주었다. 무엇보다 중요한 것, 우리는 사우 스 브롱크스를 제대로 대표했다.

내 안의 영원한 낙관론자는 이 위험한 상황을 최대한 활용해보기로 결심했다. 여기서 무엇을 더 배워갈 수 있을까? 그때쯤 나는 실내 농부들이 자연의 혁신가라는 걸 알고 있었다. 고담 그린스의 비라지 같은 기업가는 자연을 흉내 낸 인공적 재배조건을 기막히게 만들어내고 있다. 분명 나도 몇 가지 아이디어를 빌릴 수 있으리라. 나는 전시관을 돌아다니면서 "나도 허브를 기른다오, 친구"라는 식의 말을 하는 열성적인 판매자들과 수다를 떨었다.

가장 성공적인 화분 재배자나 구비할 법한 거대한 수경재배 장치 근처에서 흰색 플라스틱으로 만든 작고 초라한 제품 하나가 눈에 띄었다. 그것은 첨단 제품 생산공장의 바닥에 떨어진 레고 장난감처럼 보였다. '타워가든'이라는 이름의 그것은 높이 1.5미터 남짓한 원통으로 겉면에 둥근 구멍이 있어 식물을 끼워 넣게 되어 있었다. 작은 펌프 하나가 영양분을 넣은 물을 순환시켰다. 중력에 의해 물이 타워를 내려오면서 전체 식물의 뿌리를 촉촉이 적셔주었다. 이 기술을 '수기경재배aeroponic'[식물 뿌리에 물과 영양분을 분무하는 방식―옮긴이]라고 설명하는 푯말에는 비슷한 크기의 수경재배 시스템과 비교해 바닥 공간과 에너지가 10분의 1밖에 필요하지 않다고 되어 있었다.

전시 모델에는 진짜 식물이 아닌 모형 식물이 채워져 있었지만 나는 뭔가에 홀린 것처럼 거기에 이끌렸다. 충돌이란 이런 거였다.

나는 부스에서 일하는 땅딸막한 남자를 발견하고 손짓으로 그를 불렀다. "제가 원하는 게 바로 이거예요. 우리한텐 이게 필요해요." 나는 그와 눈을 맞추기 위해 적어도 30센티미터 정도 내려다보면서 말을 쏟아냈다.

"잠깐만요." 그가 나를 올려다보며 말을 막았다. "'우리'가 누굽니까?"

"전 브롱크스에서 온 교사입니다." 나는 그렇게 말하고 머릿속에 떠오르는 대로 아이디어를 마구 쏟아내기 시작했다. 내가 이 작은 수직 정원에서 눈여겨본 모든 것은 그동안 우리가 녹색 교실을 확대하려 애쓰면서 부딪쳤던 온갖 장애물에 대한 해결책을 제시하고 있었다. 마치 요구 목록 하나하나를 읽어 내려가면서 모든 네모 칸에 표시하는 것처럼 말이다. "바퀴는? 완벽해. 교실마다 가뿐히 옮길 수 있어. 설치는 어려울까? 어려울 것 같지 않아. 무게는? 7킬로그램은 넘지 않을 것 같은데?" 흘깃 바라보니 그 남자는 머리를 긁적이고 있었다. 내가 부연설명을 했다. "사실 전 그린 월을 설치한 적이 있어요. 하지만 대부분의 교사에게는 너무 부담이 크죠. 수경재배엔 큰 펌프가 필요하니 비용이 많이 들 수도 있고요. 게다가 교실 안에 너무 많은 공간을 차지하고 고정되어 있어요." 그가 채 내 말을 이해하기도 전에 나는 걸음을 옮기고 있었다. "금방 다시 올게요." 나는 약속했다.

그는 내가 다시 오지 않을 거라고 생각했던 모양이다. 10분 후 내가 JVL 교장과 학생들을 데리고 그의 부스에 나타나자 그는 놀란 표정이었다. 우리는 마치 주차장에 세워진 고급 승용차를 살피듯 타워가든을 요모조모 뜯어보았다.

"사실 전 연결을 매우 중요하게 생각합니다." 나는 그의 명함을 꼭 붙들고 이름을 보았다. 리치 다우닝Rich Downing. 그에게 그린 브롱크스 머신에 관한 정보를 이메일로 보내주겠다고 약속했다. 그때가 일요일 늦은 오후였다.

월요일, 내 전화에 그가 잠을 깼다. "이보세요, 캘리포니아는 지금 새벽 다섯 시 반이에요. 거기가 어딥니까?"

JVL 팀과 함께 야간 비행기를 탄 나는 브롱크스에 돌아와 있었다. 거의 잠을 못 잤지만 시차 때문이 아니었다. 교실에 원통형 텃밭을 가꿀 생각에 마음이 설렜기 때문이다.

"진심인가 보군요." 그가 말했다.

그 새벽에 전화하고 2주일 후, 나는 다시 리치에게 전화를 걸었다. 우리 JVL 학생들과 나는 프로그레시브 보험사에서 후원하는 〈에이프런 프로젝트Apron Project〉라는 전국 다큐멘터리에 출연하기로 되어 있었다. 처음 나에게 연락해온 다큐 제작진은 우리의 수경재배 시스템을 소개하는 데 관심이 있었다. 하지만 나는 더 좋은 아이디어를 제안했다.

"더 크고 더 좋은 걸 알아냈어요." 내가 장담했다. 나는 그 다큐멘터리를 볼 교사들에게 실내 텃밭의 예술과 과학을 여러 관련 분야의 학업 성과와 결합하기가 얼마나 쉬운지 보여주고 싶었다. 교실 공간을 그렇게 적게 차지하는 이 수직 정원만큼 쉬운 방법이 어디 있을까? 그뿐 아니라 내 안의 평생 학습자는 이 새로운 테크놀로지를 직접 학습해보고 싶어 좀이 쑤셨다. 다큐 제작자들은 재료비 지급에 동의해주었다.

"타워가든 열다섯 개를 뉴욕에 보내주실 수 있나요?" 나는 리치에게 물었다. "그리고 크기가 다양한 식물들도 많이 부탁드려요." 심지어 나는 비행기로 뉴욕에 날아와서 약간의 기술적 지원을 해달라고까지 했다. 그 비용은 예산에 잡혀 있지 않았지만 그의 여행경비를 위한 나자신의 출혈 따위는 전혀 개의치 않았다.

이때쯤 리치는 맡겨진 일을 마친 상태였다. 그는 나의 진실성을 확신했다. 더욱이 그에게는 펜실베이니아 산업현장에 친구가 있어 포장이사용 트럭에 식물을 한가득 실어 브롱크스로 운반하도록 부탁할 수 있었다.

2주 후 나는 다큐 촬영을 앞두고 설치작업을 위해 JVL 학생들로 작업반을 꾸렸다. "비디오에 출연하고 싶은 사람?" 내가 물었다. 여기저기서 한꺼번에 손이 올라왔다.

"더 자세히 설명할게. 실내 텃밭 비디오에 출연하고 싶은 사람?" 여러 손이 곧바로 내려갔다.

나는 아이들에게 설사 음악을 만들거나 스포츠를 잘하지 않아도 인터넷에 선풍을 일으킬 수 있다고 장담하면서 계속 광고했다. 교장은 주말작업을 하면 따로 학점을 주겠다는 제안으로 아이들의 마음을 흔들었다. 마침내 토요일 작업반을 꾸리기에 충분할 만큼 지원자들이 모였다. 수경재배 프로젝트를 했던 아이들도 있었지만 처음인 아이들도 많았다. 다시 한번 모두가 친해지고 협동하는 법을 배워야 했다.

첫 번째 단계는 우리가 그렇게 고생하며 만들었던 수경재배 시스템을 해체하는 것이었다.

"이걸 왜 허물어요?" 헥터가 고개를 갸웃거렸다. "굉장히 멋진데."

"훨씬 더 멋진 걸 만들려는 거지. 정말이야." 그렇게 장담은 했지만, 또 한 번 눈먼 비행을 하고 있다는 생각이 들었다. 이때까지 내가 조립해본 타워가든의 수는 정확히 제로였다. 그런데 이 커다란 교실을 그것들로 채우려 하고 있다니.

리치 다우닝은 그날 오전에 나와 우리 학생들과 같이 일하면서 실내 텃밭을 조립했다. 그는 박람회 경험이 있었으므로 완벽해 보이는 실내 농업 환경을 빠르게 조립하는 법을 알고 있었다. 아이들은 내가 즐겁게 리치의 지시대로 하는 모습을 보고 깜짝 놀란 모양이었다. 아이들은 늘 책임을 맡은 내 모습에 익숙했다. 그런 내가 갑자기 끙끙대고 헐떡이며 힘을 쓰는 이 땅딸막한 백인 사내에게 질문을 하고 그가 시키는 대로 하는 사람이 되어 있었다. 솔선수범해서 지시를 받아들이는 모습을 보이는 건 내가 늘 좋아하는 일이다.

우리 실내 텃밭은 빠른 속도로 올라갔다. 수경재배 시스템은 완성까지 여러 주 동안의 시행착오를 거쳤다. 그러나 이 타워는 상자 하나에 담긴 부품들을 완전히 조립하기까지 한 시간도 채 걸리지 않았다. 아이들은 저희들끼리 시간을 재기 시작했고, 협동작업이 특히나 효율적으로 이루어지면 하나를 세우는 시간이 더 빨라졌다. 모두에게 중요한 작업이었다. 아이들 몇 명이 나사와 플라스틱 부품들을 정리했다. 나머지는 바퀴 기부를 조립했다. 여학생들이 아랫부분을 조립하면 키 큰 남학생들은 윗부분을 쌓아나갔다. 기술이나 기계에 재능이 있는 아이들은 펌프를 설치하는 작업을 맡았다. 아이들은 팀워크를 통해 하나씩 탑을 세울 때마다 반복해서 성공을 경험했다. 일단 모든 타워를 조립하고 나자 이제 식물을 심을 차례였다.

"이제 알았어요." 스티븐이 어린아이 같은 굳은 확신에 차서 말했다. "탑이랑 정원을 더한 거네요. 이거 이름 지은 사람들 정말 똑똑하네요."

나는 껄껄 웃으면서 생각했다. 그렇게 생각해?

점심시간이 지난 뒤 리치의 친구가 모종을 가득 실은 트럭을 뱅크노트 건물 밖에 세웠다. 그렇게 해서 나는 흠 잡을 데 없이 말쑥한 옷차림의 농부 듀언 매카시Duane McCarthy를 알게 되었고, 우리 아이들과 나에게 그는 '구찌 농부 아지씨'로 통하며 사랑을 받았다.

나는 트럭에서 식물을 내려 위층으로 가져오기 위해 몇몇 아이를 데리고 내려갔다. "식물을 뽑을 때는 뿌리를 조심해야 한다." 리치가 주의를 주었다. "뿌리가 꺾이면 식물이 죽게 된단다." 그는 엉킨 스파게티 국수처럼 대롱대롱 뿌리가 붙은 연초록 버터크런치 상추의 머리를 잡으며 시범을 보였다.

문신을 한 스물한 살의 나이 많은 학생 하나가 뱀이라도 본 것처럼 움찔하며 물러섰다. "으, 저게 뭐예요?" 그가 뿌리를 가리키며 물었다. "저게, 그러니까 식물의 내장인가요?" 모두가 가까이서 보려고 몰려들었다.

자연은 또 한 번 우리 도시 아이들의 허를 찔렀다. 오래전 한 무더기의 수선화를 보고 황홀해했던 그 아이들과 마찬가지로 이 젊은이들은 식물의 구조처럼 단순한 것에 마음을 사로잡혔다. 한 번도 식물의 구조를 직접 눈으로 본 적 없는 사람에게 그것은 그리 간단한 게 아니었다.

"그럼 우리가 저 뿌리를 잘못 건드리면 식물이 죽는다고요?" 그 학생이 방금 들었던 말을 되새기며 물었다. 그 아이가 잠시 뿌리를 쳐다보더니 다시 덧붙였다. "저게 사느냐 마느냐는 우리한테 달렸네요."

내가 전혀 예상하지 못했던 방식으로 이 연약한 모종들은 아이들이 다른 생명을 보살피는 데 따라오는 중요한 책임감을 깨닫도록 해주었다. 그것은 우리한테 달렸다. 설사 그것이 한낱 식물이라 해도 말이다. 그것이 한 포기 식물의 힘이다.

나는 모두에게 잠시 생각할 시간을 준 다음 이렇게 말했다. "좋다, 자. 이제 다시 일을 시작하자!"

생산적인 이틀 동안의 작업으로 우리는 보통 교실보다 큰 공간을 말 그대로 완전히 작동하는 실내 농장으로 만들었다. 처음에 일을 시작할 때 이 큰 학생들 가운데 일부는 서로를 노골적으로 싫어했다. 순전히 학점을 따기 위해 온 학생들도 꽤 있었다. 지시사항을 말할 때조차 이

어폰을 빼지 않으려는 학생들도 있었다.

"자, 여러분. 여러분끼리 가장 친한 친구가 될 필요는 없다. 하지만 일을 마치려면 일정이 빠듯해. 그리고 일을 끝까지 제대로 해야 해. 비디오 촬영 때문만은 아니다. 우리 어린 친구들이 여러분에게 의지하고 있다." 나는 그들과 함께 실내 농업을 하고 싶어 애태우는 하이드 리더십 학교의 어린 학생들을 상기시켰다. 한순간에 그들의 눈빛이 달라졌다. 특히 부모가 된 학생들이 그랬다. 일단 작업에 착수해서 눈앞에서 결과를 보게 되자 학생들은 그것을 일로 여기지 않았다. 재미있었던 것이다! 심지어 학생들은 온갖 쓰레기까지 재활용했다.

무엇보다 중요한 건 이 프로젝트가 모두에게 생활의 나머지 모든 일을 젖혀두고 양육자 역할에 몰두할 기회를 주었다는 점이다. 학생들은 타워마다 차곡차곡 식물을 채워나가기 시작하면서부터는 말수가 줄어들었다. 세로로 된 설계 덕분에 그들은 보송보송한 민트 잎과 매운 향의 루콜라와 얼굴을 마주하게 되었다. 마치 우리가 공기 중에 생명 자체를 펌프질하고 있는 것처럼 방 안이 좋은 냄새로 가득했다. 학생들은 낮잠에 빠진 자기 아이를 눕히듯 최대한 조심스럽게 연약한 모종을 꽂아 넣었다.

타워가든 가꾸기에는 내가 예상하지 못했던 장점이 있었다. 자연을 아주 가까이서 직접적으로 대면하게 해준다는 것이다. 우리의 수경재배 시스템도 근사했지만, 그것은 고정된 부동산이었다. 기다란 수로구조는 식물들의 텃밭 사이사이를 걷는 것을 방해했다. 우리 타워들이 완성되었을 때, 이 덩치 크고 거친 십대들은 아이오와 옥수수 농장 꼬마들처럼 식물들 주변에서 숨바꼭질을 하기 시작했다. 그들은 타워의 바퀴를 밀고 다니면서 사기가 좋아하는 식물 옆에서 유명인사라도 된 듯 사진 포즈를 취했다. 비욘세, 저리 비키시지. 스포트라이트는 이제 루콜라와 스위트 바질에 쏟아졌다.

나는 내내 학생들과 함께 배웠고 같이 기뻐했다. 같이 일하는 이틀 동안, 내가 그동안 해온 작업들을 학생들에게 저속촬영 화면으로 보여준 것 같은 기분이었다. 우리 모두는 영감이 충만해서 집으로 돌아갔다.

우리의 성공은 다른 사람들을 자극했다. 〈에이프런 프로젝트〉 비디오가 생중계되면서 인터넷에서 선풍이 불었다. 이 학생들은 실제로 수백만 명의 시청자가 지켜본 영화 스타가 되었다. 관심의 잔물결이 거대한 파도가 되었다. 갑자기 TNT 방송국에서 와서 또 한 편의 다큐멘터리를 촬영했는데, 〈극적인 변화Dramatic Difference〉라는 이 프로그램은 수백 수천만 명이 시청했다. 그다음엔 디즈니사에서 찾아와 우리 학생들을 〈패스 더 플레이트Pass the Plate〉라는 시리즈에 출연시켰다. 이것은 전 세계에 방영되었다.

그 모든 것이 눈에 보이게 되자 더 많은 손님이 JVL 교실을 찾아왔고, 40개 주의 고관들과 미 국무부 파견단까지 왔다. 그들을 우리 학교로 이끈 단순한 메시지는 우리를 오피스디포 캠페인[사무용품 글로벌 기업인 오피스디포사에서 진행하는 친환경 캠페인—옮긴이]과 비디오에 출연시킨 메시지와 똑같았다. 〈교사들이 삶을 바꾼다Teachers Change Lives〉는 제목 그대로였다.

그리고 이건 또 무슨 일인가! 세계에서 가장 유명한 음식 전문가가 혁신적인 교실 농장의 한 장면을 포착하고 싶어서 자기 촬영 팀을 헌츠 포인트에 보낸 것이다. 마이클 폴란Michael Pollan의 두 시간짜리 다큐멘터리 〈식품을 지키며In Defense of Food〉는 실내 농업과 조리훈련 프로그램에 몰두하고 있는 우리 JVL 학생들을 소개했다. 그 다큐멘터리가 방송되던 날 밤 수백만 명이 시청했다. 사우스 브롱크스에서 가장 공업적인 지역, 어느 누구도 녹색 혁신을 찾으리라 기대하지 않았던 곳에서 우리는 엄청난 것을 만들어낸 것이다.

폴란을 비롯해 많은 사람이 주목한 덕택에 나는 우리가 한 일이 병들어가는 수많은 사회에 해독제를 제공하고 있다는 것을 깨달았다. 폴란처럼 나도 자연과 문화의 교차점에 매료되어 있었다. 나의 경우 그 교차점의 중심은 도시농업이었다. 문득 이런 생각이 들었다. 건강문제를 해결하고 싶다면 식품과 농업을 돌아보라. 굶주림과 가난을 해결하고 싶다면 식품과 농업을 돌아보라. 쓰레기를 줄이고 싶다면 식품과 농업을 돌아보라. 기후변화에 대응하고 좀더 공정한 자원배분을 원한다면 식품과 농업을 돌아보라. 아이들이 학교에서 즐겁게 학습활동에 참여하게 만들고 싶다면 식품과 농업을 돌아보라.

그 비디오들을 보면서 나 역시 나 자신에게 일어난 변화에 똑같이 놀랐다. 나 자신의 모습을 보는 건 충격이었다. 저게 정말 나인가? XXL 티셔츠가 찢어질 것 같았던 그 사람이 맞나? 2013년의 나는 전혀 다른 사람 같았다.

2년 전부터 나는 좀더 건강하게 식습관을 고치기로 하고 그런 식습관을 지켜왔다. 7개월이 걸렸지만 45킬로그램 넘게 감량했고 그 후로도 계속 감량했다.

단순한 변화들이 빠르게 축적되었고, 예전에 내가 어떤 것들을 얼마나 많이 먹었는지 고려하면 특히 빠르게 달라졌다. 체중이 줄기 시작하자 매일매일의 변화를 모두가 알아볼 정도였다. 내 가족, 친구, 동료들은 모두 응원해주었고, 그것이 다시 변화를 재촉했다.

그러나 일단 몸이 날렵해지자 계속 체중을 줄이는 것 자체가 도전이 되었다. 이때쯤 오래된 습관들을 바꾸고, 새로운 선택을 재백해야 했으며, 음식과 관련한 인과관계를 완전히 새로 이해해야 했다. 실컷 먹는다든가 칼로리가 듬뿍 든 디저트를 즐긴다든가 하는 좋지 않은 방식으로 체중감량을 축하하고 싶지는 않았다. 내 몸은 홀쭉해질수록 더욱 활동적이 되었고, 그 때문에 다른 방식으로 식욕이 올라갔다. 나는 일정한 양을 원했고 아삭아삭한 음식을 좋아했다. 짭짤한 과자에 손이 가는 대신 하루 종일 당근, 오이, 색색의 고추를 먹을 수 있다는 사실이 감탄스러웠고, 그러면서 체중이 늘지도 않고 들뜨거나 무기력증을 느끼지 않아서 만족스러웠다. 내 에너지 수준은 더욱 안정되었다. 확실히 그런 식습관은 예전에 즐겨 먹던 메스MESS(manufactured edible synthetic substances, 제조된 합성식용물질)를 물리쳤다. 나에게는 생활의 기본 규칙이 필요했는데, 누군가 마이클 폴란의 훌륭한 조언을 얘기해주었다. "그것이 식물이면 먹어라. 그것이 공장에서 만들어졌다면 먹지 마라." 굉장히 일리 있는 말이었기에, 나는 폴란의 일과 현명한 식생활에 관해 더 많이 배우기 시작했다. 식성은 허리둘레와 함께 변했고, 나는 건강한 식습관을 고집하면서 지나치게 배가 고파지는 상황이나 위험한 장소를 피하곤 했다.

　체중이 줄어들고 나니 그로 말미암은 또 다른 결과들이 보였다. 확실히 가족, 친구, 동료들은 나를 응원해주었지만, 내가 알게 된 건 나를 모르는 사람들이 이제 나를 인식하는 방식이었다. 낯선 사람들은 내가 뚱뚱했던 때와는 전혀 다르게 나를 대했다. 사람들은 나를 더욱 능력 있는 사람으로 여겼고 더 낫게, 더 신속하게, 더 정중하게 대우해주었다. 소매점의 점원들은 더 친절하게, 더 많은 관심으로, 더 많은 서비스를 제공했다. 모임이나 회의, 심지어 학부모와 교사의 밤에도 날씬했을 때 더 많이 존중받았다. 이 모든 것이 언외의 것이었지만, 확실히 사람들은 나를 진지하게 여겼고 더욱 전문적으로 대우했다. 나는 과체중인 사람들에 대한 사회의 편견을 밝혀낸 것이다. 그들은 분명히 괴롭

힘을 당하고, 무례한 대접을 받고, 다르게 인식되고, 다르게 취급받고 있었다. 내가 뺀 50킬로그램이 그것을 가르쳐주었다.

이런 개인적인 깨달음을 고려하면, 내가 가능한 한 많은 학교에 실내 채소 재배를 소개하고 싶어한 것이 결코 놀랄 일은 아니지 않은가? 나는 식품과 관련해 건강을 위협받는 모든 아이와 모든 지역사회가 식물의 힘이 주는 혜택을 받기를 원했다.

모회사인 주스 플러스+Juice Plus+ 사의 타워가든 부서장인 스티브 윌리엄스Steve Williams가 이 기술과 사랑에 빠진 많은 이유는 나와 똑같았다. 그 역시 타워가든을 학교와 방과 후 프로그램에 공급하기를 꿈꾸었지만 내가 생각하던 규모로는 아니었다. 우리가 처음 전화로 이야기를 나눌 때 그는 이렇게 말했다. "우와, 선생님도 아시는군요. 저도 선생님을 알 것 같습니다."

그와 그의 동료들은 자신들이 찾고 있다는 사실조차 몰랐던 투사를 나에게서 찾아냈다. 나는 이 작은 수직 텃밭을 이용해 수학부터 과학까지, 언어기술부터 직업기술 능력까지 모든 것을 가르치기를 꿈꾸었다. 물론 건강한 식생활도 말이다. 초기의 대화와 만남이 있고 오래 지나지 않아 나는 그 회사 설립자인 제이 마틴Jay Martin을 만나게 된다. 이런 기막힌 우연이 있을까. 그도 역시 처음에는 교사였다.

비록 그는 엄청나게 잘나가는 기업가가 되었고 나는 계속 교직에 머물러 있었지만, 제이와 나는 건강한 삶을 장려한다는 같은 목표를 가지고 있다. 제이는 설명하기를, 수스 플러스+는 그 나름대로 매우 잘하고 있고, 거의 20년 동안 그 일을 해왔지만 그가 타워가든을 구하게 된 이유는 그것이 과일과 채소에 관한 사람들의 사고방식을 바꾸고, 집에서 직접 키워 소비하게 만들 수 있다고 믿었기 때문이다. 나는 그에게 타워가든을 커리큘럼에 포함시켜 학교에서 아이들을 위해 바로 그렇게 하고 싶다는 내 꿈을 설명했다. 그것은 자연스러운 수순이었다.

나는 수업 지도안을 간소화해주고 학생들에게 더 많은 배움의 기회를 조성해줄 기술을 활용할 기회가 생겼다는 생각에 흥분했다. 제이의 기업가 정신은 혁신에 대한 내 열망과 딱 들어맞았다. 거꾸로 그는 나처럼 에너지와 열정을 가진 사람을 찾았다고 열광했다. 그렇게 해서 브롱크스 출신의 50줄에 접어든 교사와 70세의 조지아 토박이가 있을 것 같지 않은 우정을 발전시키게 되었다. 모든 것은 내가 우연히 우리 학생들을 실내 마리화나 재배 전시장에 데려가면서 비롯된 것이다.

그 실내 농업 박람회에서 있었던 첫 번째 충돌 이후, 주스 플러스+를 비롯해 최고 1만 명이 참석한 청중에게 강연할 기회들이 생겨 건강한 생활과 건강한 학습 환경 조성에 대한 내 열정을 공유했다. 한편 하이드 리더십 차터스쿨에서 열의 넘치는 어린이들에게 둘러싸인 나는 교실 안의 타워가든으로 일대 폭풍을 일으켜보기로 결심했다. 더욱이 어린이들은 그 정원을 사랑했다! 소문은 들불처럼 퍼졌고, 우리 어린 농부들과 나는 어느새 오피스디포사가 후원하는 비디오 〈교사들이 삶을 바꾼다〉의 주인공이 되었다. 이 비디오는 우리가 학교에서 텃밭을 가꾸고 식물의 힘에 관해 배우는 과정을 강조했다. 비디오는 하룻밤 사이에 수십만 회 시청되었고 시청자들은 감동에 젖어 눈물을 흘렸다. 그 오피스디포 비디오 이후 5,000개 이상의 학교에서 실내 타워가든 프로그램을 시작했다. 정말 굉장한 씨 쎄 푸에데 아닌가! 그것이 식물의 힘이다. 물론 실내 수직 텃밭이 농업을 커리큘럼에 도입할 유일한 방법은 아니다. 하지만 아마도 비용효율이 가장 높고, 확실히 복제 가능성도 가장 높다.

　나는 교실 부지가 중요하다는 것을 경험으로 배웠다. 프로그램이 지속되면 비용이 중요해진다. 늘 시간이 부족한 교사들에게는 편리성도 중요하다. 그리고 학업 성적이든 행동 개선이든 협력을 배우는 것이든 간에 무엇보다 효과가 중요하다. 이 모든 특성을 지니고 있기 때문에, 이 해결책은 수백만 명의 어린이와 어른을 모두 사로잡을 잠재력이 있으며 확장이 가능하다. 무한한 가능성이 여기 있었다. 지금까지 내가 해왔던 그 모든 일이 지금 바로 이 자리까지 나를 데려왔다는 걸 이제 알 수 있었다. 가슴이 벅찼다.

　다른 교사들에게도 이 벅찬 기분을 느끼게 하려면 아직 해야 할 일이 더 있었다. 실내 농업을 핵심 커리큘럼과 교과목 교육에 결합시켜줄 새로운 수업 지도안과 교실 프로젝트를 제시해야 했다. 다른 교사들과 관리자들을 합류시키기 위해서는 우리 아이들이 얻는 학업적·행동적 혜택을 측정 가능한 방식으로 보여주어야 했다.

　이제 필요한 것은 내 아이디어를 계속 구축해나갈 더 많은 교실 공간과 혁신할 공간을 기꺼이 내줄 학교 지도자였다.

CHAPTER 13

프로젝트를 통해
국제교사로 성장하다

2014년 가을

"안녕, 멋쟁이들. 안녕, 예쁜이들."

매일 아침 치즈모자에 나비넥타이를 하고서 나는 커뮤니티스쿨 Community School[지역사회의 여러 인적·물적 자원들 간의 협력으로 공교육의 경계를 확장해가는 학교로 지역 주민과 보호자가 학교 운영에 참여할 수 있다—옮긴이] 55의 정원 앞 보도에서 등교하는 아이들에게 일일이 눈을 맞추며 인사할 준비를 했다. 그해 가을 나는 그 학교에 새로 부임했지만, 어린이들과 그 부모들은 곧 나와 내가 날마다 하는 그 일과를 알게 되었다. 우리는 그것을 '투 파이브Two-Five'라고 불렀다. 두 눈과 다섯 손가락. 학생들도 머잖아 눈을 맞추고 악수를 하는 최소한의 요건을 넘어섰다. 그들은 곧 나를 스티브 쌤, 농부 스티브 쌤, 심지어 아버지 자연이라고 부르기 시작했다. 나는 아이들이 내게 던지는 미소, 포옹, 별명을 모두 빨아들였다.

그린 브롱크스 머신과 나는 우리의 새 집을 찾았다.

루이스 토레스Luis Torres 교장은 나를 자기 초등학교에 데려가려고 여러 해 동안 애쓰고 있었다. 브롱크스 토박이인 토레스는 고등학교 육상부였던 시절을 말해주듯 체구가 단단하다. 지금은 머리가 약간 벗어졌고 수염을 깔끔하게 다듬고 다닌다. 따뜻하고 크고 환한 웃음을 짓지만 멋쟁이 같은 안경 뒤의 눈에는 많은 슬픔이 담겨 있다. 사우스 브롱크스에서 가장 가난한 학교에서 10년 넘게 근무하면서 얻은 슬픔이다.

커뮤니티스쿨 55에는 클레어먼트 빌리지라는 동네의 어린이 730명이 다닌다. 우아한 아치 정문이 있는 이 5층짜리 학교 건물은 동네 전체가 한 가족의 집이자 농장이던 100여 년 전에 지어졌다. 오늘날 이 학교는 사방에 솟은 벽돌로 된 공영주택들을 마주하고 있는데, 그 공영주택들 주변에는 다시 네 개의 공영주택 단지가 있다. 일부 건물에는 총격의 흔적이 고스란히 남은 유리창이 깨진 채 방치되어 있다.

이 동네는 찾아가는 것 자체가 고역이다. 가장 가까운 지하철역은 열여덟 블록이나 떨어져 있다. 메트로 노스 통근철도는 이 학교의 한쪽 옆을 달리지만 이 동네에 서지 않는다. 만약 이 클레어먼트 빌리지에 기차역이 있다면, 맨해튼까지는 불과 6분, 웨스트체스터까지는 17분이면 갈 것이다. 그러나 철도 통근자들은 어딘가 다른 곳을 향한 채 온종일 이 동네를 빠르게 통과해버린다. 길거리 주차는 악몽이다. 버스 운행도 제한적이다. 택시는 보기 힘들고 운임도 비싸다. 이 밀집 구역에 사는 4만 5,000명의 주민들은 뉴욕의 나머지 지역과는 매우 고립되어 있어 그들만의 섬에서 산다고 해도 과언이 아니다. 여기서 자란 아이들은 결코 직장을 구하지 못할 거고, 영영 그 공영주택을 벗어나지 못할 거고, 운명을 바꿀 기회 같은 건 절대 생기지 않을 거라고 자연스레 상상하게 된다. 뉴욕의 심장부에 있는 이곳은 나에게 애리조나 보호구역에서 보낸 시절과 그곳의 학생들을 떠올리게 한다.

그런데 도대체 왜 내가 나의 녹색 커리큘럼과 나의 열정, 내가 끌어모을 수 있는 모든 자원을 여기 이곳, 이 "네버, 네버, 네버 랜드"에 가져오고 싶겠는가? 클레어먼트 빌리지에 도착한 순간, 나는 이곳보다 근무 환경이 열악한 곳은 없을 거라는 걸 알았다. 이곳은 그린 브롱크스 머신에게는 역대 가장 무거운 짐이 될 터였다.

그 어마어마한 도전이 내 의욕을 불태웠다. 우리가 여기서 성공할 수만 있다면 그 파급력은 어떻겠는가.

"스티븐 선생님, 우리 학교 4층에 새로운 용도가 필요한 커다란 공간이 하나 있습니다." 몇 달 전 토레스가 나한테 말했다. "원래는 학교 도서관으로 쓰이던 곳이었죠." 세월이 흐르면서 그 공간은 시대에 뒤진 것, 쓰지 않는 것, 또는 대대적으로 수리해야 할 온갖 것들을 쌓아두는 창고가 되었다. 크기는 교실 두 개만했다. "선생님이 그곳에 그린 브롱크스 머신 본부를 만들고 싶으시다면 그곳을 선생님께 맡기지요." 교장이 제안했다.

토레스는 내가 정착할 장소가 필요하다는 걸 알고 있었다. 그해 봄, 나는 그린 브롱크스 머신을 JVL 와일드캣 아카데미 차터스쿨로 옮겨 우리의 범위를 헌츠 포인트 전역의 학교로 확대하는 데 동의를 얻어냈다. 그곳에는 막강한 실내 농업과 조리 프로그램이 있으니 다 자란 청소년들, 어린아이들, 그리고 지역사회를 연결해 강력한 학습 경험을 만들어보려 구상했던 것이다.

계획은 빈틈없어 보였고, 나는 이직을 위해 미리 하이드 리더십 차터스쿨에 사직서를 냈다. 새 출근을 앞두고 바로 며칠 전에, 예상 밖의 조직변경이 일어나고 JVL의 지도자가 새로 바뀌면서 내가 짠 계획이 무산되었다. 얼마나 놀랐는지. 나는 새로운 기회를 얻기는커녕 졸지에 실업자가 되었다.

토레스는 내가 믿을 만한 사람이란 걸 알고 있었다. 그전에도 우리는 여러 프로젝트에서 제휴한 적이 있었고, 그는 내가 그 학교 학생들, 교사들과 쉽게 연결점을 찾을 거라고 판단했다. 하지만 그에게 나의 첫인상은 그렇지 않았다.

"처음 선생님을 만났을 때는 미친 사람인 줄 알았어요." 그가 고백했다. "이 건물에서 누가 그 많은 에너지를 필요로 하겠어요? 무엇 때문에 선생님을 모셔와서 내 업무량을 가중시키고 싶겠어요?" 그러나 자기 학교 학생들이 나의 에너지에 반응하는 모습을 본 후 그는 생각을 바꾸었다. "선생님은 디즈니 같아요. 다른 어떤 선생님들과는 다르게 아이들이 뭔가 해보도록, 시도해보도록 하는 능력이 있으세요."

그때쯤 나는 토레스가 살아온 이야기를 알고 있었다. 그는 공립학교 교육자가 되려고 준비한 적이 없었다. 부지런한 지역사회 남자의 자랑스러운 아들 루이스는 그가 대학에 어울리지 않는다는 상담 교사의 말을 듣고 고등학교를 졸업하자마자 군에 입대했다. 내 짐작에 그 형편없는 조언을 해준 상담 교사는 그 동네에 살지 않았거나 그의 꿈과 희망에 관해 물어볼 생각도 하지 않았을 것이다. 서로가 놓여 있는 상황은 달랐지만, 토레스 교장은 과거 사우스 브롱크스 고등학교의 내 학생들과 다를 바 없었다. 그는 말 그대로 험악한 왓슨 애버뉴의 뒷마당에서 자랐다. 10년 동안 영웅적인 군복무를 마치고, 그는 어린이 삶의 선선에서 영웅이 되기로 했다. 클레어먼트 빌리지에 돌아온 그는 뉴욕시 전체에서 가장 말썽 많은 학교를 인수한 것이다.

오래전 내가 근무하던 고등학교의 학생들이 토레스의 학교 앞에 야외 정원을 지어 지역사회의 화젯거리가 된 적이 있었다. 상자형 화단들과 공원 벤치는 이웃한 공영주택 주민들에게는 담소를 나눌 안전한 공간이 되어주었고, 공원의 존재 자체가 지역사회 건설을 돕고 동네 범죄를 억지하는 역할을 했다. 심지어 험악한 비행청소년들도 시끌벅적한 할머니들 주변에서는 총을 꺼내들기를 주저하곤 했다. 이런 프로젝트는 지역사회를 사랑하며 실질적 영향력을 갈망하던 토레스의 마음을 사로잡았다.

그 후 나는 JVL 와일드캣, 하이드 리더십 학생들과 함께 가서 그 학교 1층에 실내 텃밭을 설치했다. 토레스는 식물들이 도착하자마자 아이들의 행동이 바뀌는 것을 주목했다. 우리는 미디어 프로젝트에서도 함께 팀을 이룬 적이 있었다. 첫 번째가 디즈니 프로그램인 〈패스 더 플레이트〉였고, 그다음이 TNT의 〈네이버후드 세션스Neighborhood Sessions〉에서 브롱크스 출신의 제니퍼 로페즈Jennifer Lopez가 출연했던 한 에피소드였다. 이 학교 어린아이들은 손에 꽃을 들고 흙 묻은 얼굴로 그 쇼를 빛냈다. 그 쇼가 방송되던 날 밤, 클레어먼트 빌리지 공영주택들은 자부심으로 폭발했다. "쟤가 우리 아이예요!" 모두가 그렇게 외치는 소리로 떠들썩했다. 환호는 사우스 브롱크스 전역으로 퍼져나갔다.

내가 그 학교 교직원으로 갈 때쯤, 토레스는 상황을 더욱 긍정적인 방향으로 돌리려고 애쓰고 있었다. "오랫동안 우리는 아이들이 행동하게 하는 데만 초점을 맞추었어요. 그것으론 충분하지 않아요." 그가 말했다. "이 아이들이 삶에서 원하는 것을 이루기 위해서는 더 높은 수준에 이르도록 도와줘야 해요." 그는 내가 교육과 참여를 둘 다 이해하고 있다는 걸 알고 있었다.

그 학교 교사가 되었을 때, 학교는 여전히 PS(Public School, 공립학교)

55로 불리고 있었다. 그 이름은 1년 후 CS(커뮤니티스쿨) 55로 바뀌면서 지역사회학교 모델이 되었음을 알렸다. 오래전 마조라 카터와 내가 꿈꾸었던 것처럼, 학교들은 지역자산을 활용하고 포섭할 지역사회 파트너십을 바라고 있었다. 그린 브롱크스 머신이야말로 지극히 지역적이었다.

교장은 나를 일반 교실에 배치하는 대신, 학교 전체를 총괄하겠다는 내 제안에 동의했다. 나의 큰 그림은 버려진 도서관 공간을 활용해 미국 최초의 국민건강보건 학습센터를 만들겠다는 거였다. 이용되지 않는 구식 도서관을 21세기 학습센터로 바꾸고, 미래를 위해 학생에게는 직접 학습을, 교사에게는 직장 내 직업개발을 제공하고 싶었다. 그곳은 모두를 위한 살아 있는 실험실이 될 터였다.

토레스는 이 아이디어에 감격했지만 나는 예지력이 있는 교장이라면 절대 거절하지 못할 재정적 제안을 했다. "마치 은퇴한 것처럼 저에게는 일주일에 하루만 급료를 주세요. 일주일에 나머지 5일은 자원봉사를 하겠습니다." 나는 이 새로운 국민건강보건 학습센터를 위한 기금을 마련하고 건설하는 모든 일을 직접 하겠다고 약속했다. 어떻게 할 것인지 방법은 아직 확실하지 않았다.

　　　　　　　　　　✤

그동안은 학습을 위해 어르고 달래야 했던 청소년들과 오랜 세월을 보냈다면, 지금 이 새로운 학교에서 나는 그저 한 번의 웃음과 악수만으로도 좋아하는 어린아이들에게 둘러싸여 있었다. 아이들은 농부 스티브 쌤이 오늘은 무얼 하려는지 알고 싶어서 교실 안으로 뛰어들어오다시피 했다. 그들은 디즈니 특집을 통해, 그리고 제니퍼 로페즈 축하

영상을 통해 나를 알아보았다. 아이들은 설렘을 기대했다. 나 역시 설 렜는데, 5학년까지밖에 없는 학교에서, 나는 브롱크스에서 가장 나이 많은 6학년생이 되었기 때문이다. 비록 행동은 어른아이 같았겠지만, 나는 여러 자릿수 나눗셈을 암산으로 할 수 있었다. 운전면허도 있었 다. 그리고 지금은 그 건물 어디에나 갈 수 있는 나만의 만능열쇠를 가 지고 있었다.

우리의 첫 번째 임무는 교실 농장을 만드는 거였다. "이건 중요한 프 로젝트예요." 나는 눈이 동그래진 학생들에게 설명했다. "이 모든 조각 을 맞추려면 여러분 모두의 도움이 필요해요." JVL에서 나이 많은 학 생들이 그랬던 것처럼, 이 어린아이들도 금세 저마다 이바지할 방법을 찾아냈다. 몇몇은 조각을 정리하고, 몇몇은 조립하고, 그리고 모두 힘 을 합쳐 여섯 개의 타워가든을 세우고 식물을 심을 준비를 마쳤다.

"이제 우리는 훨씬 더 중요한 일을 하게 될 거예요." 내가 약속했다. "여기서 생명을 창조할 거랍니다." 어린 농부들은 열심히 묘상에 씨앗 을 밀어 넣었고 그 씨앗들이 성장촉진 조명 아래서 싹트기를 참을성 있게 기다렸다. 기다리는 동안 우리는 예측, 분수, 비율 계산을 배웠다. 일단 싹이 터서 모종이 자라자 우리는 모종을 타워에 옮겨 심었다. 아 이들은 학구열에 불탔고 모든 과정을 스케치하며 식물의 한살이를 배 웠다.

날마다 학습목표에 맞춰 신중하게 구성한 각각의 활동 뒤에는 세세 한 학습 지도안이 있었다. 때로 나는 그런 지도안을 나머지 교사들과 함께 구상하면서, 그들이 커리큘럼을 설계하도록 도왔다. 어떤 날은 내 가 공개수업을 하면 다른 교사들이 지켜보았다. 또 어떤 날은 내가 수 업을 시켜보며 다른 교사들의 학습계획을 시도하기도 했다. 매일매일 이 커리큘럼과 학교 건물 전체에 걸쳐 일어나는 또 다른 학습기회였다.

거의 날마다 점점 더 많은 모험이 펼쳐졌다. 나는 미래의 나비 정원을 위해 나비 고치 1,000개를 주문해서 학급마다 나누어주고 관찰하게 했다. "나비 배달 왔습니다!" 나는 교실에 들어가며 힘차게 노래하곤 했다.

그리고 실외의 상자 화단을 위해 지렁이를 주문하고 기꺼이 지렁이를 돌보겠다는 지원자들을 모집했다. 내가 '지렁이 소녀'라는 별명을 붙여준 열정적인 여학생이 팀장이 되었다.

한편 스무디를 만들 초강력 식품 분쇄기에 이용하기 위해 자가발전 자전거를 시운전할 꼬마 엔지니어들을 모집하기 시작했다.

주의력에 문제가 있는 아이들이 우리 실내 텃밭 주변에서는 조금 차분해지는 걸 눈여겨본 나는 그 아이들을 초대해 식물들에게 책을 읽어주게 했다. 이 일로 지도개선을 위한 중요한 정보가 나왔다. 읽기를 힘들어하는 아이들은 보통 교실에서 큰 소리로 낭독하는 것을 싫어한다. 그 때문에 그 아이들이 왜 읽기를 힘들어하는지 파악하기가 힘들다. 하지만 바로 그런 아이들이 식물에게 책 읽어주기를 좋아한다. 아이들이 읽는 동안, 나는 귀를 기울였다. 그리고 그에 따른 교육적 조치를 계획했다.

리츠 쌤이 도대체 다음엔 무슨 일을 벌일지 아이들이 궁금해하는 사이에 설렘의 기운은 이 교실에서 저 교실로 퍼져나갔다. 나는 따로 장소를 마련해 큰 식물들을 숨겨두었다. 아이들이 수업시간에 큰일을 해내면, 나는 작은 식물을 큰 식물로 바꿔치기하고는 나의 어린 농부들에게 모든 공을 돌렸다. "식물들이 어떻게 반응하는지 보렴." 쉬는 시간이 끝나면 아이들에게 그렇게 말했다. "너희들이 진짜로 식물이 자라는 걸 돕고 있구나." 무엇보다 좋은 건 아이들이 내 말을 믿고 다시 와서 더 열심히 일한다는 점이었다.

우리 복지센터는 아직 완전히 지어지지 않았지만, 이미 활동적인 다양한 학습과 긍정적이고 즐거운 문화를 만들어내고 있었다. 한 남학생이 나를 '아버지 자연'이라고 부르면서 그 별명이 굳어졌다. 내가 아이들에게 과학 괴짜가 다 됐다고 칭찬했을 때는 아이들이 "괴짜! 괴짜! 괴짜!"와 "괴짜의 힘!"을 한목소리로 외쳤다.

어느새 우리의 작은 교실 농장은 일주일에 한 번 교장과 함께하는 '점심식사와 학습'에 샐러드를 준비할 만큼 충분한 상추를 생산하고 있었다. 매주 금요일에 토레스와 너댓 명의 아이들이 4층에 있는 내 방을 찾아왔다. 이 특별행사에 초대된 아이들 중 다수는 말썽을 일으켜서 교장실에 보내지곤 했던 바로 그 아이들이었다. 이제 그들은 점심식사에 손님으로 교장을 환영하면서 알 가치가 있는 이런저런 것들을 이야기했다. 열정, 목적, 희망이 학교 문화 속에 퍼지고 있었다.

"애들아, 사람들이 우리 학교 학생들을 다르게 보기 시작했단다." 토레스가 그 아이들에게 말했다. "우리 생각엔 너희가 아무도 기대하지 않았던 것들을 해낼 것 같구나."

"예를 들면요?" 한 5학년생이 물었다.

"브롱크스 과학고등학교 같은 대단한 학교에 간다든가." 교장이 대답했다. "그 학교에 관해 들어본 적 있는 사람?"

겨우 두 명의 손이 올라갔다. 하지만 나는 아이들이 우리 구에서 가장 명망 있는 고등학교 졸업생을 이미 안다는 사실을 상기시켜주었다. "너희들, 선생님의 딸 미카엘라를 만났던 때가 기억나니?" 아이들이 끄덕였고 몇몇 얼굴에는 미소가 스쳤다. 이때쯤 미카엘라는 대학생이었지만 휴일에 집에 있을 때는 여전히 그린 브롱크스 머신 활동에 참여했다. "거기가 미카엘라가 나온 학교야." 부모를 가운데 고등학교를 마친 사람이 극히 적은 이 지역사회에서, 우리 아이들이 학문적 미래를 꿈꾸기 위해서는 관련지을 만한 롤 모델이 필요했다.

그 밖에 이 아이들이 말하고 싶어했던 건 무엇일까? 건강은 곧잘 화제가 되었다. 아이들은 내가 한때는 지금보다 45킬로그램은 더 나갈 정도로 뚱뚱했다는 말을 믿지 않았다. 나는 지금의 내가 두 명은 들어가고도 남을 것 같은 XXL 티셔츠와 사진을 가져가야 했다. 그것은 큰 웃음을 자아냈지만, 식품과 관련한 우리의 선택에 관해 이야기하는 계기가 되었다. 우리 식생활 속의 설탕과 광고의 영향으로 형성되는 우리 입맛이 그중 하나였다.

"더 건강해진다는 것에 관해 학교에서 배운 내용을 집에 가서 가족들에게 가르쳐주면 좋겠구나." 토레스가 말했다. 그러자 몇몇 아이는 우리가 매주 아이들의 집에 보내는 싱싱한 채소로 저녁식사 때 샐러드를 만들어 먹는다고 자랑했다.

이 학교에 몇 년째 다니는 고학년 학생들은 주변에서 일어나는 변화들을 곧바로 알아보았다. 구내식당에 샐러드바가 새로 만들어진 것부터 내 교실에 새로 생긴 것들까지, 그들은 새로운 것을 알아차렸다. 그리고 다음엔 뭐가 나올지 궁금해했다.

"너희들한테는 좋은 아이디어가 아주 많아." 내가 말했다. "그리고 너희 반의 몇몇 친구도 틀림없이 아이디어가 많을걸." 아이들이 고개를 끄덕였다. "교장 선생님, 제안 상자를 설치하면 어떨까요?"

토레스 교장은 그 아이디어를 지지했고, 나아가 학교를 돕기 위해 다른 방식으로 목소리를 내보도록 격려했다. 그렇게 해서 우리의 첫 번째 학생자치회가 탄생했고 임원을 뽑기 위한 전교 선거가 실시되었다.

점심을 같이 먹을 때든, 교실 농장에서 수업할 때든, 음식은 온갖 중요한 것에 내한 학습으로 이어지는 사연스러운 들머리가 되었다. CS 55에서는 100퍼센트의 학생이 무료급식이나 할인급식을 먹는다. 이 지역사회 주민들의 37.9퍼센트는 식량사정이 불안정하고 적절한 영양을 섭취할 확실한 방법이 없다.

배고픔은 훨씬 더 뿌리 깊은 문제들에 대한 가장 눈에 띄는 증후군이다. 브롱크스 구는 성인 당뇨, 어린이 당뇨, 청소년 관상동맥 질환, 청소년 비만, 고혈압의 비율이 전국 수위를 달린다. 우리네 많은 가족이 그 잔인한 아이러니에 영향을 받는데, 비만은 배고픔의 새로운 얼굴이기 때문이다. 사람들은 칼로리만 높고 영양이 결핍된 싸구려 식품으로 허기를 달래고 배를 채운다. 나는 그것을 '메스'라고 부른다. 제조된 합성식용물질. 이 지역사회는 메스로 가득하다. 이 지역사회를 음식의 사막이라고 부르는 사람들도 있지만, 나는 이곳을 음식의 늪이라고 부른다.

비극적이게도 스스로 괜찮은 결정, 건강한 결정을 하고 있다고 믿는 아이들과 부모들은 사실은 뚱뚱한 것, 아픈 것 자체를 먹고 마시고 있다. 마케팅은 건강하지 않은 선택들을 '자연'이나 '저지방'(하지만 여전히 설탕이 잔뜩 들어간)으로 둔갑시킨다. 99센트짜리 메뉴를 갖춘 패스트푸드 매장들은 어린이들이 등하굣길에 지나는 거리 모퉁이에 자리를 잡고 있다.

유명상표가 붙고 유명인이 광고하는 이 모든 정크푸드 가운데 어린이를 위한 '공식 건강식품'은 어디에 있을까? 우리는 어떻게 하면 더 건강하고 더 소박했던 시대로 돌아갈 수 있을까? 어떻게 하면 건강을 쌓는 블록에 관해 더 나은 결정을 할 수 있을까? 이런 질문들이 나를 초조하게 만들었다.

물론 배고픔은 실업과 다른 여러 문제의 증후군이기도 하다. CS 55 주변의 동네는 실업률과 불완전고용, 제2의 기회 프로그램, 노숙, 투옥과 범죄율, 보호소 아동의 비율이 브롱크스에서도 가장 높다. 너무나 많은 아이가 부모가 아닌 다른 사람의 손에 키워지거나 한부모 가정에서 살고 있다. 1년 열두 달 아무 날이든 어느 순간이든, 클레어먼트 빌리지 보도에서는 할 일도 없고 갈 곳도 없어 보이는 사람들이 모여 있는 모습을 숱하게 볼 수 있다. 이 동네에서는 술, 복권, 담배는 어디서나 살 수 있지만 은행이나 공공도서관은 하나도 없다. 대신에 블록마다 전당포와 수표환금소가 있다. 기증받은 음식을 나눠주는 푸드 팬트리와 음식을 얻기 위한 줄은 어디서나 볼 수 있다. 이 지역의 보건 불평등 관련 데이터를 충분히 알고 있는데도 그 현장을 날마다 가까이서 직접 접하는 나는 계속해서 놀라고 자극받았다. 힙합 국가의 심장부에서 이 모든 배고픈 사람을 바라보면서, 나는 우디 거스리Woody Guthrie의 유명한 노래를 생각하며 의문을 품었다. 과연 이 땅은 당신과 나에게 공정하게 만들어졌는가?

나는 우리 학교가 온갖 좋은 이유로 사람들이 모이는 장소가 되었으면 했다. 그리고 건강하고 신선한 식품을 얻을 수단과 접근이 제한된 이 지역사회를 위해 우리가 1년 내내 신선한 식품을 재배하고 공급하면서, 아울러 필수과목과 차세대 과학표준에 걸맞은 학습 경험을 할 수 있다는 걸 알고 있었다.

센디 설립기금 마련을 위한 여러 방법을 탐색하는 동안, 토레스와 나는 좀더 손쉬운 범위에서 고칠 것을 찾아 고치느라 바빴다. 첫째가

학교 건물 전체의 전등을 바꾸는 일이었다. 우리는 깜빡거리고 웅웅거리는 낡은 형광등을 떼어냈다. 이 구식 조명에는 독성을 가진 수은이 들어 있었다. 교실마다 복도마다 따뜻한 빛을 비춰주는 고효율 전등이 새로 끼워졌다. 학교 건물이 하룻밤 사이에 더 좋아진 느낌이었다. 그것은 어두운 시대를 벗어나 밝고 새로운 미래로 들어가는 우리의 첫걸음이었다.

그다음 고칠 만한 것을 고민하던 나는 건축 환경과 학습 사이의 관계를 연구하기 시작했다. 그리고 전문적인 식견을 기꺼이 나눠줄 건축 전문가인 조녀선 로즈 회사와 KSS 아키텍츠를 찾아냈다. 그들이 정서와 학습을 관련짓는 동안 나는 색 체계를 연구했다. 중요할지 모를 세부는 단 하나도 놓치고 싶지 않았다.

나는 하룻밤에 모든 것을 고치고 싶은 마음이었지만, 공립학교의 변화는 느릿느릿 찾아왔다. 건물이 너무 오래되어 청사진은 사라지고 없었다. 전기 시스템은 점검을 받아야 했다. 실현 가능한 연구가 필요했다. 자금지원은 한정되어 있었지만, 그 때문에 멈출 수는 없었다. 나는 많은 수리비를 내 지갑에서 지불했고, 그 과정을 진척시키기 위해 교육부에 직접 수표를 전달하기까지 했다. 비록 내 마음은 쾌속정처럼 빨리 달리고 싶었지만, 빽빽한 부두에 정박한 커다란 유람선에 타고 있다는 걸 나는 알고 있었다. 그럼에도 아주 작은 변화 하나하나가 모두 중요했다.

"스티븐 선생님, 모든 게 훨씬 더 밝아진 것 같아요. 거무스름한 벽들조차 덜 더러워 보여요." 한 교사가 말했다. 우리는 새 게시판을 만들어서 교사가 학생들의 성과를 전시하고 좋은 생각을 학교 전체가 볼 수 있게 했다.

토레스 교장은 내가 자기 말에 책임을 지는 사람이라는 것을 확인했다. 나는 매일 아침 여섯 시에 출근해 오후 여섯 시에, 또는 더 늦게 퇴근했고, 토요일마다 꼬박꼬박 나와서 아이들과 학부모들과 시간을 보내고, 지역사회를 건설하면서 그 구성원의 일부가 되어갔다. 내가 텃밭 클럽 운영을 제안했을 때는 방과 후에 날마다 출석하는 열성 농부가 예순 명이나 모였다. 나는 기꺼이 팀원이 되고자 하는 학교 건물 안 사람이면 누구와도 함께 일했다. 학부모, 아이들의 형, 언니, 누나, 관리인, 구내식당 직원, 교사들 등등. 무엇보다도 그들은 내가 그들의 일에 대해 평가서를 작성하거나 판단할 권한이 없다는 걸 잘 알고 있었다. 나도 그런 건 원치 않았다. 나는 그저 도우려고 온 사람일 뿐이었다.

어린아이들과 함께 일하면서 나는 징계 때문에 교무실로 보내지는 아이들 대부분이 과체중이거나 비만 또는 그 비슷한 '신체 유형'을 가진 아이(불안정한 학생들)와의 관계나 말다툼 때문에 그곳에 온다는 걸 알았다. 과체중인 어린이가 괴롭힘을 당하거나 다른 아이를 괴롭힌다는 것, 그리고 체중과 신체를 둘러싼 문제가 종종 말썽의 핵심이라는 건 굳이 통계가 아니어도 알 수 있었다. 비만아는 스포츠 팀원으로 뽑히는 아이가 아니었다. 그들은 패션쇼나 댄스 팀에 뽑히지도 않았다. 그들은 절대 무리 '속'에 들어가지 않았다. 나는 그런 고통, 그런 수치심, 그 때문에 생기는 질병과 불안감, 그에 따른 불편함을 겪는 아이가 한 명도 없기를 바랐다. '뚱보 녀석'이 된다는 게 어떤 의미인지 알지만 날씬하고 홀쭉해진 나를 세상이 얼마나 다르게 대우하고 인식하는지 더 잘 알고 있었다. 나는 우리 학교의 모든 아이에게 그런 삶과 현실을 누리게 하고 싶었다.

교무실로 보내진 아이들과 이야기할 기회가 생기면, 나는 우선 대립점을 만들 여지가 전혀 없는 단순한 질문으로 시작했다. "아침은 먹었니?" 내 질문에 보통 대답은 "아뇨"였다. 그게 아니면 정말 충격적인 대답이 나왔다. 아침식사로 탄산음료, 쿠키 몇 봉지, 사탕, 초콜릿, 에너지 음료를 먹는 아이들이 너무도 많았다. 어떤 어린이가 설탕으로 단맛을 낸 에너지 드링크를 필요로 할까? 왜 영양가 없고 설탕이 가득든, 또는 옥수수 과당이 가득한 식품으로 하루를 시작할까? 나는 과거에 학생주임 사무실에 온 아이들을 스낵이나 초콜릿, 사탕으로 매수하거나 진정시키는 모습을 얼마나 많은 학교에서 얼마나 많이 보아왔는지 돌이켜보기 시작했다.

우리는 앞으로 나아가고 있었다. 우리 학교에 새로 생긴 학생자치회는 구내식당에서 초코우유를 없애기로 투표했다. 우리 아이들은 "유행을 좇아라", "갈증에 굴복하라", "먹고 행복해져라" 외치면서 어린이를 꼬드기는 광고음악에 조종당하는 대신, 자신을 위한 더 나은 선택을 하는 법을 배우고 있었다. 토레스 교장은 구내식당에 음수대를 설치했다. 한 지역사회로서도 우리는 건강한 결정을 내리게 되었고 그런 결정을 높이 사게 되었다.

뉴욕 시 전역에서는 물론 그 너머에서도, 이런 프로젝트를 벌이는 우리 커뮤니티스쿨을 주목하기 시작했다. 우리는 다양한 새 파트너십을 맺었고, 전에 JVL 학생들에게 큰 도움을 주었던 고담 그린스 같은 기구와도 다시 연결되었다. 그들은 우리가 심고 가꿀 모종은 물론 매주 학생들의 집에 보낼 갓 수확한 채소들까지 제공해주었다. 나는 우리 꼬마 농부들이 모종과 수확물을 동시에 보면서 그들의 노력이 어떤 결과를 맺을지 그려보게 했다.

봄에 나비가 꽃을 찾아오듯, 사람들은 꽃을 피우는 우리 프로그램에 이끌려왔다. 가장 고마운 학부모들 중 일부는 우리 지역사회 내의 이민자들이었다. 그들은 신선한 농산물을 먹는 고국 문화를 가지고 이곳에 도착했지만 그런 것을 가꿀 장소는 전혀 없었다. 대신에 그들은 배고픔의 의미를 알아가고 있었다. 이런 부모들은 대체로 학교 일에 더 열성적으로 참여하려고 했다. 그들은 자기 아이들이 아메리칸 드림을 실현하기 위한 최고의 희망은 교육이라고 생각했다.

여름 동안 학부모 자원봉사자들은 우리 학교의 실외 텃밭을 맡아서 관리했다. 우리는 이 기회를 이용해 어른들에게 수업을 제공했다. 여름날 뙤약볕 아래, 학교 위쪽의 실외 텃밭에서 익어가는 딸기와 오이에 둘러싸인 채, 부모들은 읽기와 수학 실력을 향상시켰다. 날마다 그 텃밭에는 부모들과 조부모들이 나와서 기다리고 있었다.

이 기회가 마치 더 나은 일자리(또는 아무 일자리나)를 위한 준비라는 듯 교육에 목말라하는 부모들은 얼마든지 많았다. 심지어 사우스 브롱크스의 이 동네에서조차 가족들은 오르는 임대료에 허덕이고 있었고, 수지를 맞추기 위해 종종 한 집에 여러 가구가 같이 살기도 했다. 마침 뉴욕 시의 접대 서비스업이 활발히 번성하고 있었고 식품에 대한 관심도 치솟고 있었다. 준비된 사람들을 기다리는 좋은 일자리가 있었다. 이 가족들에 관해 더 많이 알아갈수록 나는 CS 55에는 위대한 무언가를 건설하기 위한 비옥한 조건이 있다는 걸 점점 더 확신하게 되었다.

거리보다 4층 높은 우리 교실 농장의 조명 때문에 밤이면 우리 학교의 창문들이 빛을 발했다. 그 빛은 공사현장을 지나는 보행자들을 보호한답시고 몇 년째 보도를 뒤덮은 비계에도 반사되었다. 학교 근처 사람들은 호기심 어린 눈으로 학교를 쳐다보면서 도대체 저 위에서 우리가 무얼 하고 있는지 궁금해했다. 그들이 무슨 생각을 했는지는 상상에 맡겨야 하리라.

아이들의 행동이 빠르게 개선됨에 따라 학교 전체의 운영은 훨씬 순조로워졌다. 그 첫해에 징계사건은 50퍼센트 넘게 떨어졌다. 행동을 변화시키는 데는 기적이 필요하지 않았다. 스무디를 만들 기회를 얻기 위해, 또는 내 방에서 식물들을 보살피며 시간을 보내기 위해 아이들은 스스로 착하게 행동하곤 했다. 이 조그만 장려책이 그들이 필요로 하던 전부였다. 우리는 당근과 채찍이라는 전통적인 방법 대신 당근에 초점을 맞추었다. 아이들이 "상추, 순무, 비트!"를 외치면서 우리의 씨쎄 푸에데 태도와 어울리는 새로운 구호도 생겼다.

교직원 모집과 관련해 다양한 문제로 늘 몸살을 앓던 학교에, 우리 학교에 지원하는 재능 있는 교육자들이 보낸 이력서가 쌓이기 시작했다. 모두가 자신의 성과를 한 단계 올려야 했다. 우리는 신입 교사의 지원이 거의 없던 학교에서 교사들이 들어오려고 경쟁하는 학교가 되었다. 우리의 계속적인 직업개발 기회, 혁신과 협력을 조장하는 학습 환경에 대해서는 많은 교사가 들어서 알고 있었다.

우리의 성과는 브롱크스 너머 멀리에서도 관심을 끌어들였다. 부임 첫해에 우리는 최우수 녹색 학교상을 받았다. 미국 녹색빌딩위원회가 주는 열 개의 상 중 하나를 받은 것이다. 이 소식은 빠르게 퍼져나갔다. 대서양 너머 런던의 한 기자가 『가디언*Guardian*』지에 우리 이야기를 실었다. 이 기사가 입소문을 탔다. 이어서 깜짝 놀랄 일이 벌어졌다. 그 보도를 본 누군가가 교육계의 노벨상으로 통하는 국제교사상에 나를 추천한 것이다. 후보자가 되기 위해 나는 어쩔 수 없이 시시콜콜하게 쓴 지원서를 제출해야 했다. 솔직히 난 사기극인 줄 알았다.

필요한 서류를 보았을 때, 처음에는 충격을 받았다. 하지만 곧 설레기 시작했다. 어쨌거나 에세이 질문들은 그다지 힘들지 않았다. 그것은 내 꿈을 자세히 설명하고 정리하기 위한 완벽한 계기였다. 대답은 자연스럽게 나왔다. 나는 느긋이 즐기면서 지원서를 작성했다. 그 일은 노동이 아니었다. 사랑이었다! 그린 브롱크스 머신을 시작하면서 배웠던 모든 것을 곰곰이 돌이켜보고 국민건강보건 학습센터를 통해 이루고 싶은 것에 대한 로드맵을 작성할 기회가 여기 있었다. 아직까지 그 센터의 완벽한 모습은 오직 서류와 내 머릿속에서만 존재하고 있었다. 상금 100만 달러, 아니 그 몇 분의 1밖에 안 될지라도 그 돈으로 내가 할 수 있는 것을 상상해보라.

내 이름이 최종 후보 50명에 올랐다는 사실을 알았을 때, 나는 다시 한번 충격을 받았다. 나도 뭔가 가능성이 있나 보다. 그런 깨달음에 자극된 나는 계속해서 우리 녹색 교실을 설계하고 다듬어나갔다. 그러자 일은 속도가 붙기 시작했다.

1월에 나는 전 세계 약 8,000명의 후보 교사들 가운데 최종 열 명에 올랐다는 소식을 들었다. 그 일로 한 국제 촬영 팀이 우리 작업을 카메라에 담기 위해 브롱크스를 찾아왔다. 나는 그 촬영은 내가 아니라 우리 학교 전체에 초점을 맞춰야 한다고 주장했다. 영상에는 아름다운 녹색 식물들을 배경으로 찍은 우리 아이들의 목소리와 이야기들이 가득 담겼다.

바키Varkey 재단이 후원하는 국제교사상은 전 세계 교사들의 지위를 향상하기 위해 제대로 조직된 국제 운동의 일환이다. 교실의 감동적인 이야기들을 함께 나누는 것이 출발점이다. 국제교사상 비디오 촬영의 결과로, 2월에는 전혀 뜻밖의 초대를 받았다. 바티칸의 부름을 받은 것이다. 소망에서 교황으로, 나는 세계 교육 운동에 초점을 맞춘 태스크포스 팀의 일원이 되어 교황 성하를 만나기 위해 출발했다. 바티칸의 정원을 보는 건 평소의 꿈이었다. 그러나 실제로 프란치스코 교황님을 직접 뵙는 것은 꿈에도 생각하지 못한 일이었다. 나는 가톨릭신자는 아니지만, 프란치스코 교황님은 몇 달 동안 나에게, 우리 지역사회에, 그리고 더 넓은 세계에 말씀하고 계셨다. 교황님이 말씀하시는 사랑과 포용력, 그리고 우리 지구 살리기 메시지는 내가 한 모든 일과 같은 맥락에 있었다. 교황 성하는 내가 벌써부터 그분의 사진을 우리 교실에 두고 있다는 걸 모르셨다. 또는 짓밟힌 자들을 일으키기 위한 그분의 노력에 사우스 브롱크스의 억압받는 사람들이 환호한다는 사실을 모르셨다. 그분은 진정으로 민중의 교황이셨다. 나는 그분의 축복과 함께 그분과 나란히 찍은 사진에 사인을 받고 돌아오기를 간절히 바랐다.

나는 굉장히 들떠 있었지만, 곧 바티칸에 간다는 말은 아무에게도 할 수 없었다. 그것은 비공개 계약으로 극비리에 진행되는 일이었다. 어느 비 오는 밤 로마의 호텔에 도착한 나는 역시 국제교사상을 대표해 그곳에 온 다른 두 명의 교사를 찾아보았다. 잉글랜드에서 온 과학 교사 리처드 스펜서Richard Spencer는 나만큼이나 넋이 나간 표정이었다. 이탈리아 사람인 다니엘레 만니Daniele Manni는 오븐에서 갓 꺼낸 듯한 따뜻한 빵으로 우리를 맞아주었다. 우리 세 명은 당장에 친해졌다. 우리 누구도 앞으로 며칠 동안 무슨 일이 벌어질지 알지 못했다.

다음 날 아침 바티칸시티에 도착하자 마치 타임머신 속으로 들어온 기분이었다. 나는 상상하려고 애써보았다. 그동안 얼마나 많은 사람이 그 똑같은 포장돌을 밟고 지나갔을까? 나무를 깎아 만든 12미터도 더 되는 그 높은 문을 설치하기까지 얼마나 많은 목수가 동원되었을까? 우리는 금박이 번쩍이는 도서관을 차례로 지나 어느 회의실로 들어갔고, 그 방에서 다음 이틀 동안은 세계 각지에서 온 교육자들, 전문가들과 보냈다.

우리가 교황님에게서 받은 지시는 현재 학교에 다니지 않는 수천만 명의 어린이들을 위한 계획을 구상하라는 것이었다. 그 수가 너무도 충격적이어서(청소년 6,500만 명, 초등학교 연령 어린이 5,900만 명) 그 문제의 엄청난 규모를 생각하니 정신이 아찔했다. 언젠가 버지 강연에서 나에게 질문하던 조얼 매카워의 말이 자꾸 떠올랐다. "당신의 요구는 무엇인가요?" 우리는 어찌어찌 머리를 짜내어 10쪽 분량의 계획서를 교황 성하게 제출했다. 바키 재단에서 온 스무 명의 팀, 두 명의 교사 친구와 나는 세계의 어린이들에게 봉사하겠다고 맹세하고 손도장을 찍었다. 내 손도장은 녹색이었다.

프란치스코 교황님과의 이 중요한 만남에는 수많은 고관대작도 참여했고, 전 세계 어린이들과의 전화회의도 포함되어 있었다. 빼곡히 들어찬 방에서 모두가 교황 성하의 주목을 받고 싶어했지만, 교황님께서는 어린이들에게만 집중하셨다. 각각의 어린이에 대한 그분의 진정한 관심은 심오하게 다가왔다. 짧게나마 교황님을 직접 대면하고 사진 찍을 차례가 돌아올 때쯤 나는 이미 감정이 북받쳤다. 교황님이 내 눈을 들여다보셨을 때는 마치 내 영혼을 어루만져주시는 것 같았다. 그분이 몸을 숙여 내 뺨에 입을 맞추시자 나는 울어버렸다. 그리고 곧바로 그분께 입을 맞추면서 사랑한다고 말씀드렸다.

3월에 나는 다시 휴가를 냈는데, 이번에는 두바이에서 열리는 국제교사상 시상식 때문이었다. 세계 최고의 교사들, 혁신가들과 한자리에 있을 생각을 하니 말할 수 없이 황홀했다. 사전에 비디오를 통해 최종 후보들의 모습을 보면서 베트남, 아이티, 미국의 시골, 그 밖에 세계 구석구석의 교실에서 일어나는 놀라운 일들을 알게 되었다. 나는 내가 아니라 다른 후보들이 수상하기를 응원했다. 나는 결코 경쟁하러 간 것이 아니라 하나의 팀을 완성하기 위해 간 것이었다. "교사들이 중요하다"고 외치는 국제교사상의 전제랄까 모토는 내 생각과 비슷했고 나에겐 소중했다. 이것은 내가 참여하고 싶었던 운동이었다.

바키 재단의 최고경영자인 비커스 포타_{Vikas Pota}를 만났을 때, 그는 이 운동의 더 큰 목표를 이해하게 해주었다. "모든 어린이에게 질 높은 교육을 제공하기 위한 최선의 방법은 교실에 훌륭한 선생님이 계시게 하는 것이죠. 하지만 오늘날 우리는 위기에 처했습니다. 세계적으로 교직에 몸담으려는 사람이 없어요. 어디에서든 교사들을 모집하고 보유하는 데 어려움을 겪고 있죠. 교실에서 일어나는 마법을 보여주어 그 현실을 바꾸는 게 우리 바람입니다." 그는 그렇게 말하면서 젊은 사람들이 교육계에 진출하도록 격려했다.

아마도 국제교사상 위원회는 우리 교실에서 그 마법을 찾은 모양이었다. 포타는 그린 브롱크스 머신에 굉장히 흥미를 느꼈고, 직접 보기 위해 브롱크스를 찾아왔다. "선생님은 여기 뉴욕에서 일하고 계시네요. 뉴욕은 세계에서 대표적인 앞서가는 도시죠. 하지만 선생님네 학교는 혜택을 받지 못하고 고립되어 있군요. 소말리아에 있는 학교라고 해도 믿겠어요." 그가 말했다. "대조가 너무나 극명해요. 그런데 선생님은 본인의 선택으로 여기 오셨고, 정말 많은 에너지를 전파하면서 아이들의 삶을 바꾸고 계시네요."

외부인에게서 이런 냉혹한 평가를 듣다니. 충격적이었다. 소말리아? 정말로? 우리 지역사회에 관한 데이터로는 반박할 수 없었다. 사우스 브롱크스에서 자란다는 건 만성질환을 앓고 남보다 일찍 죽을 가능성이 더 높은 트랙에 선다는 것이다. 외부인이 그 수치상의 불평등을 짚어냈을 때, 나는 더 열심히 일해서 그 수치를 바꿔놓겠다고 다짐했다.

그런 관심에 나는 말할 수 없이 겸손해졌지만, 두바이에서 만난 동료들을 보니 더욱더 겸손해졌다. 매우 훌륭한 교사들끼리의 협력을 장려하는 것은 국제교사상이 의도하는 또 다른 목표였다. "우리는 세계에서 가장 훌륭한 교사들을 한자리에 모심으로써 세계적 공동체를 창조하고 싶습니다." 포타가 설명했다. "우리가 어떻게 하면 여러분이 알고 계시는 것을 문서화할 수 있을까요? 어떻게 하면 여러분의 전략과 자원을 전 세계 모든 교사에게 보여줄 수 있을까요? 우리는 외로운 영웅을 집중 조명하려는 게 아닙니다. 우리는 훌륭한 교습법을 확대하고 싶습니다."

확대. 복제. 공동체 건설. 네트워크. 국제교사상을 경험하면서 내가 배운 모든 것이 어서 빨리 돌아가서 그린 브롱크스 머신의 범위를 확대하겠다는 열의를 불러일으켰다. 나는 브롱크스에 돌아오는 즉시 최종 후보 열 명에게 주어진 국제교사상 상금 2만 5,000달러 전액을 기부해 그동안 꿈꿔왔던 국민건강보건 학습센터 건립을 시작했다. 나머지 예산을 마련하기 위해서는 티셔츠 판매, 크라우드 펀딩 호소, 그리고 그 밖에도 소소하지만 꾸준한 기금 모금 활동을 계속했다. 특혜받은 지역사회였다면 이런 기금 모금 운동은 하룻밤 사이에 이루어졌을 것이다. 하지만 클레어먼트 빌리지에서는 달랐다. 우리가 앞으로 한 걸음 한 걸음 내딛기 위해서는 작업 장갑을 끼고 허리를 숙이고 흙을 묻혀야 했다.

2016년 5월의 어느 아침, 4학년과 5학년으로 구성된 우리 팀은 행동을 개시할 준비가 되어 있었다. 그 아이들이 활약할 순간이었다. 그린 브롱크스 머신 앞치마에 나비넥타이를 하고 밀짚모자를 쓴 이 서른 명의 대사들은 인사말을 연습했다. "CS 55의 국민건강보건 학습센터에 오신 걸 환영합니다!" 불과 한 시간 후면 우리가 1년 반이나 걸려서 완성한 너비 20.8미터, 길이 10.7미터의 최신 공간을 개장하는 행사에서 이 아이들은 공식 안내원, 시연자, 유명 사진작가, 전채요리 접대자가 될 터였다. 우리는 구름처럼 몰려올 손님을 기대하고 있었다.

리젯과 나는 전날 하루 동안 마지막 손질을 하며 그 방에서 보냈다. 한쪽에서는 연녹색 상추와 향기로운 허브가 우리의 타워가든 여섯 개를 눈부시게 빛내주고 있었다. 우리는 자가발전 자전거를 시험했다. 이 자전거를 돌리면 전자계기판에 실시간 데이터가 나타나면서 운동 시간, 소모 칼로리, 식품 분쇄기를 작동시킬 전기에너지 발전량을 보여주었다. 우리는 이동식 주방을 점검하면서 손님들이 스크린으로 조리사의 손놀림을 지켜볼 수 있도록 비디오카메라의 각도가 맞게 부착되었는지 확인했다. 나사의 엔지니어 팀처럼 우리는 우리의 로켓발사대를 마지막으로 점검했다. 브롱크스 구청장 루벤 디아스 주니어가 개장식에서 녹색 리본을 자르는 순간 로켓을 터뜨리기로 계획한 것이다.

그날 밤 늦게 문을 닫으면서 나는 이 모든 것이 어디서부터 시작되었는지 잠시 생각해보았다. 1년 반 전에, 이 공간은 쓰지 않는 옛날 물건들과 낡은 백과사전, 부서진 가구들, 옛날 성적표들, 브라운관 모니터들, 다이얼 전화기들, 그 밖에도 온갖 것들로 바닥부터 천장까지 가득 들어차 있었다. 6개월 전에 아이들과 나는 맨해튼에서 또 한 번의 테드엑스 강연을 하면서 우리가 생활하고 먹는 방식을 바꿀 수 있으며, 지금 세대와 미래 세대를 위해 결과를 바꿀 수 있다고 선언했다. 그 강연은 기립박수를 받았지만 쏟아지는 기금의 물결 같은 건 전혀 없었다. 그 낡은 교실을 치우는 작업에는 우리 가족(팀 리츠)과 여러 자원봉사자, 그린 브롱크스 머신 졸업생들, 학교 관리인들이 달려들어 뜨거운 여름 내실 동안 4층 계단을 오르락내리락해야 했다.

일단 공간을 치운 뒤에는 금 간 석회 벽을 떼어내고 바닥의 울퉁불

통 물결치는 오래된 리놀륨 장판을 걷어 석면까지 드러냈다. 석면 제거작업은 마스크를 쓴 일꾼들이 했다. 우리는 벽을 뼈대가 드러나도록 허물었고, 일꾼들은 새로 전기배선과 배관을 설치하고, 바닥에는 녹색 타일과 인터넷 전용선을 깔았다. 그 모든 기초 작업이 끝난 후에는 다용도 교실 가구와 멀티미디어 콘텐츠 학습을 위한 양방향 스마트 보드, 과학실험과 조리수업에 쓸 물품을 놓을 캐비닛 등을 들여놓았다. 이 방의 모든 것에는 효율적 학습 환경 설계와 관련해 그동안 내가 조사하고 경험한 내용이 반영되었다.

이 센터는 채 공사가 끝나기도 전에 세간의 이목을 끌기 시작했다. PBS 방송국은 우리 이야기를 듣고 〈아메리칸 그래듀에이트American Graduate〉라는 프로그램을 촬영하러 찾아왔다. 이 프로그램은 청소년들이 학업을 계속해 고등학교 졸업장을 받도록 하기 위한 지역사회 기반 해결책을 소개하는 특별 프로젝트다. 아직 공사가 진행 중이었기 때문에 촬영 팀은 드러난 나무 바닥에서 촬영해야 했다. 반짝이는 연녹색 바닥이 설치된 건 몇 주 후였다. NPR 방송국에서는 "괴짜! 괴짜! 괴짜!"를 자랑스레 외치는 우리 아이들의 목소리를 담은 라디오 쇼를 방송했다.

개장 당일 아침, 손님들은 개장시간보다 한참 앞서 도착하기 시작했다. 우리는 가까스로 시간 맞춰 녹색 카펫을 펼치고 환영간판을 달았다. 안내원 역할을 맡은 아이들은 일찍부터 시작해 어른 손님들에게 사각형의 녹색 카펫 위에서 사진을 찍어달라고 정중하게 안내했다. "실례합니다만 명함 있으면 주시겠습니까?" 엘라니라는 여학생은 모든 손님의 연락처를 얻어내겠다고 의욕을 보였다. 명함은 빠른 속도로 쌓여 기업, 정부, 비영리단체 등 잠재적 파트너와의 계약너미가 되어갔다.

뉴욕 주 교육위원회에서 온 뉴욕 주 교육감 베티 로사Betty Rosa 박사가 일행들과 함께 도착할 때쯤에는 이곳이 북적거리고 있었다. 아이들은 조를 짜서 각각의 학습 공간을 보여주었다. 어른들에게 자가발전 자전거를 타서 페달을 밟아보라고 권유했고, 그렇게 만들어진 전기로 식품 분쇄기를 돌려 과일 스무디를 만들었다. 그 근처에서는 그린 브롱크스 머신 대원들이 손님들을 우리의 이동식 주방으로 안내했다. 그 주방에서는 이 동네 출신의 청년 셰프 로베르토가 우리 교실 텃밭의 허브로 풍미를 더한 허머스hummus[병아리콩, 올리브유, 참깨, 레몬즙, 마늘, 소금 등을 섞어 으깬 중동식 소스—옮긴이]를 만들고 있었다. 또 다른 학생 팀은 손님들에게 타워가든의 원리를 보여주었다.

그 방에는 정치가들도 와 있었다. 브롱크스 구청장 루벤 디아스 주니어는 우리 학생자치회 회장을 인정하면서 자리를 비켜주었다. 그가 그 여학생 회장을 '마담 프레지던트'라고 부르자 여학생이 환하게 웃었다. 구청장과 토레스 교장은 어린 시절 브롱크스에서 자랄 때부터 친구였는데 이 지역사회를 활성화하기 위해 둘 다 깊이 헌신하고 있다. 우리 학교를 자주 찾는 뉴욕 시 의회의 이 구역 의원인 버네사 깁슨 Vanessa Gibson과 하원의원 마이클 블레이크Michael Blake는 이날 행사에 참석하게 되어 기뻐했다.

상원의원 리베라의 사무실에서 온 직원들도 그렇고, 이 높은 사람들 모두 우리 아이들의 미래 모습처럼 여겨졌다. 대부분이 흑인이거나 라틴계였고, 성공하기 전까지 영어를 제2언어로 배운 사람이 많았다. 이 어른들은 우리 아이들과 이야기를 나누고 질문을 하면서 아이들이 자존감을 갖게 해주었다. 지역 지도자들은 지역사회 내에 우리 프로젝트와 같은 특화된 프로그램이 필요하다고 인정했다. 그들은 오늘 바쁘게 움직이는 이 학생들이 내일의 유권자라는 사실 또한 잘 알고 있었다.

아이들은 유기적으로 성장한 나의 시민들이다. 우리는 비디오카메라 앞에서 함께 "씨 쎄 푸에데!"를 외쳤고 영광스러운 축하 행사에서 주먹을 올리며 환호했다.

알 샤프턴 목사의 쇼에 우리 프로그램을 소개하려는 MSNBC 방송국 촬영 팀과 이야기를 나누던 디아스 구청장은 오늘의 이 어린이들이 자라고 있는 이 동네가 "지금껏 세계가 보아온 것 중 가장 안전한 브롱크스"라고 강조하면서 이렇게 덧붙였다. "하지만 아이들은 여전히 도전에 직면해 있어요. 특히 건강과 관련해서는요. 이 아이들은 그린 브롱크스 머신의 어린 대사로 활약하고 있습니다. 아이들이 호기심을 갖고 정말 신나게 배우는 모습을 보면 행복합니다. 아이들은 배운 내용을 집에 가서 가족과 함께 나누며 변화의 대리인이 돼가고 있죠." 알 샤프턴 목사는 자신의 쇼에서 간명하게 선언했다. "정의 없이는 콩도 없습니다!"

우리 교실의 역동적인 주인공들과 어울리는 100여 명의 사람들을 지켜보던 중, 우리가 여기까지 오도록 도와준 수많은 파트너와 지역사회 주민들이 눈에 띄었다. 성공한 지역 성원인 돈 페르난데스Don Fernandez는 우리 벽을 하늘색으로 칠할 페인트를 기부했다. 불과 며칠 전 어머니가 세상을 떴음에도 그는 이 자리에 왔다. 지역 자영업자이자 목수, 이민자로서 사업가가 된 앨프레도 소사Afred Sosa라는 남자는 우리 주방 캐비닛과 조리대를 설치해주었다. 그러면서 그는 자랑스럽게 자기 자녀를 보낼 학교를 짓는 데 도움이 되어 정말 좋다고 말했다. 퍼거슨 기업의 앨런 샤커니Alan Sharkany도 있었다. 그는 냉장고 한 대를 기증했을 뿐 아니라 엘리베이터도 없는 건물에서 4층까지 배달해주었다. 고담 그린스의 오랜 친구들노 참석했는데, 우리 아이늘이 죽하 선물로 집에 가져갈 싱싱한 채소까지 기부해주었다.

모든 사람이 가장 많이 주목했던 것은 우리 아이들이 무척 즐거워하는 모습이었다. 아이들이 장비를 작동시켰다. 아이들이 시연을 했다. 아이들이 해설을 했다. 아이들이 교사였다. 아이들이 자신의 생각을 눈에 보이게 만들었다. 이 개장식은 그동안의 모든 충돌과 연결, 공동 학습에 대한 완벽한 축하 행사였다.

CHAPTER 14

교실 농장에서 교실 식탁으로

2013년 봄

　　테드엑스 맨해튼 무대에서 데뷔한 지 1년 후, 다이앤 해츠가 최근 소식을 알려달라며 나를 다시 초대했다. 그때쯤 내몸은 훨씬 좋아져 있었다. 건강한 식생활에 관한 나만의 원칙을 지키면서 나는 체중을 감량했고 계속 유지하고 있었다. 예전에 입던 XXL 사이즈 티셔츠를 일종의 개그처럼 꺼내 보이는 것이 좋았다. 나조차 놀라곤 한다. 이번에는 수술 후 회복 중이 아니었다. 나는 그린 브롱크스 머신을 더 많은 학교와 지역사회에 전파하는 데 도움이 될 만한 충돌, 연결, 공동학습의 기회를 찾아 두 눈을 크게 뜨고 있었다.

　강연 순서를 기다리며 무대 뒤에서 어슬렁거리고 있을 때 티타늄 안경을 쓰고 값비싸 보이는 구두를 신은 부드러운 말씨의 한 신사가 나에게 다가왔다. 서로 사기소개를 하기도 선에, 그가 내 사진에 판권이 있는지 물었다.

"아닙니다. 왜 그러시죠?" 나는 의아했다.

"제 발표에 선생님 사진을 쓸 생각입니다. 마침내 브롱크스에서 오신 그분을 만나다니 정말 영광입니다!"

내 일의 성격상 이런 신사들을 자주 만날 일은 없다. 이 신사는 우아하고 믿음이 갔으며 나에 관해 아는 것 같았다.

이어서 그가 자기소개를 했다. "빌 요시스Bill Yosses라고 합니다. 전 대통령과 이번 대통령 밑에서 백악관 패스트리 셰프로 있습니다. 백악관 주방에선 누구나 선생님의 지난번 테드 강연을 즐겨보고 있지요."

말이 나오지 않았다. 이 남자는 전혀 잘난 체하지도 않았고 무척 다정했다. 게다가 굉장한 파급력을 가지고 있었다. 백악관에서 일하는 사람이 내가 누군지 알고 있다니! 그와 악수를 나누며 가벼운 인사를 주고받으면서 속으로 생각했다. 얼마나 근사한 직업인가! 대통령에게 전속 패스트리 셰프가 있다는 사실을 누가 알까?

그동안 내 프로그램을 운영하느라 너무 정신없다 보니 영부인 미셸 오바마Michelle Obama의 최고 관심사가 어린이 식습관 개선이라는 사실도 모르고 있었다. 백악관 셰프 요시스는 나와 우리 브롱크스 학생들이 내가 훨씬 더 큰 무언가의 일부임을 나에게 이해시켰다. 그의 말로는, 백악관 주방 직원들은 매우 다양하지만, 그곳의 모두가 유색인종 학생들을 건강한 식습관 운동으로 끌어들이려는 우리 노력을 높이 산다는 거였다. 만약 우리가 한 팀을 이룰 방법만 있다면 무슨 일이 벌어질까, 나는 당장에 상상하기 시작했다.

그 셰프의 차례가 되었다. 테드엑스 무대에 서서 소아비만율 증가와 미국인의 좋지 않은 식습관에 관해 강연하는 그의 메시지는 확실히 내 관심사와 공명하고 있었다. 그러나 발표 스타일은 굉장히 대소석이었다. 내가 이슬람교의 데르비시 수도승처럼 무대를 빙빙 돌며 다니는 반면에, 그의 강연은 차분하고 세심하고 거의 과묵할 정도였다. 그는 우아한 자세와 엄선한 단어로 청중의 관심을 사로잡았다. 나는 평소 입던 그린 브롱크스 머신 티셔츠와 카키색 바지 차림이었다. 그는 어느 유럽 디자이너의 작품처럼 보이는 신사복을 완벽하게 차려입고 있었다. 그리고 끝이 뾰족하니 내가 본 것 중 가장 아름다운 가죽구두를 신고 있었다. 그는 "건강한 식생활의 쾌락주의적 문화"를 주창했다. 나는 최면에 걸린 듯 매료되었다.

다음 몇 달 동안 우리는 이메일로 연락을 주고받았다. 나는 영부인의 소아비만 퇴치를 위한 '레츠 무브Let's Move(운동합시다)' 캠페인을 더 잘 알게 되었고 그녀의 지시에 따라 가꿔진 백악관 채소밭에 관해서도 알게 되었다. 셰프 요시스가 내년 봄에 학생들을 데리고 백악관을 방문해달라고 초대했을 때, 나는 우리 농부들에게 모험을 준비하라고 말했다.

1박 2일의 현장학습, 특히나 뉴욕 주는 고사하고 브롱크스를 떠나 본 적도 없는 어린 학생들의 현장학습을 준비하려면 발품을 팔아야 했다. 나는 기금과 현물 기증품을 확보하기 위해 동분서주했다. 우리 브롱크스 머신 대사 열다섯 명과 보호자 역할을 해줄 어른들을 태우기 위해 밴 두 대를 빌려야 했다. 나는 JVL 와일드캣 아카데미 차터스쿨의 나이 많은 십대들과 하이드 리더십 차터스쿨의 어린이 몇 명을 포함해 다양한 연령대의 아이들을 선별했다. 같이 가는 특혜를 누리려면 그들 모두 학업 성적과 행동, 출석률을 훨씬 높여야 했다. 그리고 보호자의 서명을 받아 동의서를 내야 했다. 학교 출석을 빠지는 대신에 아이들이 그 경험에서 배운 것을 잊지 않기 위해 일기를 쓰도록 했다. 몇몇 아이는 우리가 주차장을 떠나기 전에 이미 시시콜콜하게 여러 페이지를 써 왔다.

사우스 브롱크스를 출발하던 날 아침, 우리는 미지의 세계로 떠나는 탐험가가 된 기분이었다. 뉴욕 시를 뒤로하고 펜실베이니아가 있는 남쪽으로 향할 때는 큰 아이들조차 차창에서 눈을 떼지 못했다. 나는 선두 차량을 운전했고 리젯이 두 번째 차량을 몰고 따라왔다. 조지 워싱턴 다리를 향할 때는 모두가 서로의 전화번호를 단축번호로 저장하게 했다.

첫 번째 기착지는 아미시 시골이었다.

"자동차도 없고 가게도 없고 공영주택도 없어. 심지어 가로등 하나 안 보여. 여기는 뭐지?" 한 십대 아이가 밴에서 내리면서 말했다. 이곳은 그냥 아메리카 시골이 아니었다. 아미시 아메리카였다! 다시 말해 현대 테크놀로지가 전혀 없이, 심지어 일을 용이하게 해줄 전기도 없이 노동집약적으로 옛날식 농사를 짓는 곳이었다.

"이곳 사람들은 스스로 선택해서 이렇게 살고 일한단다." 내가 아이들에게 설명했다. "우리가 브롱크스에서 우리의 규칙대로 사는 것처럼 아미시 교도들에게도 그들의 규칙이 있지."

"헐, 이 사람들은 굉장히 힘들게 사네요!" 조반니가 말했다.

나는 별다른 대답 없이 혼자 생각했다. 그래, 너희들의 삶도 그 못지 않게 고달프지.

아이들은 말이 끄는 경마차와 옛날식 농기구를 보고 흥분하기도 했지만, 얼마 전 폭풍우가 지난 후 순백의 눈이 덮인 들판을 보고도 똑같이 놀랐다. 초봄의 사우스 브롱크스에서는 어쩌다가 남은 눈도 숯 검댕이 색이었다. 아이들은 누구 할 것 없이, 심지어 가장 나이 많은 십대도(그리고 성인 보호자들도) 눈사람을 만들었다.

아이들에게 그들 자신이 아미시 농부들과 생각보다 공통점이 많다는 것을 보여주기 위해 우리는 파머 샘Farmer Sam을 만나러 들렀다. 그는 농업계에서는 수직 농법으로 유명한 전설적 인물이었다. 그는 90에이커의 목초지 재배를 포기하고서 1에이커의 온실에서 수경재배와 수기경재배를 이용해 1년 내내 작물을 생산하는 사업에 집중하고 있다.

그리고 절대 실수가 없다. 이것은 중요한 사업이다. 파머 샘은 홀푸즈 같은 기업에 납품하지만 그럼에도 아미시 전통을 계속 따르고 있다. 그는 테크놀로지가 개입된 작업은 일체 배제한다.

"멋져요. 그 아저씨는 그런 믿음을 지키고 있네요." 나이 많은 학생인 티토가 말했다.

어린아이들은 이 아름다운 곳과 사랑에 빠졌다. 모두가 수선을 떨면서 역돔에게 먹이를 주었다.

검은색 멜빵바지를 입고 검은 모자를 쓴 파머 샘은 우리에게 농장 전체를 구경시켜주었다. 그가 자기 온실에 감춰진 과학을 이야기하는 동안 우리 어린 농부들은 그의 말을 한마디도 놓치지 않았다. "원리는 우리 타워가든과 똑같네요." 천장까지 뻗은 토마토들 옆에서 난쟁이처럼 보이는 아마니가 말했다. 상상해보시라, 우리가 교실에서 하고 있는 일이 현실세계에서도 벌어지고 있다니!

이윽고 우리는 주요 행사를 위해 이 나라의 수도로 출발했다. 사회적 책임 지도자 회의에서 내 강연을 들었던 인심 좋은 후원자가 워싱턴에서 포토맥 강 바로 건너편, 버지니아 주 알링턴에 있는 리츠칼튼호텔에 우리 숙소를 잡아주었다. 밴에서 짐과 배낭들을 내려 쌓아 올리는 동안 아이늘의 눈은 휘둥그레졌다. 벨보이들과 웅장한 로비는 할리우드 영화 속에서나 보던 것들이었다. 몇몇 아이는 샹들리에나 오후에 서비스로 나오는 차는커녕 카펫을 깐 바닥조차 한 번도 본 적이 없었다. 우리 어린 손님들이 훌륭하게 행동하기를 바랐던 리젯은 아이들에게 분수와 스프링클러는 사실 비디오카메라라고 말했다. 물론 아이들은 그 말을 믿었다.

나는 가장 어린 학생 중 한 명을 주의 깊게 지켜보고 있었다. 몇 달 전에 우리가 기금을 마련하기 위해 그린 브롱크스 머신 티셔츠를 팔던 한 공개 행사에서, 엔리케는 우리 현금 상자에 있던 돈을 모두 들고 가버렸다. 이 열 살짜리 소년은 자신의 봉제 동물인형 안에 1,000달러를 쑤셔 넣어 가져갔다. 계획은 영리했지만 완벽하지는 않았다. 어느 토요일 아침 일찍 내가 그 아이의 집 앞에 찾아가 내 의혹을 말하자, 엔리케는 캔디와 만화책을 살 돈을 원했을 뿐이라고 자백했다. 내 어린 시절의 꾸러기 클럽을 생각하면서, 나는 엔리케에게 두 번째 기회를 주어야 한다고 판단했다. 어떻게 열 살짜리 아이를 포기한단 말인가? 그 아이는 그 절도사건 이후 모범시민처럼 행동했다. 그리고 지금 백악관 방문을 앞두고 있었다.

다음 날 아침, 셰프 요시스가 백악관 정문 앞에서 우리를 맞았다. 그는 기다란 요리사복에 백악관 공식 모노그램이 찍힌 순백의 옷을 입고 있었다. 그는 우리에게 귀빈 탐방을 시켜주면서 백악관 건물과 마당에서 자기가 좋아하는 것들, 숨겨진 보물들을 설명해주었다. 백악관에서 10년 넘게(처음에는 조지 W. 부시 대통령, 그다음엔 오바마 대통령 밑에서) 일했으면서도 어떤 것도 당연하게 넘겨버리지 않는 것 같았다.

"오늘은 미국의 역사를 가까이서 보게 될 겁니다. 그 많은 일이 시작된 이곳에서 일하고 있으니 전 특혜를 받은 거지요." 그는 넋이 나간 우리 아이들한테 말했다. "이 나라가 탁월한 점은 혼자 독학한 많은 사람이 함께 우리 정부 체계를 만들었다는 거예요."

우리 아이들은 백악관과 경내(얼핏 본 채소밭과 양봉장을 포함해)를 돌아보는 귀빈 탐방도 무척 좋아했지만, 주방에 도착했을 때는 정말로 생기 넘쳤다. 주방은 너무 작아 보였다. 정성 가득한 국빈 만찬에 나오는 그 모든 코스요리가 이렇게 작은 공간에서 나온다고는 상상할 수 없었다.

아이들은 질문이 참 많았는데, 특히 JVL 와일드캣 아카데미에서 조리훈련을 받은 나이 많은 학생들이 그랬다. 야심만만한 셰프인 그 아이들은 완벽한 파이껍질을 어떻게 만드는가 하는 것부터 많은 사람이 먹을 양을 어떻게 계산하는가 하는 것까지 기술적인 질문을 했다. 그들은 요시스가 예전에 뉴욕에서 가장 유명한 몇몇 레스토랑을 관리할 때 했던 일에 관해서도 알고 싶어했다. 요시스는 모든 질문에 충분히 시간을 들여가며 자세히 대답했다. 우리 아이들이 그를 '셰프 빌'이라고 부르기 시작했을 때, 그가 이미 우리 아이들과 사랑에 빠졌음을 나는 알 수 있었다.

대부분의 아이에게 가장 인상적이었던 건 백악관에서 일하는, 자기와 꼭 닮은 사람들이 정말 많다는 사실이었다. 그들은 몰래 들어갈 필요가 없었다. 그들은 이곳 소속이었다.

"저 사람들은 어떻게 취직했어요?" 엔리케가 물었다.

"지원서를 냈지!" 셰프 빌이 간단하게 말했다. 아이들이 무언가가 되기 위해서는 그것을 눈으로 볼 필요가 있다.

셰프 빌은 우리 아이들에게 친절하고 인내심도 많았지만, 그가 자기 일에 임하는 태도를 엿보게도 해주었다. 그는 케이크 작업실로 우리를 안내했다. 그 특별한 작업공간에서는 벌써부터 그의 조수들이 다가오는 휴일에 사람들을 즐겁게 할 장식품으로 백악관 모양의 생강빵을 만들고 있었다. 일부 요리 프로젝트는 1년 전부터 시작되었다고 했다. 셰프가 들어가자마자 조수들이 일제히 주목했다. 셰프 빌은 한마디도 안 했지만 마치 장군처럼 그들의 존경심을 끌어냈다. 델라웨어 강을 건너던 워싱턴 장군이 그랬을까. 나는 몇몇 나이 많은 학생들 역시 그 반응을 살피는 것을 보았다. 아마도 언젠가 최고 셰프의 역할을 하고 있을 자기 모습을 상상했을 것이다.

마법 같은 탐방이 끝났지만 작별인사를 하고 싶어하는 사람은 없었다. 우리는 한목소리로 모두 사우스 브롱크스를 방문해달라고 셰프 빌을 초대했다. "그렇게 해보지요." 그가 다정하게 웃으며 대답했다. 그 초대가 어떤 일을 불러올지는 우리 누구도 상상하지 못했다.

몇 달 후 요시스는 『뉴욕타임스』가 후원하는 '세계의 맛'이라는 엄청난 행사에 요리 시연을 하기 위해 맨해튼으로 향하고 있었다. 이 연례행사에서 요리 경향을 배우고 전 세계의 음식을 맛보기 위해 수천 명이, 다수는 아이들까지 데리고 재비츠센터 앞에 줄을 섰다. '세계의 맛' 행사 참여는 요시스의 진로 전환을 알렸다. 그는 자신의 기구를 만들기 위해 백악관을 떠난다고 막 선언한 터였다. 오바마 대통령이 '크러스트마스터', 즉 '빵 껍질 장인'이라는 별명을 붙인 이 남자는 건강한 식생활을 장려하기 위해, 『뉴욕타임스』의 보도를 인용하자면, 거품기 앞을 떠나고 있었다. 무엇보다 그는 미국 청소년들의 복지를 향상시키고 비만을 줄이는 데 초점을 맞추려 했다.

"저랑 같이 요리할 학생들 좀 있을까요?" 그가 전화로 물어왔다. 내 대답을 듣느라 그가 말을 멈춘 동안, 내 머릿속엔 그의 미소가 생생히 그려졌다.

그 큰 행사의 예행연습 삼아 셰프 빌은 브롱크스 빈민가를 찾았다. 그의 방문을 앞두고 우리 초등학생들과 나는 그가 '타워가든 타코' 제작에 쓸 재료들을 키웠다. 우리는 여섯 개의 타워가든에 고수, 골파, 상추와 그가 원하는 모든 허브를 심었다. 우리가 키운 채소는 달콤했고 향기는 더 좋았다. 우리는 재료의 신선도를 최대한 높이기 위해 그가 도착할 때까지 수확을 미루었다.

셰프 빌이 도착했을 때, 우리 조수 셰프들(초등학교 3학년생부터 고등학생까지)은 그린 브롱크스 머신 앞치마를 입고 손을 씻고 준비를 마친 뒤 기다리고 있었다. 늘 그렇듯 사우스 브롱크스 출신 모든 연령대의 학생은 물론 마침 멕시코에서 방문차 온 몇몇 학생도 있었다. 다들 백악관 셰프와 함께 요리할 기회를 고대했다. 스토브나 개수대는 없었다. 그러나 우리는 두 개의 전기렌지와 채소를 씻기 위한 커다란 물통 몇 개로 때웠다. 결과물은 약간 너저분했지만 맛있었다.

마침내 행사가 있는 주말, 우리의 친구 구찌 농부 아저씨 듀언의 도움으로 우리는 타워가든을 재비츠센터로 옮겼다. 리젯과 나는 두 대의 밴에 아이들을 가득 태워 갔다. 아이들은 시연 주방에서 차례대로 돌아가면서 군침 도는 타코를 만들고 타워가든의 원리를 설명했다. 전국에서 가장 유명한 셰프들과 잘나가는 요리책 저자들이 우리 아이들을 에워쌌는데, 그중에는 셰프 보보, 빅터 봉고, 그리고 〈슈퍼셰프들〉 프로그램을 만든 그레그 챙 박사도 있었다. 그 막강한 사람들과 수많은 참가자 사이에서도 우리 아이들은 아주 편안해 보였다. 사실 아이들 마음속에서는 그들이 그 쇼의 주인공이었다. 왜 아니겠는가? 그들은 셰프 빌의 개인적인 친구였다. 그들은 한 남자를 알고 있었다.

조리과정 책임자가 따로 있었기 때문에, 나는 전시물들을 구경하면서 뭐 배울 것이 있는지 보려고 자리를 떴다. 충돌이 일어나기엔 더없이 좋은 때였다! 근처의 한 시연구역에서 그레그 챙이 바퀴 달린 주방 같은 것을 쓰고 있었다. 나는 타워가든을 처음 보았을 때처럼 흥분했다. 약간만 변경한다면 이 장치는 어느 교실이든 조리교육과 식품 과학실험을 위한 장소로 바꿔놓을 수 있었다. 나는 자세히 보려고 군중 틈을 비집고 들어가 그 주방설비 옆에 쓰인 판매자 이름을 적었다.

쇼가 끝나고 우리 아이들이 무사히 집으로 돌아가는 즉시, 나는 조사를 시작했다. 월요일까지는 그 판매자를 알아낼 수 있었다. 스티븐슨 주문제작 케이스 회사의 포트 이큅Port Equip은 캐나다에 있는 회사였다. 그 회사의 주 고객은 큰 예산을 가진 경기장과 스포츠 스타디움이었지 가난한 동네의 교실이 아니었다. 그러나 내 전화는 부부 공동 소유주인 존과 데브라 스티븐슨의 호기심을 불러일으켰다.

존이 예절 바른 캐나다인이어서 그랬는지 몰라도, 내 목소리가 흥분해서 높아지기 시작했을 때도 그는 전화를 끊지 않았다. "여기에 어떤 기회가 있는지 아세요?" 내가 물었다. 내가 괴짜 같은 질문을 할 때마다(전압이나 자족적인 개수대, 바퀴 고정 장치 등등) 그는 점점 더 흥미를 느끼는 것 같았다. 아마도 나는 플럭스 커패시터flux capacitor(유량축전기)의 사양을 작성하는 영화 〈백 투 더 퓨처Back to the Future〉의 에밋 브라운 박사 같았을 것이다. 내 목표는 시간여행이 아니었지만, 그것은 거의 혁명적으로 여겨졌다.

"미국에만 10만 개가 넘는 학교가 있다는 걸 아세요? 만약 그 모든 학교마다 교실에서 교실로 이동해 벽에 플러그를 꽂을 수 있는 바퀴 달린 주방을 설치한다면요? 아이들이 건강한 먹을거리를 키우기만 하는 게 아니라 그것으로 요리하는 법까지 배운다면요?" 나는 질문을 퍼부었다.

교육용 주방을 만들기 위해 학교를 리모델링하는 비용은 줄잡아도 15만 달러는 가뿐히 넘을 것이다. 제대로만 된다면 이동식 주방은 그 비용의 극히 일부를 가지고서도 만들 수 있었다. 나는 그동안 내가 배운 건강한 식생활과 어린이 복지의 모든 것을 응축해서 설명했다. 이 운동의 선봉에 서고 싶지 않으십니까? 그는 곧 그 대화에 아내를 불러들였다. 두 사람 모두 어린이들의 건강한 삶을 위한 내 열정에 뜻을 같이했다.

1년도 안 되어 포트 이큅은 일명 '그린 브롱크스 머신 이동 교실 주방'의 원형을 기증했다. 그것은 미국과 캐나다의 안전규정을 모두 충족시키며 국제협업의 훌륭한 예를 보여준다. 구성 부품들은 미국에서 제조되어 캐나다에서 조립되었다. 교실 친화적으로 만들기 위해 수정한 것들은 모두 사우스 브롱크스의 국민건강보건 학습센터에서 본격 테스트를 거쳤다. 브롱크스에서 테스트를 거쳤다면 내구성의 황금인장을 받은 것과 같다. 그것은 완벽한 상업용 주방이며, 100퍼센트 바퀴로 이동이 가능하다.

우리 아이들은 식물을 보살피고 농부 스티브 쌤과 실험하게 되면 좋아하는 것처럼, 셰프 빌이 학교에 올 때면 좋아서 어쩔 줄을 모른다. 우리가 첫 번째 이동식 주방을 설치한 이후, 그는 매일 아이들에게 자원봉사로 조리수업을 가르친다.

어디서든 일할 능력이 있는 사람이 왜 사우스 브롱크스에 오고 싶어 할까? "건강하고 신선한 먹을거리는 부자들만을 위한 거라는 생각은 부끄러운 것입니다." 그는 한 탐방기자에게 말했다. "우리가 먹는 방식을 바꾸지 않는 한 커다란 빚을 쌓아가는 것, 다시 말해 질병을 축적하는 것과 같아요."

그는 그 변화를 합리적으로, 그리고 굉장히 기대되게 만들었다.

"내가 여러분에게 뭔가를 돌릴 테니 알아맞혀보세요." 어느 날 오전 그가 4학년 학생들에게 말했다. "이것들의 공통점은 뭘까요?"

아이들이 몰려들어 각종 콩이 담긴 작은 컵을 들여다보았다. 셰프 모자를 자랑스레 쓴 한 소년이 리마 콩을 알아보았다. 한 소녀는 핀토 콩을 맞혔다. 그러자 셰프 빌은 콩에 관한 다중감각 수업을 시작하면서 콩이 어떻게 질소고정을 하는지 설명했다. 일단 학문 어휘를 향상시키는 이야기와 시각 자료들로 질소고정의 과학을 설명하고 나자, 이번에는 새로운 지식을 활용할 시간이었다. "그럼 손을 씻고 요리준비를 시작합시다!" 두 번 말할 필요가 전혀 없었다. 아이들은 자리에서 벌떡 일어나 손 씻는 수도 앞에 줄을 섰고 그린 브롱크스 머신 앞치마를 둘렀다.

오늘의 메뉴는 일본 콩인 에다마메로 만든 밝은 녹색 허머스다.

"저건 콩이에요." 셰프 빌이 반 아이들에게 다시 일러주었다. "그러면 콩이 무엇을 고정한다고요?"

"질소요!" 모두가 알고 있었다. 아이들은 우리의 교실 정원에서 따온 허브로 허머스의 풍미를 더하려고 줄을 섰다.

나는 교실 뒤쪽에서 이 수업을 지켜보았다. 아이들은 과학적 내용을 배우고 있었고, 같이 만지고 냄새 맡고 맛보고 신선한 음식을 먹으면서 협업의 기술을 익히고 있었다. 타워가든에서 탁자로, 그리고 배를 채우기까지는 겨우 스무 걸음이었다. 아이들은 학습을 강화해줄 이날의 감각기억을 간직했다.

이런 순간은 내 상상력이 날개를 펴는 때였다. 나는 머릿속에 그려보았다. 노숙자 부모들과 노숙자가 되어가는 과도기의 가족들(그런 가족들은 CS 55에 많다)이 방과 후에 우리 주방에 들어와서 아이들과 함께 요리를 한다. 또는 직업훈련이 필요한 어른들이 밤에 와서, 우리 아이들이 수업시간에 키운 작물을 이용해 조리기술을 배운다. 생산부터 과정까지 여기에 모든 것이 있었다.

여러 해에 걸친 시행착오 끝에 진정한 지역사회 기반 학습의 모든 조각이 제자리에, 그 프로젝트의 핵심인 바로 여기에서 맞춰지고 있었다. 바깥쪽, CS 55의 현관 계단 앞에는 어린이들의 미술품으로 장식한 야외 상자화단과 동네 주민들이 우거진 신록 사이에서 안전하게 담소를 나눌 벤치가 있었다. 안쪽의 국민건강보건 학습센터는 커리큘럼 전반의 활동적 학습을 위한 시범현장으로서 모든 것이 갖추어져 있었다. 우리를 보고 배우려는 방문객들의 행렬은 끊이지 않았다. 뉴욕 주 전역에서, 그리고 세계 각지에서 찾아왔다.

뉴욕 시 초등학교 과학 성적에서 최고의 향상도를 기록한 것을 비롯해, 학업 성과는 녹색 교실에서 이루어지는 학습의 혜택을 수치로 보여주었다. 예전에는 교직원 모집을 둘러싼 다양한 문제와 교직원 의욕 저하로 고심하던 학교에, 지금은 새로운 교사들이 떼 지어 지원하고 있었다. 우리에게는 매주 학생들이 집에 가져갈 싱싱한 작물을 기부하는 고담 그린스 같은 지역사회 파트너들, 우리 학생들과 교사들과 상호작용하는 셰프 빌 같은 훌륭한 자원봉사자들이 있다. 아울러 셰프 빌은 이 동네 청년인 셰프 로베르도를 제자로 뽑았다. 그의 어머니는 아들을 기회와 연결해주려고 우리 학교를 찾아왔다.

아이들에게 생각을 눈에 보이게 만들라고 말한 지 어언 여러 해, 여기는 성장하는 학교, 활기찬 지역사회를 위한 우리의 멋진 아이디어를 구현한 현실세계였다. 그것은 이론이 아니었다. 그것은 행동이었고, 바로 우리 눈앞에서 일어나는 모든 것이었다. 그 각각의 아이디어와 혁신은 사우스 브롱크스에 뿌려져 뿌리를 내린 또 다른 씨앗을 대표했다. 그린 브롱크스 머신은 속도를 늦추려 하지 않았다. 우리는 더 위대한 무언가를 키울 각오가 되어 있었다.

미래의 눈은 우리를 돌아보면서,
우리가 시대를 넘어서 보도록 기도하고 있다.

— 테리 템페스트 윌리엄스Terry Tempest Williams

THE POWER
OF A
PLANT
PART 3

수확
나누기

CHAPTER 15

모든 지역사회는
더 행복하고 더 건강한 어린이를 원한다

2015년 가을

그것이 뜻밖의 발견이든 운때든, 아니면 그냥 눈
먼 행운이든 가끔은 딱 맞는 시간, 딱 맞는 장소에 딱 맞는 사람들과 함
께 있음을 알게 될 때가 있다. 그런 순간은 예상할 수도 없고 꾸며낼 수
도 없다. 하지만 좋은 기회가 오면 언제든 뛰어들 준비가 되어 있어야
한다.

내가 맨해튼의 링컨센터에서 '월드 오브 비즈니스 아이디어World of
Business Ideas', 일명 워비WOBI라는 행사에서 강연하기로 되어 있던 날, 바
로 그런 기회가 펼쳐졌다. 각계각층의 실력자들이 짐 콜린스, 리처드
브랜슨 같은 사업의 구루들(그리고 나)의 영감 가득한 강연을 들으러
2,995달러를 지불하고 모인다.

그날 하루 일과는 새벽부터 CS 55에서 시작되었나. 벅구틈이 금방
이라도 비를 뿌릴 듯 위협하는 동안 리젯과 나는 렌트한 미니밴을 주

차할 공간을 찾아 헤매고 있었다. 4만 5,000명이 사는 여덟 개 블록의 공간에 일방통행로가 가득하고 주차장이 아예 없는 데다 마치 이 구역이 자기 땅인 듯 구는 쓰레기 트럭들 때문에, 이 동네는 날마다 교통 혼잡이 빚어진다. 마침내 나는 한 공터에 밴을 세우고 리젯에게 열쇠를 건넸다. 차에서 나오면서 제발 그 밴이 긁히거나 훼손되는 일 없이 그날 하루 무사하게 해달라고 속으로 기도했다.

우리는 국민건강보건 학습센터에서 하루를 시작하기 위해 4층으로 걸음을 재촉했다. 1교시 수업 시작종이 울리기 전에, 나는 오후에 나와 함께 무대에 오를 다섯 명의 아이들과 잠시 이야기를 나누었다. 방과 후에 리젯이 아이들을 링컨센터로 태워 갈 거라고 말해주었다. 귀여운 5학년생 수제이디가 농부 스티브 아저씨를 껴안으며 작별인사를 했다. 그 소녀는 나를 그렇게 부른다. 이 아이들 모두 링컨센터는 처음이었다. 두 명은 아예 맨해튼에 가본 적이 없었다. 사우스 브롱크스에서 할렘 강만 건너면 맨해튼인데도 말이다. 한 명은 불과 4개월 전에 아프리카에서 이 나라에 왔다.

아이들이 학교 수업을 마치는 동안 나는 배우나 정치가 등 유명인의 얼굴 사진을 줄 맞춰 걸어놓은 맨해튼의 대표적인 식당인 P. J. 클라크스에서 점심을 먹고 있었다. 한 금융 서비스 회사가 회의 참석자 중 귀빈 100명을 위해 별실을 예약해놓았다. 나는 그들의 주빈이었고, 오늘의 성공을 위해 낱말 맞추기 글자판으로 만든 나비넥타이와 내 치즈모자, 나의 상징인 그린 브롱크스 머신 티셔츠를 입고, 마놀로 블라닉 뾰족구두를 신고 있었다. 아마도 거기는 내가 본 장소 중에 일인당 롤렉스시계의 수가 가장 많았을 것이다. 어느 손님이든 간에 그 한 사람의 순 자산가치는 나와 우리 학생들 전체가 평생 벌 돈보다 너 많았다. 웨이터들이 플린스톤 만화에서 나온 것 같은 쇠고기가 담긴 접시를 나눠

줄 때, 나는 예의 바른 미소를 잃지 않았다. 내가 좀더 젊고 배고팠다면 그 고기를 통째로 삼켰을 것이다. 그러나 이때쯤 나는 식사를 조절하고 체중을 계속 줄일 만큼의 자제력이 있었다. 나는 대신에 정중하게 샐러드를 선택했다.

점심식사가 끝난 뒤, 나는 무대 출입구에서 아이들과 리젯을 맞이했고 서둘러 그들을 무대 뒤로 데려갔다. 아이들은 궁전 같은 그 건물 안을 걸어오느라 벌써 눈이 휘둥그레져 있었다. 휘황찬란한 금박을 넣은 천장과 으리으리한 대리석 조각들을 배경으로, 보잘것없는 학교 교복과 그린 브롱크스 머신 앞치마 차림의 우리 아이들은 쉽게 눈에 띄었다. 가장 어린 파티마는 헐거운 밀짚모자 안에 머리 두건을 써서 균형을 맞추었다. 무대 뒤 대기실에서 오마르와 어니스트가 싱싱한 과일에 손을 뻗었고 소다수 대신 물을 달라고 정중하게 요청하는 모습을 보고 나는 뿌듯했다. 우리는 "누가 가장 훌륭하게 행동할까?"라고 내가 이름 붙인 게임을 재빨리 한 번 했다. 나는 모두가 승자라고 말해주었다. 무대에서 할 일에 관해 마지막 몇 마디를 하고 나는 드디어 무대에 올랐다.

나는 크게 심호흡을 한 뒤 버튼을 누르고 슬라이드 쇼를 시작했다. 노후된 건물들, 디젤 엔진의 매연을 뿜는 트럭들, 금 간 보도 위에 나뒹구는 깨진 병들의 불쾌한 이미지가 내 뒤의 거대한 엘이디 스크린을 채웠다. "미국에서 가장 가난한 선거구, 내 고향 사우스 브롱크스에 오신 걸 환영합니다." 나는 강연을 시작했다.

나는 가능성의 힘을 보여주는 화면들로 빨리 넘어가고 싶어서 이 첫 화면들을 급하게 넘겼다. 좌충우돌 몇 년간의 시도 끝에, 나는 우리의 그린 브롱크스 머신 모델은 확장과 복제가 가능하며, 거의 모든 지역 사회에 적용할 수 있다는 걸 알게 되었다. 만약 날마다 일어나는 문제를 도저히 극복할 수 없을 것 같은 브롱크스에서 통한다면, 그것은 틀림없이 어디에서나 통할 것이다.

청중 가운데 앤절라 사이모 브라운Angela Simo Brown이라는 한 여인이 그 말을 듣고 흥분해서 앞으로 몸을 기울였다. 그녀는 자기 회사가 새롭고 과감한 방향으로 기부를 할 만한 중대한 아이디어를 찾기 위해 캐나다의 토론토에서 맨해튼까지 날아온 사람이었다.

1년 전, 로열티원RoyaltyOne이라는 글로벌 브랜드 고객 충성도 회사의 최고경영자인 브라이언 피어슨Brian Pearson은 브라운에게 한 가지 과제를 맡겼다. "물건을 찾아보세요." 그것은 자선단체에 수표를 쓰는 행위 이상의 일이 되어야 했다. 지속가능한 변화를 추진하는 일이어야 했다. 그리고 로열티원의 직원들이 재능과 에너지를 기부하며 지역사회를 향상시킬 기회를 주는 일이어야 했다.

브라운은 연구하고, 여러 회의를 찾아다니고, 비영리단체 지도자들과 이야기를 나누며 몇 달을 보냈다. 몇몇 유망한 프로그램도 있었지만 그 모든 종을 제대로 울리는 것은 없었다. "뭔가 진짜인 것이 필요했어요. 아주 좋은 어떤 것, 그것만의 이야기를 들려주는 것 말예요." 나중에 그녀가 내게 말했다. 워비에서 내 강연을 들었을 때, 그녀는 이런 생각이 들었다고 했다. "바로 이거야. 스티븐 선생이 모든 걸 찾아냈어. 그럼 이 프로그램을 어떻게 캐나다로 가져가지?"

나는 잠재적인 기업 파트너가 그 호화로운 벨벳 의자 중 하나에 앉아 있다는 사실을 전혀 몰랐다. 불쾌한 사우스 브롱크스에서 우리가 만든 해결책이 토론토 같은 아름다운 도시에서 온 사람의 마음을 움직일 거라고는 꿈도 꾸지 못했다.

워비 강연을 마무리 지으면서, 나는 어린 농부들이 신호를 기다리며 날개를 단 채 자세를 취하고 있는 걸 곁눈질로 확인했다. 이제 그들의 순간이었다. 아이들은 우리가 교실에서 먹을거리를 키우는 데 쓰는 타워가든 중 하나를 무대로 밀고 나왔다. 청중이 환호하며 날뛰었다. 아이들도 은하수처럼 반짝이는 수많은 조명 속에서 눈을 깜박이며 미소를 지어 답례를 보냈다. 얼굴들의 바다 어딘가에서 앤절라 사이모 브라운도 활짝 웃고 있었다. 여기에 그 물건이 있었다. 그녀는 링컨센터를 떠나기 전에 나에게 이메일을 쓰기 시작했다. 토론토로 돌아가기 전에 나를 만나겠다고 결심한 그녀는 언제 어느 장소에든 마주앉을 준비가 되어 있었다.

그녀는 잘 몰랐지만, 그 후 벌어진 일련의 상황 때문에 우리는 하마터면 서로 만나지 못할 뻔했다. 그날 저녁 워비 강연이 끝나고, 리젯과 나는 우리 어린 농부들을 태우고 외곽으로 돌아가고 있었다. 우리가 밴에 올라탈 때쯤 아침부터 금방이라도 내릴 것 같던 비가 거세게 쏟아지기 시작했다. 그러나 우리 사기를 꺾을 것은 없었다. 우리는 아이들에게 집에 가는 길에 저녁을 먹기로 약속했다. 브로드웨이를 지나갈 때 아이들이 간단히 먹자며 패스트푸드 식당과 체인 이름들을 외쳤다. 내 머릿속에는 다른 계획이 있었다. 차를 달리면서 먹는 대신에 자리에 앉아서 포크와 나이프, 냅킨을 가지고 제대로 된 식사를 하게 해주고 싶었다. 우리는 어퍼웨스트사이드에서 패밀리 레스토랑을 발견했고 긴 테이블에 둘러앉았다. 아이들이 얼마나 착하게 굴었는지 다른 손님들이 멈춰 서서 아이들의 행동을 칭찬할 정도였다.

하루를 시작한 지 열다섯 시간 후에, 우리는 사우스 브롱크스의 바로 그 거리에서 다시 주차할 곳을 찾아 헤매고 있었다. 리젯이 운전대를 잡고 기다리는 동안 나는 아이들을 한 명씩 집으로 데려다주었다. 파티마가 사는 공영수택 단지는 우리 일정상 마지막에서 두 번째 집이었다. 파티마는 아직도 밀짚모자를 쓰고 있었다. 19층에서 엘리베이터를 내렸을 때 마리화나 냄새가 났고, 이윽고 계단에 옹송그려 모여 있는 십 대들이 얼핏 보였다. 나는 시선을 돌리고 파티마를 보호하듯 어깨에 손을 올리고는 모퉁이에 있는 그 아이의 집으로 걸어갔다. 파티마는 기다리던 엄마의 품으로 달려들더니 우리의 모험에 관해 쉬지 않고 재잘거렸다. 정말 행복한 표정이었다! 그 아이의 어머니가 나를 껴안아주었고, 그 아이의 아버지는 몸을 숙여 악수를 청하며 감사의 말을 했다.

바로 이 맛에 이 일을 하는 거지, 복도를 돌아 나오면서 그런 생각을 했던 기억이 난다. 몸은 비에 흠뻑 젖고 녹초가 되었지만, 우리 그린 브롱크스 머신이 아이들을 통해 여러 가족에 활력을 주는 걸 보니 기분이 날아갈 것 같았다. 그리고 전화기가 울리고 있었다. 리젯이었다. 경찰이 차를 옮기라고 한다는 것이었다. 한 여자와 아이가 탄 채 보도 옆을 어정거리는 그 미니밴은 확실히 수상해 보였다. "서둘러요." 리젯이 말했다.

엘리베이터를 향해 모퉁이를 도는데 찰칵 소리가 들리더니 총이 보였다. "이봐." 그 청년이 으르렁거렸다. "운동화 내놔. 코트도. 그 아이폰하고." 그의 두 친구가 나서면서 나를 완전히 에워쌌다.

"저기, 우리 이럴 필요는 없잖아." 내가 말을 시작했다. 뭐라고 흥정을 하기도 전에, 계단통에서 한 아이가 나오며 말했다. "관둬, 그 사람 씨 쎄 푸에데 선생이야, 치즈모자 쓰고 다니는 사람. 그 사람은 건드리지 마." 길게만 느껴지던 그 순간에 내 머릿속에는 우리가 지금까지 씨쎄 푸에데라는 말을 넣어 만들었던 모든 비디오가 스쳐지나갔다. 나와내 학생들에게 보상처럼 믿지 못할 기회들을 선사했던 그 세 단어. 이제 눈앞에 총구가 보인 순간 그 세 단어는 내 목숨까지 구해주었다!

그 아이러니를 생각할 겨를은 없었다. 이 청년들은 내가 몇십 년 동안 같이 일해왔던 학생들과 똑같은 아이들이었다. 상황만 달랐다면 이들도 그린 브롱크스 머신에서 배우고 돈을 벌 수 있었을 것이다. 컴컴한 계단통에서 마리화나를 피우며 그들을 낙제시킨 세상에 분노하는 대신에, 자신의 재주와 기술을 활용해 자기 지역사회를 재건할 수 있었을 것이다. 그들의 이야기를 무대에서 공유하면서, 식물과 살아 있는 커리큘럼을 활용한 교육에 따라오는 기회를 모든 어린이에게 주어 마땅한 이유를 사람들에게 이해시킬 수 있었을 것이다. 그런 생각은 나중에 한 것이다. 나는 황급히 그들을 물리치고 엘리베이터로, 미니밴으로 달려갔고, 아직도 해야 할 일이 너무나 많은 동네로 돌아갔다.

이후 오전에 커피를 나눈 이틀 동안, 앤절라 사이모 브라운은 토론토가 마주한 문제들과 변화에 대한 로열티원의 관심을 소개했다. 그녀는 이미 여러 통의 다급한 이메일로 내 관심을 끌고 있었다. 그때까지도 나는 그녀의 회사가 어떤 곳인지, 그녀가 무슨 일을 하는지 몰랐다. 그러나 그 편지 속의 무언가가, 그녀를 만나 이야기만 나누어도 좋은 일이 생길 거라는 확신을 주었다. 우리가 열정, 목적, 희망이라는 똑같은 비밀소스를 좋아하는 게 아닐까 하는 생각이 들었다. 하지만 우리가 커피를 마시려고 앉았을 때도 그녀가 나에게서 무얼 원하는지 상상이 가지 않았다.

"우리나라에도 브롱크스 같은 곳이 있어요." 브라운이 설명했다. "선생님이 일하시는 이곳만큼 열악하지는 않아도 이질적인 지역들이 있죠. 캐나다 어린이 여섯 명 중 한 명은 빈곤선 이하에서 살아요. 네 명 중 한 명이 비만이고요." 그녀는 배를 곯으며 학교에 다니는 어린이들, 도심지의 치솟는 집값 때문에 아파트에서 내쫓기는 가족들, 수요를 따라가지 못하는 푸드 뱅크에 관해 이야기했다.

충격이었다. 온갖 사회적 서비스를 자랑하는 토론토 같은 아름다운 도시에 식품 사막이 있고 우리 사우스 브롱크스와 똑같은 문제를 겪는 곳이 있다니, 누가 알았겠는가? "사람들이 생각하는 캐나다는 그렇지 않죠." 브라운이 인정했다. "사실 우리가 모르는 사이에 덮쳐온 그런 문제죠."

지난 세월 그린 브롱크스 머신을 건설하는 과정에서, 나는 한 번에 하나씩 대충 조각들을 꿰어 맞추곤 했다. 그런데 지금 나타난 브라운은 우리가 하는 일을 어린이 건강과 지역사회 보건 향상을 위한 하나의 시스템으로 보고 있었다. 그녀는 온갖 다양한 동네에서, 온갖 부류의 어린이와 청소년, 가족들에게 돌아갈 혜택을 상상하고 있었다. 그리고 내가 이해하는 언어를 쓰고 있었다. 비록 기업의 세계에서 왔지만, 그녀는 자신이 중요하게 생각하는 것이 관계임을 분명히 했다. 그녀가 생각하는 이상적인 일터는 "사람들이 자기 존재를 통째로 가져와 일할 수 있는 곳"이라고 했다. 그 말은 굉장한 울림이 있었다. 바로 내 삶의 이야기였다.

그녀가 로열티원의 역사를 설명했을 때, 우리는 굉장히 멋진 파트너가 될 수 있을 것 같았다. 그들의 기업 모델은 소비자의 쇼핑습관을 개발하고 강화하는 사업에 관한 것이었다. 사람들은 로열티원의 협력업체(주유소, 식료품점, 약국, 그 밖의 다양한 소매점)인 가게에서 물건을 살 때, 항공권부터 가전제품까지 모든 것과 교환할 수 있는 포인트를 받는다. "우리 프로그램은 습관을 바꾸는 것에 관한 거예요." 브라운이 말했다. "그게 우리가 가진 전문기술이죠. 선생님의 프로그램을 보니 선생님 역시 사람들의 습관을 바꾸고 계시너군요."

그 말 역시 울림이 있었다. 언제나 내 목표는 마음가짐과 풍경을 바꾸는 것이다. 사우스 브롱크스에서는 그것이 매우 중요하다는 것을 잘 알지만 그녀의 말은 이런 생각을 하게 했다. 만약 희망을 수확하는 것이 보편적인 목표가 된다면?

이윽고 그녀가 한 말에 나는 자세를 고쳐 앉으며 주의를 기울였다. "물론 우리는 식품에 대한 이해와 건강하고 신선한 식품에 대한 접근성을 향상시켜 어린이들이 일찍부터 건강한 식습관을 발달시키는 걸 돕고 싶어요. 하지만 그린 브롱크스 머신을 보니 다른 혜택들도 굉장히 많아요. 학교에서 품행 관련 문제도 줄어들고 출석률도 높아졌고요. 학업 결과도 향상되었죠. 그걸 부수적 긍정성이라고 해보죠."

캐나다 곳곳에, 많게는 500개 학교에 어떻게 그 프로그램을 확대할 수 있는지 그녀의 이야기를 듣다 보니, 2년 전 그린비즈 회의에서 조얼 매카워가 물어왔을 때 놓쳐버린 기회가 떠올랐다. 그가 "당신의 요구는 무엇입니까?" 하고 물어왔을 때 나는 대답하지 못했다. 내 대답이 여기 있었다. 나는 내가 필요로 하는 바로 그곳에 있음을 깨달았다. 우리 그린 브롱크스 머신은 전략적 제휴를 통해 내가 상상했던 것보다 훨씬 더 멀리 뻗어갈 수 있고 더 빨리 확장될 수 있었다. 우리의 대화가 끝나기도 전에, 나는 모든 곳의 교사들이 녹색 프로그램을 신속히 시작하도록, 새로운 커리큘럼을 나도 모르게 작성해나가고 있었다. 처음부터 맨땅에서 힘들게 시작할 필요가 전혀 없었다. 그저 내가 배운 것들을 정리하고 그것을 나누어줄 준비만 하면 되었다. 가장 좋은 건 브라운에게는 우리 모델을 배우고 활용할 준비가 된 현지 파트너가 있다는 사실이었다.

나는 그 만남에서 새로운 게임 계획을 가지고 돌아왔다. 세계여, 부수적 긍정성에 대비하라. 그린 브롱크스 머신이 세계로 나아갈 준비를 하고 있으니.

두바이. 초고층 건물들과 호화로운 쇼핑몰로 유명한 아랍에미리트
의 이 부자 도시는 모든 면에서 사우스 브롱크스와는 다르다. 길거리
범죄는 드물다. 가난은 찾아볼 수 없다. 국제교사상을 받으러 두바이
를 방문했을 때, 나는 사막의 아름다움에(그리고 그 부■에) 깜짝 놀라
입이 다물어지지 않았다.

솔직히 내가 놀랐던 건 두바이의 교육부 대표자가 우리 프로그램에
서 빌려 쓸 만한 아이디어가 있는지 보고 싶다며 방문해도 되는지 물
어봤을 때였다. 나는 방문해준다면 기쁘겠지만 그녀와 동료들은 맨해
튼에서 학교까지 곧장 택시를 타고 와야 할 거라고 말했다. 그들을 보
호해야 할 것 같아서 나는 이렇게 덧붙였다. "전통적인 분위기의 옷차
림은 피하시는 게 좋을 겁니다. 지나치게 눈에 띄는 건 좀 그렇잖아요."

피다 슬레이먼Fida Slayman은 눈부시게 화창한 봄날 아침에 CS 55에 도
착했다. 그녀는 뉴욕 여행이 처음이었다. 나는 베이글과 크림치즈로
된 브롱크스식 아침식사를 대접한 뒤 그녀가 우리의 상황을 잘 파악할
수 있도록 동네를 한 바퀴 구경시켜주었다. 공영주택, 주류 판매점, 쓰
레기 트럭들을 보면서 그녀는 자신이 두바이에서 멀리 떨어져 있음을
곧바로 실감했다.

"아주 나빠 보이지는 않네요." 그녀는 아이들을 학교까지 바래다주
는 부모들에게 길을 양보하면서 눈치껏 말했다. 나는 이 매력적이고
활달한 여성이 원래 레바논 출신이라는 걸 알았다. 그녀는 자기 조국
의 분쟁지대를 두 눈으로 본 사람이었다. 우리 동네는 그녀를 불안하
게 만들지 못했다.

"아직 문제가 생기기에는 좀 이른 시간이죠." 나는 반쯤 농담으로

그녀에게 대답했다. 아이들이 학교로 걸어가는 그 시간은 대개 하루 중 가장 안전한 시간이다. 그 시간에는 모두가 지키는 어떤 규범이 존재한다.

이윽고 나는 처음 그녀가 연락해왔을 때부터 내내 궁금했던 것을 물었다. "우리에게 뭐 배울 만한 게 있을까요?"

"전 선생님이 가난한 아이들과 함께 일하신다고 알고 있어요." 그녀가 말했다. "우리 두바이에서는 가난 같은 문제는 없다고 볼 수 있죠. 하지만 우리는 선생님이 겪고 계시는 많은 문제에 똑같이 직면해 있어요. 어떻게 하면 아이들 학습에 동기부여를 할 수 있을까? 어떻게 하면 아이들 스스로 학습에 책임감을 갖게 할 수 있을까? 어떻게 하면 아이들이 자라서 행복하고 생산적인 삶을 살게 도울 수 있을까? 그것은 우리 모두가 어린이들에게 바라는 바잖아요." 두바이에서 비만, 당뇨, 그밖의 식생활 관련 질환의 비율이 높아진다는 이야기는 충격이었다. 그곳에서도 서구의 패스트푸드 체인점들이 충성스러운 팬들을 구축하고 있었다.

또 하나 알게 된 것은 두바이에서는 행복이 진지한 사업이라는 것이다. 그 나라에는 정부에 행복부 장관이 있다. 그리고 또 청년미래부 장관도 있는데, 스물세 살이면 그 자리에서 물러난다.

"행복은 우리가 그저 입버릇처럼 말하는 단어가 아니에요." 피다가 설명했다. 사교육을 감독하는 정부 부처인 지식인적자원개발국 Knowledge and Human Development Authority, KHDA에 있는 그녀와 동료들은 학교 내의 행복증진 전략과 프로그램에 관해 깊이 고민하고 있었다.

그녀가 자기 부서의 역할을 설명했을 때, 나는 지식과 인적 개발을 강조한다는 말에 흥분했다. 얼마나 멋진 목표인가! 이것은 세도적 사고방식이 아니었다. 이는 진화적이고, 어쩌면 혁명적인 사고였다. 예전에 '놀이 총리'와 '끝내주임' 등등의 '직함'을 가졌던 나로서는 긍정적인 심리에 중점을 두는 두바이 얘기에 가슴이 설렜다. 피다와 그 동료들은 심지어 일상생활 속의 행복 요인을 찾기 위한 방법을 함께 고민하는 '행복 잼'을 조직하고 있었다. 얼마나 근사할까?

"우리가 깨달은 건 모든 사람을 행복하게 만들 수는 없지만, 행복을 증진할 환경을 만들 수는 있다는 거예요." 그녀가 말했다.

어딘가 익숙한 소리였다. 오랜 세월 나는 환경이 학생들의 행동에 영향을 미친다고 주장해왔다. 그리고 증명해왔다. 교실에 녹색 식물과 밝은 조명, 학습 정거장을 더하는 것은 사고방식을 변화시키고 학생과 교사의 상호작용을 개선할 수 있다. 이것은 검증되지 않은 이론이 아니라 정통적인 학습이었다. 나는 월턴 고등학교 시절 이후 그것을 수도 없이 보아왔다. 우리 CS 55의 새로운 공간에서는 색깔과 분위기에 관한 연구를 적용해 녹색과 파란색 팔레트로 우리의 경이로운 세계를 설계했다. 매우 차분하고 영감을 주는 그 대지의 색과 하늘의 색은 이 동네에서는 좀처럼 보기 힘든 색이다.

행복을 위한 생태계, 피다가 우리의 국민건강보건 학습센터에서 찾기를 바라는 것이 바로 그거였다.

우리 교실로 들어왔을 때 피다의 얼굴에 환한 미소가 피어오르는 것을 보고 나는 그녀가 실망하지 않았음을 알 수 있었다.

"여러분, 우리의 특별한 손님을 환영해주세요. 슬레이먼 선생님은 아랍에미리트의 두바이에서 우리를 찾아오셨어요. 두바이가 어디 있는지 아는 사람?" 나는 5학년 학생들에게 물었다. 그들 중 다수는 특수교육반 아이들이었다.

최근에 아프리카에서 온 리틀 오마르가 우리 교실에 붙어 있는 세계지도로 다가오더니 중동을 가리켰다. "거기 사람들은 아랍어를 쓰나요?" 그 아이가 물었다. "왜냐하면 우리 가족도 아랍어를 쓰거든요."

파티마, 모하마드, 그 밖에도 아랍어를 쓰는 여러 학생은 피다가 가져온 아랍어 플래시카드를 받고 기뻐했다. 그리고 우리의 손님이 초콜릿과 낙타 담요 한 장을 선물로 내놓자 모두가 열광했다. 낙타를 사랑하지 않는 사람이 있을까? 얼마나 이국적인 동물인가!

그런 환영과정이 끝난 후 우리는 평소대로 일을 시작했다. 학생들은 돌아가며 피다에게 우리의 다양한 학습 정거장을 보여주었다. 그녀는 우리의 자가발전 자전거 경주에 의욕적으로 참여했고 여학생들로만 구성된 지렁이 관리팀인 '지렁이 소녀들'에 매혹되었다. 그녀는 우리 교실의 타워농장을 보더니 두바이에서도 이 비슷한 실내 농법으로 전체 지역사회를 먹일 계획(세계 최초의 에너지 소비량 제로 도시, 이른바 지속가능한 도시)을 세우고 있다고 학생들에게 말해주었다. 학생들이 생장촉진 조명 아래 싹을 틔우고 있는 씨앗들을 보여주자, 피다는 기온이 조절되고 경비가 지키는 두바이의 씨앗 도서관에 관한 모든 것을 말해주었다.

그녀의 말을 듣다 보니 이런 생각이 들었다. 대단해. 그들은 다음 천년을 미리 생각하고 있구나. 사우스 브롱크스에서는 하루하루 살아갈 걱정을 하고 있는데.

피다는 우리 프로그램에서 찬양하고 모방할 만한 많은 점을 찾아냈다. 우리 CS 55에는 비록 자원은 풍부하지 않을지 몰라도, 결핍은 우리에게 초효율적이어야 한다는 걸 가르쳐주었다. 그것은 학업으로 이어졌다. 나는 학습 효과를 최대로 끌어올리기 위해 늘 우리 주변에 있는 아무거나 활용할 방법을 찾곤 한다. 그것은 부자 학교에서나 가난한 학교에서나 똑같이 통하는 전략이다.

피다는 떠나기 전에 그날 수업에서 깨달은 것을 이야기했다. "식물을 키우는 활동이 수학, 과학, 글에 관한 학습으로 곧바로 이어지는군요. 특수교육반 학생들에게는 아주 좋겠네요. 물론 모든 학생에게도 좋고요." 그녀가 활짝 웃었다. "식량을 심고 재배하는 것이 어쩌면 단순한 것처럼 보일지 몰라도 정말 많은 것을 이루어내네요. 그리고 정말 즐겁고요!"

즐거움. 행복. 웃음. 학교를 위해 면밀한 목표를 세울 때, 우리 미국의 교육자들은 그 근본적인 것들을 어째서 그렇게 자주 잊어버리는 걸까? 우리는 성공(학업에서든, 대학에서든, 경력에서든)이 자동적으로 행복으로 이어진다고 가정하는 것 같다. 두바이가 어떻게 그 공식을 뒤집어 행복을 강조하게 되었는지 궁금해졌다. 가능성을 인식하지 않는다면, 공감과 연민을 배우지 않는다면 지속적인 성공이란 있을 수 없다. 어린이들이 학교에 와서 평생 지속될 튼튼한 행복의 토대를 쌓아간다면 어떻게 될까? 세계는 완전히 달라질 것이다.

어느새 나는 두바이를 방문해 그린 브롱크스 머신의 전략을 그곳 교육자들과 나누고 행복 교육에 대한 내 이해를 확장해보겠다고 동의하고 있었다. 지식인적자원개발국은 효율적인 아이디어의 확산을 장려하기 위해 주기적으로 '홧 워크스What Works' 회의를 개최한다. 나의 강연(23분 49초와 525장의 슬라이드)은 또 하나의 스티븐 리즈 심호흡이었다. 그것은 홧 워크스 사상 최초의 기립박수를 받았다.

두바이에서 그린 브롱크스 머신에 관한 내 강연을 들은 탐만 아부샤크라Tamman Abushakra라는 한 신사는 지구 반대편에서 온 동지를 찾았다고 했다. 그는 세계 최대의 미국식 국제학교 네크워크인 에솔 에듀케이션Esol Education의 핵심 고문이었다. 두바이에 본부를 둔 에솔 에듀케이션은 이집트, 홍콩 등 여러 곳에서 학교를 운영하며 1만 명 이상의 학생들을 길러내고 있다. "우리는 함께 큰일을 해낼 겁니다." 아부샤크라가 나에게 장담했다.

에솔의 청사진에는 두바이 내의 지속가능한 도시, 피다 슬레이먼이 말했던 그 미래주의적 공동체를 위한 새로운 학교가 있다. 그게 뭐였을까? 그 학교 계획은 지속가능성에 초점을 맞추고 있었다. 오래전 마조라 카터와 내가 브롱크스에서 출범시키려다 실패한 것이 이 주목할 만한 학교 설계에 반영되고 있었다. 부와 자원에 관한 한 브롱크스와는 대척점에 있는 두바이에서, 그 희망은 헌신적으로 지역사회에 봉사하는 젊은 세대에게 영감을 줄 것이다. 우리의 협업은 모든 사람의 복지에 힘쓰면서 유기적으로 성장한 새로운 세대들을 탄생시킬 것이다. 두바이에서 만났던 한 동료에게서 처음 들었던 말이 내내 내 귓가를 맴돌고 있다. "우리는 우리 삶에 나날을 더하기보다 우리의 나날에 삶을 더할 수 있어요." 그 말을 했던 현명한 신사 압둘라 알 카람Abdulla Al Karam 박사는 지식인적자원개발국의 이사회장이자 사무총장이다. 그 말을 들려주던 그는 그때 내 치즈모자를 쓰고 있었다!

그린 브롱크스 머신이 선 세계로 새싹을 보내는 동안 나는 우리가 오랫동안 꼼꼼히 다듬어오던 아이디어들이 모든 부류의 지역사회를 장악하는 것을 보고 있다.

콜롬비아의 안티오키아, 한때 마약거래로 가장 유명했던 메데인이 자리 잡은 이 지역에서는 젊은이들이 나서서 갱단과 마약 카르텔로부터 거리를 되찾고 있다. 이들의 전략은 무엇일까? 수천 명의 사람들이 산꼭대기로 올라가 공유문화를 축하하는 주말 댄스파티다. 예술과 옹호, 열망을 이용하고 소셜미디어로 말을 전파하면서, 이들은 자신들의 지역사회에 대한 세계인의 시선을 바꾸고 있다. 창의적인 에너지의 분출을 보고 있노라면 사우스 브롱크스에서 일어난 힙합의 초기 시절이 떠오른다.

콜롬비아의 또 다른 지역, 예부터 늘 기술 좋은 농부들과 장인들의 본고장이었던 정취 있는 마을에서 나는 십대들과 함께 앉아 있었다. 내가 산비센테 페레르라는 마을로 가게 된 것은 일련의 연결을 통해서였다. "내가 아는 한 사람이 있다"가 세계적 규모로 작용한 예였다. 우리 그린 브롱크스 머신의 성공에 관해 이야기를 들은 그 마을 원로들이 젊은이들의 재고용을 도와달라며 나를 초청했던 것이다. 비디오 게임과 휴대전화기에 빠져 세월을 보내던 젊은이들은 자기네 지역사회에 살면서 농부나 장인이 되는 건 미래가 없다고 보았다. 많은 젊은이가 한 번도 가보지 못했던 대도시로 이사하고 싶어서 안달이었다. 아이러니하게도 마침 그 지역사회에 막 새로운 부흥의 기운이 흐르고 있을 때였다. 시간을 거슬러 농업과 장인의 솜씨 위에 쌓아 올린 문화를 즐기려는 관광객들이 정통성을 찾아 그곳으로 모여들고 있었다. 반면에 지역 젊은이들은 가상세계를 통해 탈출을 열망하고 있었다. 나는 기회를 감지했다.

"당신네 지역사회의 자랑거리를 말해주세요." 나는 그다지 완벽하지 않은 스페인어로 젊은이들에게 말했다. "보여주면 더 좋고요."

구불구불 미로 같은 산비센테 페레르의 거리를 걸으면서 이 젊은이들이 나를 안내하며 보물을 찾도록 하기 위해 필요한 건 그 말뿐이었다. 그들은 좋아하는 미술가, 음식 노점상, 음악가 등등을 가리켰다. 우리는 관광객들이 좋아할 만한 휴대전화기용 게임 애플리케이션 아이디어를 냈다. 젊은이들은 그 게임을 통해 그 지역의 인기명소를 가려내고 방문객의 통행을 유도할 수 있었다.

물론 나는 앱 제작이나 디지털 게임 생산에 관해서 아는 게 없다. "가르쳐주세요." 나는 젊은이들을 자극했다. "내가 2학년 어린이라고 생각하고 설명해보세요." 그것은 전 세계 어린이들에게 통하는 학습 전략이다.

우리는 함께 '매직 마블'이라는 게임과 앱을 만들었다. 관광객은 가상의 미로를 통해 디지털 구슬을 따라가면서 그 지역사회의 농촌체험 관광, 공예 관련 볼거리에 관한 모든 것을 배운다. 젊은이들은 게임 콘텐츠를 만들고 업데이트하면서 아직도 농부와 장인, 대지를 존중하는 지역사회에서 소중히 여겨야 할 지역자산이 얼마나 많은지 깨닫는다. 그뿐 아니라 고향을 떠나지 않고도 앱 디자이너로서 수입을 올릴 수 있었다. 나아가 지금은 지역 관광 가이드로 일하면서 돈을 버는 젊은이들도 많다. 그들은 관계와 앱을 토대로 구축된 새로운 경제 속에서 현실세계의 매직 마블을 경험하고 있다. 무엇보다도 그들은 더 나은 곳에서 살고 배우고 돈을 벌기 위해 자신들의 지역사회를 떠날 필요가 없었다.

그린 브롱크스 머신 파트너들이 멀리 떨어진 지역에서 더 많이 생길수록, 우리는 세계의 서로 다른 곳에 사는 어린이들이 서로를 가르치고 영향을 주기 좋아한다는 사실을 발견해나가고 있다. 우리 브롱크스의 학생들은 조만간 스카이프 화상 회의를 통해, 토론토의 새 친구들에게 실내 농업과 건강한 조리법에 관해 지도할 예정이다. 이는 지속 가능성 교육을 글로벌 교육으로 전환하면서, 우리의 커다란 세계를 좀 더 작고 잘 연결된 세계로 만들어가는 경험이다.

하버드대학교의 교육학 교수이자 글로벌 교육 전문가인 퍼낸도 라이머스Fernando Reimers 박사는 우리 프로그램에 세계시민 의식을 심어주는 것이 중요하다는 걸 깨우쳐주었다. 우리가 처음 만난 건 국제교사상을 통해서였는데, 그 후로도 계속해서 마주칠 일이 있었다. 그에 따르면 세계시민이 되는 건 시간과 집중적 관심이 필요한 일이다. "연례 축제나 축하 행사로는 세계시민이 만들어지지 않아요. 기준을 높게 잡아야 해요. 그저 네모 칸에 체크하면서 '그래, 우린 글로벌한 일을 해냈어'라고 말하는 식으로는 안 된다는 거죠. 우리가 수학, 글쓰기, 과학 또는 우리가 관심 있는 것을 어떻게 가르치는지 생각해보세요." 그가 나에게 말했다. "정말 진지하다면 시간을 들여 배워야 합니다." 세계시민 의식을 계발하는 것은 똑같이 꾸준한 연습이 필요한 일이다. 저소득 지역사회에서 남들보다 90퍼센트나 적은 물과 자원을 가지고, 대학 진학과 취업준비를 위한 수업을 받으면서 건강에 좋은 식품을 키우는 학생들을 서로 연결하는 것만큼 세계적으로 연관된 일이 어디 있겠는가?

내 바람은 우리 브롱크스의 학생들이 전 세계 학생들과 계속적인 협업을 통해 모든 세계시민이 필요로 하는 것을 발전시키는 것이다. 세계를 탐색하고, 전망을 가늠하고, 다양한 청중과 소통하고, 자신과 관련 있는 문제에서는 행동에 나설 수 있는 능력 말이다. 그것이 지역 프로젝트가 세계적인 영향력을 가질 수 있는 길이다.

브롱크스에서 우리의 노력에 관해 내가 이야기를 퍼뜨리기 시작하고 몇 년이 흐른 지금, 우리 그린 브롱크스 머신의 메시지는 광범위한 지역사회와 다양한 맥락 속에서 프로그램을 자극하고 형성해왔다. 미주리 주의 세인트루이스에서, 콜롬비아의 메데인에서, 캐나다의 토론토에서 학생들은 식물을 키우고 더 건강한 지역사회를 가꾸며 학습한다. 그리고 우리 메시지는 멕시코부터 이집트까지 더 많은 지역에 퍼지고 있다. 부유한 교외에서, 가난에 찌든 도심에서, 학교에서, 청소년 클럽에서, 방과 도중과 방과 후에, 수많은 지역사회가 기회를 포착하면서 자기 나름의 부수적 긍정성을 키워가고 있다.

교육계의 열외자 같던 시절로부터 오랜 시간이 흐른 지금, 나는 한 운동의 중심에 서 있다. 그리고 한 운동은 하나의 시장을 뜻한다. 마케팅 용어로 말하면, 녹색 학교는 세 가지 기본 선상에서 큰 배당금을 지불한다. 그 세 가지란 사람, 지구地球, 이익이다.

⟋

'녹색 학교 전국 네트워크'라는 연합체의 상임이사인 제니 세이들 Jenny Seydel 박사는 또 한 명의 현명한 동료다. 그녀는 녹색 학교의 대모 격이다. 내가 교실에서 하루하루의 경험을 통해 무엇이 효과적인지 생각해내야 하는 반면에, 그녀는 환경교육과 관련한 학문적 이해와 조사를 통해 증거 기반의 접근법을 도입한다. 나는 학생들이 식물을 키우고 요리하고, 건강한 음식을 나누면서 학습을 즐기는 모습을 볼 수 있고, 언제든 학문 간의 관련성을 제시할 수 있다. 반면에 제니는 똑같은 장면을 보고 아이들을 훨씬 더 큰 것(자연세계에 대한 이해, 그리고 발달단계에 기초해 자연세계 속 그들의 위치에 대한 이해)에 연결시킬 수 있다. 그녀는 아이들의 학업 이해도를 파악하고 성취에 미치는 영향을 도표로 나타내곤 한다.

초등학생의 경우, 제니 세이들은 텃밭 프로젝트가 우리 어린이들의 자연적인 수렵채집 본능을 이끌어낸다고 본다. 이것은 실외 텃밭에서, 우리 CS 55의 것과 같은 실내 농장에서, 또는 창틀의 우유팩 화분과 관련해서도 마찬가지다. 한편 중학생은 모험을 할 만큼 성숙한 연령이다. 이들은 식물이나 곤충, 지역사회를 더 깊이 들여다보는 활동을 좋아한다. 이들의 질문은 세계에 대한 더 깊은 이해로 이어진다. 고등학생은 정체성, 공정성, 사회정의 같은 질문을 탐색하고 싶어한다. 취학 전부터 졸업 이후까지, 식물을 통한 학습은 모두에게 들머리와 렌즈가 된다. 씨 쎄 푸에데의 순간들과 함께하는 식물의 힘은 모두에게 내내 열려 있다!

그래서 나는 여러 회의에서 제니를 만날 때마다 기쁜 순간들을 이야기하고 깊은 대화를 함께 나누기를 기대한다. 내가 위스콘신 주 매디슨의 공항 선물 가게에서 첫 치즈모자를 사던 날, 그녀는 거기에 있었다. 그 바보 같은 노란 모자를 쓰고 에스컬레이터를 내려갈 때, 그녀가 웃음을 터뜨리더니 이렇게 말했다. "스티븐, 완벽해요!" 그 여행의 나머지 여정 동안 그녀는 우리가 어디를 가든 그 치즈모자를 쓴 내 사진을 찍었다. 그 모자는 곧 내가 그린 브롱크스 머신임을 알려주는 표상이 되었다. 나는 그 후로도 그 치즈모자를 쓰고 전 세계를 다녔고, 어디를 가나 어른, 아이 할 것 없이 그 모자를 쓴 나와 사진을 찍으려고 줄을 섰다. 나는 그 치즈모자를 이용해 아이들의 완벽한 출석과 낯선 이의 친절한 행위를 유도했고 전 세계인의 인류애를 축하해왔다. 이 저렴한 조치는 내가 상상했던 것보다 더 많은 호의를 이끌어냈고, 지금도 날마다 그러고 있다.

그린 브롱크스 머신이 교육계의 세계적 경향과 어떻게 연관되는지 잘 이해하고 싶었을 때, 나는 자연히 제니를 찾게 되었다. 그녀는 이렇게 말했다. "미국에만 약 13만 3,000개의 학교가 있어요. 우리가 바라는 건 그 모든 학교가 건강하고 지속가능한 녹색 학습 환경이 되는 거예요. 자기 아이들을 위해서 어느 부모가 그런 걸 마다하겠어요?"

물론 문제는 학교마다 지역적 맥락에 좌우되는 그 나름의 특성과 특정한 요구가 있다는 것이다. 녹색 학교 전국 네트워크의 목표는 학교에 다양한 선택권을 제공하는 것이다. 각각의 지역사회가 자기 입맛에 맞는 녹색 교육 프로그램을 살 수 있는 일종의 직거래 장터 같은 것 말이다. 녹색 학교들의 영혼은 똑같지만 그 개성들은 많이 다르다고나 할까.

"일부 학교는 제대로 통합된 지역 기반 커리큘럼을 채택할 준비가 되어 있어요. 하지만 불꽃을 일으킬 정서적 경험부터 시작해야 하는 학교도 있지요." 그녀는 이렇게 덧붙였다. 그린 브롱크스 머신은 "두 가지를 다 할 수 있는 잠재력을 가지고 있어요. 선생님이 해오신 작업은 우리가 공유해야 할 최우수 운영 사례예요."

한 교사의 시행착오를 통해 설계된 프로그램이 최우수 운영 사례로 떠오를 줄 누가 상상이나 했을까? 하지만 우리는 여기 브롱크스에서 배워온 것과 우리가 아는 것을 자랑스럽게, 그리고 열렬히 나누고자 한다.

우리 그린 브롱크스 머신이 전 세계의 지역사회에 비슷한 프로그램들을 고무한다는 것을 보아온 바, 우선 시작할 때는 투사 한 명이 있어야 한다. 누군가는 이 아이디어를 자기 삶에 끌어들일 만큼 충분히 사랑해야 한다. 다른 사람들도 같이하고 싶어 못 견딜 만큼 열정적인 사람이 누구일까? 이 프로그램이 뿌리를 내리고 번성하도록 올바른 문화를 창조할 사람이 누구일까? 끝내주임이 될 사람이 누구일까? 그 밖에도 프로그램 성장에 도움이 될 것들은 올바른 장비, 커리큘럼, 교사들을 위한 직업 개발 등등 많다. 그러나 학습 경험에 대한 흥분(가능성

감지)이야말로 그 모든 성분을 더해 더욱 커다란 무언가를 만들어내는 중요한 요소다. 내가 여러 학교에 우리의 모델을 받아들이되 열정, 목적, 희망이라는 그들만의 비밀소스를 더하라고 늘 권장하는 것도 바로 그 때문이다.

투사는 중요하다. 그러나 한 사람이 녹색 프로그램을 계속 번성시키기는 힘들다. 나는 그린 브롱크스 머신 프로그램은 나에 관한 것이 아니라 우리에 관한 것이라고 말하곤 한다. 자신들의 학교 정원을 만들기 위해 많은 시간을 투자했지만 나머지 사람들이 그만큼 투자하지 않아 정원이 쓸모없는 폐허로 전락하는 걸 본 교사나 부모가 얼마나 많았던가? 프로그램을 오래 지속시키는 것은 바로 팀이다.

이는 내가 교육자 친구인 데이비드 하이먼David Hyman과 오랜 시간 논의해왔던 문제다. 그는 맨해튼 어퍼웨스트사이드의 엘리트 사립학교 컬훈스쿨의 지속가능성 담당자다. 그가 우리 교실을 불시에 방문한 이후 우리는 친구가 되었다. 충돌, 연결, 공동학습의 또 다른 예다. 사회경제적 위치로 따지면 우리 서로가 가르치는 학생들은 그 이상 다를 수 없을 만큼 차이가 나지만, 텃밭 농업이나 요리 또는 프로젝트 설계를 위해 학생들을 한곳에 모아놓으면 마치 투사들처럼 협력한다. 심지어 학생들은 컬훈 목공 작업실에서 주말을 같이 보내며 내 테드엑스 강연을 위한 표지판을 만들기도 했다. 컬훈스쿨은 일찍부터 건강한 식생활과 지속가능성을 홍보해왔고 타워가든을 이용해 먹을거리를 키우고 있다. 이 모든 녹색 프로젝트에 대한 학교의 반응은 긍정적이다. 학생들에게 미치는 교육적·사회적 혜택도 매우 상당해서 그는 이렇게 말한다. "아이들은 페스토소스를 만드는 데서 훨씬 더 나아가죠. 이런 접근법은 학습의 중심으로 자리 잡아 마땅합니다."

한편 실패를 두려워하지 않는 자세도 필요하다. 나는 여러분이 평생

가도 만나지 못할 최고의 실패 전문가다. 브롱크스 학생들을 위한 우리의 새 학교를 제안했다가 교육위원회에 확신을 주지 못해 줄줄이 탈락했을 때 나는 누구보다 큰 실망감을 맛보았다. 마조라 카터와 나는 먼젓번 것보다 더 나은 제안서를 제출했지만 결국 삼진 아웃을 당했다. 지금 우리는 가장 나은 마지막 제안서의 먼지를 털고 두바이에서 그것을 실현하고 있다. 시대를 앞서간다는 것은 좌절감을 맛볼 가능성이 높다. 세계가 따라잡을 때까지는 말이다. 물론 나는 실패에 관해선 토머스 에디슨이나 스티브 잡스만큼 위대하지 않을지 몰라도, 상당히 그에 가깝다. 그들이 그랬듯, 좌절감 때문에 배움을 멈춘 적은 결코 없다. 내가 날마다 구체적인 사례로써 가르치려 하는 것이 바로 그 교훈이다.

처음 교단에 섰던 시절 이후 나는 실험, 시행착오, 반복을 통해 어떤 일이 일어나는지 배워왔다. 나는 내 생각을 눈에 보이게 만들고 아이들에게도 똑같이 하라고 요구하면서 투명하려고 애썼다. 덕분에 나는 수십 년 동안 교육계의 열외자였다. 나는 우리 학생들에게 필요한 것을 주지 못하는 획일화된 기존 커리큘럼을 고집하지 않았다. 그러나 모든 아이, 특히나 가장 소외된 아이들이 수학, 과학 등 여러 과목이 현실세계와 어떻게 연관되는지 알아야 마땅하다고 늘 생각해왔다.

그래서 어떻게 되었을까? 나는 시대를 약간 앞서가고 있었다. 이것저것 어설프게 시도하면서 배우는 나의 천성은 전 세계에서 새로운 학습 경험을 고무하고 있는 운동의 선봉에 나를 세워놓았다. 주거지와 피부색이 삶의 결과를 좌우해서는 안 된다. 양질의 교육에 대한 접근이 답이다! 나는 내가 바꿀 수 없는 것을 기꺼이 받아들일 생각은 없다. 대신 내가 받아들일 수 없는 것을 바꾸려 한다. 이 모든 것이 하나의 씨앗에서, 식물 한 포기의 힘에서 시작된다.

과학, 기술, 공학, 수학에 예술을 더하면

2016년 1월

　　　　백악관이 과학, 기술, 공학, 수학(흔히 스템STEM이라고 하는 것)에 학생들의 관심을 불러일으키기 위한 행사를 연다면, 아주 근사한 것을 전시해놓을 거라고 기대할 것이다. 오바마 대통령의 스템 현황 전시는 그 기대를 저버리지 않았다. 국립보건원은 60센티미터가 넘는 DNA 모형과 3D 프린트로 제작해 만져볼 수 있는 분자세포를 준비해 100여 명의 어린 방문객들을 열광시켰다. 학생들은 나사의 화성탐사 차량인 마스 로버를 시운전했다. 나는 참가자들이 나를 향해 그 차량을 몰고 오게끔 지원자로 나서기도 했다! 국립해양대기청 과학자들은 백악관 정원을 비롯해 여러 곳에서 쓰이고 있는 첨단 강우측정기를 시연해 보였다. 영광스럽게도 우리 초등학교는 이 첨단 제품들과 나란히 전시할 물건을 가져오도록 초대받은 전국의 일곱 개 학교 중 하나였다.

그날 관심을 독차지한 사람은 아마도 우리 CS 55의 열 살짜리 학생인 어니스트가 아닌가 싶다. 어니스트는 초록 잎들을 분출하는 듯한 우리 타워가든 옆에 서서 노련한 프로처럼 질문에 대답했다. 그는 상대가 대통령의 과학기술 보좌관이건 CNN 기자건 또는 그 행사 참석을 위해 엄선된 명문 고등학교 과학도들이건 상관하지 않았다. 우리 지역사회 건강 증진을 위해 교실에서 먹을거리를 키우는 것에 관해 모든 사람이 어니스트의 조언을 들으러 왔다.

"자기가 먹을 채소를 직접 키우면, 그것만으로도 그 채소를 먹고 싶어집니다." 그가 한 어른 방문객에게 설명했다. "저는 채소를 집에 가져가서 식구들과 같이 먹습니다. 우리 가족 모두 먹는 게 전보다 나아졌어요."

백악관이 사랑하는 인물이자 CS 55의 단골 방문객인 셰프 빌 요시스도 참가해 우리가 씨앗에서 싹을 틔워 타워로 옮겨 심고, 다 자란 채소를 교실 탁자로 가져가는 과정을 보여주었다. 방문객들은 우리 프로그램이 어떻게 모든 스템 과목들(그리고 더 많은 과목들)을 상호 의미 있는 방식으로 통합하는지 단박에 이해했다.

방문객들은 우리 학생들과 똑같은 반응을 보였다. 수직 농장은 참신하다. 사람들은 곧바로 고개를 돌려 쳐다본다. 넓은 공간에 펼쳐진 것이 아닌 층층이 자라는 식물을 보면 호기심을 느낀다. 그들은 가까이 다가와서 냄새를 맡고 맛보고 싶어한다. 그 최초의 감각 경험은 조명, 물 이용, 생장 주기, 영양 등등에 관한 더 깊은 질문으로 이어진다. 첨단 마법 같은 장치가 가득한 공간에서, 살아 있는 식물들을 보여주는 우리의 소박한 전시품은 모든 사람의 상상력에 불을 지폈다.

그 백악관 행사가 끝난 후, 우리는 6개월 동안의 전시를 위해 우리 교실을 그대로 본뜬 행사장을 미국 식물원에 세워달라는 초청을 받았다. 10년 동안 나는 우리 브롱크스가 기꺼이 우리의 재능과 투지, 다양성을 수출할 준비가 되어 있다고 말해왔다. 그런데 또 한 번, 이 나라의 수도로 초대받아 우리의 전환적 교습과 학습방식에 관한 토론회에 참가하게 되었다. 우리 교실이 시범사례가 될 만큼 영향력이 크다는 생각을 하니 경이로웠다.

메이커 페어Maker Faire의 공동설계자이자 싹 트는 메이커 운동의 유명인사인 셰리 허스Sherry Huss는 입소문을 통해 그린 브롱크스 머신에 관해 들었다. 그녀는 크게 흥미를 느껴 브롱크스의 우리 국민건강보건 학습센터를 직접 찾아왔다. 그리고 그녀가 우리 교실 프로그램에 흠뻑 반하면서 더 많은 충돌과 연결로 이어졌다. 그다음 내가 아는 것은 그린 브롱크스 머신이 한 차례의 메이커 페어에 이어 또 다른 중요한 메이커 페어에 소개된다는 사실이었다.

뉴욕 시에서 열린 전국 메이커 페어는 주말 내내 이어졌는데, 각자 제작한 물건을 가져와 발표하는 이 행사에는 가장 기상천외한 각종 괴짜들이 몰려들었다. 웨어러블 기술제품을 발명한 패션 괴짜들, 가정과 지역사회에 공급할 태양력과 풍력을 결합한 에너지 괴짜들, 만화영화 〈젯슨 가족〉에나 나올 법한 차량을 선보이는 운송 괴짜들까지. 또한 우리가 살고 일하고 노는 방식을 바꿀 물건을 발명한 아마추어 로봇과학자, 로켓과학자, 드론 디자이너들도 있었다. 몇 달씩 햇빛을 못 보고 지내던 사람들이 백주대낮에 자신의 발명품을 보여주기 위해 마침내 지하실을 빠져나온 것이다. 메이커 페어에는 이런 창의적인 유형의 사람들 10만여 명이 모이는데, 여기에는 '메이커 스페이스'에서 벌어지는 학습에 관심을 가진 교육자도 있다. 마침 뉴욕 메이커 페어는 뉴욕 시 교육부 교육감 카르멘 파리냐Carmen Fariña가 행사 시작을 선언했다. 나는 그녀를 일대일로 만난 적이 있었고 우리 프로그램에 관한 비디오를 직접 복사해 건네주는 영광도 누렸다.

비 오는 가을날 그 전시회장을 배회하던 나는 사방에서 테크놀로지를 보고 들었다. 사람들은 캠프파이어 주변에 모이듯 3D 프린터 주변에 모였다. 함께 전자음악을 만들어보는 사람들, 바이오 연료와 그 밖에 아무도 모를 이상한 것으로 추진되는 차량을 타고 돌아다니는 사람들도 있었다. 우리 그린 브롱크스 머신 전시관으로 돌아온 나는 껄껄 웃을 수밖에 없었다. 이 괴짜들의 전국 축제에서, 아직도 AOL 계정을 쓰고 워드 문서 속의 변화를 추적할 방법을 모르는 사람은 단언컨대 나뿐이었을 것이다.

그러나 우리의 전시물, 우리가 현장에 조립한 우뚝 솟은 수직 농장에도 셀 수 없을 만큼 많은 방문객이 모였다. 나는 악수와 하이파이브를 5만 번은 했던 것 같다. 나와 밀짚모자를 쓴 초등학교 어린이 세 명이 플라스틱 탑을 조립하고, 현장에서 그 탑에 식물을 심고, 그러다가 다시 처음부터 다시 하기 위해 분해하는 모습을 본 사람들은 더 자세히 보려고 몰려들었다. 우리의 전시를 보러 온 줄은 몇 시간 동안 계속 이어졌다. 사람들은 식물들 옆에서 셀카를 찍고 물이 순환되는 편안한 소리를 듣고 싶어했다. 그들은 이 기술이 어떻게 작동하는지 수천억 번은 물어왔다. 정말로 이것이 우주시대 기술일까?

"아뇨. 사실은 아주 간단합니다." 나는 거듭거듭 다시 설명했다. "우리 어린 농부들이 모든 과정을 관리하죠. 이 모든 건 씨앗에서 시작됩니다."

"하지만 이거 진짜 먹는 거 맞아요?" 그들이 물었다.

"그럼요! 바로 우리 교실에서 충분한 양의 채소를 생산해서 배고픈 어린이들과 교사들, 가족들 700명에게 점심을 제공하죠. 이 가운데 시험관이나 3D 프린터에서 나온 건 하나도 없어요."

내가 맡은 기조연설에 관해서는 솔직히 약간 겁을 먹었던 게 사실이다. 이 많은 청중 가운데 누가 식품 사내의 말을 듣고 싶어하겠는가? 식물 사내라니? 흙 사내라니? 확실히 그곳에는 들을 만한 훨씬 더 근사한 이야기가 많았다. 그러나 525장의 슬라이드를 보여주며 두 번의 기립박수를 받던 25분(또 한 번의 스티븐 리츠의 심호흡)이 지난 후, 나는 21세기 테크놀로지를 가지고 식품 시스템을 개척하는 연설로 정곡을 찔렀다는 것을 깨달았다.

기술을 사랑하는 이 괴짜 군중 속에서도 식품은 사람들의 관심을 끈다. 그것은 협상이 불가능한 것이다. 누구나 먹는다. 그리고 어니스트와 그 친구들의 설명을 들으면 잘 먹는다는 것이 타당한 이야기로 들린다. 메이커 페어의 군중은 우리가 식품 시스템을 개척하고 있으며 어린이들이 설명할 만큼 매우 단순하고 저렴한 방식으로 그 일을 하고 있다는 사실을 좋아했다.

"아시다시피 식생활을 바꾼다면 우리가 느끼는 방법을 바꿀 수 있습니다." 어니스트가 한 무리의 고등학생들에게 설명했다. 그는 그 학생들이 쥐고 있는 탄산음료 캔과 에너지 드링크를 가리키고는 애정이 담긴 꾸지람을 했다. "캔 하나에 얼마나 많은 설탕과 카페인이 들어 있는지 아세요? 여러분의 몸이 진짜로 필요로 하는 것은 더 많은 물입니다."

덩치 큰 소년들은 웃으면서도 귀를 기울였다. 그리고 그들 역시 브롱크스에서 왔다는 사실을 알았을 때, 우리는 뿌리가 같음을 함께 축하했다.

"얘들아, 오늘 행사가 끝나고 여기로 오면 너네 학교에 가져갈 타워를 하나 줄게." 내가 약속했다. 그들은 하늘을 나는 로봇이라도 얻은 것처럼 좋아했다.

이 학생들이 브롱크스 소프트웨어 엔지니어링 아카데미에 다닌다는 것을 알게 되었을 때, 나는 이것이 얼마나 멋진 충돌인지 깨달았다. 이들은 진지한 기술적 재능을 가진 학생들이었다. 이들은 새로 얻은 타워에 미쳐보기로 작정하고 엔지니어처럼 타워의 모든 걸 분석할 계획을 세웠다. 그뿐 아니라 우리 아이들에게 우리 실내 농장에서 수확한 산물을 추적할 수 있는 코딩과 데이터 분석을 가르쳐주겠다고 자청했다. 두 학교는 걸어서 갈 만한 거리였다. 또 한 번 나는 우리 동네에서 큰 아이들과 작은 아이들이 나란히 배우는 마법 같은 풍경을 그려보고 있다. 그들을 함께 묶은 것은 무엇이었을까? 식물의 힘이었나.

우리는 계열 최고상과 편집자상 네 개를 받고 메이커 페어를 끝냈다. 주렁주렁 많은 메달을 목에 건 리젯과 나는 무슨 마라톤 우승자 같았다. 더 좋았던 것은 창의성과 협업을 공유하면서 변화를 만들어가는 한 공동체에서 우리가 제자리를 찾은 기분이었다는 점이다.

🧅

　물론 나는 메이커 페어나 스템 현황 같은 전시행사가 주는 에너지와 흥분을 매우 사랑하지만, 세계의 문제는 테크놀로지만으로 해결되지 않을 거라는 사실도 그만큼 확신하고 있다. 문제해결을 위해서는 사람이 필요하다.

　만약 우리 그린 브롱크스 머신의 접근법이 저비용, 이동식, 확장 가능한 기술을 통해 농업을 소박하지만 매력적인 것으로 만들 수 있다면, 우리는 큰일을 해낼 것이다. 더 많은 사람이 감각을 통해 자연세계와 연결되게 할 수만 있다면 더더욱 좋을 것이다. 그리고 만약 텃밭 농업처럼 소박한 것으로 어린이들에게 세계가 어떻게 돌아가는지, 세계를 어떻게 더 나은 곳으로 만들 수 있을지에 관해 더욱 관심을 가지게 할 수 있다면? 그거야말로 혁명적이다. 내가 늘 말해왔듯이, 우리가 어린이들이 먹는 방식을 바꾸고, 어린이들이 사는 방식을 바꾸고, 어린이들이 배우는 방식을 바꾼다면, 우리는 이 세대와 미래 세대의 결과를 바꿀 수 있다. 그리고 그러는 동안 지구를 더 배려하게 될 것이다.

　나는 테크놀로지에 이익을 의존하는 고용주들도 스템 성공의 토대는 사람이라는 내 믿음을 공유하는 경향이 있음을 보아왔다. 실내 농업에서 가장 유명한 사람 중에 데이비드 스마일스David Smiles라는 플로리다의 한 기업가가 있다. 그 업계에서 '농무 테이브'로 알려진 그는 플로리다 템파에 어마어마한 실내 농장을 운영한다. 우리 둘 다 농업 혁신에 관한 인터뷰를 하러 갔다가 한 텔레비전 세트장에서 만났는데, 우리는 그 후 친구가 되었다. 그의 이야기는 주목할 만하다. 농부 데이브는 큰아들의 이름을 따서 회사 이름을 지었는데, 그 아들은 태어날 때부터 희귀한 대사장애가 있었다. 치료법으로는 섬유질이 많은 채소와 지방을 섭취하는 것이 포함되어 있었다. 농부 데이브는 기적과도 같은 반전으로 아들이 필요로 하는 바로 그 영양소를 제공하는 건강한 식물을 키울 시스템을 발명했다. 황량한 변두리에 있는 한 시멘트 주차장의 버려진 건물을 개조한 창고에서, 농부 데이브는 세계에서 가장 영양 많고 아름다운 고품질 작물을 키우고 있다. 아들을 돕기 위해 그가 키운 그 식품은 현재 세계에서 가장 걸출한 몇몇 셰프에게 제공되고 있다. 농부 데이브는 세계적인 선풍이다. 식물의 힘이란!

농부 데이브는 우리 그린 브롱크스 머신 학생들에게서 자신이 직원들에게 기대하는 성공 기술의 증거들을 알아보았다. 그는 나에게 말했다. "날마다 우리 직원들과 내가 하는 일이 문제해결, 데이터 수집, 분석, 창의적 해법을 제시하기 위한 비판적 사고예요. 선생님은 바로 그 기술을 언제든 가르칠 수 있는 것, 매력적인 것으로 만드셨군요." 실내 농업에서 혁신은 계속 일어나기 때문에, 그의 직원들은 새로운 테크놀로지를 익히고 새로운 문제들을 해결하는 데 능숙해야 한다. "그런 것들은 전통적인 학교 교육에서는 가르치지 않는데, 선생님의 프로그램이 바로 그걸 가르칩니다."

내가 교직생활을 해왔던 이 가난한 동네의 학교들에서는 결코 최고이자 최신의 교실 테크놀로지를 구하지 못한다. 우리는 쓰다 남은 것들과 버려진 것들로 때운다. 우리 학생들은 열성적인 테크놀로지 소비자인 경향이 있어서 그들이 소비하는 패션을 갈망하듯 최신 휴내전화기를 갈망하곤 한다. 그러나 그런 것이 허락되는 경우는 거의 없다.

월턴 고등학교에 재직하던 시절, 나는 테크놀로지 업그레이드란 작동되는 음수대, 물이 내려가는 소변기, 화장실 칸의 문일 거라고 말하곤 했다. 농담이 아니었다. 지금까지 브롱크스에서, 내가 학교에서 목격했던 가장 강렬했던 테크놀로지 증정품은 노트북이 아니었다. 칫솔이었다. 정말이다. 나는 수많은 칫솔을 아이들에게 나누어주곤 한다. 우리는 1,000개의 칫솔을 나누어주었지만 그런 다음 다시 더 얻으러 가야 했다. 아이들이 식구들 것까지 더 달라고 부탁하곤 했기 때문이다.

CS 55의 우리 시범교실에는 더 많은 학생에게 기술공부를 장려하고 스템 내용을 풍부하게 해줄 아이디어를 찾아 교육 전문가들이 주기적으로 찾아온다. 특히나 그들은 테크놀로지 세계와 과학 분야에서 심하게 소외된 유색인종 학생들을 더 많이 끌어들이고 싶어한다. 이런 손님들은 다양한 우리 학생들이 자전거가 발생시키는 에너지를 계산하거나 서로 다른 씨앗의 발아비율을 그래프로 나타내는 걸 보고는 당연히 흥분한다. 그들은 어니스트처럼 자기 생각을 표현하고 증거를 제시해 과학적 결론을 뒷받침하는 학생들의 이야기에 기쁜 마음으로 귀를 기울인다.

우리 학생들의 표준화 과학시험 성적이 좋다는 사실은, 우리가 하는 일이 학업적 가치가 있으며 모든 학생에게 21세기의 성공을 준비시키고 있다는 부정할 수 없는 증거다. 2016년, 우리 학교 특수교육반 학생들과 영어 학습자들을 포함해 모든 학생이 뉴욕 주 과학시험에서 합격률을 45퍼센트나 올렸다. 이는 우리 학교는 물론 우리 브롱크스 구 전역의 기록을 깨뜨린 사건이었다. 교사들에게 교실 테크놀로지란 다름 아닌 데이터를 검토하고 학생들의 개인적 역량과 약점을 이해하게 해수어 학생늘에게 더 나은 지원을 하게 해수는 것이나.

다 좋지만, 내가 이 일을 하는 이유는 그 때문이 아니다. 스템은 나의 성배가 아니다. 이것도 약하게 말한 것이다. 우리 집의 내 비디오테이프 재생기VCR는 여전히 12:00를 깜박거리고 있다. 만약 우리가 스템에만 집중하고 A를 덧붙여 스팀STEAM을 만들어야 한다는 걸 잊어버린다면 우리 아이들과 지역사회에 몹쓸 짓을 하게 될 것이다. 그 A는 중요하다. 그것은 예술art, 열망aspiration, 옹호advocacy에 관한 것이다. 스템은 진로준비에 관한 것이다. 우리가 매번 재부팅할 때마다 또는 신제품이 출시될 때마다 계속해서 업데이트하고 새로 배워야 하는 기술적 노하우에 관한 것이 스템이다. 그러나 스팀은 마음과 영혼에 관한 것이다. 인간적 표현에 관한 것, 그리고 열정, 목적, 희망에 관한 것이다. 그것은 복잡하고 도전적인 생태계에서 생각하고 공감하고 진화하며 살아가는 종으로서 우리의 마음에 작용한다. 스팀은 우리의 삶을 더 낫게 만들어줄 바로 그것이다.

오래전 내가 한 방과 후 프로그램을 지도할 때, 그 프로그램을 들었던 차디나를 비롯해 여러 학생이 쿠퍼 휴이트, 스미소니언 디자인 미술관이 주최한 청소년 디자인 대회에 참여한 적이 있었다. '우리 동네 재설계' 프로젝트는 학생들에게 건축가처럼 생각하면서 지역사회 자원을 새롭게 상상해보라는 과제를 제시했다. 우리 학생들은 원스톱 노숙자 쉼터 아이디어를 제시했는데, 당시로서는 혁명적인 것이었다. 시내 전역에 여기저기 퍼져 있는 서비스를 쫓아다니도록 하는 대신, 고객인 노숙자들에게 필요한 모든 것을 효율적인 한 장소에서 구할 수 있게 하는 것이었다. 학생들은 엔지니어처럼 생각하면서 시스템이 모두에게 더 좋은 것이 되도록 만들고 있었다. 그들은 고객들이 기다란 줄을 서서 기다릴 필요 없이 한 지붕 아래서 푸드 스탬프와 보험카드, 건강검진을 받기를 원했다. 그리고 차디나처럼 미술적 감각이 있는 학생이 참여한 덕분에 건축적 디자인 역시 근사했다. 그것은 따뜻하고 푸근했으며, 전혀 제도적인 느낌이 없었다. 그것은 어서 들어오라고 손짓하는 건물이었다. 학생들은 상을 받은 그 프로젝트에 '그레이스 GRACE'라는 이름을 붙였다. 노숙자 고객들이 그런 품위를 느끼기를 원했기 때문이다. 우리 학생들에게 그 프로젝트는 디자인과 문제해결에 관한 것이었지만, 무엇보다도 품위에 관한 것이었다. 그것이 바로 스팀을 통해 가능한 부류의 사고다.

만약 우리가 아이들이 호기심을 가지고 능숙하게 문제를 해결할 수 있기를 바란다면, 크고 중요한 문제들을 불러들이는 환경을 제공해야 한다. 그런 다음 그들만의 해결책을 시도할 여지를 주어야 한다. 그것은 그리 복잡하지 않다. 그것은 항상 질문으로 시작된다.

"리츠 쌤, 거기서 뭐 하세요?"

"수족관을 만들어볼까 해."

"제가 도와드릴까요?"

미구엘이라는 7학년 학생은 그 질문을 시작으로 해서 우리 중학교의 생명다양성센터에서 지칠 줄 모르는 문제해결사가 되었다. 미구엘은 수족관을 만드는 걸 돕고 싶어했다.

"리츠 쌤, 거기서 뭐 하세요?"

"정원을 만들어볼까 해."

"제가 도와드릴까요?"

캘빈이라는 고등학생은 손이 더러워지는 걸 싫어했지만, 그가 삽을 들고 동네를 아름답게 만들기까지 필요했던 건 그게 전부였다. 그는 꽃 몇 포기 심는 걸 도와주고 싶어했다.

"리츠 쌤, 거기서 뭐 하세요?"

"내 봉급으로 이번 달 말까지 무사히 버티도록 예산을 짜보려고."

"제가 도와드릴까요?"

버네사라는 거친 십대가 수학적 재능과 현실에서의 문제해결력을 과시하게 되기까지 필요한 것은 그게 전부였다.

나는 그 마법의 한마디, 제가 도와드릴까요?를 들을 때마다 학생들의 호기심에 불을 지피는 내 일을 해냈다고 생각한다. 그러고 나면 아이들은 내 손안에 있다! 그리고 그것은 첫 번째 불꽃일 뿐이다. 나는 더 깊은 배움으로 들어가는 아이들의 질문에 늘 준비되어 있고 싶다. 어떻게 할까요? 제가 어떻게 거들면 될까요? 이걸 고치는 걸 또는 이 문제를 푸는 걸 제가 어떻게 도와드리면 될까요? 어떻게 하면 제가 더 나은 삶을 살 수 있을까요?

만약 나에게 스템 교육을 스팀 교육으로 전환시킬 통찰력이 있다면, 그것은 그저 열정, 목적, 희망에 초점을 맞추는 것이다. 어린이들이 참여하고 싶어한다는 가정에서 시작하고, 다음에는 그들에게 그래야 할 이유를 주는 것이다. 우리가 교실에서 하는 모든 것 하나하나가 한 어린이의 삶에 중요한 영향을 준다는 사실을 명심하라. 학생들이 자신의 세계와 관련된 흥미로운 문제를 푸는 데 참여하도록 유도하는 것, 그것이 교육자로서 우리가 할 일이다. 그것이 자기 지역사회에서 멀어진 아이들을 그 지역사회의 일부가 되게 해줄 것이다. 그것이 아이들에게 계속 질문하도록 자극해 마침내 좋은 해결책을 얻는 데 필요한 이해 수준에 도달하게 해줄 것이다.

현실의 문제를 다뤄보자는 권유에는 저항할 수 없는 무언가가 있다. 나에게 그것은 새삼스러운 일이 아니다. 내 인생 전체가 하나의 기나긴 메이커 경험이었다. 나는 브롱크스의 꼬마였던 때부터 줄곧 주먹구구식으로 살아왔다. 처음 교편을 잡았을 때는 학생들보다 한 수업만 앞서가려고 애썼다. 30년 후인 지금도 여전히 학생들과 함께 배우고 있다. 하나씩 차례대로 힘든 문제를 붙잡고 씨름하면서 조금씩 더 나은 교사가 되어갔다. 나는 항상 베타 모드에서, 끊임없이 더 나아지려고 노력하면서 살아왔다.

나는 우리 많은 학생에게서 똑같은 임기응변, 두름성의 재능을 본다. 이 아이들은 종이로 장난감을 만드는 법을 안다. 그들이 가지고 놀거라곤 종이뿐이기 때문이다. 부엌 찬장이 비어 있으면, 아이들은 빵과 공기로 샌드위치를 만든다. 그들은 투지와 희망 외에는 아무것도 없는 곳에서 무언가를 만들어낸다. 그들이 활용해야 할 재료가 바로 그것이기 때문이다.

그동안 수없이 보아왔지만, 현실의 문제를 해결하도록 유도하는 것은 학생들의 호기심에 불을 지필 것이다. 그런 문제마다 거의 항상 지역적인 해결책이 있다. 아이들을 눈앞의 흥미로운 문제로 이끌고 그들의 성공에 필요한 지원을 해주어라. 그런 다음에는 뒤로 물러서서 어떤 일이 벌어지는지 지켜보라. 답은 바로 우리 앞에 있다. 그것이 정통적 학습의 멋진 장점이다.

"리즈 쌤, 거기서 뭐 하세요?"

"배고픈 사람들을 위해 식량을 키워보려고 해."

"제가 도와드릴까요? 저도 배고파요."

우리는 우리가 먹는 방식을 바꿈으로써, 우리 지역사회 안에서 우리가 살고 배우는 방식을 바꿔왔다. 모든 지역사회가 더 위대한 무언가를 키우는 데 필요한 자원을 대준다. 이 일은 생물학적 명령에 뿌리를 둔 사회적 영양분이다. 무엇이 그보다 더 강한 영향력을 가질 수 있을까? 필요한 것은 삽을 들고, 씨앗 하나를 심고, 어서 같이하자고 다른 사람들을 환영할 기꺼운 마음뿐이다. 잘 심은 씨앗 하나가 엄청난 양의 수확을 안겨준다. 기업가이자 사회활동가인 주디 윅스Judy Wicks의 말대로 "나는 지구를 존중하고 보호할 경제 체제를 창조하도록 돕고 있다. 그 경제 체제는 기업의 세계화를 살아 있는 지역경제의 세계적 네트워크로 대체할 것이다. 사업은 공동선에 봉사하는 도구일 때 아름답다."

CHAPTER 17

문제가 곧 해결책이다

2016년 가을

오래전 내가 새내기 교사로 근무하던 사우스 브롱크스 고등학교는 기억 속에만 존재한다. 세인트 앤스 애버뉴에 있는 그 4층 건물은 지금 보수되고 개조되어 더 작고 인간적인 고등학교들이 들어서 있다. 요즘 그곳은 운동장과 컴퓨터실, 대학 진학 프로그램, 30개의 돋움 화단이 있는 학교 정원, 혼돈과 위험 대신 행복과 건강을 발산하는 환경을 갖춘 명실상부한 교정이다.

동네를 산책하다 보면 내가 그곳에서 가르칠 때는 존재하지 않았던 적당한 가격의 주택들을 지나게 된다. 한때 불에 타고 황량하게 버려졌던 많은 거리에는 꽃이 만발한 근린공원들이 조성되었다. 세인트메리 공원은 아이들이 뛰어놀고 십대들이 농구 코트에서 운동할 만큼 안전한 곳이 되었다. 어디에서나 더 많은 혁신이 일어나고 있다. 그랜드 콩코스 대로를 따라서 아르데코의 아름다움이 원래의 화려함을 되찾아가고 있다. 매년 봄이면 '투르 드 브롱크스Tour de Bronx'라는 40마일 사이클 대회가 열려 수천 명이 우리 브롱크스 구를 탐험하러 찾아온다.

진보는 새로운 걱정거리를 가져온다. 맨해튼에서 온 개발업자들이 할렘 강 이쪽 유역, 어퍼이스트사이드에서 지하철로 불과 두 정거장 거리에 시장가격의 주택들을 짓기 시작한 까닭에, 브롱크스의 오랜 주민들 일부는 임대료가 치솟지는 않을까 노심초사한다. 항상 이곳만의 대담한 스타일 감각을 가졌던 지역사회 사람들은 최신 유행을 좇는 힙스터들이 들어와 이곳을 고급 주택가로 만들까 봐 걱정한다.

내 말을 오해하지 마시기를. 우리 지역사회에는 여전히 해결해야 할 많은 과제가 있다. 번성하는 사업이라곤 패스트푸드 매장과 신장투석 센터뿐인 블록은 아직도 너무 많다. 교육과 예방적인 자기관리를 강조하는 대신에 우리는 계속해서 문제를 제기하고 손쉬운 임시 해결책을 내놓는다. 진정한 변화는 일회용 밴드 이상의 것을 요구한다. 설사 가난한 사람들을 먹이는 사업들을 계속 일군다고 한들 우리는 가난이나 만성적 질병을 해결할 수 없다. 학교에서 곧장 교도소로 이어지는 수송관에 계속 우리의 젊은이들을 빼앗긴다면 중간계급을 재건하는 건 불가능하다. 우리는 분리가 아닌 포용을 장려할 필요가 있다.

그러나 브롱크스 구청장 루벤 디아스가 즐겨 말하듯, 지금의 브롱크스는 세계가 보아온 것 중 가장 나은 모습이다. 범죄는 50년 내내 줄어들고 있다. 취업률은 올라가고 있다. 한 번에 이야기 하나씩, 여기서 꼴을 갖춰나가는 더 나은 미래를 볼 수 있다.

꼴 이야기를 하자면, 지금의 나야말로 세계가 보아온 것 중 가장 나은 스티븐 리츠다. 국제교사상 시상식에 갔을 때 정말 우연히 빌 클린턴 전 대통령을 만났는데, 그가 내 나비넥타이와 치즈모자에 흥미를 느끼고 다가왔다. 우리는 각자 체중을 줄인 이야기를 하면서 친해졌다. 1년 후 그가 '클린턴 글로벌 운동'에 와서 강연해달라고 나를 초대했다. 소외된 지역사회에서 '불가능'을 '할 수 있다'로 바꾼 내 이야기를 공유해달라는 거였다. 나는 '씨 쎄 푸에데!'라는 말로 강연을 마쳤다. 유치원에도 안 간 어린 꼬마부터 대통령까지 모두가, 치즈모자를 쓰고 나비넥타이를 맨 행복하고 건강한 남자를 사랑해준다. 모두가 즐겁게 '씨 쎄 푸에데!'를 외친다.

나의 오랜 동맹군 마조라 카터는 브롱크스의 영혼을 개발에 빼앗길지 모른다는 걱정은 하지 않는다. 최근에 그녀는 헌츠 포인트에 최신 유행의 새 커피하우스를 열었다. '부기 다운 그라인드 카페'는 이 공업적 분위기의 동네에 처음으로 에스프레소와 패스트리에 대한 취향을 도입했다. 노출 벽돌벽과 탁자가 있는 현지인 소유의 이 공간을 보면 들어가서 시간을 보내고 싶은 마음이 절로 든다. 마조라는 이 공간이 사업의 산실로도 쓰여, 브롱크스의 재활성화를 위한 더 많은 아이디어를 가진 창의적인 사람들을 끌어들일 거라 상상한다. 이 동네에서 그런 사업에 위험을 무릅쓰고 투자할 은행은 없었기 때문에, 마조라는 직접 발로 뛰며 계약을 성사시켰다. 그것은 그녀가 말하는 '셀프 젠트리피케이션self-gentrification'[젠트리피케이션은 중산층 이상의 계층이 정체된 구도심에 새로 진입해 기존 저소득층을 몰아내는 현상을 가리키는데 여기서는 원주민이 스스로 도심 환경을 개발했음을 뜻한다—옮긴이]의 완벽한 예다. 그녀는 음식과 관계를 중심으로 사람들을 모음으로써 충돌, 연결, 공동학습을 위한 완벽한 생태계를 창조하고 있다. 모든 것은 초지역적·초연결적이며 틈새 한정적이다. 커피 맛 또한 기가 막히다!

물론 우리가 브롱크스에서 구상한 모든 초지역적 해결책은 전 세계 사람들이 삶을 개선할 수 있는 잠재력을 가지고 있다. 그것은 내가 새 친구들과 식품정의를 위해 싸우는 동맹군들에게서 배워온 바다. 나는 물건을 사랑하고 사람들을 이용하는 세계가 아닌, 사람들을 사랑하고 물건을 이용하는 세계에서 자랐다. 내 친구들과 동료들은 우리를 도와 그 텃밭 사고방식을 키우고 있다.

'푸드 탱크'라는 글로벌 싱크탱크의 회장이자 설립자인 대니엘 니렌버그Danielle Nierenberg는 가장 필요로 하는 사람들에게 건강한 영양소를 주기 위한 실질적인 해결책을 찾아 세계를 뒤진다. 그녀는 착한 식품 운동이 주로 부유하고 교육받은 사람들에게 호소력을 가진다는 점을 걱정한다. 그들은 "농산물을 직거래로 구입하며 개인적인 수준에서 만족감을 느끼는 사람들"이라고 그녀는 말한다. 그러나 그것으로는 깊은 사회문제를 해결하기에 충분하지 않다고 그녀는 주장한다. "브롱크스의 어린이든 사하라 이남 아프리카의 어린이든 똑같이 건강하고 영양 많은 음식이 필요해요." 니렌버그는 우리 학생들이 나중에 전부 농부가 되지는 않을 거라는 걸 안다. 그러나 삶에서 출발이 건강하면 "그들은 의사나 정부 관리가 될 수도 있겠죠. 식품은 다른 어떤 것도 할 수 없는 방식으로 사람들을 교육하고 움직일 수 있는 수단이에요." 그녀는 농부, 지역사회, 흙을 존중하며 대우할 것을 주장한다. 내가 우리 학생들과 우리 지역사회를 바라보고 대우하는 것과 똑같은 방식으로 말이다. 나처럼 그녀도 이 지구뿐 아니라 지금 세대와 미래 세대까지 걱정한다.

니렌버그가 그린 브롱크스 머신에 관해 말하다가 자신은 "다르게 배우기 위한 평생의 접근법"을 본다고 말한다. "그건 단지 사람들의 배를 불리는 문제가 아니라 사람들을 키워내는 문제예요. 이런 관습은 평생 갈 겁니다. 우리가 모든 혁신에서 원하는 게 바로 그거예요."

심지어 우리가 우리 중학교의 생명다양성센터에서 아주 오래전에 맺었던 관계들도 계속해서 이익을 창출하고 있다. 오래전 크레스턴 회랑에서 지도순찰을 돌던 시절, 나는 호기심에 이끌려 근처의 한 애완동물 가게로 들어갔다. 그곳의 총괄 지배인인 오스카는 평생 친구가 되었다. 그동안 오스카는 내가 일일이 셀 수 없을 만큼의 내 제자들을 직원으로 고용해왔다. 좋은 직업은 아이들이 좋은 삶을 살 수 있게 해주었다. 오스카가 자기 아들이 특수교육을 받아야 한다고 말했을 때, 나는 그 아들을 고등학교 프로그램에 데려와 함께 일했다. 그 청년은 지금 독립적이고 성공한 어른이 되었다. 그 애완동물 가게가 번창하고 확장하면서, 내 제자들 중 일부는 관리직을 맡게 되었다. 무엇 때문일까? 전부 다 브롱크스 출신의 두 남자가 시간을 내어 서로 친해지고 서로의 성공을 지원했기 때문이다. 우리 둘 다 한 남자를 알고 있었다.

수십 년 동안 내가 학생들에게 말해왔듯이, 우리의 문제와 해결책은 본질적으로 서로 뒤얽혀 있다. 어떻게 가난을 해결할 것인가? 학생들에게 자립에 필요한 기술을 가르치고 학생들이 연관 지을 수 있는 롤 모델을 소개해주라. 내가 늘 하는 말이지만 학생들은 무언가가 되기 위해서는 그것을 눈으로 보아야 한다. 신선하고 적절한 가격의 식품에 접근할 수단이 제한된 지역사회에서 어떻게 건강을 향상시킬 것인가? 그런 식품을 직접 키우고 남는 것을 팔아라. 주변부에 있는 어린이와 청소년이 다시 관심을 갖게끔 어떻게 유도할 것인가? 그들에게 연결 지을 합당한 이유들을 주어라. 지속가능한 프로그램들을 어떻게 만들 것인가? 방치된 지역자원을 활용하라, 교육 속에 해결책을 끼워 넣어라, 사후 반응으로 건강관리를 생각하지 말고 미리미리 자기관리를 생각하라.

유기적으로 성장하는 변화는 시간이 걸린다. 그러나 그렇다고 해서 복잡한 건 아니다. 또 한 명의 오랜 동료인 데이비드 로스David Ross는 '21세기 학습을 위한 파트너십', 다시 말해 P21이라는 조직을 운영한다. 그의 일이 교육 분야이기 때문에 그는 전 세계를 다니면서, 학교를 개선하고 21세기의 성공에 학생들을 준비시키려는 비슷한 생각을 가진 사람들을 연결한다. 몇 년 전 그가 우리 그린 브롱크스 머신을 방문한 이후, 그는 우리 프로그램의 확장을 학수고대해왔다. "이런 프로그램을 적용할 기회는 엄청나게 많아요." 그는 미국과 전 세계 개발도상국을 가리키며 말했다. "선생님이 하시는 일은 몇백만 달러의 큰돈이 들지 않아요. 이 일의 동력은 사람입니다. 이걸 복제하는 데 필요한 건 추진력과 열정뿐이에요. 지역사회 내에서 이미 구할 수 있는 자원들을 알아볼 밝은 눈만 있다면 말이죠. 선생님이 하시는 일은 단순히 좋은 아이디어가 아닙니다." 그가 말했다. "이 일을 한다는 건 도덕적 명령입니다."

일단 변화가 뿌리를 내리면, 거기서 새로운 싹이 튼다.

아이들 얘기를 하자면, 나는 내 친자식을 사랑하는 것처럼 똑같은 열정과 헌신으로 모든 아이를 사랑한다. 그리고 그들이 자란 지금까지도 많이들 연락하며 지낸다. 그들도 계속 나에게 연락해온다. 나는 내가 가르친 아이들의 2세대, 심지어는 3세대까지 계속 가르치고 있다. 그들은 선행을 나누고, 나한테 고마워하고, 좋은 소식을 들려주려 노력하고, 우리가 한 가족임을 일깨워준다. 모든 데이터가 가리키는 것은 하나다. 즉 친절하고 보살펴주는 한 명의 어른을 계속 만나는 것은 한 어린이를 삶의 성공으로 이끈다는 것이다. 나는 가능한 한 많은 어린이를 위해 늘 그런 어른이 되기로 결심했고 그러기 위해 최선을 다한다. 사랑은 아무리 퍼주어도 결코 파산할 일이 없으며, 그 투자에 대한 수익은 어마어마하다.

얼마 전 어느 오후에, 여전히 꽤나 험악한 동네에 있는 약물남용 상담소에 들를 일이 있었다. 나에게 인사하러 밖으로 나온 한 중년 여성을 보고 나는 미소를 지었다. 그녀가 바로 버네사, 사우스 브롱크스 고등학교에서 처음 맡았던 반의 제자였다. 여전히 키가 작고 단단하고 에너지가 넘치는 그녀는 이제 더는 세상에 화내지 않는다. 오히려 차분함을 뿜어내고 있다. 그녀가 상담하고 있는 고객들은 주로 갱단과 마약의 손아귀에서 벗어나려 애쓰는 십대들이다. 버네사는 거리낌 없이 자기 이야기를 들려준다. 그녀의 아들은 갱단의 생활과는 완전히 동떨어져 있다. 그는 수학과 과학의 자랑스러운 괴짜다. 버네사 명의의 집에서 그녀와 아들은 함께 요리하는 걸 좋아한다. 버네사는 이제 스트레스가 없으니 공부하기를 좋아한다. 여전히 수학을 잘하는 그녀는 아들과 스도쿠 게임을 즐긴다. "제 방식대로 살아요." 그녀가 말했다. "제 길을 찾은 거죠, 안 그래요?" 사실이 그랬다. 이제 그녀는 날마다 "더 많은 이들의 마음을 넓혀주고 싶어서" 출근한다. 버네사가 나를 '그린고'라고 부른 지 32년이 지난 지금 나는 전 세계적으로 '그린고 Green-Go'라는 자랑스러운 이름으로 불린다.

한번은 타임스 광장 한가운데, 맨해튼의 한 초고층건물에 들러 미구엘을 만났다. 리젯이 금융업계에서 일하고 있을 때, 나는 그 회사의 우편실 일자리에 미구엘을 추천했다. 현재 그의 직함은 포춘 50 회계회사의 '흐름 책임자'다. "직원들의 컴퓨터에 문제가 생긴다거나 서류복사, 회의시간 잡기, 또는 배달되어온 물건 등등에 도움이 필요할 때, 제가 모든 걸 관리해요." 미구엘이 나한테 설명했다. 그는 네 개 층에 퍼져 있는 300여 동료 직원들의 일상에 필요한 것들을, 우리 생명다양성센터에서 보여주던 것과 똑같은 세심한 주의력으로 챙겨준다. "하루종일 문제를 해결하고 있어요. 똑같은 날이 하루도 없죠. 저는 그게 좋아요." 미구엘은 영어를 읽지 못한다는 이유로 특수교육 대상 학생이라는 딱지가 붙은 이후 여러모로 자기 능력을 증명해왔다. 그가 크레스턴 회랑에 있는 중학교를 마치자, 나는 그가 브롱크스의 더 나은 고등학교에 들어가도록 도와주었다. "거기서부터 제 삶이 바뀌었어요. 제 정신을 넓혀나갔죠." 그는 특수교육 학급이 아닌 일반 학급 졸업장을 받기 위해 여름방학에는 보충수업을 들었다. 최근에 미구엘은 누이동생과 매제와 공동으로 비교적 조용한 브롱크스 동네에 주택 한 채를 구입했다. "그곳에서 정말 행복하게 지내고 있어요. 집 현관까지 개통을 뛰어넘으며 다니지 않아도 되죠. 사람들이 싸우는 엘리베이터도 없어요. 모퉁이를 돌 때 웬 크랙중독자가 날려들까 봐 석성할 필요도 없고요. 지금까지 살았던 동네보다 훨씬 좋아요. 게다가 저희가 산 집이잖아요."

그리고 차다나도 있다. 그녀는 십대 때 노숙자 쉼터에 들어가 여느 인간이 겪을 것보다 더한 난관 속에서 살았다. 그녀의 아버지는 건물에서 뛰어내려 자살을 시도했다. 다리가 부러졌지만 다행히 살아남았다. 어머니는 당뇨병으로 한쪽 시력을 잃었고 합병증으로 몇 주 동안 병원 신세를 졌다. 회복되었지만 한순간뿐이었다. 차다나는 스무 살에 어머니의 장례 비용을 대기 위해 대출을 받아야 했다.

그 모든 역경에도 차다나는 예술에 대한 열정을 잃지 않았다. "사람들을 하나로 모으는 예술품을 만들고 싶어요." 우리가 같이 점심을 먹게 된 자리에서 그녀가 말했다. 생동감 넘치는 그녀의 모자 디자인은 패션계에 선풍을 불러일으켜서 잡지에도 등장했고 양품점에서도 팔리고 있다. "제가 직접 만들었다고 하면 사람들이 열광해요. 정말 독특하거든요." 그녀는 지금도 브롱크스에, 우리가 처음 만났던 그 고등학교 바로 아래쪽 거리에 살고 있다. 그녀의 삶은 품위가 있어서 사람들은 늘 그녀를 찾는다. 옛날 방과 후 프로젝트로 노숙자들을 위한 원스톱 서비스센터를 설계했을 때, 그녀는 그곳을 '그레이스'라 부르고 싶어했다. 그녀가 자신의 삶에서 발견해왔던 것이 바로 그레이스, 품위였다. "제가 지나온 모든 것, 그것들은 미래를 위해 저를 준비시키고 있었던 거죠. 저는 다른 사람들에게 영감을 주기 위해 살아요."

이 젊은이들은 계속해서 나에게 영감을 준다. 캘빈, 월턴 고등학교에서 손에 흙을 묻히기 꺼렸던 그 아이는 이제 브롱크스의 공립학교들을 위한 조경과 관리 일을 하고 있다. 그 역시 자기 집을 갖고 있다. 흠잡을 데 없이 조경이 된 집을 말이다! 그는 방과 후 교실에서 십대들과 같이 일하며 아이들이 훗날 보수를 받는 일자리를 구할 수 있게 기술을 가르친다. 날마다 그가 다녀간 곳은 더 깨끗하고 더 좋은 장소가 된다. 우리는 매주 꼬박꼬박 전화통화를 하며 지낸다.

위탁양육가정에서 지냈던 나디예는 홀푸즈 매장 정육점에서 일하며 많은 돈을 번다. 그는 브롱크스에 살고 있고, 식품정의를 옹호하는 투사가 되었다. 캐나다에서 이루어지는 우리의 최신 작업을 비롯해, 계속해서 그는 나와 함께 그린 브롱크스 머신 프로젝트를 위해 일하고 있다.

알베르토, 한때 전문가 뺨치는 기술로 학교 건물 전체에 컴퓨터를 설치했던 그 중학생은 내가 늘 장담했던 대로 지금은 성공적인 IT 경력을 쌓고 있다. 그도 브롱크스에 자기 집을 갖고 있으며 부동산 임대까지 하고 있다. 그는 아버지에게 헌츠 포인트에 있는 한 정비소를 사드렸고 오래전부터 그린 브롱크스 머신에 재정적 기부를 하고 있다.

또 한 명의 제자는 단체 위탁가정의 상담사다. 두 명은 지역 녹색 공급자로 일하고 있다. 몇 명은 헌츠 포인트 마켓에서 일한다. 그리고 비영리단체인 그로NYC에서 근무하며 가장 필요로 하는 사람들에게 신선하고 건강한 먹을거리를 나눠주는 일을 하는 제자들도 많다. 주기적으로 사우스 브롱크스에 돌아올 때마다, 나는 거의 매일 옛 제자들이나 그 부모들과 마주치고, 그들이 살아가는 이야기를 들으며 기운을 얻는다. 그리고 지금까지 일일이 기억할 수도 없을 만큼 수많은 결혼식과 졸업식, 그 밖에 인생의 이정표들을 축하해왔다.

내 딸 미카엘라는 지질학과 환경과학을 복수전공하고 이제 대학 졸업을 앞두고 있다. 미카엘라에게는 그 아이를 기다리는 기회의 세계가 펼쳐져 있다. 2014년, 잡지 『더 루트_The Root_』는 미카엘라에게 젊은 미래주의자상을 수여하면서 그 아이 앞날에 중대한 것이 있음을 예고했다. 그 아이는 그린 브롱크스 머신 주변에서 자라는 동안 리젯과 나의 곁에서 팀 리츠에 이바지해왔다. 얼마 전 미카엘라가 내게 말했다. "팀 리츠의 매 순간이 저한테는 소중해요. 어떤 아이가 자기 부모랑 그렇게 많은 시간을 보낼 수 있겠어요? 그렇게 엄청난 힘을 가진 무언가를 우리가 만들어낼 거라고 누가 생각했겠어요?"

더 중요한 것은 나의 첫 공식 그린 브롱크스 머신 대원들 모두가 내 딸과 같은 시기에 대학을 졸업한다는 것이다. 나는 내 아이를 대하는 것과 똑같은 방식으로 내 학생들을 대하고 싶다고 입버릇처럼 말해왔다. 이 아름다운 젊은이들이 모두, 그들의 피부색이나 거주지 때문에 사회가 그들에게 선택해준 것이 아닌, 그들이 선택한 것이 되기 위한 길을 가고 있다.

이들은 유기적으로 성장한 나의 시민들 가운데 일부에 지나지 않는다. 그들 모두 브롱크스를 등지지 않으면서도 좋은 삶을 살 방법을 스스로 찾아냈다. 그들은 주택을 소유하고 있고 세금을 내고 있으며 투표권이 있다. 그들은 날마다 자신들이 보아온 것보다 더 나은 세상을 만들고 있다. 같이 나누고 싶은 좋은 소식이 있을 때 그들이 처음 전화하는 사람이 나다. 영광스럽게도 그들은 나를 아빠, 쌤, 스티브, 요 리츠, 농부 스티브 또는 그냥 리츠 선생님으로 부르곤 한다. 지금까지 나는 농구 게임을 하면 어느 학생에게도 단 한 번도 진 적이 없다. 물론 요즘은 상대 선수를 좀더 전략적으로 선택하고 있지만. 어쨌거나 나는 내 전력을 무패로 마무리하기로 결심했다!

내 근황? 나는 완전히 새로운 꾸러기들이 있는 초등학교로 다시 돌아갔다. 이 학교에서 가장 큰 아이인 나는 역시나 만능열쇠를 들고 다닌다. 나는 만트라를 외며 나아간다. "망가진 사람을 고치는 일보다 건강한 어린이를 키우는 일이 훨씬 쉽다!" 매번 문제에 부딪칠 때마다 나는 이것이 무능함인지 불순응인지 스스로 물어보고 눌 다에 입각해 가르치기로 결심한다. 나는 이 세계와 내가 만나는 각각의 생명을 처음

보았을 때보다 더 나은 모습으로 만들고 떠나기로 작정했다. 최고의 아이디어들은 날마다 계속 나오고, 우리는 같이 노력하며 문제를 풀어 나간다.

오래전 사우스 브롱크스 고등학교에서 학생들에게 말했던 것처럼 사회정의는 각자 자기 몫을 하는 우리 모두에게 달려 있다. 누가 정의를 가져다줄 것인가? 우리뿐이다.

CHAPTER 18

대서사를 만들어라

을씨년스러운 어느 겨울날 아침, 나는 CS 55 현관 계단의 늘 서던 자리에 서서 모든 학생과 투 파이브로 인사하고 있었다. 4학년생 크리스천이 계단을 올라왔다. 늘 말이 많고 나를 보면 좋아하던 아이였지만 그날은 아니었다. 녀석은 학교 현관을 향해 발을 끌며 걸어오고 있었다. 첫눈에 나는 그 아이가 교복을 입고 있지 않다는 걸 알아보았다.

"잘생긴 친구, 무슨 일 있어?" 내가 물었다.

"아, 리츠 쌤, 안녕하세요. 오늘 제 생일인데 학교에서 시간을 보내야 하잖아요. 저 오늘로 열 살이 돼요. 믿어지세요?"

"걱정 마, 친구. 오늘 하루는 괜찮을 테니까." 내가 약속했다. "오늘 너네 수업 때 셰프 빌이 같이 요리하기로 되어 있잖아, 잊었니? 이따가 보자."

조금은 활기를 찾은 걸음으로 계단을 올라가는 그 아이를 지켜보던 나는 게임 계획을 구상하기 시작했다. 영부인 미셸 오바마의 말이 떠올랐다. "우리가 우리 어린이를 대하는 태도가 한 사회로서 우리의 지표입니다."

점심시간 한 시간 전, 크리스천과 반 친구들이 셰프 빌과 그 조수 셰프 로베르토와 함께하는 수업을 듣기 위해 내 교실로 우르르 들어왔다. 배고픈 아이들은 들어오자마자 닭 굽는 맛있는 냄새를 알아차렸다. 그러나 아직 먹을 시간이 아니었다. 아이들은 먼저 효모와 박테리아에 관한 과학수업에 참여해야 했다. 아이들은 효모 용액이 가득 든 물병에 풍선을 끼운 뒤 기체로 부풀어 오르는 풍선을 지켜보았다. 크리스천에게 그것을 관찰하게 하자 즐거워했다. "굉장해요. 물이 방귀를 뀌는데요." 셰프들은 솜씨 좋게 아이들의 관심을 돌려 다음 수업으로 넘어갔다. 우리 교실에서 키우는 채소들을 준비시켜 맛있는 식사를 완성한 것이다.

나는 크리스천이 바르게 행동하기 위해 최선을 다하는 모습을 지켜보았다. 이 어린 소년에게 가만히 앉아 있기란 매일의 과제다. 나이는 열 살이지만 아직 같은 학년의 나머지 소년들보다는 많이 작았다. 그때문에 그 아이는 약간은 열외자였다. 더구나 그 아이는 산만해 보이고 종종 바보 같아 보이기까지 했다. 담임 교사는 크리스천이 약간 반항적이어서 자기 마음에 들지 않는 규칙은 따르지 않는다는 걸 알고 있었다.

솔직히 크리스천을 보면 어린 시절 내 모습이 떠올랐다. 나의 옛 은사 스탠 주커라면 이 아이를 어떻게 했을까? 그 아이가 힘들어하는 건 무능해서일까, 아니면 순응적이지 않아서일까? 어느 경우든 내 일은 가르치는 것이었다. 내 일은 사랑하는 것이었다. 크리스천은 내가 하는 말이라면 뭐든 빨아들였다. 그래서 그날 아침, 그 아이가 교복 대신 표범무늬 티셔츠를 입고 나타났을 때도 내버려두었다. 어쨌거나 그날은 크리스천의 생일이었다.

우리는 특별수업이 있을 때면 항상 비디오카메라를 틀어놓는다. 카메라는 아이들이 수업을 마치고 자리에 앉아 자신들의 도움으로 만들어진 식사를 즐기는 모습을 포착했다. 셰프들이 크리스천을 지목해 닭고기에 곁들일 특별소스를 만드는 일을 돕게 했고, 그 아이는 한 입 먹을 때마다 맛을 음미하고 있었다. 내 신호가 떨어지자 갑자기 모두가 노래를 시작했다. 열렬한 '생일 축하' 노래는 크리스천을 즐겁게 했다.

그리고 그 아이 얼굴에 피어난 순수한 기쁨의 표정은 우리 모두를 황홀하게 했다. 셰프 빌, 셰프 로베르토, 리젯, 나머지 교사들, 학생들, 그리고 누구보다 나를. "리츠 쌤, 제 평생 이렇게 멋진 생일은 처음이에요. 게다가 여기는 학교인데 말이죠!" 크리스천이 소리쳤다. "이건 대서사예요!"

대서사. 얼마나 근사한 말인가! 너무도 간과하기 쉬운 교훈을 한 아이가 다시금 되새겨주었다. 우리는 날마다 대서사를 만들 수 있다! 오늘이 생애 최악의 날이라고 생각하는 한 아이의 얼굴에 피어나는 웃음을 볼 때, 그것이 대서사다! 건강한 식사를 나누며 관계를 쌓아가는 어린이와 어른을 볼 때, 그것이 대서사다! 한 번의 서사적 순간이 공동체의 모두를 감동시키며 선의의 잔물결을 퍼뜨린다.

내가 하는 일의 큰 기쁨은 그런 잔물결을 날마다 보게 된다는 것이다. 작년 여름, 리젯과 나는 CS 55의 어린이들을 위한 여름캠프를 열었다. 전통적인 여름학교와는 달리 우리 프로그램은 학습이나 행동교정에 관한 것이 아니었다. 그것은 권한 부여와 질적 향상에 관한 것이었다. 매일매일이 대서사였다. 우리 아이들은 병원 조리사부터 슈퍼마켓 푸주한, 수제 유기농 아이스크림 제작자까지 식품과 관련해 흥미로운 직업을 가진 사람들을 만났다. 오전에는 날마다 우리 학교 실외 텃밭에서 보냈고 채소를 한 아름씩 수확했다. 그리고 브롱크스 동물원에 텃밭을 만들었다. 말을 타고 에스컬레이터를 탔다(둘 다 이 아이들에게는 신기한 탈것이었다). 많은 아이가 에스컬레이터보다 말에 관해 더 잘 알고 있었다. 그 열여덟 명 가운데 그 캠프 이전에는 브롱크스 밖으로 한 발짝도 안 나가본 학생이 열두 명이었다. 그 캠프 동안 우리는 만보계로 걸음을 재었는데 무려 300만 보 이상을 기록했다!

우리 캠프에 자녀를 보낸 가족들마다 지역사회의 지원을 받는 그로NYC의 농업 프로그램 '프레시 푸드 박스'를 통해 일주일마다 싱싱한 농산물 한 상자를 배달받았다. 모든 것은 주변 농부들을 지원하기 위해 현지에서 조달되었다. 우리 어린이들은 그 재료들로 건강에 좋은 가족요리를 만들기 위한 레시피와 조리 상식을 집으로 가져갔다. 여름 방학이 끝났을 때도, 가족들은 푸드 스탬프를 이용해서 그 프로그램을 계속했다. 그 혜택은 전체 지역사회의 대서사였다.

대서사는 아이들을 백악관에 데려가는 것이다! 대서사는 아이들이 테드 강연을 하게 만들고, 나와 함께 전 세계를 여행시켜주는 것이다! 그러나 대서사는 부탁합니다, 고맙습니다, 좋은 하루 보내세요, 안녕하세요, 지적해줘서 감사합니다 같은 말과 함께 시작된다. 대서사는 출석률 100퍼센트와 수많은 친절한 행위를 축하하기 위해 수백 명의 어린이에게 치즈모자를 쓰게 하는 것이다. 그러나 대서사는 학교에서 그 치즈모자를 쓰고 그것을 매일의 관행으로 만들겠다는 결심과 함께 시작된다. 대서사는 책을 쓰는 것이지만, 반드시 첫 단어와 함께 시작된다. 한 알의 씨앗, 하나의 아이디어가 식물의 힘과 매우 비슷하다. 이것을 기억하라. 대서사는 날마다 하는 실천의 반영이자 결과요, 날마다 우리에게 즐거운 게임을 가져온다.

얼마 전 나는 2014년 이후, 그리고 오피스디포 비디오 이후 지금까지 미국에서 타워가든을 설치한 학교가 5,000곳이 넘는다는 사실을 알았다. 리치 다우닝과 내가 멈춰서 이야기를 나누지 않았다면 어떻게 되었을까? 최근에 그 오피스디포 비디오에 출연했던 아이들, 즉 나의 첫 타워가든을 만들었던 아이들이 '내셔널 주니어 아너 소사이어티 National Junior Honor Society'[중학생을 대상으로 한 학생기구로 학업 성적, 지도력, 시민의식, 봉사, 성격 등을 고려해 회원을 선정한다—옮긴이]에 가입되었다는 사실을 알게 되었다. 그리고 최근에 미국 식물원에 우리 교실 모형이 설치되었다는 소식을 들었다. 심지어 우리는 '사우스 바이 사우스 론 페스티벌 South by South Lawn Festival'[사회문제 해결과 삶의 향상을 위해 시민, 사상가, 기업가 등이 참여해 아이디어, 예술, 사회활동 등을 토론하는 백악관 축제—옮긴이]에 초대되었고 그 행사를 위해 백악관 잔디밭에 타워가든 하나를 설치했다. 여기서 나는 화가 로버트 셰틸리와 다시 연결되었는데, 그가 2007년부터 내 활동을 계속 지켜봐왔고 '진실을 말하는 미국인들' 컬렉션에 내 초상화를 추가하고 싶어한다는 걸 알게 되었다.

간단히 말하면 내 삶은 내 꿈이 부끄러워 보일 만큼 잘 풀렸다. 그래서 지금부터는 더 크게, 더 현명하게, 더 포괄적으로, 더 풍부하게 꿈꾸고, 다른 사람들을 위해 꿈꾸고 살아가려 한다. 이 모든 게 식물의 힘을 증언하기 위해서다.

나의 모험담을 청중과 공유할 기회가 생기면, 나는 이런 과제를 그들에게 제시한다. **대서사가 일어나도록 하려면 당신은 무엇을 할 것인가?** 내 이야기를 듣는 사람들이 교사든 기업 지도자든 식도락가든 사회정의운동가든 그건 중요하지 않다. 우리가 모인 곳이 브롱크스든 두바이든 캐나다든 또는 콜롬비아의 산악지대든 그 또한 중요하지 않다. 우리 모두는 이것을 행동에 대한 촉구로 받아들여야 한다.

나는 매일 밤 잠자리에 들기 전에 창밖의 불빛을 바라본다. 그 불빛은 누군가 아직 일하고 있음을, 누군가는 무엇을 하고 있음을 말해주고, 나는 그 불빛에서 자극을 받는다. 나는 근무시간을 뺀 모든 시간을, 하루하루를, 순간순간을 무언가 위대한 일을 할 기회로 삼는다. 순간순간마다 더 나은 일을 할 기회, 더 나아질 기회, 조금씩 앞으로 갈 기회, 성장할 기회가 된다. 나에게 가장 중요한 순간은 언제나 **바로 지금**(일 초 일 초)이다. 나는 달력과 일정표를 자주 들여다본다. 일주일의 요일들과 한 달의 날짜들을 주목한다. 그중 어느 하루도 '언젠가'나 '내일'이라는 이름으로 불리지 않는다. 나는 '언젠가'나 '내일'이라는 말이 싫다. 나는 오늘들이 좋다. 지금, 여기, 이것, 매 순간이 중요하다. 그리고 그것을 특정해서 말하는 게 아니라면 그저 몽상하고 있는 것이다.

여러 학교와 교과서, 미니어, 가정, 선 세계 시역사회에 소개된 우리 이야기와 테크놀로지는 식물의 힘으로 가능한 것을 보여주는 사례다.

그것은 우리에게 '대서사를 만들라'고 가르친다! 우리는 '씨 쎄 푸에데'를 외친다! 마틴 루터 킹 주니어 Martin Luther King JR.의 말이 그것을 가장 잘 표현한다. "옳은 일을 하기에 옳은 때란 따로 없다."

나는 앞으로 나아가면서, 항상 결과와 영향력에 의해 추진되는 해결책을 찾으며 살려고 노력한다. 항상 먼저 나누고 싶다. 심지어 이 책도 지향성을 가진 해결책이며 먼저 나누는 방법일 것이다. 수익금은 그린 브롱크스 머신과 그 활동기금으로 들어가 새롭고 추가적인 기회를 만들어줄 것이다. 그리고 그에 대해서는 고맙게 생각한다. 독자 여러분께 감사드리며 영원히 감사한 마음을 가지고 살 것이다. 나는 여러분 모두가 품위 있고 존중받으며, 영향력과 목적이 있는 삶을 살기를 권장한다. 그렇게 해서 우리 모두가 번영하고 더 위대한 무언가를 키울 수 있기를 바란다. 그동안 세계를 여행하고 놀라운 사람들을 만나는 축복을 받았지만(그래서 산꼭대기에서 치즈모자를 쓰고 '씨 쎄 푸에데'를 외쳤지만) 내가 좋아하는 것은 아이들과 식물이 가득한 교실에 있는 것, 매일 아침 일곱 시, 학교 건물 바깥, 우리 텃밭 바로 옆에 서서 모든 아이와 부모와 동료와 인사를 나누는 것이다.

날마다 나는 5년 전의 제자들, 10년 전의 제자들, 15년 전의 제자들, 20년 전의 제자들을 마주치곤 한다. 그들을 보면 내가 그들을 위해 했던 일이 떠오른다. 날마다 거리에서 누군가는 나를 멈춰 세우고 내가 했던 일에 대해 고맙다고 인사한다. 코를 닦아주었다고, 생일을 축하해주었다고, 엽서 한 장을 보내주었다고, 부탁의 말이나 감사의 말을 해주었다고, 걸어서 집에 바래다주었다고, 점심심사를 같이 나누어주었다고, 노래를 불러주었다고 말이다. 제자들 대부분이 내 수업을 좋아했고, 대부분이 내가 어떤 감정을 느끼게 해주었는지 기억한다. 우리가 사람들을 어떻게 대하는가 하는 문제는 우리가 동기를 부여하고 교육하고 영감을 주는 방법의 핵심이다. 나는 늘 마야 안젤루의 말을 잊지 않고 있다. "사람들은 당신이 한 말을 잊어버리고, 당신이 한 일을 잊어버릴 겁니다. 하지만 당신이 그들에게 어떤 감정을 느끼게 했는지는 영원히 잊지 못할 겁니다."

나는 내가 교직을 시작하던 첫날, 첫 주, 첫해에 했던 경험을 다른 교사들이 굳이 하지 않아도 되게끔 새로운 커리큘럼 하나를 시작했다. 그 커리큘럼을 구상하게 된 건 건강, 복지, 양육, 농업에 대한 내 열정 때문이었지만, 내가 배워온 것들, 즉 효율적이고 흥미로운 지시, 데이터와 평가의 활용, 학생들의 목소리와 선택, 모든 학생과 교사의 성공에 도움이 될 건설적인 자기평가와 피드백 등에 관한 것들을 토대로 하고 있다. 요즘 나는 학교에 텃밭을 만들기 위해 밖에 나가지 않는다. 대신에 프로젝트 기반의 학습과 정통적인 학습 경험을 중심으로 학교, 콘텐츠, 교과영역 교육과 전체 학업 경험을 결합시켜 사람들과 지구와 21세기의 기회와 맥을 같이하는 건강한 삶을 유도하기로 결심했다. 나는 이번 생애에 배고픔과 가난, 교육적 불공평을 끝장내기로 결심했다. 승리, 승리, 승리, 씨 쎄 푸에데!

얼마 전, 놀라운 이메일 한 통을 받았다. 전에 다녔던 디스커버리 고등학교 교장이 그 후 내가 거둔 성공을 축하하는 편지였다. 그는 나아가 우리 사이에 있었던 일들을 사과하고 있었다. 그 일에 대해서는 영원히 그에게 감사한다. 그것은 나에게 세계를 의미했고 지금도 그렇다. 그것은 또한 배우거나 망가진 울타리를 고치기에 너무 늦은 때란 없다는 것, 그리고 우리의 잘못을 바로잡아주는 사람들에게 언제든 상대를 인정하고 고마워할 수 있다는 걸 가르쳐주었다.

나는 처음 학교에 출근하던 그날의 에너지와 흥분으로 하루하루를 맞이한다. 하루하루가 위대한 무언가를 할 기회, 대서사를 만들 기회, 기꺼이 나눌 기회, 더 위대한 것을 키울 기회다. 사실 우리는 풍요의 세계에서 살고 있다. 우리는 현재의 삶에, 가능한 삶에 안주해서는 안 되며, 지향성을 가진 삶을 살아야 한다. 기품 있게, 유려하게, 예의 바르게, 그리고 더 위대한 지구적 선과 맥을 같이하는 삶을 살아야 한다.

내 아내 리젯은 완벽한 예다. 그녀는 맨해튼 금융계에서 매우 성공적인 경력을 쌓으면서 중요 투자회사의 부사장으로까지 승진했다. 그녀가 받는 급료와 혜택은 우리 가족에게 안정을 주었고, 덕분에 나는 직업적 모험을 감수하며 마침내 그린 브롱크스 머신 작업을 확장할 수 있었다. 리젯은 늘 우리 성공의 중심이었고, 주말이나 저녁에는 우리와 함께 텃밭 프로젝트를 하면서 현장학습에 아이들의 보호자 역할을 해왔다.

결국 그녀는 더 많이 참여하기로 선택했다. 금융계 일을 그만두고 CS 55에서 나와 함께 전업 자원봉사자로 뛰기로 한 것이다. 아내는 그 결정을 내리면서 이렇게 말했다. "이건 우리의 유산이에요. 우리가 영향을 주는 사람들에 관한 일이라고요." 이제 그녀는 날마다, 심지어 기분이 언짢은 날에도 대서사를 만들어간다. 그녀를 숭배하는 아이들에게 둘러싸여 하루하루를 보낸다. 우리 프로그램에 매우 밀접하게 관여하다 보니 그녀는 우리가 이루는 모든 성공이 '끈기의 힘'이라고 확신하게 되었다. "이건 팀 리츠의 이야기예요." 그녀는 어느 고된 하루를 마무리하면서 그렇게 말했다. "만약 옳은 일을 하는 데 필요하다면 우리는 항상 두 배의 몫을 할 거예요." 단지 우리가 하는 일만 그런 게 아니다. 우리가 누구인가 하는 것에도 해당하는 말이다.

"결국 우리 어린이들의 건강과 복지만큼 중요한 것은 없습니다." 미셸 오바마는 미국 영부인으로서 임기를 마치기 얼마 전 그렇게 일깨워주었다. 내 친구 데이비드 로스의 말처럼 어린이들을 식물의 힘과 연결 짓는 것은 "우리의 도덕적 명령"이다!

때로 대서사는 직업을 바꾼다거나 교육변혁을 위한 혁신적 프로그램을 시작한다거나 하는 식의 중대 결심을 수반한다. 때로 그것은 한 아이의 생일을 노래로 축하해주는 간단한 선택일 수도 있다. 어느 쪽이든 대서사는 책임을 지는 것, 주인의식을 갖는 것, 상황을 바로잡기 위해 지칠 줄 모르고 물러섬 없이 일하는 것이다.

어느 쪽이든 상관없이 선택은 여러분의 몫이다. 대서사를 만들어라! 씨 쎄 푸에데!

압둘라 알 카람Abdulla Al Karam 박사, 두바이 정부 지식인적자원개발국KHDA* 이사장

내가 스티븐 리츠에게서 주목했던 첫 번째 특징은 그의 큰 키나 미소 또는 그 독특한 나비넥타이가 아니라 그의 마음이었습니다. "사우스 브롱크스에서 농장을 합니다." 그는 그렇게 농담했지요. "하지만 분명 농사꾼은 아닙니다." 그는 단지 채소를 키우는 게 아니라 시민을 함께 키워냅니다. 그는 단지 식물만을 보살피는 게 아니라 마음과 정신까지 함께 보살핍니다. 그리고 학생들에게 건강한 식품만을 주는 게 아니라 건강한 미래까지 줍니다.

　두바이와 사우스 브롱크스는 지구의 정반대편에 있고 여러 면에서

---

* KHDA는 두바이에서 183개 학교를 포함해 사립교육의 질과 성장을 책임지면서 190개 국적의 26만 5,000명 학생들에게 17가지 커리큘럼을 제공하고 있다. KHDA는 또한 두바이의 사립대학교들, 조기학습센터, 훈련기구 등을 감독한다.

멀리 떨어진 세계입니다. 두 도시는 저마다 각자의 문화와 역사를 지니고 있으며 자기 나름의 교육적·학습적 문제에 직면해 있습니다. 그러나 이곳 두바이에서 우리는 인간 정신의 선과 더 행복한 세계를 만들 우리 어린이의 능력에 대한 스티븐의 믿음을 공유하고 있습니다.

행복한 지역사회를 건설하고 실현하는 스티븐의 작업은 두바이의 지도자이자 아랍에미리트의 총리인 시크 모하메드 빈 라시드 알 막툼 Sheikh Mohammed bin Rashid Al Maktoum이 제시했던 두바이의 전망을 반영하고 있습니다. 스티븐처럼 우리도, 머리들을 서로 연결하고, 마음들을 키워내고, 학생·부모·교사들에게 권한을 부여함으로써 우리 내부에서 최선의 것을 끌어낸다면, 모든 주민이 기회와 선택, 미래에 대한 희망을 누리는 더 행복한 사회를 창조해낼 거라고 믿습니다.

2015년 초에 사우스 브롱크스에 있는 스티븐의 학교를 방문할 기회가 있었습니다. 당시 그의 공간은 아직 제대로 활용되지 않은 교실이자 꿈에 지나지 않았습니다. 바닥에는 전기선들이 뱀처럼 기어가고 있었고, 탁자들은 방 여기저기에 흩어져 있었으며, 벽의 페인트는 벗겨져 있었습니다.

"이 방이 국민건강보건 학습센터라면 믿으시겠어요?" 그가 물었습니다. "이쪽을 보시죠." 그는 교실의 한쪽 구석을 열정적으로 가리켰습니다. "타워가든을 계속 돌리기 위해 아이들이 전기를 발생시키는 자전거가 있습니다. 그리고 이쪽은", 그는 외로이 선 두 개의 타워가든을 가리켰습니다. "식품의 숲입니다." 설명을 들으면서 그의 에너지와 열정을 받아들이는 사이에 우리에게는 스티븐의 전망이 생생히 살아났습니다. 그가 보는 것이 우리에게도 보이기 시작했습니다.

2016년 1월에 600명의 교사와 학교 지도자를 위한 정기 공동학습 행사인 '핫 워크스'의 초청 강사로 스티븐이 두바이에 왔습니다. 그의 이야기에 귀를 기울인 교육자들의 반응은 감동 이상이었습니다. 영감을 받았던 것이지요. 스티븐의 강연은 자신이나 자기 학생들에 관한 것이 아니었습니다. 오히려 그것은 청중(교사들)과 그들의 학생들에 관한 것이었습니다. 교사들은 식물의 힘을 통해 그들도 자기 학교에, 그리고 자기 학생들의 삶에 긍정적인 변화를 일으킬 수 있다고 믿고 자신감을 가지고 갔습니다. 두바이의 여러 학교에서는 도시농업 운동이 시작되었습니다. 많은 교육자가 당장 학교 텃밭을 만들 계획을 세우기 시작했습니다.

장기적 효과는 벌써 눈에 보이기 시작했습니다. 이미 기존의 텃밭이 있는 학교는 커리큘럼에 학습을 통합하기 시작했습니다. 일부 학교에서는 학생들이 채소만 키우는 게 아니라 그 채소로 요리하는 법까지 배우고 있습니다. 그들은 '장날'을 열어 학부모와 교직원 가족에게 채소를 팔면서 식품을 키우는 전환적 교육의 힘에 관해 교육하는 동시에 자선적 목적으로 돈을 벌고 있습니다.

두바이의 나머지 학교에서는 학생들이 앞장서고 있습니다. 학생들은 지역사회 자원을 활용해 스스로 밭을 만들고 교사는 지원하는 역할을 합니다. 학생들이 책임을 맡다 보니 프로젝트의 성공에 감정적으로 투자하게 됩니다. 그들은 흙의 상태, 물, 질병 퇴치 등등의 책임을 전담하는 팀을 스스로 만들었습니다.

이 모든 학교의 학생들에게 채소는 단지 노력의 열매가 아닙니다. 아울러 학생들은 과학, 수학, 문예, 사업 등 핵심 과목의 지식을 확장해가면서 (부모와 교사와 함께) 그들의 삶을 번성하게 해줄 많은 '생존 기술', 즉 소통, 팀워크, 분석적 사고력, 문제해결력, 회복력, 투지, 창의성까지 함께 배웁니다.

특수교육반 학생이 된다는 것은 끈끈이 덫에 걸리는 것과 같습니다. 한 번 그 덫에 걸리게 되면 빠져나갈 수 없지요. 사람들이 아무 이유든 멋대로 붙여서 우리를 여기로 밀어 넣는 것 같았습니다. 쓰레기통에 던져 넣는 것처럼 말이지요. 사람들은 자기가 모르는 건 이해하지 못하는 법이니까요.

특수반 학생들 대부분은 특수반에 올 아이들이 아닙니다. 어느 교사의 신경을 거슬러서 그냥 버려진 것입니다. 우리는 어리석지 않습니다. 그런 교사들은 최악의 교사들입니다. 그들은 비가 오면 학교에 나오지 않습니다. 그들은 눈이 오면 학교에 나오지 않습니다. 그들은 학생들이 따라 말할 수도 없는 이상한 이름의 휴일들을 지어냅니다. 일

---

* 「끈끈이 덫」은 TJ라는 한 중학생이 쓴 글로, 우리의 문집인 『탁월한 젠틀맨 리그』에 실린 것이다.

부 교사들은 우리 때문에 우울한 척하지만, 우울하지 않습니다. 그들은 학교에 늦게 출근해서 일찍 퇴근합니다. 그들은 말하고 말하고 또 말합니다. 이러쿵저러쿵, 이러쿵저러쿵. 그들은 따분합니다. 최악인 것은 그들이 짠돌이라는 것입니다.

그들은 자기가 어렸을 때 허리케인을 뚫고 책을 든 채 한쪽 다리로 깽깽이를 하면서 학교에 갔다는 이야기를 들려줍니다. 거짓말입니다. 그들은 좋았던 지난날을 이야기하지만 오늘날 우리가 가진 문제를 만드는 데 한몫했습니다. 하지만 그들은 사실 여기 있고 싶어하지 않습니다. 그들은 우리를 두려워합니다. 그들은 우리와 같이 또는 우리 주변에서 지내고 싶어하지 않습니다. 그들은 자기 아이를 특수반에 보내지 않겠지요. 브롱크스에 사는 교사들조차 자기 아이는 사립학교에 보냅니다. 우리가 문제가 아니라 그들이 문제입니다.

리츠 선생님은 다릅니다. 선생님은 특수교육을 없애고 싶어하시는 것 같습니다. 선생님은 우리가 정규반에 가기를 원합니다. 우리가 없다면 선생님은 어쩌시려고? 적어도 선생님은 우리가 중요한 사람이라는 느낌을 갖게 합니다. 나쁜 사람, 거부당한 사람이라는 느낌을 주지 않습니다. 사람들은 특수반 아이들을 미워합니다. 우리를 놀립니다. 우리를 나쁘게 말합니다. 점심시간에는 우리 특수반 아이들끼리 같이 앉습니다. 정말 기분 더럽습니다.

어떤 사람은 도움이 필요합니다. 읽지 못하거나 쓰지 못하거나 걷지 못하거나 보지 못하거나 듣지 못하는 사람들이 있습니다. 그런 사람들은 도움이 필요합니다. 나머지 우리에게는 휴식이 필요합니다. 사람들은 태도를 바꿀 필요가 있고 많은 사람이 해고되어야 마땅합니다. 끈끈이 덫은 고약합니다. 일단 그 안에 발을 들이면 무엇을 하더라도 항상 얼룩이 남습니다. 특수교육도 마찬가지입니다.

새 학교 제안 공모 담당자 귀하

저는 제 담당교사였고 멘토인 리츠 선생님이 새 학교를 세우려 한다는
소식을 듣고 무척 기쁩니다. 그분은 그럴 만한 자격이 충분하며 얼마
나 큰 변화를 만들어내실지 알려드리고 싶어 기쁘고 영광스러운 마음
으로 이 글을 씁니다. 제가 리츠 선생님을 만난 건 3년 6개월 전 월턴
고등학교에서였습니다. 당시 저는 17세였고 방금 YABC[Young Adult

---

* 이 편지는 2008년에 월턴 고등학교의 한 졸업생이 지속가능성에 초점을 맞춘 새 공립고
등학교를 브롱크스에 세우겠다는 우리의 제안을 기기하면서 쓴 것이다. 그 학교 제안은
승인받지 못했다. 대신에 두바이에서 지속가능한 도시의 일환으로서 새로운 학교를 설계
하는 데 바로 그 개념이 활용되고 있다.

Borough Centers, 청소년 구립센터. 가정형편이 어렵거나 기타 여러 가지 이유로 학업에 뒤처진 고등학생들의 학습을 위한 야간교실―옮긴이]를 시작한 뒤였습니다. 저는 학업에 뒤처져 있었고 학생주임인 리츠 선생님 반에 배정받았습니다. 첫날부터 저는 가장 다루기 힘든 학생들을 다루시는 선생님의 모습에 깜짝 놀랐습니다. 선생님은 방법을 알고 계셨습니다. 실제로 여러 면에서 문자 그대로 학교를 통제하고 계셨습니다.

당시 저는 대부분의 학생처럼 제 머리 스타일과 운동화, 여자아이들에게 관심이 많았습니다. 비록 YABC를 통해서 일자리를 구했지만 아무데도 나가지 않고 있었습니다. 리츠 선생님이 그런 저에게 관심을 가져주셨습니다. 선생님은 저에게 개인교습을 해주시면서 읽고 배우고 제가 생각도 해보지 못했던 것들을 하도록 격려해주셨습니다. 선생님은 브롱크스에서 자라던 당신의 경험을 말씀하시면서 저에게 희망을 주셨습니다. 무엇보다도 선생님은 저와 함께 일하셨습니다. 그리고 졸업과 취업을 연관시켜 저에게 졸업하고 싶다는 의욕을 갖게 해주셨습니다. 선생님이 디스커버리 고등학교 학생주임이 되셨을 때는 저에게 따로 시간을 내셔서 제가 최대한 학교에서 오래 공부하게 해주셨습니다. 선생님이 모든 학생의 이름을 알고, 보통 사람들이 곁에 오기를 꺼리거나 아예 그럴 수도 없는 학생들에게 일부러 시간을 내주시는 모습은 언제나 놀라웠습니다. 그런 아이들은 갱단 소속의 아이들, 약을 하거나 약을 파는 아이들이었습니다. 그러나 선생님은 정말 많은 아이에게 아버지처럼 대해주셨습니다. 엄하셨지만 공정하셨고, 무엇보다도 기회를 주셨습니다. 선생님의 그린 틴스 프로그램은 매우 재미있었고, 그 캠퍼스의 모든 학생이 가입하고 싶어했습니다.

그러는 내내 선생님은 제 곁에서 보충수업과 컴퓨터수업을 받도록 격려해주셨고, 직업 이야기로 계속 동기부여를 해주셨습니다. 그러면서 많은 학생에게 일자리를 구해주셨기에 저는 선생님의 진심을 알게 되었습니다. 리츠 선생님 덕에 저는 학교를 졸업했고, 일을 시작했습니다. 선생님의 격려로 저는 제가 사는 블록, 우리 공원과 우리 동네 너머를 보게 되었고 더 나은 삶의 가능성에 눈뜨게 되었습니다. 옛날 같으면 상상할 수도 없던 삶을 생각해보게 되었습니다. 저에게 머리를 자르고 어휘력을 늘리도록 권하신 선생님은 시설관리/복사 외주회사인 윌리엄스 리를 소개해주셨습니다. 결국 저는 선생님을 통해 모건스탠리사의 사환이 되었습니다. 거기서 선생님의 제자들을 많이 만났는데, 다들 굉장한 일을 하고 있었습니다. 리츠 선생님은 제가 모든 현장훈련에 빠지지 않게 하셨고 제가 일하는 내내 관심을 가지고 지켜봐주셨습니다. 덕분에 저는 오늘 복사 오퍼레이터/고객서비스 대표라고 제 직업을 말하고 다닙니다. 2007년 저의 소득세 원천징수표를 보면 제 수입은 3만 4,000달러가 넘습니다. 저는 401K 퇴직연금을 비롯해 완벽한 혜택을 받고, 연말 상여금으로 증권회사 위탁계좌도 개설했습니다. 이 모든 것은 제가 알지도 못했던 것입니다.

21세의 나이에 저는 제가 상상했던 것 이상을 누리고 있지만, 지금도 제 삶은 계속 펼쳐지고 있습니다. 올봄에 저는 준학사 학위를 받을 예정이며 포덤대학교나 뉴욕대학교에 지원하려고 현재 리츠 선생님과 일하고 있습니다. 저는 회계나 금융 분야로 진출할 계획입니다. 무엇보다도 우리 회사에서는 등록금 상환/지원 프로그램을 제공하고 있습니다. 일하면서 주변을 돌아보면 저처럼 리츠 선생님의 도움을 받은 제자들을 보곤 합니다. 브롱크스의 집으로 갈 때는 가게마다 리츠 선생님이 일자리를 알아봐주신 제자들이 있고 선생님과 제자들이 만들고 보수한 공원들을 보게 됩니다. 학생들에 대한 리츠 선생님의 사랑, 그분에 대한 학생들의 사랑은 모두가 아는 사실입니다. 리츠 선생님은 여러모로 많은 이의 삶을 바꾸신 분입니다.

리츠 선생님과 그분 가족에 관해서는 일일이 말씀을 드릴 수가 없습니다. 선생님이 많은 이의 삶을 바꿀 수 있고 바꿔나가실 거라는 걸 저는 잘 압니다. 오늘날 어린이들에게는 그분의 지원과 규율이 필요합니다. 우리가 사는 곳에서 그분이 이렇게 존경받는다는 사실은 중요한 의미가 있습니다. 우리로서는 상상할 수도 없던 것들에 대해 의욕을 갖게 해주신 선생님의 힘은 믿을 수 없을 정도입니다. 그분이 무언가를 말씀하실 때면 그것은 진심이며, 우리는 그것이 현실이 되리라고 믿게 됩니다. 그분은 말에 책임을 지는 분이십니다. 우리 지역사회에는 선생님과 선생님이 세우고자 하시는 학교가 필요합니다. 선생님이 운영하시는 학교에 제 주변 사람이 다니게 된다면 제 마음도 뿌듯할 것입니다.

1. 어린이가 더 나은 삶을 살고 더 나은 것을 배우고 더 나은 것을 얻기 위해 지금의 동네를 떠나야 하는 상황에 처해서는 안 된다.
2. 땅에 발을 딛고 가슴 가득 공기를 들이마시고 태양을 향해 고개를 드는 하루하루가 바로 위대한 일이 펼쳐질 무대다.
3. 우리의 일은 어린이들이 스스로를 사랑하는 법을 배울 때까지 그들을 사랑하는 것이다.
4. 망가진 어른을 고치는 것보다 건강한 어린이를 키우는 일이 더 쉽다.
5. 우리는 풍요의 세계에서 살고 있다. 우리는 현재의 삶이나 가능한 삶에 안주해서는 안 되며, 지향성이 있는 삶을 살아야 한다. 우아하게, 유려하게, 예의 바르게, 그리고 더 위대한 지구적 선과 맥을 같이하는 삶을 살아야 한다. 모두를 위해 품위 있게 살아야 한다.
6. 어린이에게 자연을 가르칠 때, 우리는 어린이에게 양육을 가르치게 되며 어린이에게 양육을 가르칠 때, 우리는 한 사회로서 더 나은 우리의 본성을 공동으로 포용하게 된다.
7. 친절하고 보살피는 한 명의 어른은 한 어린이를 삶의 성공으로 이끈다. 가능한 한 많은 어린이를 위해 그런 어른이 되기로 노력한다.
8. 학교는 어린이를 교육하는 데 만족해서는 안 된다. 학교는 가족과 지역사회에 힘을 주고 권한을 부여해야 한다.
9. 우리는 우리가 교실에서 행동하고 말하고 생각하는 모든 것(우리가 하는 모든 결정)이 우리 어린이들에게 영향을 준다는 것을 이해해야 한다.
10. 어린이에게 셈을 가르치는 것도 멋진 일이지만, 무엇이 중요한지 가르치는 것은 훨씬 더 결정적이고 중요하다.

씨 쎄 푸에데!

11. 가르침은 교실에서 일어나지만 배움은 현실세계에서 일어난다.
12. 거주지나 피부색이 삶의 결과를 결정해서는 안 된다. 그것을 결정하는 건 양질의 교육이어야 한다.
13. 어린이가 잘 먹지 못하면 잘 읽지 못한다.
14. 우리가 먹는 것이 우리 운명을 결정한다.
15. 무지개 색깔별로 먹기는 오색 사탕 한 봉지를 먹는 것이 아니다!
16. 우리는 소중한 노트북과 컴퓨터 모니터를 다루듯 우리의 흙과 지역사회를 가꾸고 존중해야 한다.
17. 무조건적인 사랑과 선의는 돈이 들지 않는다. 사랑과 선의를 퍼준다고 파산할 사람은 없다.
18. 사람들을 짜증나게 하고 있지 않다면 충분히 또 열심히 일하고 있지 않은 것이다.
19. 성공의 사다리에서 떨어지기를 반복하라.
20. 소중히 여기는 가치와 나 자신이 시험당할 때 그 가치를 고집하지 않는다면 그것은 가치가 아니다. 그것은 그저 희망사항이고 시간제 취미일 뿐이다.
21. 무언가를 하는 것과 사랑에 빠지되 죽을 만큼 강렬하게 사랑에 빠져라. 영향의 잠재력은 거기에 있다.
22. 내가 변화시킬 수 없는 것을 받아들이지 말고 내가 받아들일 수 없는 것을 변화시켜라.
23. 허락을 구하는 것은 거절을 애원하는 것이다.
24. 상처받은 사람과 함께 걷는 것은 위대한 사람과 함께 앉는 것보다 훨씬 더 위대하다.

대서사를 만들어라!

리츠 선생님이 (모든 연령의) 어린이들과 즐겨 키우는 채소

1. 비브 상추 또는 로메인 상추

모든 연령대의 어린이가 상추를 곧잘 먹는다. 상추는 누구의 입맛에도 크게 거슬리지 않는다. 나는 비브 상추와 로메인 상추를 좋아하는데, 이파리가 크고 아삭거리기 때문이다. 이 식물들은 생김새도 매력적이다. 빨간색과 초록색의 품종을 줄무늬 캔디 모양으로 심어 예술을 만들 수도 있다. 더욱이 이들 채소는 다루기에도 재미있다. 커다란 로메인 상추 이파리에 허머스를 펼친 뒤 돌돌 말면 만족스러운 한입거리 간식이 된다. 새싹 혼합 품종은 키우고 살리는 게 쉽지 않으니 이런 씨앗 품종은 어린이들이 더 능숙해질 때까지 피하는 게 좋다.

2. 청경채

중국음식을 싫어하는 사람은 만나본 적이 없다. 중국배
추라고도 알려진 청경채는 흔한 재료다. 수확할 때 바
깥쪽으로 하나씩 잎을 따면 계속해서 더 많은 잎이 난
다. 아삭한 하얀 줄기를 좋아하는 어린이도 있고 짙은 녹
색의 이파리를 더 좋아하는 어린이도 있다. 햇빛이 일정한 각
도에서 청경채를 비추면 마치 불빛을 밝힌 것처럼 보인다. 조리
할 때는 사진수업이나 미술활동을 같이 할 수 있다. 청경채는 상추
보다는 조금 손이 많이 간다. 비브 상추보다 아린 맛이 있으나 루콜라
만큼 맵지는 않다. 날로 먹거나 센 불에 다른 채소와 살짝 볶아 먹을 수
도 있다. 그리고 '복초이bok choy'라는 이름 자체도 흥미롭다. 작은 의문
점 하나가 아이들의 흥미를 이끌어내는 데 큰 도움이 된다.

3. 래디시

래디시는 빨리 자란다. 꼬마 농부들은 래디시를 놀랍게 여긴
다. 초록 싹이 돋는 걸 지켜본 아이들은 래디시가 어디 있냐
고 물을 것이다. 그 질문은 땅속에서 벌어지는 일에 관해,
잎이 뿌리에 양분을 전달하는 과정에 관해 대화의 물꼬를
터준다. 흙속에서 나오는 래디시를 처음 본 어린이들은 경이
로움을 느낀다. 어린이들은 래디시가 빨간색과 흰색만이 아
니라 무지개색도 있다는 걸 알면 놀라곤 한다. 래디시는 창가
화분, 심지어 우유팩에서도 잘 자란다. 우리 텃밭에서 즐겨
키우는 몇몇 식물과 달리 래디시에는 벌레가 꼬이지 않는다.

4. 당근(삼색 당근)

우리 누구나 당근 하면 오렌지색을 떠올린다. 내가 삼색 당근을 즐겨 심는 건 바로 그 이유 때문이다. 보라 당근이나 노란 당근처럼 단순한 것이 다양성과 포용에 관한 (유전학에 관해서는 말할 것도 없고) 대화를 끌어낼 수 있다. 래디시처럼 당근도 '땅속' 식물(뿌리 채소)에 속하기 때문에 텃밭 공간을 잘 활용할 수 있다. 그리고 래디시처럼 당근에도 벌레가 없다.

5. 오이

이 소박한 채소는 수업을 풍부하게 만들어준다. 나는 마켓모어 품종을 좋아하는데, 덩굴은 유도(교실 벽이나 창턱 주변을 올라가게)하기가 쉽고 열매가 크다. 이 품종은 꽃가루받이도 쉽다. 학생들에게 암꽃과 수꽃을 구분하는 법을 가르치고 깃털이나 작은 그림붓을 이용해 수분하는 방법을 보여준다. 그 과정에서 학생들은 과학 어휘를 쌓아갈 것이다 (고학년 학생들은 이것이 성교육 수업임을 재빨리 눈치 챌 것이다). 오이는 처음 수분을 배울 때 이상적인 채소인데, 약간 함부로 다뤄도 견딜 만큼 꽃이 충분히 튼튼하기 때문이다. 오이는 또 관찰력을 길러주기에도 유용하다. 꼬마 과학자들이 자세히 들여다보면 꽃 뒤에 작은 오이가 맺히는 과정을 보게 된다. 오이 열매가 자라면 (빨리 자란다) 피클에 관한 이야기를 할 수 있다. 학생들에게 "오이가 좋아요, 피클이 좋아요?" 하고 물어보라. 틀림없이 한바탕 논쟁이 벌어질 텐데, 이것을 기회로 효율적인 주장에 관해 가르칠 수 있다. 이제 피클을 만들 단계에 접어들면 식품 저장과 주방의 화학에 관한 새로운 수업으로 이어진다.

6. 콜라드

성공률이 높은 채소를 키우고 싶다면 쌈
케일인 콜라드를 심어보라. 콜라드는 조
금 추운 기후에서는 초봄부터 초겨울까지
실외에서 자란다. 따뜻한 기후에서는 1년 내
내 실외에서 자란다. 이 단단한 녹색 채소는 잘
자라기도 하지만 잎을 잘라낼 때 뿌리를 남겨두면 다시
자란다. 계속 베어내도 계속 자란다. 녹색 채소를 먹는 걸 좋아하는 학
생들도 많다. 콜라드를 가지고 요리시연을 하고 탐구수업을 위한 무
대를 만들어라. 커다랗게 쌓인 녹색 잎들은 조리하면 몇 분의 일로 부
피가 줄어든다. 질문이 많은 어린이들은 "그게 다 어디 갔어요?" 하고
물을 것이다. 나는 곧잘 200리터들이 자루에 녹색 채소를 수확한 다음
학생들과 함께 요리하며 줄어드는 과정을 지켜보곤 한다. 그러면 수분
함량을 가르치기에 이상적인 수업이 된다. 인체의 70퍼센트가 물이라
는 소리를 듣기는 했어도 개념을 이해하는 데 어려움을 겪는 학생들이
많다. 아이를 요리할 수는 없지만 콜라드 더미를 요리할 수는 있다!

학생들이 콜라드를 먹는 걸 별로 좋아하지 않으면 그 잎을 가지고
거북이나 토끼 같은 교실 애완동물을 먹일 수도 있고 먹이사슬에 관해
가르칠 수도 있다. 실외에서 키운다면 콜라드 주변에서 벌레를 보게
될 것이다. 무당벌레는 이 커다란 녹색 잎들 주변에 자주 나타난다. 무
당벌레는 유익한 곤충과 해충에 관한 수업거리가 된다.

문화적 다양성이 있는 교실에서 콜라드는 세계 각국 출신의 학생들
에게 학습내용을 그들의 가족이나 고국의 전통과 연결할 기회가 된다.
아프리카와 멕시코에서 온 이민자 학생들은 자기 가정의 콜라드 레시
피를 미국 흑인 가정의 레시피와 비교할 수 있다. 브롱크스에서 우리

꼬마 농부 겸 셰프들은 블록마다 다니면서 세계의 레시피를 수집한다.

소박한 콜라드가 제공하는 건강수업도 간과해서는 안 된다. 멕시코의 일부 지역에서는 의사들이 가족에게 콜라드를 키워 요리해 먹으라고 권장함으로써 비타민 A 결핍이 불러오는 어린이의 눈병을 근절했다.

7. 토마토

세계에서 토마토가 안 들어가는 요리가 있을까? 출신 문화를 막론하고, 학생들은 토마토의 맛과 색, 향에 친숙하다. 내가 즐겨 키우는 품종은 산마르사노, 셀러브리티, 빅 비프, 브랜디와인, 그린 지브라, 그리고 약간의 '못난이'('에얼룸'이라고도 한다) 등이다. 산마르사노 품종은 관리가 가능한 크기까지 자란다. 에얼룸 토마토 품종에 속하는 그린 지브라는 멋진 줄무늬 열매를 맺는다. 셀러브리티와 빅 비프는 스테이크처럼 과육이 두툼한 비프스테이크 토마토를 만든다. 어떤 품종을 기를지 어린이들과 함께 선택하는 것은 의사결정 과정이 된다. 방울토마토를 기른다면 한 번에 수백 개씩 익는다. 그 얘기는 꼬마 농부마다 한 줌씩 수확하게 된다는 뜻이다. 안 좋은 점은 일단 모든 열매가 익었을 때 빨리 따야지 그렇지 않으면 벌레가 생긴다는 것이다. 나는 어린이들이 나눠 먹어야 하는 큰 품종을 선호한다.

토마토는 꽃가루받이를 해줘야 한다. 실외에서는 곤충이 대신 해줄 것이다. 실내에서는 손으로 수분을 할 수 있는데, 토마토의 경우 섬세한 손길이 필요하다. 다시 말해 정확하고 잘 훈련된 어린 손길이 필요하다. 토마토를 통해 가르칠 수 있는 문화와 조리수업은 사실상 무궁무진하다. 피자 먹고 싶은 사람?

8. 가지

자, 골라보시라. 가느다란 일본 품종은 블랙 뷰티 품종보다 빨리 자라고 키우기 쉽지만, 그래도 눈을 사로잡는 건 큰 품종들이다. 가지는 꽃가루받이를 해줘야 하지만 꽃이 크고 제법 튼튼해서 초보자들도 손으로 할 수 있다. 토마토처럼 가지도 세계 곳곳에서 볼 수 있다. 가지 라자냐부터 가지 튀김까지, 바바가누시[구운 가지를 으깨어 올리브유, 마늘, 향신료와 섞어 만드는 중동 음식—옮긴이]부터 라타투이[가지, 토마토, 호박, 피망 등의 채소를 넣고 만든 프랑스식 스튜—옮긴이]까지, 가족의 식탁에서 가지를 만나본 어린이가 많을 것이다. 어린이들이 가족 성원들과 인터뷰를 통해 레시피와 재료를 수집하고, 글쓰기를 위한 글감으로 쓸 수도 있다. 문화행사의 기쁨은 채소의 쓰임새와 좋아하는 맛들을 서로 비교하는 데서 나온다.

9. 고추

엄청나게 다양한 고추 품종 가운데 무엇을 키울지 고려할 때는 몇 가지만 명심하도록. 많은 학생이 매운 고추를 좋아하지만, 고추의 유분이 손에 묻어 눈에 들어갈 수 있다. 그럴 경우 행복한 텃밭수업은 눈물 가득한 악몽이 된다. 그간의 경험으로 배운 바, 특히 어린 학생들과 함께할 때는 가장 매운 고추를 키우는 건 피하라는 것이다. 고추는 꽃가루받이가 까다롭다. 손으로 수분하려고 애쓰기보다는 자연에 맡겨두는 게 가장 좋다. 많은 채소가 그렇듯 고추는 여러 가지 색이 있으며 다양한 요리에 쓰인다. 학생들에게 무지개색 다양한 채소를 먹는 것이 건강에 이롭다는 걸 가르쳐라.

10. 바질

이 향기로운 허브는 빨리 자라지만 여러 가지 반응을 일으킨다. 일부 학생들은 바질 향기를 좋아하고 일부는 싫어한다. 교실에 바질이 너무 많으면 짜증을 내는 어린이가 있을 수도 있다. 그러므로 적은 양(작은 화분 하나)으로 시작해서 학생들이 그 냄새를 견디는지 알아보아야 한다. 일단 반응이 괜찮으면 온갖 색깔과 종류의 바질을 시험해보라. 자주색 타이 바질과 제노바 그린 바질을 번갈아 심어 무늬를 만들 수도 있다. 싱싱한 바질 향이 너무 강하다 싶은 학생들은 페스토소스로 즐길 수도 있다. 바질로 맛있는 아구아 프레스카agua fresca를 만들 수도 있다. 얇게 썬 오이와 바질 잎을 찬물에 넣어 가라앉히면 탄산음료를 대신할 무설탕 음료가 된다. 사업가 기질이 있는 학생들은 바질이 고부가가치의 현금작물이라는 사실을 알면 좋아할 것이다. 바질은 무게에 비해 많은 돈을 받을 뿐 아니라 꽃을 따주면 계속해서 잎을 낸다.

11. 루콜라

샐러드 로켓이라고도 불리는 이 녹색 잎 식물은 뜻밖의 한 방을 선사한다. 냄새는 달콤하지만 입에 넣으면 불이 난다. 우리 학생들 대부분은 그 맛을 좋아하는데, 소금이나 화학물질이 전혀 없는데도 그 맛이 타키스 푸에고 칩[매운맛을 내는 미국의 인기 과자—옮긴이]을 떠올리게 하기 때문이다. 루콜라는 오랜 기간 계속 잎을 내지만 좁은 공간에서 키울 수 있다. 종이컵 텃밭처럼 작은 공간만 있을지라도 루콜라를 키우기에 충분하다. 이 식물은 학생들의 어휘 향상에도 큰 도움이 된다. 나는 어린이들에게 그 맛을 묘사하는 형용사 다섯 개를 말하게 한다. 이때 학생들은 이른바 '단어 묘지'에 속하는 '좋다'나 '괜찮다'는 모호한 단어를 쓸 수 없다. 루콜라는 반응을 끌어내면서 맵다, 날카롭다, 압도적이다 같은 묘사들을 유도할 것이다. 심지어 나는 학생들에게 루콜라에 관한 랩을 짓도록 하기도 했다. 학생들은 놀라겠지만 루콜라 꽃을 맛보게 해보라. 학생들은 그 꽃이 초코볼처럼 달콤하리라고 기대할 것이다. 깜짝이야! 학생들이 그 매운 꽃을 맛보면, 자신들이 습관적으로 연상하는 것이 반드시 진실은 아님을 이해하게 될 것이다. 레몬의 맛이 레몬사탕 맛과 같지 않듯이 루콜라 꽃은 달달한 꽃꿀 맛이 아니다.

12. 콩

깍지완두콩은 잘못될 일이 없다. 이 콩 덩굴은 빠른 속도로 자라며 콩깍지 통째로 먹을 수 있다. 먹을 것을 찾는 꼬마 농부들은 콩깍지를 벌려 그 안의 콩을 찾아내는 걸 좋아한다.

13. 초록깍지강낭콩

이 콩은 키우기에 가장 얌전한 식물 중 하나다. 덤불 품종이든 덩굴 품종이든 콩은 유인하는 대로 자란다. 흥분하기 쉬운 학생들과는 달리 콩은 항상 얌전하게 행동한다. 콩은 자라는 것(그리고 질소고정)만으로도 나머지 모두를 위해 흙을 윤택하게 한다.

이상은 맨 처음 시작할 때의 목록에 불과하다. 텃밭에 심을 목록을 학생들과 함께 만들 때는 이용 가능한 공간과 함께 특정 채소를 선택하는 이유를 생각해야 한다. 서로 다른 성장 습성(위로, 아래로, 덩굴을 내거나 잎을 내거나, 땅을 기거나 뻗어가거나)을 가진 식물들을 심고 싶을 수도 있고, 학생들의 호기심을 자극할 식물을 심고 싶을 수도 있을 것이다. 그러나 명심할 점은 여러분도 좋아하는 식물이어야 한다는 것이다.

교실을 차분하고 평화롭게 해주는 향기를 지닌 라벤더 같은 허브를 섞어도 좋다. 오레가노는 강인하고 웬만해선 죽지 않는 허브이기 때문에 물꽂이로 시작해도 된다. 초콜릿 민트는 코코아 향으로 틀림없이 학생들을 놀라게 할 것이다.

가장 인기 있는 텃밭 채소 하나가 빠졌다는 걸 눈치 챈 독자도 있으리라. 주키니 호박은 우리 학교 텃밭에서는 설 자리가 없다. 왜일까? 학생들에게도 말하지만 녀석은 깡패이기 때문이다! 녀석은 쑥쑥 뻗어가면서 자기가 앞에 있겠다고 주장한다. 너무 빨리 너무 크게 자라면서, 모든 것을 주변으로 밀어버린다. 그러다가 다 자라면 실컷 놀았다는 듯 쓰러져버린다. 학교 텃밭을 집단 괴롭힘의 현장으로 만들고 싶은지? 주키니 호박은 심지 마시라. 또는 그와 가까운 친척인 땅콩호박(학교 텃밭의 또 다른 깡패)도 피하시기를!

녹색 어휘와 녹색 태도

학교 텃밭과 녹색 교실은 학생들의 학문적 어휘와 생각하는 기술을 키우기에 이상적인 생태계다. 여기에 몇 가지 용어와 개념, 중요한 아이디어, 그리고 학년 수준에 따라 도입할 만한 작은 정보들을 소개한다. 이것들은 교실에서, 지역사회 도시농업 프로그램에서 또는 집에서도 똑같이 적용할 수 있다.

"먼지와 흙의 차이점이 뭘까요?" 이 질문에 많은 아이가 처음에는 쩔쩔매지만, 우리 베테랑 텃밭지기들은 그 차이를 잘 알고 있다. "먼지는 귀 뒤에 쌓인 거고 흙은 우리가 식물을 심는 곳이에요." 흙은 살아 있는 생물이다. 흙은 지역사회다. 먼지는 골칫거리다. 흙은 세계에서 가장 큰 자산이다. 흙은 식물을 키우는 매체다.

여러분의 새내기 텃밭지기들이 흙이 살아 있고 숨 쉬는 물질이라는 사실을 알고 놀랄 것을 기대해도 좋다. 흙이 "그냥 더러운 것"이라는 아이들의 생각을 바꾸기 위해 모든 감각을 총동원해 건강한 흙을 조사하도록 해보라. 비싸지 않은 확대경을 쥐어주면 아이들은 흙 표본을 가까이서 살펴본다. 아이들에게 흙 한 꼬집을 엄지손가락과 나머지 손가락 사이에서 굴려서 흙이 뭉치는지 알아보게 하라(진흙 함량을 확인하는 방법이다). 눈을 감고 흙 한 줌의 냄새를 맡을 때 아이들이 무엇을 알아차릴까? 아이들의 관찰은 자연스레 묘사적 글쓰기 활동으로 이어진다.

실외 텃밭과 화단의 경우, 흙은 식물의 뿌리를 제자리에 붙들어주고 식물이 건강하게 자라는 데 필수적인 양분과 물을 전달한다. 흙에는 살아 있는 미생물들이 수백만 개가 있다. 그 자체가 하나의 생태계다.

학생들이 유기물과 비유기물을 구분하는 법을 배우는 동안 과학적 이해와 함께 학문적 언어가 꽃을 피운다. 흙의 성질을 향상시키기 위해서 무엇을 할 수 있는지에 관해 질문해보라. 누군가는 이렇게 답할 것이다. 지렁이? 좋은 질문은 과학적 조사로 향한 문을 열어줄 뿐 아니라 우리 환경을 개선할 방법에 관한 심오한 대화의 문까지 열어준다.

녹색 교실은 학생들에게 날마다 과학자처럼 생각하도록 유도한다. 나는 우리 국민건강보건 학습센터의 벽에 과학적 방법론을 되새기게 하는 시각 자료를 붙여놓고 학생들에게 주기적으로 그 방법론을 일러준다. 나는 과학자들이 구사하는 능동동사를 활용해 학생들의 생각을 강화해주려 한다. 묻다, 궁금해하다, 따지다, 캐묻다, 시험하다, 측정하다, 관찰하다, 평가하다, 분석하다 등등. 그리고 실패하다. 자주 실패하라. 과학자라면 실패는 과학적 방법론의 일부라는 걸 알아야 한다. 실패는 데이터다. 실패는 우리가 언제 틀리는지, 그리고 왜 다른 방법론을 시도해야 하는지 말해준다. 무엇이 효과가 없는지 이해하는 것은 성공을 위한 한 걸음이다. 자연이 실패에 적응하면서 성공해왔다는 것을 학생들에게 일깨워주기에는 생명이 자라는 교실이야말로 완벽한 장소다. 강한 것이 살아남는다. 실패야말로 배우고 성장할 모든 기회를 열어준다는 걸 이해할 때 학생들은 잘 자랄 것이다.

• 내 생각이 보이게 하라

나는 학생들의 생각을 존중하고 싶지만, 나는 독심술사가 아니다. 그래서 나는 끊임없이 학생들에게 그들의 생각을 보이게 만들라고, 구체화하라고 요구한다. 일단 학생들의 머릿속에 무엇이 있는지 알아낸다면, 그다음에는 그것을 더 깊이 따라갈 수 있다. 학생들의 생각을 알아내기 위해 내가 즐겨 쓰는 질문이 있다. 왜 그렇게 얘기하나요? 왜 그렇게 생각하나요? 지금 말하는 것을 어떻게 증거로써 뒷받침할 수 있나요? 왜 또는 어떻게라는 질문에 한 단어로 나오는 대답은 결코 없다.

만약 학생들이 불완전한 정보나 오해를 근거로 생각하고 있다는 것이 밝혀진다면, 올바로 고쳐주면 된다. 그 실수 뒤에는 어떤 생각이 자리 잡고 있는가? 학생들이 그 질문에 답할 때는 편안한 느낌을 갖도록 해야 한다. 내가 즐겨 쓰는 전략은 이렇게 말하는 것이다. "선생님이

2학년 아이인 것처럼 말해보세요. 내가 이해하도록 도와줘요." 그 말이 판도를 뒤집고, 끙끙대던 학생은 자신이 생각하는 것을 교사에게 가르치게 된다. 거기서부터 늘 긍정적인 결과를 얻기 시작한다. 그것은 할 수 없는 것에 관한 게 아니라 할 수 있는 것에 관한 것이다. "아니야"는 배움을 닫아버린다. 대신에 "그렇구나"부터 시작하라.

· 유전적 잠재력

씨앗은 학생들이 세계(그리고 자기 자신)를 이해하도록 도와주는 작지만 놀라운 은유다. 작은 씨앗마다 유전적 잠재력이 꽉 차 있다. 그것은 하나의 약속이며 아이들에게는 약속이 정말 중요하다. 약속은 미래에 관한 것이다. 씨앗 포장지를 보여주면 아이들은 이해한다. 당근 씨앗은 자라서 당근이 될 것을 약속한다. 모든 씨앗은 일어나기를 기다리는 또 하나의 이야기지만, 조건이 갖추어질 때까지는 그 이야기가 시작될 수 없다. 어린이도 마찬가지다. 어린이는 저마다 잠재력으로 가득하다. 모든 어린이에게는 들려줄 이야기가 있다. 교육자이자 양육자로서 우리가 할 일은 모든 어린이가 잠재력을 펼칠 수 있도록 비옥한 조건을 만들어주는 것이다. 어린이에게 약속을 할 때는 그 약속을 반드시 지킬 수 있어야 한다.

· 열대우림과 오아시스

옛날에 나는 사람들이 우리 녹색 교실을 오아시스라고 부를 때면 으쓱해지곤 했다. 지금은 그렇지 않다. 오아시스는 우리가 거기 머무는 동안은 근사하게 여겨지겠지만, 지속가능한 환경은 아니다. 오아시스는 주변을 둘러싼 것과는 고립되어 있다. 그러나 건강한 생태계는 뿌리를 뻗고 싹을 틔운다. 그것은 치밀하게 연결되어 있고 재생력이 있다. 그것은 열대우림에 더 가깝다. 내가 우리 녹색 교실에서 추구하는 것이 바로 그런 생태계다.

사실 나는 지속가능성에 관한 현재의 초점에 문제를 제기할 때가 되었다고 생각한다. 지속가능성은 현 상태를 유지하는 것과 관련이 있다. 그것을 출발점으로 삼기는 힘들다. 나는 우리의 목표를 전환에 두고 싶다. 어떻게 하면 어떤 것을 더 위대하게 키울 수 있을까? 어떻게 하면 우리 지역사회를 재건하고 재생할 수 있을까? 우리의 성취를 위해 열대우림적 사고가 도움이 될 부분이 바로 그것이다.

• 즐거운 학습

녹색 교실에 들어서면 행복하고 살아 있는 기분을 느끼지 않으려야 느끼지 않을 수 없다. 내가 우리 학생들과 동료 교사들에게 느끼게 하고 싶은 감정이 바로 그것이다. 우리가 함께하는 학습은 중요한 학문적 내용을 전달해주지만, 그것이 기술과 훈련이나 암기에 관한 것은 아니다. 그곳에는 진지한 학습과 함께 기쁨과 웃음의 여지가 있다. 이는 모두에게(어린이에게나 어른에게나 똑같이) 즐거움을 준다.

내 이야기는 오랜 기간의 모험담이지만 나는 지금도 매일 웃음 가득한 얼굴로 학교에 들어선다. 빨리 출근해서 이번엔 또 모슨 일이 벌어질지 궁금해서 참을 수가 없다. 아직까지 여러분이 재미를 못 느꼈다면, 그리고 학생들이 그 여행을 즐기지 않는다면, 무언가가 잘못된 것이다. 기쁨에 초점을 맞추면 여러분이 힘께 성취할 수 있는 것에 분명 놀라게 될 것이다.

학교 지도자는 녹색 프로그램 육성을 어떻게 도울 것인가

교육계에서 30년을 지내는 동안, 나는 온갖 부류의 학교 지도자들과 일해왔다. 최고의 지도자는 내가 더 나은 교사가 되고 학생들을 위하도록 격려해주는 이들이다. 더러는 교실 안의 혁신을 이루어낼 여지를 주었다. 내가 실내 농업 같은 접근법으로 커리큘럼을 가르치는 것이 아이들에게 좋다는 걸 보여주는 한에서는 말이다.

다음은 교사로서 또 지도자로서 그동안의 경험에서 배운 중요한 리더십 교훈들이다. 녹색 학교 프로그램은 지도자들의 지원 없이는 성공할 수 없다.

1. 모두가 지켜보고 있다

학교 지도자들은 쉽게 눈에 띈다. 이들은 학교의 얼굴이다. 학생들의 (그리고 교사들의) 이름을 아는 간단한 것도 긍정적인 학교 문화를 만드는 데 도움이 된다. 그러니 교실을 자주 찾아라(교사들을 평가하는 시간에만 들르지 마라). 녹색 프로그램을 지원하는 지도자들은 교실을 자주 찾는다. 학생들이 무엇을 키우고 배우는지 관심을 보인다. 학생들이 자신의 생각을 드러내도록 질문을 한다. 심지어 때로는 손에 흙을 묻히기도 한다. 모든 것을 맛보고 시험해본다. 그리고 항상 묻는다. "왜죠?" 지도자는 일하는 모습을 보일 필요가 있다.

2. 게임 플랜을 공유하라

효율적인 지도자는 어떤 전망으로 그런 의사결정을 했는지 공유한다. 그것이 비밀이어서는 안 된다. 전망을 공유한다는 것은 모두가 같은 방향으로 줄을 당기고 있다는 뜻이다. 지도자가 전망에 관해 투명하다면, 녹색 커리큘럼이나 텃밭 프로그램을 도입하려는 교사들은 그것이 학교의 전망과 맞는지 아닌지, 어떻게 맞는지를 처음부터 알 것이다. 공유는 봉사다. 봉사는 리더십의 중요한 한 형태다.

3. 경청하고 이끌어라

좋은 지도자는 좋은 경청자다. 좋은 지도자가 공동체를 건설하고 존중을 보여주는 한 방법이 바로 경청이다. 좋은 지도자는 학교의 성공이 '나'가 아닌 '우리'와 관련되어 있음을 이해한다. 그들은 참신한 아이디어에 열려 있고, 모두가 함께 일할 때 더 나은 결과가 있다는 것을 잘 알고 있다.

4. 이타적이 되어라

효율적인 지도자는 타인을 인정한다(설사 그 자신이 짊어진 무거운 짐이 많다고 해도). 효율적인 지도자는 사람들이 긍정적인 일을 하는 것을 알아보고 그 노력을 칭찬한다. 그런 인정은 학생·교사·부모와 텃밭 프로젝트를 지원하는 지역사회 자원봉사자에게도 똑같이 중요하다.

5. 관심을 환영하라

녹색 학교 프로그램은 여전히 매우 참신하기 때문에 공중의 관심을 끌어들인다. 현명한 지도자는 미디어의 관심을 두려워하지 않는다. 그것을 환영한다. 그리고 성공을 알리기 위해 소셜미디어 전략을 어떻게 활용할지 안다.

6. (적절한) 파트너를 초대하라

학교는 혼자 성장하지 않는다. 모든 조직이 그렇듯, 학교는 건강한 생태계의 일부일 때, 그리고 진화를 격려받을 때 가장 많이 성장한다. 지역사회 파트너들과의 연결은 그 생태계를 구축하고 강화하면서 더 많은 자원에 접근하게 해주며 학생과 지역사회의 성공을 위한 기회를 확대해준다. 전망을 가진 지도자는 녹색 프로그램을 성장시키기 위한 파트너십을 전략적으로 맺는다. 적절한 파트너십은 마치 균형 잡힌 수학 방정식처럼 양쪽 모두의 가치를 더해준다. 협업을 고려할 때, 지도자는 잠재적 파트너의 웹사이트나 화려한 안내책자 너머 이면까지 볼 수 있어야 한다. 사진촬영이 파트너의 자금조달 노력에 이용되지는 않는지 조심해야 한다. 효율적인 지도자는 또한 파트너십에 수반되는 것을 전부 승낙하거나, 교직원들에게 부담이 될 만한 것을 승낙해선 안 된다.

올바른 질문은 든든한 파트너 관계 구축에 도움이 될 것이다. 실제 일하는 사람이 누구일지 아는 것은 매우 중요하다. 다음은 내가 잠재적 파트너에게 우선적으로 묻는 몇 가지 질문이다. 우리의 공동노력이 어떤 모습으로 나올까요? 귀하는 1 더하기 1이 2 이상이 된다고 어떻게 확신할 수 있습니까? 학교 말고 어떤 곳과 같이 일하셨나요? 혹시 효과를 보지 못했던 파트너십은 어떤 것이 있었나요? 얼마나 자주 우리 학교에 오실 수 있나요? 댁의 자원봉사자와 직원을 어떻게 선별하고 훈련시키시는지요? 어떤 데이터를 수집할 계획이십니까? 우리의 독특한 요구를 얼마나 유연하게 만족시킬 수 있으신가요?

일단 파트너에 관한 실사를 마쳤다면, 현명한 지도자들은 스스로 다음 질문을 함으로써 결정을 내려야 한다. 이 파트너십이 우리 학생들을 위한 우리의 전망을 실현하는 데 도움이 될 것인가? 그것이 우리 교사들에게 힘을 줄 것인가, 아니면 부담을 줄 것인가? 누가 앞으로 나아가게 될 것인가, 그 이유는?

꿈을 가지고 맡은 일을 시작하십시오. 이 책이 여러분이 한 아이를 안아주는 계기가 되기를 희망합니다. 교사한테 감사하고, 부모와 조부모, 이모나 고모, 삼촌에게 입 맞추는 계기가 되기를 바랍니다. 그리고 친절한 행동 하나를 하는 계기가 되면 좋겠습니다. 모든 성공담의 뒤에는 한 명의 교사, 멘토, 보살펴준 누군가가 있음을 기억해주기를 바라고 부디 그들을 인정해주시기를 부탁드립니다.

의심할 것도 없이 저는 거인들의 어깨 위에 서 있습니다. 저의 부모님, 교장 선생님들, 상관들, 동료 교사들, 교실 도우미들, 멘토들, 나와 함께 시간을 보내며 관계와 정직함이 우리가 하는 모든 일의 핵심임을 가르쳐준 학생들에게 항상 감사드립니다. 이들은 오늘까지도 내 삶과 우리 학생들의 삶의 일부인 분들입니다. 언제나 나를 믿어주시고 지원해주시는 분들께 늘 감사드립니다. 저의 하루하루는 제 학생들과 동료들에게 투자함으로써 그 믿음에 보답할 기회라고 생각합니다. 오랜 친구와 새로운 친구들 모두가 보내준 축하의 글과 친절한 말에 감사드립니다. 오래전에 떠나갔거나 우리가 오늘 하는 일과는 거리가 먼 분들을 포함해 우리가 자라도록 도와준 여러분 모두에게 감사드립니다. 우리가 기다리고 있는 그 사람들이 바로 우리입니다! 브롱크스는 이제 더는 불타고 있지 않습니다. 우리는 활짝 피고 있습니다!

사랑하는 나의 브롱크스 구, 내 이웃들의 도시, 내가 사랑하는 사람들과 온갖 역경에도 불구하고 생명의 보금자리인 그곳을 위한 여러분의 투지, 회복력, 불굴의 용기, 열정, 품위, 겸손함에 대해 저는 지금도 날마다 놀라곤 합니다. 그랜드 콩코스 대로에서 헌츠 포인트 애버뉴까지, 제롬 애버뉴에서 서던 대로까지, 건힐 로드에서 브루크너 대로까지, 보스턴 로드에서 세지윅 애버뉴까지, 포트 모리에서 필드스턴까지, 동에서 서로, 북에서 남으로, 그 사이의 모든 지점, 온갖 현장들이 내 존재의 본질입니다. 내가 낙서했던 벽들부터 내가 노크하고 수없이 드나들었던 수많은 문까지, 내가 헤엄치고 카누를 탔던 강과 강변부터 내가 타고 다녔고 학생들을 인솔했던 열차까지, 돌아보면 정말이지 길게 뻗은 트랙을 가로질러 항상 어디론가 가고 있었고 큰 꿈을 꾸고 있었습니다. 내가 입 맞추었던 소녀들, 아기들, 할머니들부터 놓쳐버린 XXL의 기회들까지, 뱅크노트 건물의 옥상부터 내가 썼던 연애편지까지, 마약과의 전쟁부터 끝없는 포옹과 어디에나 있는 옛 친구들과 새 친구들까지, 이것은 미친 격정의 연애입니다.

농구 코트부터 내가 놀던 식품 잡화점까지, 내가 기도하던 예배당, 교회, 모스크부터 내 등과 이마에 여러분의 시원하고 너그러운 바람을 느꼈던 흙, 옥상, 농장까지, 내 심장과 혈관에 들어오는 피가 되어준 여러분께 감사드립니다. 나는 우리의 거리에서 수천 번의 삶을 살았고, 정말 많은 분과 함께 춤을 추었으며, 여러분이 우리 집에 전화하는 것이 자랑스럽습니다. 여러분은 내가 제자리를 찾게 도와주셨고 영원히 나의 성스러운 공간이 될 것입니다. 여러분은 나의 끝없는 에너지이자 영원한 낙관주의입니다. 열심히 놀고 신을 잔양하되 극석인 느라마를 만들지 말고 부모님을 사랑하고 영원히 3점 숏을 쏘십시오. 승리할 계획을 세우고, 죄악에서 벗어나고, 볼륨을 높이십시오. 그랜드 펑크, 슬램덩크, 항상 멋지게 해내십시오. 비트를 넣고 거리를 달리고, 춤, 춤, 춤을 추십시오. 버려진 공터에서 번호가 매겨진 지점들까지, 역 구내에서 대로까지, 힙합부터 이발소까지, 일요일 미사에 가는 길에 산산조각 부서지는 유리까지, 우리에게는 모두 우리의 것인 리듬과 노래가 있습니다. 씨앗은 영원히 뿌려지고 국제적으로 알려집니다. 우리는 영원히 일어서는 불사조입니다. 브롱크스 록, 지구의 록, 영혼을 담은 소리의 힘! 멈출 수 없습니다! 멈추지 않을 것입니다! 노 파레스No pares(멈추지 마라)! 씨구에, 씨구에SIGUE, SIGUE(나아가라, 나아가라)!

스탠 주커, 제 미래에 도박을 하고 아무도 저에게 기회를 주려 하지 않을 때 기회를 주셨던 은사님께 감사드립니다. 과거와 현재, 미래의 제 학생들과 그 부모님들, 저를 신뢰하고 믿어주시고, 제 말에 귀를 기울여주셔서 감사드립니다! 여러분 모두를 사랑합니다. 날마다 학교에 나와줘서, 눈보라와 비바람에도 굴하지 않고 나와줘서, 버스와 열차를 타는 수고를 마다하지 않아줘서, 일찍 등교하고 늦게 하교해줘서, 밤에는 나를 집까지 바래다주고 아침식사를 가져다줘서, 숙제를 해주고 '부탁드립니다', '고맙습니다' 말해줘서, 그리고 물론 채소를 먹어줘서 정말 고맙게 생각하고 있습니다. 우리의 집단적 성공은 우리가 함께하면 더 큰 무언가를 키워낼 수 있다는 믿음의 반영입니다. 이 순간은 우리에게 많은 것을 가르쳐줍니다. 미래를 가리키면서 단 하나의 메시지를 전해줍니다. 최고의 순간은 아직 오지 않았습니다!

로데일 출판사의 마리사 비질랜티와 그 팀원 여러분께, 어느 날 저한테 전화를 걸어서 책을 쓴다는 아이디어를 주고 이 씨앗을 심어준 린 존스턴에게, 저의 매니저 제러드 샤히드에게, 저의 공동저자인 수지 보스와 그녀의 남편 브루스 루빈에게 감사드립니다. 여러분의 지원과 여러분의 믿음에 감사하며, 이메일과 편집본의 행렬을 참아주신 데 감사를 드립니다. 그것은 충동, 연결, 공동학습이었습니다. 우리는 대서사를 만들었습니다! 저의 동료들과 저에게 특별한 기회를 주신 분들, 인용문과 서평을 써주신 분들, 안아주시거나 기대어 울 어깨를 내주신 분들, 그것이 오래전 일이든 최근의 일이든 간에, 저는 감사하는 마음으로, 우리 모두가 믿는 변화를 이루기 위해 끊임없이, 가차 없이 일할 것입니다. 이는 우리 모두를 위한 일입니다. 정의가 아니라 우리를 위한 일입니다!

제 아버지, 제 아들, 제 조부모님들, 그 밖에도 천국에 계신 수많은 분이 지금 미소를 짓고 있다는 걸 저는 압니다. 그들 모두가 보고 싶고 영원히 그분들을 명예롭게 해드리길 바랍니다. 특히 제 아내 리젯과 딸 미카엘라에게 고마움을 전하고 싶습니다. 그들은 그동안 이타적이고 지칠 줄 모르는 사랑을 주었으며 우리의 확장된 브롱크스, 전국적·국제적 가족의 핵심입니다. 두 사람이 없다면 저는 길을 잃었을 것입니다. 팀 리츠는 결코 멈추지 않습니다. 정말 사랑합니다! 씨 쎄 푸에데!

유타 필립스는 이렇게 썼습니다. "당신이 불의에 저항하는 정도가 당신이 자유로운 정도다." 이제 일하러 돌아갈 시간이군요! 새뮤얼 곰퍼스의 영감을 받은 제 외침은 간단합니다. 학교는 더 많이, 감옥은 더 적게, 책은 더 많이, 총은 더 적게, 배움은 더 많이, 악습은 더 적게, 여가는 더 많이, 탐욕은 더 적게, 정의는 더 많이, 복수는 더 적게! 우리의 더 나은 본성을 아우르기 위한 더 많은 기회를! 함께하면 할 수 있습니다! 한 번에 한 학생씩, 한 번에 한 교사씩, 한 번에 한 교실씩, 한 번에 한 학교씩, 한 번에 한 지역사회씩! 오늘 그리고 앞으로도 영원히, 우리는 우리의 몫을 땅에 심습니다. 상추, 순무, 비트! 대서사를 만들어라!

| 옮긴이의 말 |

언젠가 A에게서 들은 이야기입니다. 쓰레기 배출 장소가 아니니 쓰레기를 버리지 말라는 경고문이 있는데도 쓰레기봉투와 담배꽁초가 쌓이는 장소가 동네에 있었다고요. 그런데 그 자리에 누군가 화단을 만들고 꽃을 심어놓자 그렇게 치우고 치워도 계속 쌓이던 쓰레기가 신기하게도 사라졌더랍니다. 뉴욕의 쇠락한 도심에서 저소득층 지역사회 아이들을 가르치던 풋내기 교사가 세계적으로 영향을 미치는 프로그램을 개발하기까지 좌충우돌 모험담을 따라가면서 그 이야기가 떠올랐습니다.

하지만 이 책은 버려지고 망가진 땅에 꽃과 나무를 심었더니 도시 환경이 바뀌고 사람들의 태도가 달라지더라는 또 하나의 사례를 소개하는 게 아닙니다.

스티븐 리츠 선생님은 교직생활의 대부분을 도시 빈곤층이 모여 사는 사우스 브롱크스에서 보냈습니다. 이 동네 학교에는 주로 빈곤층 자녀, 즉 정부의 기초생활보장 혜택을 받는 가정이나 이민자 가정의 아이들이 다닙니다. 아이들은 흔히 말하는 한부모 가정이나 조손 가정 출신이고 읽기조차 서툰 아이들도 많았지요. 그런 아이들은 자신들이

사는 슬럼가 밖으로 나가본 적이 거의 없었습니다. 꿈을 가져본 적 없는 아이들에게 세계란 마약과 범죄가 기승을 부리고 평생 벗어나지 못할 것 같은 그 동네와, 텔레비전 속에 존재하는 닿을 수 없는 나머지 세계로 양분되어 있었습니다. 미국식 자본주의와 뿌리 깊은 인종주의의 결합은 수익이 날 수 없는 그런 동네를 배제해왔고 기본적인 사회적 서비스를 제공하지도 않았으니 도서관이나 은행도 없었습니다. 가난한 주머니를 노린 대자본 프랜차이즈만 들어와 있었지요. 정치가들은 사회적 모순이 집약된 이 동네를 어디서부터 손봐야 할지 몰라 계획만 세우다가 단념하곤 했습니다. 무너져가는 공교육 역시 이 동네의 아이들을 포기한 듯 보였고, 이 동네에 살지 않고 자녀를 이 동네 학교에 보내지 않는 선생님들도 아이들만큼 무기력해 보였습니다. 아이들은 그런 교사들이 단지 월급을 위해 학교에 온다고 생각하고 교사를 믿지 않았습니다. 결국 조금이라도 여력이 있는 가정에서는 아이들에게 더 나은 교육을 받게 하고 더 나은 삶을 살기 위해 그런 동네를 떠나곤 했지요. 리츠 선생님은 그런 현실을 안타깝게 여겼습니다.

리츠 선생님은 아이들이 고등학교 졸업이라도 해야 일자리를 찾고 떳떳하게 살아갈 수 있다고 생각하고 일단 아이들이 학교에 나오도록 격려하고 자극했습니다. 아이들이 처한 현실과는 동떨어진 교과서 대신 아이들의 눈높이에 맞춘 수업을 진행했고, 깊은 관심으로 아이들의 장점을 찾아내고 살려주었습니다. 그저 가족의 복지수당을 타기 위해 의무적인 출석일수만을 채우려 학교에 오던 아이들이 차츰 선생님의 진심을 알아주고 학교생활에 흥미를 느끼기 시작했지요. 출석률과 성적이 올라갔고 결국 선생님 반의 거의 모든 학생이 학교를 졸업하게 되었습니다.

여기까지는 한 열정적인 교사가 한없는 사랑과 노력으로 교육 혁신을 이루어낸 이야기입니다. 한마디로 '사랑의 교실'이라고 할까요. 그러나 리츠 선생님의 넘치는 사랑과 열정은 그 혁신을 교실 바깥으로, 공교육 체계의 혁신으로, 지역사회의 혁신으로 확장하도록 만들었습니다. 이제부터 사회적 운동 또는 사업의 단계로 발전하게 되는 것이지요.

참으로 기적 같은 우연으로, 콘크리트로 둘러싸인 삭막한 학교의 떠들썩한 콩나물 교실에서 아무도 모르게 수선화가 꽃을 피운 이후 모든 것이 달라지기 시작했습니다. 선생님은 꽃을 본 아이들의 행동이 단박에 달라진 걸 지켜보고는 도시공원 조성사업에서 아이들과 함께 자원봉사를 시작했습니다. 아이들은 긍정적인 관심을 끌면서 생활태도와 학습태도가 달라지고 문제아 꼬리표를 떼게 되었지요. 녹색 공간이 생기자 주민들의 태도도 달라지기 시작했습니다. 나중에 리츠 선생님은 화단 대신 텃밭을 만들어 채소를 키워 수확하고 서로 나누게 했습니다. 먹고 남은 것은 기부하게 했습니다. 그 과정을 모두 교과목에 통합시켰습니다. 그것이 일회적인 사업으로 끝나지 않고 계속 생명력을 가지도록 프로그램을 만들고 확산시켰습니다. 그리고 수많은 사람과 끊임없이 교류하고 세계 여러 곳에 영감을 주면서 문제해결을 돕고 있습니다.

정말 근사한 한 편의 동화 같지요. 그러나 리츠 선생님의 성공은 쉽게 이루어지지 않았습니다. 이 책의 부피만큼, 30년 넘는 세월 동안 숱한 우여곡절을 겪으며 수많은 실패와 좌절을 맛보았지요. 그 과정의 가슴 찡한 감동의 순간들은 독자들이 직접 읽어보셨으면 합니다.

화단을 만들었더니 쓰레기가 사라졌다고 했었지요. 지금 그 화단은 어떻게 되었을지 궁금합니다. 만약 계속 관리하지 않는다면, 애정과 관심으로 보살피지 않는다면, 꽃은 시들고 나무는 말라 죽습니다. 누군가 그 화단에 무심코 과자봉지라도 버렸을 때 그것을 치우지 않는다면 '깨진 유리창'이 되어 다시 쓰레기가 쌓여갈 것입니다. 리츠 선생님은 식물의 힘을 예찬하지만 사실 선생님이 강조하는 것은 사람입니다. 사람 사이의 관계입니다.

리츠 선생님의 열정과 사랑이 참으로 놀랍습니다. 선생님은 아이들을 위해 기꺼이 지갑을 열고 시간을 내는가 하면, 아이들을 위해서라면 교사들 사이에서 따돌림받는 것도 두려워하지 않지요. 미국 사회와 교육제도가 우리의 것과는 다르지만 대도시 빈민가에서 펼쳐진 리츠 선생님의 이야기 속 교육현장의 문제가 지금 우리의 모습과 크게 다르지 않다는 것도 놀랍습니다. 환경운동이나 지역사회 재생운동 분야에 몸담고 계신 분들도 리츠 선생님의 사례에서 많은 영감을 얻을 수 있다고 생각합니다. 그리고 리츠 선생님의 사랑 넘치는 이야기는 스스로 선택한 것이 아닌 것 때문에 상처를 받은 사람들에게 큰 용기를 줄 것입니다.

교육은 행복한 삶을 위한 준비과정입니다. 어른이 되면 스스로 행복한 삶을 선택하고 찾아야겠지요. 어쩌면 이 책이 그 길에 도움이 될 것입니다. 이 책에는 식물과 관련해 우리가 많이 쓰는 비유가 나옵니다. 씨앗과 잠재력, 토양과 환경, 성장과 발전, 수확과 성취 등등. 조그만 상자 텃밭이나 우유팩 화분이라도 직접 가꾸면서 그 비유를, 아울러 시듦과 노화, 죽음과 부활까지 생각할 수 있으면 좋겠습니다. 독자 여러분이 이 책의 무성한 이야기 속에서 행복의 씨앗을 찾아내기를, 나아가 그 씨앗을 심고 아름답게 키워내기를 바라봅니다.